UNIVERSITÉ DE PARIS

FACULTÉ DE DROIT

PRIX DE LA VILLE DE PARIS

ANNÉE 1901-1902

CONCOURS DE 1ʳᵉ ANNÉE

DROIT ROMAIN

DEUXIÈME PRIX

M. Blaevoet

(Charles-Louis-Eugène).

DE LA FIDUCIE

DE LA

FIDUCIE

PAR

René JACQUELIN

DOCTEUR EN DROIT
AVOCAT A LA COUR D'APPEL
LAURÉAT DE LA FACULTÉ DE DROIT DE PARIS

PARIS

A. GIARD, LIBRAIRE-ÉDITEUR

16, RUE SOUFFLOT, 16

——

1891

DE LA FIDUCIE

PLAN GÉNÉRAL

INTRODUCTION.
1. Idées générales : origine rationnelle de la fiducie.
2. Sources et textes principaux.
3. Définition ; — division du sujet.

PREMIÈRE PARTIE

LA FIDUCIE ENVISAGÉE EN ELLE-MÊME.

CHAPITRE I. — Origine historique de la fiducie.
CHAPITRE II. — Nature et forme, — caractères juridiques de la fiducie.
CHAPITRE III. — Effets de la fiducie.
CHAPITRE IV. — Influences de la fiducie sur l'ensemble du droit.
    A. — Origine des actions de bonne foi.
    B. — Origine des contrats réels.

SECONDE PARTIE

LA FIDUCIE ENVISAGÉE DANS SES APPLICATIONS.

INTRODUCTION

I. Idées générales : origine rationnelle de la fiducie. — II. Sources et textes principaux. — III. Définition de la fiducie ; division du sujet.

BIBLIOGRAPHIE

1. Ortolan. *Histoire de la législation romaine*, § 134, page 135 et 136.
2. Ihering. *L'esprit du droit romain*, trad. de Meulenaere.
   α. Tome 1, § 11, pag. 121 à 126.
   β. Tome 2, § 36, pag. 161 à 191.
   γ. Tome 3, § 50, pag. 172, 185 et 193.
   δ. Tome 4, § 63, pag. 139.
3. Geny. *Etude sur la fiducie*, — thèse de Nancy, 1885, page 4, note 4, et page 13.
4. De Savigny. *Droit des obligations*, trad. Gérardin et Jozon, tome 2, pag. 361 à 368.
5. Lenel. Zeitsch. der Sav. Stift., tome 3 ; Quellenforschungen in den Edictcommentaren. — Zur actio fiduciæ, pag. 104 et suiv., 177 et suiv.
6. Gradenwitz. Zeitsch. der Sav. Stift., tome 7 ; — Interpolationen in den Pandekten, pag. 46 à 51.
7. Gradenwitz. Interpolationen in den Pandekten ; das Reurecht, p. 146 à 170.
8. Lenel. Das Edictum perpetuum, page 232.
9. Voigt. Die XII Tafeln ; tome 2, die lex fiduciæ, § 86, pag. 166 à 187.
10. Baron. Institutionen, § 96, p. 171, — et § 110, page 197.
11. Dernburg. Das Pfandrecht, tome 1, § 2, page 9, et Pandekten, tome 1, § 263, page 639.

I

IDÉES GÉNÉRALES.

1. Tout à fait à l'origine, dans les sociétés naissantes, le domaine des actes juridiques se présente à nous fortement empreint du double caractère d'étroitesse et de solennité. Ils sont d'abord en très petit nombre : c'est que les besoins de la vie pratique se montrent peu exigeants. Ces actes sont, en outre, entourés dans leur accomplissement de formes rigoureusement déterminées, de façon à être rendus absolument incontestables dans les rapports des parties elles-mêmes, et sûrement reconnaissables pour le juge de ces temps encore peu éclairés. La société Romaine n'a pas échappé à cet état juridique embryonnaire : au début le même acte juridique remplit des fonctions diverses ; c'est la solennité *per œs et libram*, suivant qu'elle est la *mancipatio* ou le *nexum*, qui transfère la propriété ou qui engendre l'obligation. Mais à mesure que la vie juridique s'est développée, les nécessités du commerce entre les hommes ont fait admettre de nouvelles formes en vue de créer des obligations. Toutefois ces formes elles-mêmes ont participé encore du double caractère de la forme unique originaire ; elles ont continué à être limitées dans leur nombre et solennelles : telles sont la *stipulatio* et l'*expensilatio* (1). Ce

1. Ortolan, *L c.*, n. 1.

n'était là que des progrès presque insensibles et tout à fait insuffisants, d'autant plus que ces actes juridiques, strictement réglementés dans leur existence, produisaient des effets qui eux aussi étaient rigoureusement déterminés : le juge à qui il fallait un criterium indiscutable pour reconnaître la source de l'obligation avait encore besoin d'une ligne de conduite toute tracée à l'avance dans la mission qui lui était confiée de déduire les conséquences légales de cette obligation (1).

2. Toutes ces rigueurs eussent rendu cette législation absolument intolérable, si elles n'avaient pas été adoucies et corrigées par les mœurs. La grossièreté intellectuelle des origines de l'humanité considérée dans son ensemble n'entraîne pas nécessairement à sa suite la grossièreté morale de l'homme envisagé individuellement. C'est cette remarque qui a pu servir à assigner leur véritable portée dans la vie sociale à un grand nombre de règles propres à la législation Romaine, qui à première vue paraissent refléter la barbarie des premiers âges et exclure toute idée de civilisation (2). C'est aussi du principe qui a suscité cette remarque que découle la fiducie.

3. Au lieu de se manifester dans des formes solennelles, la volonté des parties se traduisit dans un accord purement consensuel, auquel la loyauté et la confiance réciproque servaient à la fois de base et de sanction.

1. Savigny, L. c., n. 4.
2. Ihering, l. c., n. 2, β.

D'ailleurs à une époque où la vie collective absorbait l'individu, personne n'eût osé violer cet engagement d'honneur, et personne ne l'eût fait impunément : une réprobation unanime aurait jailli de la conscience du peuple (1). Une sanction légale ne devait être nécessaire, que, lorsque l'individu s'étant peu à peu détaché du groupe, il devint plus facile pour lui de se faire un jeu de la confiance de son semblable. Plus tard cet accord des volontés acquit un domaine d'application très étendu, bien que jamais il ne soit parvenu à une générali- sation absolue. Mais cette extension est relativement récente, et pendant de longs siècles les Romains se con- tentèrent des rares actes juridiques solennels qu'ils con- naissaient : c'est qu'en effet ils y trouvaient des avanta- ges ; comme l'a dit M. d'Ihering (2) : « la forme est pour les actes juridiques ce qu'est l'empreinte pour la monnaie » ; mais ce formalisme rigoureux n'était pas sans entraîner en sens inverse de graves inconvénients. Il devint gênant : dès lors il était nécessaire non pas de s'en débarrasser d'une façon complète, car de cette façon on se serait privé de ses avantages, mais de l'écarter dans certains cas afin d'échapper à ces inconvénients. C'est alors que, pour atteindre ce résultat, l'on eut pour la première fois l'idée de recourir à la convention non formaliste, basée sur la confiance réciproque. Désormais la fiducie était née : elle fut employée en vue d'atténuer

1. Ihering, *l. c.*, n. 2, α.
2. Ihering, *l. c.*, n. 2, γ.

les effets rigoureux et absolus des actes juridiques qui avaient pris naissance avant elle. C'est là le caractère intime et essentiel de la fiducie : dans chacune des ses applications nous la verrons tendre à ce but. Mais cet usage nouveau allait à l'encontre de règles anciennes, sanctionnées par la loi ; il procéda donc d'une façon timide : comme l'a dit M. d'Ihering (1) : « c'était pour ainsi dire une clause secrète », et selon l'expression de M. Geny (2), c'était une contre-lettre ; pendant longtemps la fiducie fut dépourvue de sanction légale, et jamais elle ne fut érigée en convention indépendante se suffisant de tous points à elle-même en vue de produire des effets quelconques. Ce fut toujours une convention accolée à un acte juridique solennel, en vue d'atténuer les effets de ce dernier par l'accomplissement d'un acte juridique inverse : elle tend en général à la restitution des choses à un état antérieur. Telles sont les idées qui dominent toute cette matière de la fiducie.

II

SOURCES ET TEXTES PRINCIPAUX.

1. Aucun texte ne nous présente une théorie d'ensemble sur la fiducie : ce ne sont que des détails, sur tel ou

1. Ihering, l. c., n. 2, δ.
2. Geny, l. c., n. 3.

tel point particulier, qui nous sont fournis par nos sources. Ces textes sont ou littéraires, ou juridiques, presque
tous datant d'une époque antérieure à Justinien ; c'est à
peine si l'on rencontre quatre ou cinq fragments, insérés
au Digeste, qui prononcent les mots « *fiducia* » « *fiducia-*
rius » sans donner d'ailleurs aucun développement sur
les règles juridiques qui gouvernent la fiducie. Il faut en
outre tenir un grand compte de documents épigraphiques, qui sont précieux pour nous, en ce qu'ils nous montrent des exemples de *pactum fiduciæ*, dans l'une de ses
applications les plus importantes, la *fiducia cum creditore* :
d'abord une table de bronze trouvée en Espagne dans l'ancienne province de Bétique, en 1867 ou 1868 ; ensuite des
tablettes de cire découvertes en Italie à Pompéi en 1887.
Mais à ces sources, il convient d'ajouter certains textes du
Digeste, considérables tant par leur nombre que par leur
portée juridique, dans lesquels Justinien nous expose
certaines règles relatives à des institutions différentes de
la fiducie, mais dans lesquels la science contemporaine
a vu des interpolations, dues à la retouche des commissaires de Justinien qui, ne pouvant pas conserver ces
textes classiques tels qu'ils étaient parce qu'ils concer-
naient la fiducie, qui de leur temps n'existait plus, voulurent néanmoins les utiliser en les rapportant à des institutions encore existantes à leur époque.

2. La découverte de ce genre la plus importante est
celle qui est dûe à M. Lenel (1) ; cependant elle a été

1. *L. c.*, n. 5.

contestée : M. Geny (1), nous semble même avoir usé d'une critique assez légère quand il se contente de nous dire que les propositions de M. Lenel ne méritent aucune attention, comme reposant sur un point de départ inacceptable, sans même avoir pris la peine d'indiquer, ni de discuter ce point de départ. Celui-ci vaut certainement qu'on s'y arrête pour qu'on l'étudie en lui-même.

Tout le système de M. Lenel est basé sur les remarques suivantes : certains textes du Digeste, empruntés par les commissaires de Justinien au livre 28 d'Ulpien *ad Edictum*, développent les règles qui régissent l'*actio pigneraticia ;* puis d'autres textes du Digeste, voisins des premiers, traitent encore du même sujet, et ils sont empruntés au livre 30 d'Ulpien *ad Edictum*. Ces derniers fragments sont beaucoup trop longs et beaucoup trop détaillés pour qu'il soit possible de les considérer comme faisant partie d'un exposé accidentel écrit à propos d'une autre matière sous forme de remarques complémentaires et comparatives ; ils ne peuvent pas non plus être regardés comme un simple appendice du livre 28 d'Ulpien *ad Edictum*, car un regard jeté sur la *Palingenesia juris* de Hommell montre qu'entre les livres 28 et 30 d'Ulpien *ad Edictum* se trouve une série de matières disparates qui à coup sûr n'ont rien de commun avec l'*actio pigneraticia*. Faut-il donc admettre qu'Ulpien a traité la même matière à deux reprises différentes dans ses livres 28 et 30 *ad Edictum*, et cela d'une façon également complète et quelquefois contradic-

_____

1. *L. c.*, n. 3.

toire ? Ce résultat serait absolument incompréhensible ; ce qui le rend tout à fait inadmissible, c'est que si l'on se reporte à la *Palingenesia juris* de Hommell (tome 1, pages 239 à 245 ; tome 2, pages 49 à 50 ; tome 3, pages 158 à 195), on est amené à constater les résultats suivants :

α. Le traité de l'*actio pigneraticia* se trouve dans les livres :

28 d'Ulpien *ad Edictum*.

29 de Paul *ad Edictum*.

11 de Julien *Digesta*.

β. Il est traité de matières très diverses (sénatus-consulte Velléien ; *actio de peculio, actio de in rem verso, actio quod jussu*, etc.) dans les livres :

29 d'Ulpien, *ad Edictum*,

30 de Paul, *ad Edictum*,

12 de Julien, *Digesta ;*

γ. Le traité du mandat et de la société se trouve dans les livres :

31 d'Ulpien, *ad Edictum*,

32 de Paul, *ad Edictum*,

14 de Julien, *Digesta*.

δ. Enfin les livres qui sont en discussion ici :

30 d'Ulpien, *ad Edictum*,

31 de Paul, *ad Edictum*,

13 de Julien, *Digesta*,

traitaient de l'*actio depositi*. On voit par là qu'une concordance parfaite existe chez ces trois jurisconsultes dans l'ordre même qu'ils ont adopté dans leurs écrits. Si maintenant l'on met à part les textes du Digeste, empruntés aux livres 30 d'Ulpien *ad Edictum*, 31 de Paul *ad Edictum*, et 13 de Julien *Digesta*, qui nous parlent en effet de l'*actio depositi*, l'on voit qu'il y a beaucoup d'autres textes empruntés aux mêmes livres qui nous parlent de l'*actio pigneraticia* ; or, cela est impossible à comprendre ; comment trois jurisconsultes, n'appartenant même pas tous à la même époque, auraient-ils pu employer cette méthode défectueuse consistant à traiter pour la seconde fois d'une matière dont ils avaient déjà traité deux livres plus haut ? Ces textes du Digeste sont donc interpolés. Voilà le point de départ de M. Lenel : il nous paraît très solide, quoi qu'ait pu dire M. Geny. Voici maintenant comment de ce point de départ est déduite la conclusion du système : il est certain que ces textes étant interpolés, n'avaient pas trait dans leur pureté primitive à l'*actio pigneraticia* ; mais à quelle matière se rapportaient-ils donc ? (D'une part il est impossible de les rapporter à l'*actio depositi* elle-même, parce qu'alors ils seraient tout à fait inintelligibles) ; d'autre part, il est également impossible de les rapporter à d'autres matières, telles que le mandat ou le sénatus-consulte Velléien, par ce double motif que ces matières sont tout à fait différentes, et qu'elles appartiennent déjà à d'autres livres des commentaires qui sont, soit antérieurs, soit postérieurs au livre 30 d'Ulpien *ad Edictum*, 31 de Paul *ad Edictum*, et 13 de Julien *Digesta*, comme nous l'a montré la *Palingenesia juris* de Hommell. Dès lors, c'est qu'à côté de l'*actio depositi*, dans ces livres 30, 31 et 13, Ulpien, Paul et Julien traitaient en outre d'une autre institution qui sous

Justinien a disparu : la fiducie. Le même raisonnement a
conduit M. Lenel à reconnaître comme se référant en tout
ou en partie à la fiducie les livres suivants : Celsus, 7
Digest. ; Gaïus, 10 *ad Edic. provinc.;* Marcellus, 6 Digest. ;
Scœvola, 6 Digest (1). (Ce qui, à notre avis, donne un appui
considérable à cette manière de voir, c'est la remarque que
M. Lenel (2), lui-même a faite en un autre endroit, sans
avoir cependant suffisamment insisté, et d'après laquelle
Paul dans ses Sentences (II, 12 et 13), traite de la fiducie
immédiatement à la suite du dépôt ; mais il y a plus, et il
importe de connaître l'historique de ces titres 12 et 13 du
livre II des Sentences de Paul : les sentences placées sous
les paragraphes 1 à 5 du titre *de lege commissoria* (II, 13)
dans la plupart des éditions actuelles, formaient dans le
texte de la *lex Romana Visigothorum,* de laquelle émanent les Sentences de Paul, les paragraphes 4 à 8 du
titre précédent qui a pour rubrique *De deposito* (II, 12) ;
c'est Cujas qui en 1558 a fait l'interposition qui a été
acceptée depuis (3). Mais rien absolument ne prouve que
ce remaniement soit heureux, et qu'il doive être suivi ;

1. C'est en usant d'une argumentation différente que M. Lenel a
démontré que tous les textes extraits du livre 35 de Pomponius *ad
Sabinum* se rapportaient originairement à la fiducie : la loi 8,
§ 3, Dig., 13. 7. *De pign. actione,* qui est extraite de ce livre 35
contient un féminin « eam » qui montre clairement que le neutre
« *pignus* » a été substitué au mot « *fiduciam* ». Cf. Lenel, *Palingenesia juris,* tome 2, p. 146, note 1.

2. *L. c.,* n. 8.

3. *Lex Romana Visigothorum,* édit. Hœnel, p. 360, note f.

c'est sans doute ce qu'a pensé l'un des éditeurs des Sentences de Paul, M. Krueger (1878), car il revient sinon entièrement, du moins dans une certaine mesure, à la leçon primitive de la *lex Romana Visigothorum*, et il semble ainsi indiquer que Paul dans ses Sentences traitait des deux institutions sous un titre unique, intitulé *De deposito*, en rattachant la fiducie au dépôt d'une façon en quelque sorte incidente ; toutefois M. Girard, le dernier auteur à qui nous devons un recueil de textes de droit Romain (1890), est revenu à la leçon courante et traditionnelle ; quoi qu'il en soit de ce point, il reste acquis que Paul dans ses Sentences a traité de la fiducie pour ainsi dire accessoirement ou parallèlement au dépôt). Telle est dans son ensemble la théorie de M. Lenel, que nous avons fait connaître en nous bornant la plupart du temps à une traduction, et à laquelle nous n'avons ajouté que peu de chose (1) : non seulement cette théorie, comme le dit l'auteur à la fin de son étude, offre un grand degré de vraisemblance, mais même à notre sens elle atteint un degré de certitude scientifique qui défie toute réfutation, du moins en principe. Cependant nous devons avoir constamment devant les yeux le point de départ de ce système : ce sont seulement les textes émanés des livres 30 d'Ulpien *ad Edictum*, 31 de Paul *ad Edictum*, et 13 de Julien *Digesta*, dans lesquels figure l'*actio pigneraticia*, qui sont suspects ; quant à ceux, au contraire, qui émanent des mêmes livres et qui se rapportent au dépôt,

---

1. Ce que nous avons ajouté a été mis entre parenthèse.

ils doivent être présumés authentiques, à moins que rapportés précisément au dépôt ils soient inintelligibles; c'est
en s'écartant de ce point de départ que M. Lenel nous
semble avoir été quelquefois trop loin; c'est ainsi
qu'il a, à tort croyons-nous, attribué à la fiducie un fragment qui se réfère tout naturellement au dépôt; nous
aurons à démontrer ce point à propos de la loi 31, Dig.,
41, 1. *De acq. rerum dominio*, texte auquel l'auteur a
assigné une importance qu'il ne mérite pas. Néanmoins
sous cette légère réserve, les conclusions de M. Lenel
nous semblent dignes d'une foi absolue dans l'immense
majorité des cas.

C'est là ce qui nous permettra d'admettre comme véri-
fiées, indépendamment d'autres preuves spéciales, un
certain nombre d'autres interpolations que le même auteur a signalées ailleurs dans un travail considérable,
une *Palingenesia juris civilis*, qui distance de beaucoup
un travail ancien, pourtant déjà précieux, la *Palingenesia juris civilis* de Hommell. Nous nous servirons
même de cette *Palingenesia juris* de M. Lenel comme
d'une pierre de touche pour mettre à l'épreuve la valeur
d'interpolations proposées par d'autres savants allemands,
par M. Voigt (1), et par M. Gradenwitz (2).

En ce qui touche le premier, ce sera pour nous à peu
près l'unique moyen de le contrôler, car s'il a le mérite
de citer un assez grand nombre de textes, il a le défaut

1. *L. c.*, n. 9.
2. *L. c.*, n. 6 et 7.

capital de n'apporter aucune espèce de preuve à l'appui de ses affirmations, de sorte que beaucoup de textes qu'il considère comme interpolés n'ont en réalité ce caractère que dans son imagination ; des interpolations qu'il a prétendu découvrir, M. Lenel en admet environ la moitié.

Il en est tout différemment du second de ces auteurs ; M. Lenel est d'accord avec lui pour admettre presque toutes les interpolations qu'il a proposées. C'est qu'en effet M. Gradenwitz a, lui aussi, démontré de la façon la plus ingénieuse et la plus séduisante l'interpolation d'un certain nombre de textes ; son procédé de recherches repose principalement sur des remarques de terminologie ; dans l'une de ses études (1), cet auteur a établi l'interpolation des quatre fragment suivants :

Africain, 8 Quœst. — Loi 50, § 1, Dig., 23, 3. *De jure dotium.* — Pomponius, 35 ad Sab. — Loi 8, Pr., Dig., 13, 7. *De pign. actione.* — Julien, 13 Digest. — Loi 16 Dig., 44, 7. *De oblig. et actionibus.* — Julien, 13 Digest. — Loi 36, Dig., 41, 2. *De. acq. vel amitt. possessione.*

Quant aux deux derniers de ces textes, l'auteur reconnaît que M. Lenel (2) avant lui avait démontré leur référence à la fiducie (3). Quant aux deux premiers, il résulte

1. *L. c.*, n. 6.
2. *L. c.*, n. 5.
3. Toutefois en ce qui concerne la loi 36, Dig., 41, 2. M. Lenel, tout en admettant que Julien avait écrit ce fragment dans le livre 13 de Ses Digestes sous la rubrique *fiduciæ*, et non sous *depositi* pensait que le jurisconsulte parlait là non de la fiducie, mais du *pignus* par comparaison avec la fiducie ; mais M. Gradenwitz ayant

aussi des hypothèses mêmes qu'ils prévoient pour les résoudre, qu'ils sont interpolés : ils visent soit un fonds de terre,
soit un esclave, les deux seuls objets possibles ou tout au
moins connus dans la fiducie. Mais une objection semble à
première vue s'opposer à cette manière de voir ; dans ces
quatre fragments en effet, ce serait les mots *pignoris causa
tradere* ou *accipere* qui auraient été substitués aux mots
fiduciæ causa mancipare ou *accipere;* mais dans les autres
passages où très certainement, comme l'a démontré M. Lenel, notamment à propos des lois 22 et 24, Dig., 13, 7.
De pign. actione, extraites du livre 30 d'Ulpien, *ad Edictum,* les compilateurs ont effacé la *fiducia* pour lui substituer le *pignus,* ce ne sont pas les mots *pignoris causa
tradere,* mais bien les mots *pignori dare* que l'on rencontre ; ne semble-t-il pas dès lors que s'il était vrai que nos
quatre fragments fussent interpolés ils devraient contenir
eux aussi les mots *pignori dare;* puisqu'au contraire ce sont
les mots *pignoris causa tradere* qui s'y trouvent, c'est qu'ils
émanent bien des jurisconsultes classiques eux-mêmes.
Voilà l'objection. M. Gradenwitz la met à néant, et cela
sans aucun effort apparent, tant la solution qu'il donne
semble naturelle : se basant sur l'examen des textes non
contestés, M. Gradenwitz remarque qu'à l'époque de
Gaïus, au IIᵉ siècle après J.-C., la seule expression
employée était *fiduciæ causa mancipio dare* (Gaïus, II,
§ 59 ; et III, § 201), tandis qu'au IIIᵉ siècle après J.-C.,

démontré que ce texte était bien relatif à la fiducie, non au *pignus,* M. Lenel s'est rangé à cet avis dans sa *Palingenesia juris.*

à l'époque de Paul, on rencontre uniquement les mots *fiduciœ dare* (Paul, II, 13, § 6; et III, 6, § 69) ; dès lors Julien, Africain et Pomponius, contemporains de Gâïus, devaient dire *fiduciœ causa mancipio dare,* tandis que Ulpien, contemporain de Paul, devait employer l'expression *fiduciœ dare ;* les compilateurs de Justinien n'ont donc rien fait autre chose que de remplacer partout *fiducia* par *pignus* et *mancipio dare* par *tradere.* L'objection est ainsi levée très facilement ; de la remarque qui lui a servi pour cette réfutation, M. Gradenwitz tire du reste une conséquence curieuse que nous aurons à faire connaître ailleurs. Le même auteur, dans un autre travail (1) a encore établi l'existence de différentes interpolations ; mais comme elles ne se rattachent qu'à un point spécial de notre sujet, nous réservons l'examen de son argumentation pour l'étude de ce point spécial ; c'est pour la même raison que nous nous bornons à mentionner ici que certaines autres interpolations ont été démontrées ou proposées par d'autres auteurs, tels que MM. Accarias, Keller, de Savigny, Dernburg, Geib et Heck. Au contraire comme nous aurons souvent dans tout le cours de notre étude sur la fiducie à faire intervenir les textes qui précèdent sur des points nombreux de la matière, nous avons pensé qu'il y avait lieu d'apprécier dès le début d'une façon générale la valeur de ces doctrines contemporaines qui tendent à restituer aux sources leur authenticité (2).

1. *L. c.,* n. 7.
2. Nous avons du reste dressé plusieurs tables des textes rela-

III

DÉFINITION. — DIVISION DU SUJET.

1. Les auteurs ont eu presque tous le tort de donner de la fiducie une définition trop peu large, en s'attachant à une seule de ses applications, la *fiducia cum creditore*, première source du crédit réel. C'est ainsi que M. Baron (1) définit la fiducie, l'opération par laquelle un débiteur transfère à son créancier la propriété de son bien sous la condition qu'il lui retransfèrera cette propriété après le paiement de la dette; et cependant M. Baron lui-même indique sommairement les diverses applications de la fiducie. La plupart des autres auteurs, M. Dernburg (2) par exemple, indiquent une définition analogue. A peu près seul, M. Geny (3) a compris qu'il fallait se placer à un point de vue moins étroit; cela tient à ce qu'il est l'un

---

tifs à la fiducie ; on les trouvera à la fin de notre étude sous les rubriques suivantes :

I. — Table des textes non contestés.

II. — Tables des textes interpolés.

Table A : Table des textes interpolés de M. Lenel.

Table B : Table de concordance Lenel-Voigt.

Table C : Table de concordance Lenel-Gradenwitz.

1. *L. c.*, n. 10.

2. *L. c.*, n. 11.

3. *L. c.*, n. 3.

des rares auteurs jusqu'ici qui aient présenté une théorie d'ensemble sur la fiducie (1). L'examen de notre travail montrera d'ailleurs que nous entendons attribuer à la fiducie un domaine d'application beaucoup plus vaste que celui qui a été assigné jusqu'à présent. La fiducie peut être définie : une convention basée sur la bonne foi, ayant pour cause un acte juridique solennel translatif d'un droit de propriété ou d'un droit de puissance, et pour objet un autre acte juridique inverse tendant à anéantir les effets du premier.

2. La division de notre sujet est indiquée d'une façon sommaire dans le plan général placé en tête de notre introduction, et d'une façon plus détaillée dans la table des matières placée à la fin de notre étude.

1. Cf. aussi M. Nouël, *De l'opération fiduciaire* (Thèse de Paris, 1890) ; et M. Oertmann, *Die Fiducia im römischen Privatrecht;* Berlin, 1890. Le premier de ces auteurs a le mérite d'avoir mis en relief l'importance des découvertes de M. Lenel ; mais il est loin d'en tirer tout le profit désirable ; car il se borne à circonscrire ces découvertes à un très petit nombre de textes. Le second au contraire ne se contente pas de classer dans un ordre méthodique tous les textes relatifs à la fiducie, parmi lesquels un grand nombre de textes interpolés. Il les reproduit littéralement (p. 5 à 52), à ce titre il peut être précieux à consulter ; mais il a le tort grave de ne consacrer que des développements insuffisants aux diverses applications de la fiducie (p. 124 à 161).

PREMIÈRE PARTIE

La Fiducie envisagée en elle-même.

───────

CHAPITRE PREMIER

ORIGINE HISTORIQUE DE LA FIDUCIE.

I. Notions préliminaires. — II. L'opinion de M. Accarias ; — sa réfutation. — III. L'opinion de M. Mommsen ; — sa réfutation. — IV. Date à assigner à l'apparition de la fiducie. — V. Première application de la fiducie.

BIBLIOGRAPHIE

1. Accarias. Précis de droit Romain, tome 2,
    α § 647, page 568, page 569, texte et notes 1 et 3,
    β § 494, pag. 196 et 197, note 1.
2. Ortolan. Histoire de la législation Romaine, § 134, pag. 135 et 136.
3. Mommsen. Zeitsch. des Sav. Stift., tome 6 ; — die römischen Anfänge der Kauf und der Miethe, pag. 273 et 274.

4. Maynz. Traité des obligations, § 26, p. 109 à 111 ; — et § 76, observ., pag. 308 à 310.

5. Lenel. Das Edictum perpetuum, pag. 232 et suiv.

6. Bechmann. Der Kauf, tome 1, § 34, pag. 287.

7. Giraud. Novum enchiridion, page 656.

8. Demelius. Zeitsch. für Rechtsgeschichte, tome 2. Plautinische Studien, pag. 177 à 216.

3. Oertmann. Die Fiducia im römischen Privatrecht, p. 86 à 103, 215.

I

NOTIONS PRÉLIMINAIRES.

A quelle époque remonte la fiducie ? Quand les besoins de la pratique se sont-ils fait sentir assez fortement pour engendrer l'usage de cette convention ? Aucun texte, aucun document ne viennent nous donner de renseignements précis sur ce point ; il ne peut être résolu que par des conjectures, et l'on ne peut aboutir qu'à une réponse approximative. Du reste, cette question ne doit pas être confondue avec celle de savoir à quelle époque la fiducie a été sanctionnée par un moyen de droit. Cette remarque n'est pas inutile, parce qu'elle nous mettra en garde contre la théorie de certains auteurs qui semblent s'être laissés égarer par suite d'une confusion de ces deux questions distinctes.

II

L'OPINION DE M. ACCARIAS : SA RÉFUTATION.

1. D'après une opinion assez répandue, la fiducie remonterait à la loi des Douze Tables. Examinant la question de savoir quelle force obligatoire il convient de reconnaître aux pactes adjoints à une *datio*, M. Accarias (1) commence par indiquer qu'à première vue il paraît résulter du fragment 1 de la table VI « *Cum nexum mancipiumve faciet, uti lingua nuncupassit, ita jus esto* » que c'est cette disposition qui a donné force obligatoire à ces sortes de pactes ; à la vérité il ajoute qu'une pareille conclusion serait trop absolue ; mais sa propre conclusion nous semble être en désaccord avec cette affirmation : car après avoir formé cette réserve, l'auteur distingue d'abord, « pour discerner ce que cette doctrine eut de vrai à l'origine », entre le pacte adjoint qui se borne à restreindre l'aliénation, et celui qui prétend en faire naître une obligation ; quant au pacte de la première espèce il en admet la validité ; puis venant à l'examen du pacte de la seconde espèce, M. Accarias fait une sous-distinction entre le pacte qui a pour objet d'engendrer pour l'acquéreur une obligation de donner autre chose que ce qu'il a

---

1. *L. c.*, n. 1, α. Cf. aussi en ce sens M. Oertmann, *l. c.*, n. 9.

reçu, et, celui qui a seulement pour objet d'engendrer
pour l'acquéreur l'obligation de restituer la chose ou la
quantité reçue. C'est ce dernier qui nous intéresse : M. Accarias admet que l'obligation sera créée ; voilà donc à son
avis ce qu'il y a de vrai dans la doctrine qui voit déjà
dans la loi des Douze Tables la sanction des pactes adjoints à une *datio*. Sur quels arguments cette opinion est-
elle basée ? D'après M. Accarias « l'obligation prend naissance parce qu'elle ne contient rien qui ne soit dans la
datio », et parce que « au fond, il n'y a pas autre chose
que cela dans le *mutuum* »; puis l'auteur nous dit que tous
ces pactes adjoints à une *datio* sont sanctionnés par une
condictio sine causa, et que, comme ce mode de sanction
appartient au droit strict et qu'il exclut toute idée d'une
obligation réciproque à la charge de l'aliénateur, ce sont
ces deux inconvénients qui ont suscité l'usage d'un pacte
spécial, appelé *fiducia*.

2. Cette théorie doit à notre avis être combattue, soit
qu'on l'examine dans son ensemble qui est adopté par
d'autres auteurs, soit qu'on l'examine dans ses détails
qui sont l'œuvre propre de M. Accarias.

Examinée dans son ensemble, la théorie prend pour point
de départ cette idée que le fragment 1 de la table VI « *Cum
nexum mancipiumve faciet...*» a sanctionné les pactes adjoints à une *datio ;* dès lors ce ne serait pas seulement la
fiducie elle-même, ce serait encore l'*actio fiduciæ*, qui daterait de cette époque. L'objection qui vient immédiatement
à l'esprit, c'est que s'il en est ainsi il est impossible de
s'expliquer pourquoi l'*actio fiduciæ* est une action de

bonne foi, car la mancipation est un acte des plus for-
malistes, et si c'est elle qui est la source de la sanction
de la fiducie, il semble que cette sanction devrait participer du même caractère de droit strict. La vérité, c'est
que ce fragment I de la table VI vise uniquement la
force obligatoire qui résulte de la *nuncupatio*, ensemble de paroles solennelles prononcées dans la solennité
per æs et libram du nexum ou de la *mancipatio* (Gaïus,
I, § 199. *Festus, v^{is} nexum et nuncupatio* ; Ortolan, *l.*
c., n° 27) : ces expressions « *Uti lingua nuncupassit* » ne
sauraient donc se rapporter à une convention accessoire à une *datio*, elles se réfèrent uniquement à la *datio*
elle-même. Cette doctrine n'aurait quelque vraisemblance que si le pacte de fiducie avait figuré dans la *nuncu-*
patio; encore resterait-on en présence du problème suscité
par le caractère de bonne foi de l'*actio fiduciæ ;* mais
comme le reconnaît M. Accarias lui-même il n'en est pas
ainsi; la *nuncupatio* était muette à ce propos, la découverte de la table de Bétique en 1867 a mis ce point hors
de doute.

Examinée dans ses détails, la théorie nous semble
critiquable tant au point de vue juridique qu'au point
de vue historique. Au point de vue juridique : l'auteur
en effet fait un rapprochement malheureux, nous semble-
t-il, entre la fiducie et le *mutuum*, alors que pourtant
une différence fondamentale sépare le contrat réel du
pacte purement consensuel ; il indique en outre la
condictio sine causa comme sanctionnant tous les pactes
adjoints à une *datio ;* au contraire, la *condictio sine causa*,

bien qu'au premier abord elle éveille une idée très générale par son nom même, paraît n'avoir été imaginée que
pour combler quelques lacunes de la législation, et n'avoir
été accordée que dans un nombre d'hypothèses très limitées, pour lesquelles n'existait auparavant aucune voie
de recours contre celui qui s'est enrichi sans cause (Loi
3, Dig., 12, 7. *De cond. sine causa;* loi 11, § 6, et loi 24,
§ 1. Dig., 19, 1. *De act. empti vendili; Instilutes,* II, 1, § 26).
Au point de vue historique: car d'après M. Accarias, il
semblerait que le *mutuum* et la fiducie aient existé à la
même époque, ce qui du reste serait en harmonie avec l'idée
qu'il paraît émettre en un autre endroit (1), et d'après
laquelle tous les contrats verbaux, littéraux, réels, consen-
suels, pourraient peut-être bien dater de la même époque ;
mais ce qui nous semble encore plus difficilement admissible, c'est que M. Accarias après avoir rattaché la naissance
de l'*actio fiduciæ* à la loi des Douze Tables, nous dit que
ce sont les inconvénients propres à la *condictio sine causa,*
qui ont suscité l'usage du *pactum fiduciæ,* de sorte qu'il
semble ainsi assigner à la *condictio sine causa,* une date antérieure à la fiducie, c'est-à-dire à la loi des Douzes Tables.

Il nous est, par conséquent, impossible d'adopter
cette théorie. Toutefois nous croyons que la doctrine
de M. Accarias contient une certaine part de vérité:
nous essayerons, en effet, de démontrer que la fiducie,
tout au moins dans l'une de ses applications, la *fiducia
cum amico,* avant d'être sanctionnée par l'*actio fiduciæ,* a

1. *L. c.,* n. 1 β.

trouvé une sanction dans une *condictio*, différente du reste
de la *condictio sine causa*, et de beaucoup postérieure en
date à la loi des Douze Tables.

Nous abordons maintenant une doctrine, au premier
abord plus séduisante que la précédente, mais qui elle
aussi est inexacte parce qu'elle entend encore rattacher
la fiducie à un acte juridique du droit strict.

III

L'OPINION DE M. MOMMSEN : SA RÉFUTATION.

1. D'après M. Mommsen (1), il est très vraisemblable
que la fiducie avant le moment où elle fut sanctionnée
comme telle pouvait l'être en empruntant la forme de la
stipulatio.

A coup sûr, cette affirmation n'aurait rien d'exorbitant
en elle-même si l'auteur se bornait à prétendre que la
sanction ainsi donnée à la fiducie consistait dans la délivrance de l'*actio ex stipulatu* avec ses effets ordinaires
d'action de droit strict. Mais M. Mommsen entend soutenir que l'*actio ex stipulatu* devenait alors, au moins dans
une certaine mesure, une action de bonne foi, et il prétend expliquer ainsi une formule « *Uti ne propter te
fidemve tuam captus fraudatusve siem* », sur laquelle nous
reviendrons plus loin, et qui nous est rapportée par Cicé-

1. *L. c.*, n. 3.

ron (*De officiis*, III, 17, § 70) ; d'après lui, « il faut penser que le contrat de *stipulatio*, au moyen de clauses adjointes expressément, a déjà pu de bonne heure d'une façon conventionnelle être rangé dans ce domaine, qui par la suite fut désigné par l'expression caractéristique de *Bona Fides*. »

2. Il semble qu'il y ait dans cette affirmation un certain rapprochement, et comme une inspiration inconsciente de la théorie vraiment extraordinaire de M. Maynz (1), pour qui, « l'action résultant de la *stipulatio* avait le caractère *stricti juris* ou *bonæ fidei*, selon que l'objet de la demande était un *certum* ou un *incertum*. » Cette doctrine n'a que le mérite de l'originalité ; elle repose sur une erreur certaine ; l'*actio ex stipulatû* a toujours été une *condictio* ; même sous Justinien, elle ne figure pas dans l'énumération limitative que les Institutes nous donnent des actions de bonne foi (IV, 6, § 28 et 29), et tous les textes nous la présentent comme une action de droit strict, ; ils sont généraux et tout à fait formels (ex. Loi 5, § 4, Dig., 12, 3. *De in litem jurando*).

Ce qui a pu jusqu'à un certain point faire illusion à M. Maynz, c'est que la stipulation dans certains cas admet la *clausula doli*, c'est encore que Justinien a fait produire à l'*actio ex stipulatû de dote* des effets analogues à ceux de l'*actio rei uxoriæ* ; ce sont en effet es textes qui constatent ces résultats que M. Maynz cite principalement à l'appui de son opinion ; mais ils ne prouvent aucune-

1. *L. c.*, n. 4.

ment que sous Justinien l'*actio ex stipulatû* ait dépouillé
son caractère de droit strict, ce n'est que par un abus de
langage que l'Empereur Byzantin nous dit qu'il donne à
l'*actio ex stipulatû de dote* la forme originaire « *rudem
figuram* » de l'*actio rei uxoriæ* (Loi unique, § 7, Code, 5. 13.
De rei uxoriæ. Institutes IV, 6, § 13) ; c'est avec une exagération analogue, constituant une erreur manifeste, que le §
28 du titre 6 du livre IV des *Institutes* range parmi les actions
de bonne foi la *petitio hereditatis* qui est une action réelle ;
d'ailleurs le texte du Code lui-même a soin d'ajouter que
c'est seulement sur un point spécial, le bénéfice de compétence au profit du mari actionné en restitution de la
dot « *in hac parte...* » que la réforme est opérée ; quant
à la *clausula doli*, il est évident qu'elle n'a jamais eu pour
effet de transformer la stipulation en un contrat de bonne
foi, car il subsista jusqu'à la fin entre les deux cette différence irréductible, à savoir que le juge de l'action de
bonne foi prend en considération à la fois les droits des
deux parties en cause, qui ont conclu le contrat synallagmatique, tandis que le juge de l'*actio ex stipulatû* même
en vertu de la *clausula doli* ne peut se préoccuper que des
droits du stipulant, de celui qui a prononcé le *spondes ne*
ou autre formule analogue dans ce contrat unilatéral.

Mais c'est insister par trop sur une opinion qui est si
visiblement erronée ; si nous l'avons fait, c'est que les
quelques arguments qui nous ont suffi pour la réfuter,
nous suffisent aussi pour détruire l'affirmation de M. Mommsen ; à la vérité cette affirmation est moins accentuée
dans ses termes que la doctrine de M. Maynz, en ce qu'elle

se présente à titre de pure conjecture ; mais elle est plus
exorbitante encore s'il est possible en ce qu'elle veut
placer dans la stipulation l'origine même de l'idée de
bonne foi, tandis qu'à la rigueur on pourrait concevoir à
priori que sous Justinien la stipulation, influencée par
l'exemple séculaire des contrats de bonne foi, ait fini par
emprunter leur caractère. Non seulement la conjecture de
M. Mommsen n'est pas très vraisemblable, comme il l'affirme à tort, mais même il est certain qu'elle est fausse :
on peut bien soutenir qu'avant l'époque où la fiducie a
engendré l'*actio fiduciæ*, les parties pour plus de sécurité
au lieu de conclure un *pactum fiduciæ* s'engageaient par
stipulatio, encore ne pensons-nous pas qu'il a dû en être
ainsi, nous aurons à revenir sur ce point ; mais même
en adoptant cette idée, la sanction ne pouvait consister que
dans la *condictio* de droit strict ordinaire née de la stipulation ; jamais dans cette *condictio*, comme le soutient
M. Mommsen, « le principe de la loyauté et des bons offices
(ne) trouvait son application ». Ainsi la fiducie n'a pas
plus son origine dans la formule solennelle, et de droit
strict de la *stipulatio*, que dans la formule solennelle et
rigoureuse de la *nuncupatio mancipii :* comme nous le
verrons, elle réside dans un pacte, c'est-à-dire dans une
convention basée sur le seul consentement des parties.

IV

DATE A ASSIGNER A L'APPARITION DE LA FIDUCIE.

1. Mais à quelle époque cette convention devint-elle en usage?

C'est là un point éminemment obscur, et sur lequel on ne peut découvrir qu'une solution conjecturale en remontant successivement du connu vers l'inconnu. M. Lenel (1) a démontré que la fiducie dans un cas spécial, le cas de *fiducia cum servo contracta*, se manifestant par l'*actio fiduciæ*, est antérieure aux actions *adjectitiæ qualitatis*, notamment à l'*actio de peculio*. Malheureusement l'époque de la naissance de ces actions nous est inconnue : d'une part ce sont des actions prétoriennes, d'autre part à raison de leur grande utilité pratique elles ont dû être imaginées de bonne heure; on peut d'autant plus admettre cette solution que leur formule ne contrecarre pas directement le droit civil, ce ne sont pas des actions *in factum* mais plutôt des actions civiles complétées par le préteur. Mais cette découverte de M. Lenel, qui serait peut-être de nature à nous dévoiler la date de la naissance de l'*actio fiduciæ*, ne saurait nous être d'aucune utilité pour assigner une date à la naissance de la fiducie elle-même. Ce sont là en effet deux questions fort différentes, et

1. *L. c.*, n. 5.

nous nous garderons bien de nous laisser en quoi que
ce soit influencer par la confusion que nous avons repro-
chée à la doctrine qui croit voir la fiducie déjà sanctionnée par la loi des Douze Tables.

2. C'est le *Trinummus* de Plaute (acte 1, scène 2, v.
80 ; Giraud, *l. c.*, n° 7) qui est le premier texte dans
lequel se trouve mentionnée la fiducie : *qui tuæ mandatus
est fidei et fiduciæ*. Mais à l'époque de Plaute, au vi° siècle de Rome, la fiducie était déjà sanctionnée par l'*actio
fiduciæ ;* car, comme l'a démontré M. Demelius (1), il résulte
d'un grand nombre de passages des comédies de Plaute
que de son temps l'*emptio venditio* existait déjà comme
contrat consensuel et de bonne foi, et il est à peu près
certain que l'*actio fiduciæ* a été la première action de
bonne foi. Nous sommes donc en face de la même observation que tout à l'heure : la date de l'*actio fiduciæ* ne
nous offre aucune utilité pour trouver la date de la fiducie, et ici encore la source d'informations nous fait défaut.

3. Ce n'est que le raisonnement, — et en une matière
purement historique, c'est un guide bien peu sûr, — qui
est capable de nous fournir quelques indications pouvant
nous amener à une solution. D'une part puisque l'*actio
fiduciæ* est antérieure à l'*actio empti* qui remonte au
vi° siècle de Rome, on peut affirmer qu'elle existe
elle aussi au vi° siècle. Dès lors à cette époque la
fiducie existait déjà, d'autant plus que, comme nous le
verrons, elle a reçu une autre sanction avant d'en trouver

---

1. *L. c.*, n. 8.

une dans l'*actio fiduciæ*. Mais d'autre part, il est certain que la fiducie n'a pas été sanctionnée par la loi dès sa naissance : la meilleure preuve de cette affirmation réside dans ce fait qu'il y a eu un moyen indirect de la sanctionner, l'*usureceptio*. A la vérité ce moyen indirect a subsisté à côté du moyen direct, de l'*actio fiduciæ*, une fois qu'elle eut été créée, et il a duré autant que la fiducie elle-même (Gaïus, II, §§ 59 et 60 ; — III, § 201) ; mais à une certaine époque, il a dû exister seul ; en effet, on comprend que, puisqu'il existait déjà, il ait été maintenu comme surcroît de sanction d'une obligation fondée essentiellement sur la bonne foi, tandis qu'il serait impossible de concevoir pourquoi il aurait été imaginé après coup, alors que la fiducie était déjà sanctionnée directement. Il y a donc eu une époque où la fiducie n'avait pour sanction directe que la conscience et la loyauté du fiduciaire : son nom même le prouve d'une façon énergique ; c'est la remarque de M. Bechmann (1) : mais à partir de quelle époque s'introduisit-elle dans l'usage avec ce caractère imparfait ? La question avancerait beaucoup sans doute, si l'on connaissait d'une façon précise la date d'origine de l'*usureceptio :* cette institution par ses caractères juridiques et par ses applications diverses paraît remonter à une très haute antiquité. Dès lors on peut dire que la fiducie elle-même est certainement antérieure au vᵉ siècle de Rome, et qu'elle date au moins du ivᵉ ; peut-être même est-il permis de hasarder l'opi-

1. *L. c.*, n. 6.

nion qu'elle était déjà en usage dès l'époque de la loi
des Douze Tables. Voilà, nous semble-t-il, les seules
données probables : nous nous y tiendrons ; car hors
de là on sort du domaine des conjectures permises pour
entrer dans celui de l'imagination la plus arbitraire.
Ainsi, comme la première des doctrines que nous avons
combattues, nous faisons remonter la fiducie jusqu'à la
loi des Douze Tables; mais notre opinion ne se confond
en aucune façon avec cette doctrine : celle-ci en effet voit la
sanction de la fiducie là où nous n'apercevons que son
existence ; elle la cherche dans la loi, alors que nous la
trouvons seulement dans les mœurs.

V

PREMIÈRE APPLICATION DE LA FIDUCIE.

ſ Dans quelle application la fiducie s'est-elle traduite
pour la première fois? C'est là une question différente,
quoique voisine, de la précédente : elle est encore plus
difficile à résoudre que celle-ci, car elle a en vue, étant
donné que la fiducie était déjà usitée à l'époque de la loi
des Douze Tables, de préciser cette idée, et de savoir
quels besoins pratiques ont suscité cet usage lui-même.
Il importe tout d'abord d'écarter un certain nombre d'applications pour lesquelles à notre avis il ne saurait y
avoir doute : ce sont toutes celles que nous rangeons sous
le titre commun de *fiducia cum amico*, la plupart ne da-

tent que d'une époque relativement récente, quant aux
autres, elles n'ont jamais eu une importance pratique de
premier ordre. Restent la *fiducia cum creditore*, et la
fiducie employée dans le droit des personnes : à la vérité
cette dernière semble, par suite des différents besoins pratiques qu'elle avait en vue de satisfaire et des divers actes juridiques à propos desquels elle intervenait, remonter à une époque lointaine ; mais nous pensons que la
fiducia cum creditore a dû la précéder, et que de même
qu'elle a été la dernière application de la fiducie à disparaître, elle a été aussi la première à naître : en effet les
nécessités du commerce ont dû être particulièrement
puissantes ici pour l'appeler à la vie ; en outre le moyen
de sanction indirecte de la *fiducia cum creditore*, *l'usureceptio*, qui seule existait à l'origine, et qui était étrangère, selon nous, aux diverses applications de la fiducie
dans le droit des personnes nous apparaît, ainsi que
nous le verrons, avec un caractère archaïque nettement
prononcé.

CHAPITRE II

NATURE ET FORME. — CARACTÈRES JURIDIQUES DE LA
FIDUCIE.

I. Notions préliminaires. — II. Nature et forme de la fiducie.
1. Sa nature. 2. Sa forme. 3. Etude détaillée de ces deux points
combinés. 4. Conséquences de cette nature juridique. — III. Caractères juridiques de la fiducie. 1. Son but. 2. Sa sanction.
3. Son résultat. 4. Ses modes de réalisation.

BIBLIOGRAPHIE

1. Geny. Étude sur la fiducie, thèse de Nancy, 1885, pag. 27 à 29,
    49, 72.
2. Cujacii opera omnia a Fabroto disposita ; sur les Institutes, III,
    2, § 1.
3. Conradi de pacto fiduciæ exercitatio prima, § 1.
4. Sigonius, de judiciis, liv., 1, ch. 5.
5. Gothofredus, ad legem unic., codex Theodosianus, III, 2.
6. Ubbelohde. Zur Geschichte der benannten Realcontracte, §§ 24
    et 25.
7. Geib. Zeitsch der Sav. Stift., tome 8. Actio fiduciæ und Real-
    vertrag, pages 113, texte et note 3, 117, 126, 131, note 7,
    140, 145 à 151.
8. De Savigny. Droit des obligations, trad. Gérardin et Jozon, tome
    2, pages 344 et 345, 359 à 361.

9. Bechmann. Der Kauf, tome 1, § 34, p. 292 à 294.

10. Scheurl. Kritische Vierteljahrschrift für Gesetzgebung und Rechtswissenschaft, tome 2, 15, pag. 417 et 418.

11. Huschke. Zeitschr. für geschichtliche Rechtswissens. tome 14, page 246; et Ueber das Recht des Nexum, pag. 76.

12. Rudorff. Zeitchr. für geschichtliche Rechtswissens. tome 13, page 183.

13. Büchel. De fiducia, pag. 20 et 21.

14. Voigt. Die XII Tafeln, tome 2, § 86, pag. 166 à 187.

15. Gide. Revue de législation, tome 1 ; Un pactum fiduciæ, pag. 79, 80, 81.

16. Girard. Nouvelle revue historique, tome 6; L'action auctoritatis, pag. 191 à 199, 211 à 218.

17. Ihering. L'esprit du droit Romain, trad. de Meulenaere, tome 3, § 52, pag. 223 et 224, et note 246, et pag. 238, tome 4, § 63, pag. 136 à 144.

18. Tardif. Nouvelle revue historique, tome 12, Les nouvelles tablettes de cire de Pompéï, page 835.

19. Mommsen. Zeitchr. der Sav. Stift., tome 6, die römischen Anfänge, von Kauf und Miethe, pag. 273 et 274.

20. Jourdan. L'hypothèque, pag. 36 et 37.

21. Muther. Sequestration, pag. 376 à 338.

22. Bekker. Die Aktionen des römischen Privatrechts, page 36.

23. Lichtenstein, De in jure cessionis origine et natura; dissertatio inauguralis, pag. 73 à 79.

24. Lenel. Zeitschr. der Sav. Stift., tome 3 ; Quellenforschungen in den Edictcommentaren; Zur actio fiduciæ, p. 114, 115 et 179.

25. Dernburg. das Pfandrecht, tome 1, page 9, note 5.

26. Rudorff. Zeitschr. für Rechtsgeschichte, tome 11, Ueber die bætische Fiduciartafel, page 73, note 23 ; pag. 74, 83, et note 45, 84 à 86.

27. Degenkolb. Zeitschr. für Rechtsgeschichte, tome 9, Ein pactum fiduciæ ; pag. 171 à 179.

28. Voigt. Das jus naturale, tome 2, page 418, note 520, et pag. 674.

29. Accarias. Précis du droit Romain, tome 1, §§ 225 et 226, pag. 571 à 576, et § 243, pag. 612.

30. Walter. Geschichte des römischen Rechts bis auf Justinian, tome 1, § 319.

31. Keller. Zeitschr. für geschichtliche Rechtswissens., tome 12, pag. 400 et suiv.

32. Eck. Zeitschr. der Sav. Stift., tome 9, Neue pompejanische Geschäftsurkunden, page 96.

33. Oertmann. Die fiducia im römischen Privatrecht.

I

NOTIONS PRÉLIMINAIRES.

1. La question de la nature et celle de la forme de la fiducie ne se confondent pas ; mais elles sont tellement voisines l'une de l'autre qu'il est difficile de les distinguer : la forme de l'opération (1) dans laquelle se révèle la fiducie exerce une influence capitale sur la nature même de

1. Nous n'entendons pas ici désigner par là la forme du *pactum fiduciæ*, mais bien la conformation générale de l'opération fiduciaire considérée dans son ensemble. Les textes eux-mêmes nous autorisent à employer ce langage : car par l'expression *fiducia* ils désignent tantôt le *pactum fiduciæ* envisagé isolément (Gaïus, II, § 59 et III, § 201), tantôt le bien donné *cum fiducia* (Paul, II, 13, § 1, 3 et 5), tantôt enfin l'opération tout entière (Gaïus, II, § 60 ; Paul, II, 13, § 4 ; — Boëce sur Cicéron, Topiques, c, 10, 41 ; — Isidore de Séville, Orig., V, c. 25, § 23).

cette institution, et il est impossible de résoudre séparé-
ment ces deux questions ; une solution commande l'autre.
Il est curieux et regrettable à la fois que sur un point
fondamental, comme l'est celui qui va nous occuper, l'accord ne soit pas fait entre les interprètes ; de là sur tout
l'ensemble de notre matière des divergences profondes qui
sont autant de conséquences de ce désaccord primordial ;
nous les retrouverons presque partout dans les chapitres
qui suivront. C'est une raison de plus pour discuter avec le
plus grand soin possible toutes les théories, même les plus
invraisemblables, qui sont relatives à la nature et à la
forme de la fiducie, de façon à aboutir à des notions pré-
cises et solides sur lesquelles nous puissions nous baser
par la suite dans tout le cours de notre étude sur la fiducie d'une manière indiscutable.

2. L'examen des caractères judiriques de la fiducie
nous donnera une connaissance anticipée et sommaire des
effets et des applications diverses de la fiducie. Rechercher et trouver le but, la sanction, le résultat, les modes
de réalisation de la fiducie, ce sera nous initier à son fonctionnement pratique.

II

NATURE ET FORME DE LA FIDUCIE.

1. La fiducie est une convention ; tous les auteurs sont
d'accord pour le reconnaître ; mais dès le point de départ

la divergence se manifeste en présence de la question de savoir dans quelle classe de conventions il convient de ranger celle-ci.

Le principe moderne, d'après lequel le simple consentement des parties suffit à constituer le contrat obligatoire, n'a jamais été connu de la législation Romaine avec le caractère général et absolu dont il est empreint aujourd'hui ; c'est le principe opposé qui prévaut : *ex pacto actio non nascitur* (loi 6, *Dig.*, 2. 14, *De pactis*) ; et bien que par la suite des temps il ait reçu des brèches de plus en plus importantes, grâce à l'introduction successive des contrats de bonne foi, des pactes adjoints, des pactes prétoriens et des pactes légitimes, il a néanmoins subsisté jusqu'à la fin du droit Romain. D'autre part la notion du contrat implique nécessairement l'idée d'une convention entièrement indépendante de toute autre opération juridique, et se suffisant à elle-même : sans doute le pacte peut se concevoir également avec ce caractère, mais il peut aussi exister avec le caractère inverse de convention subordonnée dans son existence même à l'accomplissement d'une autre opération juridique ; au contraire il n'y a pas de contrat dans ce dernier cas (1). En un mot, si la convention réunit les deux caractères d'indépendance dans sa formation et d'obligation civile dans ses effets, c'est un contrat ; si l'un de ces caractères lui fait défaut, c'est un pacte.

1. Il n'en est autrement qu'à l'égard des contrats réels; mais nous verrons précisément qu'il faut sans hésitation rejeter l'opinion qui trouve un contrat réel dans la fiducie.

Telles sont les données, incontestables à notre avis, qui vont nous servir à résoudre le point de savoir si la fiducie est un pacte ou un contrat. M. Geny (1) s'arrête à peine à cette question, parce qu'à ses yeux elle n'a aucune importance ; cette affirmation à notre sens constitue une erreur profonde ; l'opinion que l'on adopte sur ce sujet exerce au contraire une influence considérable sur toute l'étude de la fiducie ; ce n'est qu'au fur et à mesure de cette étude que nous pourrons constater cette vérité ; elle est féconde en conséquences théoriques et pratiques ; l'examen même de ce chapitre en fournira des preuves.

α. Les anciens auteurs qui ont traité de la fiducie agitaient déjà la question : pour les uns, la fiducie est un pacte ; pour les autres, elle est un contrat. Aujourd'hui la grande majorité des interprètes se prononce dans le premier sens ; cependant quelques-uns qualifient encore la fiducie par l'expression *contractus fiduciæ* (2), notamment M. Ubbelohde et M. Geib (3). Cette dénomination est la base de théories propres à ces auteurs : pour le premier, en effet, la fiducie a été un contrat réel à une certaine époque du droit ; pour le second, la fiducie devint aussi à une certaine époque une convention indépendante et munie d'une sanction juridique, basée sur un élément analogue à celui qui engendre la force obligatoire du contrat réel ; on le voit, entre ces deux auteurs la diffé-

1. *L. c.*, n. 1.

2. L'expression contrat de fiducie est aussi celle de M. Accarias, dans tous les passages où cet auteur parle de cette convention.

3. *L. c.*, n. 6 et 7.

rence n'existe guère que dans les mots ; nous montrerons
en un autre endroit (1) la fausseté de ces théories, mais
il importe avant tout d'examiner la base même sur
laquelle elles prétendent s'appuyer. Sur quels arguments
est-il donc possible de fonder cette dénomination *contractus fiduciæ ?* M. Geib (2) semble dire que les textes
emploient cette expression ; mais c'est là une affirmation
erronée, aucun texte ne fait usage de ces mots. Tout
ce qu'il est permis de remarquer c'est qu'on rencontre
les termes « *contrahitur fiducia ; contracta fiducia ; contrahere fiduciam* » dans Gaïus (II, § 60), dans les Institutes de Justinien (III, 2, § 8), et même dans un texte
du Digeste, emprunté à Ulpien, 13 *ad Sabinum* (Loi 2,
§ 15, Dig., 38. 17. *Ad. sn. co.* Tertul. et Orphit.); ces termes sont en effet invoqués dans cette opinion : voilà pour
la terminologie. A un autre point de vue, celui des principes, on se prévaut encore de ce que la fiducie est sanctionnée par une action civile, l'*actio fiduciæ in jus :* c'est
même cette dernière considération qui semble avoir fait
hésiter quelque peu M. Geny à reconnaître à la fiducie
la nature d'un pacte. Enfin MM. Ubbelohde et Geib qui
font de la fiducie, un contrat, sont logiques en allant
jusqu'au bout de leur opinion, et en lui assignant le
caractère de convention indépendante, qu'ils croient pouvoir déduire de certains textes.

1. Cf. *Influences de la fiducie sur l'ensemble du droit. Origine des contrats réels nommés.*
2. *L. c.*, n. 7, p. 131, note 7.

β. Cette opinion n'a pour elle aucun argument sérieux. Tout d'abord c'est à tort qu'elle invoque la terminologie des sources : l'emploi du verbe *contrahere* à propos de la fiducie ne prouve aucunement qu'elle soit un contrat, ce terme sert simplement à désigner la conclusion d'un acte juridique quelconque : il en est également ainsi du mot *contractus*, à supposer même qu'il se rencontre dans les textes, comme le veut M. Geib. En effet, suivant la remarque de M. de Savigny (1), l'expression *contractus* présente des sens très divers ; c'est ainsi qu'elle est employée pour indiquer la source des obligations en général, y compris même les délits (Loi 52, Digeste, 42. 1. *De re judicata ;* loi 22, Dig., 48. 2. *De accusationibus ;* loi 15, Dig., 39. 5. *De donationibus*) ; il y a plus ; un fragment de Papinien range le testament, acte unilatéral de volonté parmi les *contractus* (Loi 9, Princ., Dig., 45. 2. de *Duobus reis*) ; enfin la loi 20. Dig., 5. 1. *De judiciis* pose un principe tout à fait large qui embrasse parmi les *contractus* tous les actes juridiques susceptibles d'engendrer une obligation. C'est donc ailleurs que dans cette terminologie qu'il faudrait chercher la preuve que la fiducie est un contrat. On prétend la trouver dans ce fait que la fiducie est sanctionnée par une action civile, l'*actio fiduciæ* (Gaïus, IV, § 62) ; mais c'est aussi par une action civile que sont sanctionnés les pactes adjoints à un contrat de bonne foi, dans tous les cas si ce sont des pactes adjoints *in continenti* (Loi 7, § 5, Dig., 2. 14. *De*

1. *L. c.,* n. 8.

pactis), suivant certaines distinctions si ce sont des pactes
adjoints *ex intervallo* (Loi 72. Dig., 18. 1. *De contrahenda
emptione*) ; la *condictio ex lege* qui sanctionne les pactes
légitimes est encore une action civile, au sens large du
mot (Loi unique, Dig., 13. 2. *De condictione ex lege*) ;
ainsi à l'inverse de l'opinion que nous combattons et d'a-
près laquelle le pacte serait la convention non munie
d'une sanction civile, nous pouvons dire que tous les pactes sont pourvus d'une action civile, sauf les pactes prétoriens que protègent des moyens de droit prétorien, et
les pactes nus qui ne reçoivent aucune sanction. L'o-
pinion qui voit dans la fiducie un contrat ne trouve aucun
appui sur ce point.

Les principes lui sont encore plus défavorables que la
terminologie. Pour que la fiducie fût un contrat, il ne suffirait pas qu'elle fût pourvue d'une sanction civile, il faudrait en outre qu'elle fût une convention indépendante et
se suffisant à elle-même ; c'est précisément ce dernier caractère que MM. Ubbelohde et Geib cherchent à établir en
essayant de démontrer que la fiducie a pu exister à titre de
convention du *jus gentium* rendue obligatoire par une *traditio ;* que faut-il penser de ce point ? C'est ici que la nature de la fiducie se relie intimement à la conformation de
l'opération juridique dans laquelle elle intervenait. L'étude
de cette question va nous forcer à abandonner la méthode
que nous avons suivie jusqu'ici et qui consistait à exposer
d'abord l'opinion de MM. Ubbelohde et Geib pour la discuter ensuite ; suivant une marche inverse nous allons
commencer par établir quelle est la forme de la fiducie,

la solution de cette question une fois connue nous permettra de dégager d'une façon indiscutable la nature de la fiducie, c'est en étudiant ensuite cette nature dans ses détails et dans ses conséquences que nous nous retrouverons pour la combattre en présence de la doctrine, suivant laquelle la fiducie est un contrat, doctrine qui nous arrêtera de nouveau par des objections plus spécieuses que solides. Toutefois dans l'examen même de la question que nous allons aborder, c'est la méthode précédente qui sera suivie, en vue de discuter une autre opinion relative à la conformation de l'opération juridique dans laquelle intervenait la fiducie (1).

2. La fiducie n'est pas une convention indépendante et isolée de tout autre acte juridique. Les textes nous la montrent toujours comme accompagnant une *mancipatio* ou une *in jure cessio*, et ils qualifient cette dernière par l'épithète *fiduciaria*. Isidore de Séville nous dit (Orig., V. C. 25, § 23) : « *fiducia est, cum res aliqua... mancipatur, vel in jure ceditur.* » D'après Boëce (*In Ciceronis Topica*, l. 4, c. 10, 41 ; Bruns, *Fontes juris Romani*, 5e édit., page 400) : « *fiduciam accepit, cuicumque res aliqua mancipatur...* ». Gaïus s'exprime ainsi (II, § 59, et III, § 201) : « *nam qui rem alicui fiduciæ causa mancipio dederit vel in jure cesserit...* », et « *debitor rem quam fiduciæ causa creditori mancipaverit, aut in jure cesserit...* ». Paul dit aussi (II, 13, § 3) : « *atque ita remancipatam sibi rem...* » ; et Ulpien (11, § 5) : « *qui*

1. Cf. M. Oertmann, *l. c.*, n. 33, p. 103 à 108.

liberum caput mancipatum sibi... » Dans les passages que les commissaires de Justinien ont interpolés en remplaçant le mot *fiducia*, qu'avaient écrit primitivement les jurisconsultes classiques, par d'autres termes tels que *pignus* et *depositum*, ils n'ont pas manqué de remplacer en même temps les expressions *mancipare* ou *in jure cedere* qui n'avaient plus de raison d'être de leur temps par l'expression *tradere*, ne laissant subsister que le terme *dare* là où il se trouvait déjà ; c'est ce qu'a démontré M. Gradenwitz, comme nous l'avons vu. Ainsi la fiducie est un pacte qui a pour objet de limiter les effets de la *datio* solennelle résultant de la *mancipatio* ou de l'*in jure cessio ;* mais quelle est la nature de ce pacte ? est-il inséré dans la formule même de la *mancipatio* ou de l'*in jure cessio*, ou bien est-il simplement adjoint à la *datio* solennelle ?

α. En face et tout à fait à l'opposé de la conception d'après laquelle la fiducie est une convention entièrement indépendante tant dans sa formation que dans ses effets, se trouve une conception d'après laquelle au contraire la fiducie dépend complètement de la mancipation ou de l'*in jure cessio* à ces deux points de vue. Nous avons déjà envisagé cette théorie dans l'une de ses branches, qui se relie à la question de l'origine historique de la fiducie : nous avons vu combien elle se trompe en faisant dériver la sanction juridique de la fiducie du principe de la loi des Douze Tables « *Cum nexum faciet mancipiumve, uti lingua nuncupassit, ita jus esto* » ; les auteurs qui adoptent cette théorie sont logiques en admettant que le pacte de fiducie figurait dans la formule même de la *datio* solennelle. M. Scheurl (1) qui se rallie à cette opinion croit pouvoir la fonder sur le § 50 *Fragmenta Vaticana* : ce texte émané de Paul est relatif à la *deductio ususfructus*, il nous montre que cette dernière figurait à titre de *lex dationi dicta* dans la formule de la *datio*, il doit dès lors, dit cet auteur, en être de même du *pactum fiduciæ*. Se basant sur ce point de départ, des auteurs en assez grand nombre ont cherché à reconstituer la formule de la *mancipatio* ou de l'*in jure cessio* fiduciaire. Voici les principaux essais de ce genre relatifs à la *mancipatio*, ils émanent de M. Huschke et de M. Rudorff (2). D'après M. Huschke, la formule de la *mancipatio* fiduciaire était ainsi conçue :

« Hanc ego rem tibi fiduciæ causa, quo tutius, »
« ea apud te esset, mancipio dedi, eamque tu »
« mihi ita remancupato, uti ne propter te »
« fidemque tuam captus fraudatusve siem. »

M. Rudorff donne une formule analogue :

« Mancipio do ea lege uti mihi remancipes »
« ita uti ne propter te fidemve tuam »
« captus fraudatusve siem. »

Voyons maintenant les essais de formule de l'*in jure cessio* fiduciaire ; ils ont été tentés par M. Büchel et par

1. *L. c.*, n. 10.
2. *L. c.*, n. 11 et 12. Cf. aussi M. Oertmann, *l. c.*, n. 33, p. 86 à 103, 222 à 237.

M. Voigt (1); voici la formule proposée par le premier
de ces auteurs :

« Hanc rem ex jure Quiritium meam esse aio »
« ita ut illam in jure tibi cedam, ne propter »
« me fidemve meam captus fraudatusque sies. »

M. Voigt indique une formule qui se rapproche de
celle-ci :

.« Hunc ego hominem fidei fiduciæ causa »
« ex jure Quiritium meum esse aio ea lege »
« uti eum hominem — manumittam »
« (ou) tibi (ou) Lucio Titio remancipem. »

β. M. d'Ihering (2) a parfaitement montré la fausseté de
cette théorie. Comme il l'a dit, tous ces essais qui ont
pour caractère commun d'insérer le *pactum fiduciæ* dans
la formule de la *datio* solennelle constituent autant de
monstruosités juridiques. La *datio* solennelle avait pour
but le transfert de la propriété, et le *pactum fiduciæ* la
restitution de cette propriété ; ces deux buts étaient diamétralement opposés ; dès lors ces deux actes ne pouvaient pas se confondre dans une seule et même formule ;
le simple bon sens se refusait à admettre qu'il y eût
acquisition là où il était convenu que la chose devait
être restituée ; comment aurait-on pu concevoir une
mancipation qui aurait eu pour effet d'une part de
transférer la propriété, et d'autre part de ne pas la

1. *L. c.*, n. 13 et 14.
2. *L. c.*, n. 17.

transférer d'une façon incommutable ? N'était-il pas de
même impossible de comprendre une *in jure cessio*, revendication fictive dans laquelle le revendiquant aurait
affirmé solennellement que la chose est à lui d'après le
droit des *Quirites*, mais qu'elle ne lui appartient pas pour
toujours ? L'insertion du *pactum fiduciæ* dans la *mancipatio* ou dans l'*in jure cessio* eût constitué une *contradictio in
adjecto ;* elle était impossible. A la vérité on invoque en
sens contraire le § 50 des *Fragmenta Vaticana :* mais Paul
lui-même qui admet comme possible l'insertion des mots :
« *deducto usufructu* » dans la formule de la *datio* solennelle, nous indique que cette solution est de date relativement récente, car elle était repoussée par Pomponius
jurisconsulte qui ne vivait qu'un siècle environ avant
Paul ; la solution admise par ce dernier à propos de la
deductio usufructus ne saurait donc être étendue à la fiducie, d'autant plus que les deux opérations juridiques
s'analysent d'une façon très différente : dans la *mancipatio* ou dans l'*in jure cessio* avec *deductio usufructus*, il y
a en quelque sorte deux objets distincts qui peuvent être
soumis chacun à un droit, les jurisconsultes romains se
sont élevés jusqu'à la notion du démembrement du droit
de propriété ; il est facile de concevoir que celui qui mancipe ou cède *in jure* sa chose à un tiers, puisse ne lui
transférer que la nue-propriété, en se réservant l'usufruit à son profit ; il n'y a là aucune *contradictio in adjecto ;*
au contraire dans la *mancipatio* ou dans l'*in jure cessio*
fiduciaire c'est le même objet qui serait soumis à deux
droits distincts ayant pour titulaires deux personnes dif-

férentes; l'esprit se refuse à admettre comme contradictoire la conception d'après laquelle la même chose serait
transférée en propriété, sans l'être d'une manière complète et définitive.

Cette théorie qui fait du *pactum fiduciæ* un pacte inséré
dans la formule de la *datio* a comme conséquence de donner pour base à la force obligatoire de la fiducie la force
obligatoire de la *mancipatio* elle-même, or, nous avons vu
que cette conséquence est inadmissible ; jamais la *mancipatio* n'est capable d'engendrer une obligation ; même
dans les cas où l'on pourrait être le plus disposé à l'admettre, il en a été autrement : c'est ce qu'a démontré
M. Girard (1), à propos de *l'actio auctoritatis* qui est
basée non pas sur l'idée d'une obligation contractuelle
engendrée par la *mancipatio*, mais sur l'idée d'une obli
gation délictuelle. Le principe de la simplicité des actes
juridiques, posé par M. d'Ihering (2), est incontestable,
il devrait être universellement reconnu : l'acte, qui transfère la propriété ne peut pas engendrer l'obligation,
celui qui engendre l'obligation ne saurait transférer la
propriété. La théorie que nous combattons viole ouvertement ce principe ; elle doit donc être repoussée. L'opinion de M. d'Ihering pour qui le *pactum fiduciæ* n'était
pas inséré dans la formule de la *datio* solennelle, a été
pleinement confirmée par la découverte des documents
épigraphiques relatifs à la fiducie, la table de bronze

1. *L. c.*, n. 16. Cf. aussi M. d'Ihering, *l. c.*, n. 17. tome 4, p. 138.
2. *L. c.*, n. 17, tome 4, p. 136.

4

trouvée en Bétique en 1867, et les tablettes de cire trouvées à Pompéi en 1887. Le premier de ces documents se
divise en deux parties bien distinctes : la première partie
constate l'accomplissement d'une *mancipatio fiduciæ
causa*, la seconde relate le pacte de fiducie lui-même. La
table de Bétique a été principalement commentée par
MM. Degenkolb, Gide, et Rudorff (1) :

M. Degenkolb est l'auteur auquel nous avons emprunté
la plupart des considérations que nous venons d'exposer,
c'est lui qui le premier a constaté la confirmation que la
table de Bétique venait apporter à l'opinion de M. d'Ihering : il fait remarquer notamment que cette inscription
désigne le *pactum fiduciæ* par l'expression *pactum conventum*, ce qui indique que tandis que *la datio* solennelle
dépend dans son existence de l'accomplissement de formes
rigoureuses, la fiducie est une simple convention dénuée
de toute forme, de même que tout accord de volontés.
M. Gide (2) arrive à la même constatation, en présentant cependant une doctrine un peu moins sûre que celle de
l'auteur précédent : il regarde comme vraisemblable l'insertion des mots *fidi fiduciæ causa* dans la *nuncupatio ;* en
outre d'après lui la mancipation et la fiducie ne se confondent pas ; mais celle-ci doit nécessairement suivre
celle-là d'une façon immédiate et se faire devant les mêmes
témoins : sans doute il devait en être fréquemment ainsi
en pratique, surtout quand il s'agissait de la *fiducia cum*

1. *L. c.*, n. 17, 15 et 26.
2. *L. c.*, n. 15, p. 79 et 81.

creditore ; mais rien ne conduit à penser que ce résultat dût se produire toujours et nécessairement, et même il est permis de croire qu'il devait en être presque toujours autrement dans le cas de *fiducia cum amico ;* alors la fiducie ne se révélait pas au dehors, c'était une clause secrète, *la datio* n'était fiduciaire que par le but auquel elle tendait, et qui n'était connu que des parties et d'elles seules. M. Rudorff (1), ne s'est pas résigné à reconnaître son erreur ; malgré le témoignage si puissant de la table de Bétique, cet auteur maintient son opinion d'après laquelle le *pactum fiduciæ* serait un pacte inséré dans la formule de la *mancipatio ;* comment a-t-il pu raisonner pour résister à une preuve contraire aussi concluante que celle qui résulte de notre inscription ? D'après lui, l'expression *pactum conventum* ne désignerait que les clauses accessoires de la fiducie, notamment le *pactum de vendendo* établi en faveur du créancier fiduciaire ; l'auteur tire en outre argument de ce que les lignes 3 et 4 de la table, contenues au contraire dans le premier alinéa de celle-ci, indiquent l'expression « *fidi fiduciæ causa mancipio accepit* », c'est pour M. Rudorff la preuve de son opinion et la justification de son maintien.

Ce raisonnement ne présente aucune valeur sérieuse : et d'abord que les mots *pactum conventum* désignent le *pactum fiduciæ* lui-même, c'est ce qui est absolument indéniable ; en effet M. Rudorff paraît croire que le premier alinéa de l'inscription espagnole relate la mancipa-

---

1. *L. c.,* n. 26, p. 83, note 45, et p. 84 à 86.

tion et le *pactum fiduciæ* qui l'accompagne, tandis que
son second alinéa contiendrait seulement les clauses accessoires du *pactum fiduciæ*, mais c'est là une erreur certaine : car les clauses accessoires du *pactum fiduciæ* telles
que le *pactum de vendendo* et la *lex commissoria*, ne sont-
elles pas inhérentes à ce pacte lui–même ? au lieu d'en
être séparées, elles se confondent avec lui ; sans quoi,
comment expliquer qu'elles puissent être sanctionnées ?
Le *pactum fiduciæ* tirerait sa sanction de bonne foi de la
loi elle–même comme faisant partie inhérente de la *nuncupatio*, acte du plus pur formalisme, résultat déjà assez
inexplicable, et les clauses accessoires du *pactum fiduciæ*
seraient exécutoires bien qu'étant en dehors de ce pacte ?
Voilà la théorie : l'exposer et la condamner, c'est tout
un ; d'ailleurs s'il était vrai que le *pactum fiduciæ* ne fût
pas contenu dans le second alinéa de la table, comment
pourrait–on comprendre que celui-ci contienne l'énumération détaillée des diverses créances garanties par la
mancipation fiduciaire ? Cette énumération n'a certainement rien de commun avec le *pactum de vendendo*, ce
n'est pas non plus une clause accessoire du *pactum
fiduciæ ;* c'est le *pactum fiduciæ* lui-même ; ainsi le second
alinéa de la table de Bétique relatait la conclusion du
pactum fiduciæ tout entier, envisagé en lui-même et dans
ses clauses accessoires; si nous n'y voyons pas notamment que l'obligation de *remancipare*, soit imposée au
créancier après le paiement de la dette par le débiteur,
c'est que nous ne possédons que la première table d'un
diptyque, forme revêtue par notre inscription, et que cette

obligation devait être mentionnée, avec d'autres clauses, dans la seconde table qui n'a pas été retrouvée. Quant à l'argument tiré par M. Rudorff des mots : « *fidi fiduciæ causa mancipio accepit* », il mérite à peine d'être réfuté : ces mots ne font que désigner le but de la *mancipatio*, ils n'étaient pas plus insérés dans la *nuncupatio* que les mots « *donationis causa* » ne l'étaient dans la formule de la *mancipatio* faite dans une intention libérale (Bruns, *Fontes juris Romani*, 5ᵉ édit., pages 252 à 256 ; Loi 1. Princ. Dig., 39,5. *De donationibus*).

La découverte des tablettes de cire de Pompéi en 1887 est venue anéantir encore plus complètement s'il est possible la théorie de M. Rudorff, en confirmant au contraire la doctrine opposée : ce document est dans son état matériel fortement endommagé par le temps, il a été l'objet de plusieurs essais de restitution ; mais soit que l'on adopte l'essai de restitution italien, comme l'a fait M. Tardif (1), soit que l'on préfère l'essai allemand, tel qu'il émane de M. Eck (2) dans sa forme la plus parfaite, dans un cas comme dans l'autre on est amené à constater les résultats suivants : deux tablettes de cire font partie d'un même diptyque ; l'une relate la *mancipatio*, sans même indiquer qu'elle a eu lieu *fiduciæ causa ;* l'autre mentionne le *pactum fiduciæ* tout entier, considéré dans ses clauses accessoires telles que le *pactum de vendendo*, et dans ses clauses essentielles telles que l'obligation pour

1. *L. c.*, n. 18.
2. *L. c.*, n. 32.

le créancier de *remancipare* s'il est payé à l'échéance;
ainsi s'évanouissent absolument les arguments que
M. Rudorff invoquait pour maintenir l'opinion d'après
laquelle le pacte de fiducie est inséré dans la *nuncupatio*;
la découverte des tablettes de Pompéi à notre avis met
désormais à l'abri de toute discussion l'opinion d'après
laquelle le *pactum fiduciæ* est séparé de la formule de la
datio solennelle et ne fait pas corps avec elle.

Telle est la forme de l'opération juridique dans laquelle
intervenait la fiducie; nous pouvons maintenant reconnaître d'une façon facile et certaine la nature de celle-ci.
Nous plaçant au milieu de deux doctrines opposées, l'une
d'après laquelle la fiducie serait entièrement indépendante de toute autre opération, tant dans son existence
même que dans sa forme et dans ses effets, l'autre qui
voit au contraire dans la fiducie un *pactum insertum* entièrement subordonné à une autre opération à ces trois
mêmes points de vue, nous disons : autant la fiducie est
essentiellement subordonnée dans son existence à l'accomplissement d'une *datio* solennelle, autant elle en est indépendante dans sa forme et dans ses effets. Le principe
de cette nature de la fiducie une fois posé, il convient à
présent de l'examiner tour à tour dans ses détails, puis
dans ses conséquences. C'est à propos de cet examen que
nous allons nous retrouver pour la combattre, en face de
la première doctrine, dont nous avons déjà réfuté quelques-uns des arguments.

3. Envisagée dans son ensemble, l'opération dans
laquelle intervient la fiducie, et que l'on peut qualifier

d'opération fiduciaire, comme l'ont fait plusieurs auteurs,
M. Geib entre autres, se décompose en deux éléments profondément distincts : une *datio* solennelle et un *pactum
conventum*. La *datio* qui résulte de la *mancipatio* et de
l'*in jure cessio*, exige pour son accomplissement les conditions de validité requises d'ordinaire pour ces actes juridiques. Ce n'est pas ici le lieu d'insister sur ce point; il suffira de donner un exemple : Ulpien (XIX, § 6) nous dit
qu'on ne pouvait pas manciper à la fois plus d'objets mo-
biliers qu'on n'en pouvait saisir avec la main; les documents épigraphiques indiquent des applications de ce
principe ; les tablettes de Pompéi en mentionnant expressément qu'une mancipation fiduciaire spéciale a été opérée
relativement à chacun des deux esclaves. Simplex et Petrinus, qui sont donnés au créancier pour sûreté de sa
créance ; la table Espagnole en mentionnant un prix distinct pour chacun des objets donnés en mancipation fiduciaire, un esclave et un fonds de terre : cette remarque a
été faite par tous les auteurs qui ont étudié nos deux inscriptions. Mais une particularité de la mancipation fiduciaire est précisément relative à ce prix : celui-ci est toujours fictif, il est toujours représenté par un seul sesterce ;
c'est là la seule marque extérieure par laquelle se révèle
le but de l'opération, par laquelle le *pactum fiduciæ* exerce
une influence directe sur la *datio* solennelle ; c'est que ce
résultat était nécessaire pour que la commune intention des
parties qui s'est manifestée dans le *pactum conventum* pût
trouver sa satisfaction ; l'examen des buts variés de la
fiducie nous fera comprendre entièrement la raison de cette

règle générale ; qu'il nous suffise ici de donner deux exemples : dans la *fiducia cum amico*, le but commun des parties s'analyse dans la prestation d'un service d'ami à rendre
au fiduciaire par celui qui lui mancipe sa chose, ou inversement ; il ne saurait donc être question d'un prix sérieux ;
de même dans la *fiducia cum creditore*, le prix pour lequel
le créancier reçoit en *mancipatio* la chose de son débiteur doit être nécessairement fictif, sans quoi la *mancipatio* fiduciaire n'atteindrait pas son but de sûreté réelle.

A côté de la *mancipatio* ou de l'*in jure cessio* fiduciaire
se tient le *pactum fiduciæ :* reposant essentiellement sur
l'intention des parties, il ne requiert aucune forme, et peut
être conclu tacitement. Ainsi ces deux éléments de l'opération fiduciaire se trouvent entre eux dans une antithèse
nettement caractérisée : c'est la bonne foi accolée au droit
strict. Il va nous falloir rechercher si l'opération fiduciaire ne pourrait pas se concevoir autrement : d'une part
le *pactum conventum* ne pouvait-il pas être remplacé dans
la pratique par une *stipulatio* qui eût accompagné la *datio*
solennelle ; d'autre part, ce genre de *datio* était-il seul
possible *cum fiducia*, la fiducie était-elle toujours hors
de cause en cas de *traditio ?* Telles sont les deux questions
que suscite l'examen détaillé de la nature de la fiducie.

α. Et d'abord à la *datio* solennelle une *stipulatio* pou-
vait-elle être adjointe, au lieu et place du *pactum fiduciæ ?* M. Mommsen (1) l'a soutenu, en prétendant même
que la fiducie avait son origine dans une *stipulatio* dont la

1. *L. c.*, n. 19.

ormule aurait donné satisfaction aux principes de la
oyauté et des bons offices ; nous avons réfuté cette opi-
iion ; mais sans aller aussi loin que M. Mommsen qui est
imené à reconnaître à la *stipulatio* des effets de bonne foi,
i'est-il pas permis de croire que celle-ci pouvait interve-
iir au lieu du *pactum fiduciœ* avec ses effets ordinaires de
lroit strict ? C'est avec raison, croyons-nous, que
M. Geib (1) repousse cette opinion, bien qu'il ne donne
ui-même aucun motif à l'appui de son affirmation. Celle-
ci cependant nous semble juste ; en effet, elle peut s'ap-
ouyer sur deux considérations dont la seconde vient confirmer la première : la mancipation ou l'*in jure cessio*, acte
solennel, transfère la propriété ; et c'eût été un acte solennel, à un égal degré, qui fût venu contredire par son
but le but même de l'acte précédent en voulant en restreindre les effets ; une telle opération, qui se serait ana-
lysée en deux éléments empreints du même caractère de
solennité, n'aurait pas pu aboutir à un résultat qu'aurait
démenti la nature même de ces éléments, elle était en
opposition manifeste avec le sentiment juridique des Romains : l'esprit romain se serait refusé à concevoir un
acte solennel, dont les effets eussent été immédiatement
limités par un autre acte participant du même caractère
et adjoint au premier ; une telle opération aurait semblé
tout simplement ridicule, il n'était pas d'usage de se faire
un jeu des effets produits par l'accomplissement des so-
lennités en tournant celles-ci l'une par l'autre ; à ce compte

1 *L. c.*, n. 7, p. 113.

il eût été plus simple et plus logique d'insérer la convention de fiducie dans la formule de la *datio* solennelle pour lui
faire revêtir le même caractère de solennité, mais nous venons de voir que l'esprit romain se refusait précisément
à admettre cette conception, qui à ses yeux constituait
une *contradictio in adjecto ;* la *mancipatio* ou l'*in jure cessio*
avait pour effet de transférer la propriété pleine et entière
et pour toujours ; cet effet, dans sa première application,
finit par la suite des temps par être mis en échec ; le
§ 50 des *Fragmenta Vaticana* nous en a fourni la preuve;
dans sa seconde application, au contraire, il subsista
intact jusqu'à la fin ; s'il put être atténué, ce n'est
pas au moyen d'un acte juridique quelconque trouvant sa
sanction solennelle dans la loi, mais ce fut seulement
grâce à un acte extra-légal qui n'eut à l'origine d'autre
base que la loyauté des parties, parce qu'il était une
clause secrète.

Cette manière de voir n'est-elle pas entièrement confirmée par ce fait, d'une part que les textes ne nous
fournissent aucun exemple de cette opération s'analy-
sant en deux éléments solennels, et d'autre part que, si
l'opinion, ainsi atténuée de M. Mommsen était exacte,
il serait impossible de comprendre comment les parties
n'usèrent pendant longtemps que d'un simple pacte non
sanctionné par la loi au lieu d'employer un acte jouissant
d'une sanction légale énergique, et comment en tous cas,
précisément à cause de cette certitude dans la sanction,
elles ne continuèrent pas à en profiter, au moins entre
temps, même après que la fiducie eut reçu une sanction

plus conforme à la bonne foi, il est vrai, mais aussi et par cela même moins sûre, si l'on se représente les avantages et les inconvénients réciproques du droit strict et de la bonne foi (1).

Enfin l'opinion erronée de M. Mommsen lui-même peut bien rendre compte de la naissance de l'*actio fiduciæ* de bonne foi, car cet auteur entend soutenir que la *stipulatio* adjointe à la *datio* solennelle tenait compte du principe de la loyauté et des bons offices, mais c'est pour cette dernière raison qu'elle est inadmissible ; au contraire, avec l'opinion qui prétendrait que la *stipulatio* ordinaire de droit strict a pu remplacer le *pactum fiduciæ*, la question de savoir comment la fiducie a pu engendrer l'*actio fiduciæ* de bonne foi, resterait à l'état de problème indéchiffrable. Pour tous ces motifs, cette doctrine, si elle venait à se produire, devrait donc, elle aussi, être repoussée : le *pactum fiduciæ* est un acte essentiel de l'opération fiduciaire, il ne peut être suppléé par aucun autre acte juridique.

β. La seconde question, qui consiste à savoir si l'opération fiduciaire est limitée à l'emploi d'une *datio* solennelle, ou si, au contraire, elle n'est pas possible aussi dans le cas où une simple *traditio* est effectuée, est beaucoup plus importante que la précédente, non seulement parce qu'elle offre un plus large champ à la discussion au point

---

1. Cette remarque comporte toutefois une exception que nous aurons à justifier à propos de la *dotis recepticiæ datio* (Loi 29, 1. Dig., 24, 1. *Soluto matrimonio...*).

de vue de la recherche de sa solution elle-même, mais encore parce qu'elle présente de graves difficultés au point de vue du motif juridique capable d'expliquer cette solution une fois trouvée.

Quant à la solution elle-même, elle paraît à première vue résulter très clairement des textes que nous avons cités plus haut que des documents épigraphiques : ces sources nous présentent toujours la fiducie comme accompagnant une *mancipatio* et une *in jure cessio*, jamais ils ne nous la font voir dans un rapport quelconque avec la *traditio*. Néanmoins la solution contraire compte un assez grand nombre de partisans, MM. Jourdan, Muther, Bekker, Ubbelohde et Geib (1). MM. Jourdan et Bekker ne donnent aucune raison à l'appui de leur opinion : M. Bekker, du reste, bien qu'il pose en principe que la nature de la tradition ne formait pas un obstacle à l'admission de la fiducie, reconnaît qu'en fait celle-ci n'était en usage que dans le cas où une *datio* solennelle était effectuée ; d'après lui en effet les *res nec mancipi* ne rentraient pas dans le cercle du vieux commerce des affaires, parce qu'elles sont des choses fongibles et faciles à dépérir, et comme telles impropres à faire l'objet d'une opération fiduciaire ; pures conjectures que tout cela ! Comme elles ne reposent sur aucun fondement, elles ne méritent pas d'être réfutées : à peine était-il besoin de les mentionner. Quant à M. Muther, qui pense au contraire que la fiducie pouvait intervenir effectivement en cas de *traditio*, il

1. *L. c.*, n. 20, 21, 22, 6, 7.

s'appuie d'abord sur un argument rationnel tiré des nécessités de la pratique, et il invoque ensuite principalement les § § 59 et 60 du Commentaire II de Gaïus : ces textes qui nous parlent de l'*usureceptio* sont interprétés par l'auteur en ce sens que l'*usureceptio* ne pourrait s'appliquer qu'à des *res mancipi* qui ont été simplement tradées par celui qui, ayant reçu le bien en *mancipatio* ou *in jure cessio* fiduciaire, exécute la convention de restitution. M. Lichtenstein (1) a pris le soin de réfuter cette opinion bizarre : pour ce qui est d'abord de l'argument rationnel, on peut dire que les nécessités de la pratique recevaient une satisfaction suffisante grâce à une *datio* solennelle ; le contraire n'aurait quelque chance d'être exact, que s'il résultait d'un argument de texte ; or, où est-il donc parlé de tradition dans les passages de Gaïus dont se prévaut l'auteur ? La vérité, c'est au contraire que Gaïus ne mentionne que la *mancipatio* et l'*in jure cessio*, et que d'après lui la seule condition requise pour l'accomplissement de l'*usureceptio* est la prise de possession du bien par celui qui l'a donné fiduciairement d'une façon solennelle. MM. Ubbelohde et Geib admettent eux aussi la théorie que nous combattons ; à la vérité, aucun de ces auteurs ne dit formellement que la fiducie était possible dans le cas où une simple *traditio* était effectuée ; mais cette conséquence résulte de théories plus larges, propres à ces jurisconsultes, et que nous aurons à examiner à propos de l'étude des effets de la fiducie, et de l'influence

1. *L. c.*, n. 23.

qu'elle a exercée sur l'ensemble du droit romain des obligations ; elle résulte en outre de ce qu'à leur avis la
fiducie devint à une certaine époque une convention du
jus gentium, opinion sur laquelle nous allons revenir
tout à l'heure pour la réfuter ; enfin, ce qui trahit l'in-
certitude et le défaut de conviction de M. Geib lui-même,
ce sont les hésitations et les contradictions qui se rencontrent dans son étude : en effet, dans un passage (1),
M. Geib nous dit qu'il se prononce contre la doctrine
d'après laquelle la *traditio cum fiducia* est possible ; mais il
admet que la fiducie pouvait intervenir à la suite d'une
mancipatio nulle parce qu'elle a été employée par des
pérégrins ou relativement à des *res nec mancipi;* or,
comme l'a observé justement M. Dernburg (2), ce n'est
là qu'une forme différente de l'opinion que M. Geib prétend repousser ; en réalité elle se confond avec elle, car
elle attribue à la *mancipatio* nulle les mêmes effets qu'à la
traditio; du reste, il y a plus, et dans un autre passage (3), l'auteur reconnaît que la fiducie pouvait accom-
pagner un transfert de propriété non solennel ; qu'est-ce
à dire, sinon que la *traditio* pouvait se combiner avec la
fiducie ? C'est donc bien sur ce terrain que nous avons à
combattre cet auteur : il croit en effet, pouvoir tirer argument dans le sens de son opinion d'un texte émané de
Papinien, la loi 9, §. 2, Dig., 33, 10. *De suppellectile*

1. *L. c.*, n. 7, p. 147, note 1.
2. *L. c.*, n. 25.
3. *L. c.*, n. 7, p. 140, texte et notes 1 et 2.

egata ; « *acceptum argentum pignori...* » tels sont les mots que l'on rencontre dans ce fragment ; M. Geib suivant en cela l'exemple de M. Voigt admet l'interpolation de *pignori* au lieu de *fiduciœ*, dès lors il se prévaut de l'expression *acceptum* qui désignerait la simple remise de possession résultant de la *traditio*, et non le transfert de propriété qui dérive de la *datio* solennelle, dans l'espèce de l'*in jure cessio*, puisque la chose dont il s'agit, l'*argentum*, est une *res nec mancipi*. Mais M. Geib, pas plus que M. Voigt d'ailleurs, ne tente aucune preuve en vue d'établir cette interpolation, nous verrons en un autre endroit s'il convient de l'adopter ; M. Lénel lui-même dans sa *Palingenesia juris* semble ne l'admettre qu'avec une extrême hésitation, qui se révèle par un point d'interrogation (1). Mais en tous cas et à supposer même qu'il faille reconnaître le changement de *fiduciœ* en *pignori*, rien absolument ne prouverait que les commissaires de Justinien en faisant cette interpolation ne l'aient pas faite d'une manière complète, et n'aient pas en même temps remplacé le mot *in jure cessum*, qu'aurait dû écrire Papinien, par l'expression *acceptum* seule appropriée à leur époque, puisque l'*in jure cessio* avait déjà depuis longtemps disparu de la pratique. Dès lors le fragment de Papinien devrait être ainsi reconstitué « ...*in jure cessum argentum fiduciœ* », et il ne prouverait absolument rien en faveur de M. Geib. Ainsi cette théorie ne saurait être admise : aucun des interprè-

---

1. Cf. notre Table des textes interpolés, table A, n. 26, et notre Table de concordance, Lenel-Voigt, table B, β, n. 7.

tes qui la soutiennent n'est parvenu, nous ne dirons pas
à détruire, mais seulement à effleurer l'ensemble imposant des preuves qui résultent tant des nombreux textes
juridiques que des documents épigraphiques en faveur de
la théorie adverse : l'opération fiduciaire a toujours été
essentiellement limitée à l'emploi d'une *datio* solennelle,
mancipatio ou *in jure cessio*.

Quel motif convient-il d'assigner à cette règle ; pourquoi donc l'opération fiduciaire était-elle exclue en cas
de simple tradition ? Comment expliquer que l'emploi
d'une *datio* solennelle ait nécessité l'adjonction d'un pacte
ne faisant pas corps avec elle, et constituant par cela
même la fiducie, tandis que l'emploi de la *traditio* ait laissé
le champ libre à la convention qui pouvait se combiner,
et se confondre avec elle, en sorte que l'opération au lieu
d'être fiduciaire restait simplement un transfert de propriété opéré par tradition ? Tel est en effet, le résultat indiqué par un texte émané de Gaïus, la loi 48, Dig., 2, 14,
De pactis : « *In traditionibus rerum, quodcumque pactum
sit valere manifestissimum est* » ; quelle est la raison de
cette règle ? M. Geny (1) se contente d'invoquer ce texte
lui-même ; c'est là un procédé tout à fait insuffisant, car
ce passage de Gaïus ne fait que nous indiquer la solution
elle-même sans en donner l'explication. La même observation peut s'appliquer à l'affirmation de M. d'Ihering (2),
lorsqu'il nous dit qu'en cas de tradition, « les conventions

1. *L. c.*, n. 1.
2. *L. c.*, n. 17, t. 3, p. 224.

des parties, en tant qu'elles étaient juridiquement possibles, prenaient toutes place dans l'acte même, et ne formaient pas un pacte à côté de celui-ci, mais une partie intégrante de son contenu » ; l'auteur ne fait pas avancer la question d'un seul pas : loin de là, il la recule ; car il ne suffit pas de reconnaître que la nature de la tradition formait un obstacle à l'adjonction d'un *pactum fiduciæ* ; il faut, en outre, trouver la raison intime de cette nature, il convient d'approfondir une idée, qui, juste en elle-même, n'est que superficielle. C'est ce qu'a tenté M. Lenel (1). Il invoque un argument de principe qu'il croit pouvoir corroborer par un argument de texte : d'après cet auteur, la tradition, à la différence de la *datio* solennelle, ne peut pas transférer la propriété si elle n'est précédée d'une *justa causa*, c'est-à-dire d'un acte juridique impliquant chez les parties la double volonté de transmettre et d'acquérir la propriété ; or, la fiducie qui n'est qu'un simple pacte, n'est pas une *justa causa*, c'est pour cela que la *traditio fiduciæ causa* est à considérer comme une *nuda traditio*. M. Lenel pense trouver l'application de ce principe dans un texte, émané du livre 31 de Paul *ad Edictum*, qu'il rapporte à la fiducie ; comme dans ce livre 31 Paul n'a pu traiter que du dépôt et de la fiducie, il est nécessaire de choisir entre deux partis : rapporter ce texte, la loi 31, Dig., 41, 1. *De acquirendo rerum dominio*, au dépôt, ou bien l'appliquer à la fiducie. M. Lenel n'hésite pas à se prononcer dans ce dernier sens ; à son avis la

---

1. *L. c.*, n. 24.

référence de la loi 31, Dig., 41, 1, au dépôt, est déjà rendue
très invraisemblable par le *principium* du fragment,
et elle est rendue tout à fait impossible par le § 1 : en
effet, dans cette dernière partie il est probable que
Paul examinait une discussion sur le sort juridique du
trésor trouvé par le créancier fiduciaire ; il n'y a pour
s'en convaincre, ajoute l'auteur, qu'à rapprocher notre
texte de la loi 63, § 4, Dig., 41, 1, où Triphoninus
traite la même discussion à propos du trésor trouvé par
le créancier hypothécaire. Cette doctrine nous paraît
inadmissible ; et la loi 31, Dig., 41, 1, est l'un des rares
textes dont nous ne puissions adopter la référence à la
fiducie bien qu'elle soit proposée par M. Lenel. Tout
d'abord nous sommes en désaccord avec lui sur le principe
lui-même ; à notre avis la tradition, aussi bien que la
datio solennelle, transférait la propriété sans aucune
justa causa; cette question à la vérité est vivement
controversée entre les interprètes ; mais l'opinion que
nous embrassons peut se baser sur un assez grand
nombre de considérations tirées des textes mêmes : tout
d'abord il est certain que la tradition, opérée en vertu
d'une cause illicite ou d'une cause indue, en un mot d'une
cause qui aux yeux de la loi n'existe pas, transfère néanmoins la propriété, car le *tradens* cessant d'être propriétaire n'a dans ces divers cas qu'un seul recours possible,
une action personnelle (Digeste, liv. 12, tit. 5. *De condictione ob turpem vel injustam causam;* et liv. 12, tit. 6, *De
conditione indebiti*); il est vrai que certains textes, tels que
la loi 31, Dig., 41, 1 en discussion ici, et le § 7 du titre 19

des Règles d'Ulpien, semblent contraires à cette théorie.
On les a réfutés de deux manières différentes : d'après les
uns, au nombre desquels se trouve M. Accarias (1), la
justa causa aurait en matière de tradition un sens différent de celui qu'elle a en matière d'usucapion, ce ne serait
pas ici l'acte juridique impliquant chez les parties la double volonté d'acquérir et de transférer la propriété, ce
serait simplement cette double volonté exigée dans la tradition elle-même, sans qu'elle résulte d'aucun acte juridique antérieur. Pour d'autres, cet essai de réfutation est
lui-même inadmissible : en effet, dit-on en s'appuyant sur
un fragment du jurisconsulte Javolenus (Loi 55, Dig.,
44, 7, *De obligationibus et actionibus*), la *justa causa* a toujours eu le même sens ; dans tous les cas elle a désigné
l'acte juridique qui implique chez les parties la double
volonté d'acquérir et de transmettre la propriété, et jamais
elle n'a servi à indiquer simplement cette double volonté ;
à ce compte, en effet, il serait également vrai de dire que la
justa causa, entendue en ce dernier sens, est requise en
matière de *mancipatio* et d'*in jure cessio*, puisque ce sont
des modes de transférer et d'acquérir volontaires, or aucun texte ne se sert dans ce cas de cette expression ; dès
lors dans cette doctrine, pour réfuter les textes invoqués
par la théorie à laquelle M. Lenel donne son adhésion, on
se contente de dire que ces textes se réfèrent au cas le
plus ordinaire où une *justa causa* est en fait intervenue,
sans poser pour cela une règle absolue. S'il est permis de

1. *L. c.*, n° 29.

risquer sur ce point une opinion personnelle, nous dirons que chacun de ces deux essais de réfutation contient une part de vérité sans cependant qu'aucun d'eux soit entièrement exact : en examinant attentivement les textes et le nom des auteurs desquels ils émanent, on sera sans doute très fortement porté à croire qu'au temps de Javolenus et de Julien au IIe siècle ap. J.-C. (Loi 55, Dig., 44, 7 ; loi 36, Dig., 41, 1), la *justa causa* était l'acte juridique qui précédait tout mode d'occupation et qui impliquait la double volonté d'acquérir et de transmettre la propriété, tandis qu'au IIIe siècle, au temps de Paul et d'Ulpien (Loi 31, Dig., 41, 1 ; Ulpien, XIX, § 7 ; et loi 18, § 1, Dig., 12, 1), cette notion de la *justa causa* se modifia et désigna simplement cette double volonté dans la tradition elle-même. Quoi qu'il en soit, il nous paraît absolument certain que jamais à aucune époque la tradition n'a eu besoin d'être basée sur une *justa causa*, entendue dans son sens ordinaire d'acte juridique antérieur impliquant la double volonté d'acquérir et de transmettre la propriété, pour pouvoir transférer cette propriété : la meilleure preuve de ce principe réside dans ce fait que nous avons déjà indiqué, à savoir que celui qui a opéré une tradition en vertu d'une cause illicite ou d'une cause indue cesse d'en être propriétaire et ne jouit pour recouvrer son bien que d'une action personnelle ; c'est là un résultat qui s'est maintenu jusqu'à la fin du droit romain, et l'on n'a même pas tenté de l'expliquer dans la théorie que nous combattons ; la vérité c'est qu'il la contredit et la condamne directement. Il y a, en outre, un texte, qui

est fort embarrassant pour cette théorie (Loi 36, Dig.,
41, 1) : comme le reconnaît M. Lenel lui-même, ce fragment tiré du livre 13 des *Digestes* de Julien « ne se rattache au dépôt en aucune façon ; au contraire les conceptions erronées sur la *causa* n'étaient nulle part plus
faciles à commettre qu'à propos des mancipations fiduciaires ; dès lors Julien a pu saisir cette occasion pour
traiter à cet endroit de l'importance de telles erreurs » ;
ce qui à notre avis prouve qu'en effet notre texte figurait dans le livre 13 des Digestes de Julien sous la
rubrique relative à la fiducie, et non sous la rubrique relative au dépôt, c'est que le jurisconsulte discute à cet endroit le point de savoir si la tradition est
translative de propriété, bien que l'une des parties entende transférer celle-ci à titre de donation, tandis que
l'autre croit la recevoir à titre de prêt ; il ne peut s'agir
là que du prêt qui est la raison d'être préalable de l'opération fiduciaire ; en tous cas, on ne saurait trouver dans
ce passage aucune relation avec le dépôt ; Julien résout
la question en ce sens que, malgré ce dissentiment sur
la *causa* entre les parties, la tradition est néanmoins
translative de propriété, et il nous présente cette solution
comme étant universellement reconnue, car il nous dit :
« ...*constat proprietatem ad te transire, nec impedimento
esse quod circa causam dandi atque accipiendi dissenseri-
mus* ». Devant un texte aussi formel et aussi contraire à
sa théorie, M. Lenel n'a qu'une ressource : c'est d'admettre, sans oser cependant être très affirmatif, l'interpolation du mot *traditio*, que les commissaires de Justi-

nien auraient substitué au mot *mancipatio* écrit par Julien ; mais son opinion n'est appuyée d'aucune preuve (1) ;
du reste la preuve de cette interpolation cût elle-même
été faite victorieusement par M. Lenel, sa théorie d'après
laquelle la tradition ne peut être translative de propriété
que si elle est opérée en vertu d'une *justa causa*, viendrait
encore se heurter de front à l'existence incontestable de
la *condictio indebiti* et de la *condictio ob turpem vel injus-*
tam causam. Le soi-disant principe de M. Lenel n'en est
donc pas un en réalité : la tradition, de même que la *man-*
cipatio ou l'*in jure cessio*, est translative de propriété indépendamment de toute *justa causa*.

Comment cependant convient-il d'expliquer la loi 31,
Digeste, 41, 1, tirée du livre 31 de Paul *ad Edictum?* A
coup sûr c'est sur ce terrain que M. Lenel pourrait se
retrancher avec le plus de chance de succès, s'il était
vrai que ce texte se rapportât, comme il le dit, à la
fiducie ; mais précisément il n'en est rien à notre avis ;
il convient, au contraire, de le rapporter au dépôt.
Tout d'abord il faut remarquer que ce fragment dans
son contexte tout au moins ne présente rien de suspect ;
tel qu'il est sorti des mains des compilateurs de Justinien, il ne se réfère pas au *pignus*, pourquoi dès lors ne

---

1. Du reste, cette loi 36, Dig., 41, 1, bien qu'à notre avis elle ait
dû figurer sous le titre *Fiduciæ*, et non sous le titre *Depositi* du
livre 13 des Digestes de Julien ne devait pas se rapporter à l'opération fiduciaire elle-même, — car alors, elle serait contraire à
l'idée que la *traditio cum fiducia* est impossible, — mais bien au
prêt préalable supposé par cette opération.

pas croire tout simplement qu'il se rapporte au dépôt ?
Cette observation doit déjà mettre en garde contre l'o-
pinion de M. Lenel : à la vérité, nous avons admis avec
lui à propos d'un texte, la loi 36, Dig., 41, 1, qui se trouve
dans les mêmes conditions extérieures que le fragment 31,
en discussion ici, que le jurisconsulte avait dû le faire figurer dans son livre sous la rubrique relative à la fiducie ;
mais c'est que, comme nous l'avons montré, l'espèce prévue par ce texte formait un obstacle insurmontable à ce
qu'il fût rapporté à la rubrique du dépôt ; y a-t-il donc des
raisons spéciales pour qu'il en soit de même ici ? M. Lenel
estime que la référence du *principium* de notre loi 31 au
dépôt est tout à fait invraisemblable ; cette opinion nous
étonne, car elle ne dérive même pas de la fausse théorie
d'après laquelle la *traditio* pour être translative de propriété suppose une *justa causa* préalable. Nous croyons au
contraire que la référence du *principium* de notre loi 31
au dépôt est toute naturelle. Le *principium* peut s'expliquer facilement dans une opinion quelconque, quelle que
soit celle que l'on adopte à propos de la question de la
justa causa. Pour nous, Paul a voulu dire simplement que
dans le dépôt, la tradition manquant de l'élément intentionnel, ne peut pas transférer la propriété, puisque telle
n'est pas la volonté des parties ; mais ce qui est particulièrement curieux c'est que dans aucune doctrine ce *principium* appliqué au dépôt ne peut trouver une meilleure
explication que dans celle que M. Lenel lui-même adopte
sur la *justa causa* considérée dans ses rapports avec la
tradition : dans le dépôt, en effet, la tradition qui sert à

le réaliser n'est jamais précédée d'une *justa causa*, c'est-à-dire d'un acte juridique impliquant chez les parties la double volonté d'acquérir et de transmettre la propriété. La vérité, selon nous, c'est que Paul, commençant à traiter du dépôt, a dû dire à ce propos que jamais dans ce cas la tradition n'était translative de propriété, parce que l'élément intentionnel lui fait défaut; puis que, étendant davantage cette question du transfert opéré par la tradition, il a dit que ce transfert se produisait toutes les fois qu'au contraire cet élément intentionnel se manifestait, soit dans la tradition elle-même, soit dans un acte juridique la précédant : à l'époque de Paul, en effet, il nous semble que ces deux notions se sont confondues, ou plutôt que l'une peut fonder l'autre d'une manière certaine ; la *justa causa* s'est ainsi modifiée ; c'est là la seule opinion, croyons-nous, qui puisse lever entièrement l'apparence de contradiction que l'on trouve entre les textes des jurisconsultes du IIe siècle, et ceux des jurisconsultes du IIIe, c'est elle seulement qui peut mettre tous ces textes d'accord avec ce principe incontestable, parce qu'il trouve la base dans l'existence même de deux titres entiers insérés au Digeste (liv. 12, tit. 5 et 6), d'après lequel la tradition a toujours pu transférer la propriété sans acte juridique qui la précède et qui implique chez les parties l'intention de l'acquérir et de la transmettre. Quoi qu'il en soit, nous avons vu que même dans la théorie adverse la référence du *principium* de la loi 31 au dépôt s'impose d'elle-même. La référence du § 1 de la loi 31 à la fiducie n'est pas mieux justifiée à notre avis que celle du *principium* à cette même

institution. Il est de toute impossibilité d'après M. Lenel
de rapporter ce § 1 au dépôt ; d'après lui, nous aurions
là les éléments d'une discussion qui se présentait aussi
dans les rapports du débiteur et du créancier hypothécaire, comme le montre la loi 63, § 4, Dig., 41, 1. Cette
opinion nous paraît encore inadmissible. En effet, il ne
nous semble pas que notre loi 31 puisse être rapprochée
de la loi 63 : là Triphoninus s'explique très clairement et
spécifie avec détails tous les éléments de la discussion qui
pouvait en effet s'élever entre le débiteur et le créancier
hypothécaire sur le sort juridique du trésor trouvé par ce
dernier ; dans notre texte, où donc est-il fait la moindre
allusion à la découverte du trésor par le créancier fiduciaire ? Notre loi 31 a une portée beaucoup plus générale
que la loi 63, § 4 ; elle règle le sort du trésor trouvé par
une personne quelconque, autre que le propriétaire, « *sic
enim fit ejus qui invenerit* » ; elle ne se réfère aucunement à la fiducie, c'est donc qu'elle figurait sous la rubrique
Depositi du livre 31 de Paul *ad Edictum ;* mais comment
comprendre ce résultat ? Tout simplement par ce fait que
le trésor est une « *vetus quædam depositio* » comme le
définit notre fragment ; il était tout naturel que Paul
saisît l'occasion de ce qu'il s'occupait du dépôt pour donner à ce propos la définition du trésor. Ainsi la théorie de
M. Lenel succombe sur tous les points ; elle est donc impuissante à expliquer pourquoi une *traditio cum fiducia*
ne pouvait pas intervenir (1).

1. M. Oertmann, *l. c.*, n. 33, p. 72 à 82, combat aussi cette théorie.

C'est ailleurs qu'il faut chercher cette explication :
M. Bechmann (1), nous semble l'avoir trouvée ; c'est cet
auteur, à notre avis, qui a le mieux analysé juridiquement l'opération fiduciaire, en faisant de la sorte
fort bien ressortir la différence qui existe entre le
contrat et la fiducie qui n'est qu'un simple pacte (2).
L'opération fiduciaire, dit-il, pourrait être regardée
comme un contrat réel nommé si on ne l'envisageait que
dans ses effets et dans son but : en effet, la remise de la
chose engendre des obligations réciproques, et le but de
la remise est une contre-remise ; mais cette conception
doit s'effacer devant le point de vue de la conformation même
de cette opération ; sa structure juridique, en effet, se dédou-
ble, d'un coté un transfert de la propriété, d'un autre un
pactum conventum ; « nous pouvons, dit M. Bechmann,
appeler la *fiducia* un contrat réel resté inachevé dans sa
structure juridique ; au contraire, la *traditio cum fiducia*
était impossible parce qu'elle se serait traduite par une
structure toute différente : on n'aurait pas commencé à
donner son bien en propriété sauf à conclure ensuite une
convention, mais on aurait d'abord conclu une convention
pour la réalisation de laquelle la tradition était nécessaire. »
Nous exprimerons la même idée sous une autre forme,
qui nous semble plus saisissante : l'opération fiduciaire

---

1. *L. c.,* n. 29.
2. M. Oertmann, *l. c.,* n. 33, p. 108 à 113, qui combat cette explication n'est pas parvenu, nous semble-t-il, à la détruire ; en outre,
il n'en indique aucune autre susceptible de la remplacer.

t de sa nature une *datio ob rem*, qui à la différence des
tres *dationes ob rem* a été sanctionnée par une action
bonne foi parce que le *pactum fiduciœ*, sorte de *lex da-
ni dicta*, parvint à l'engendrer ; si donc cette opération
t exclusive de la tradition, c'est parce qu'elle n'est pas
i contrat : la fiducie est un pacte adjoint à une *datio*
lennelle préexistante, et contenant la détermination ju-
dique de celle-ci par suite du but et de l'intention des
rties, ce n'est pas une convention indépendante (1), se
ffisant à elle-même, et préalable à une tradition qui ser-
rait à la réaliser. Dès lors tout s'explique, et, comme le
t M. Bechmann, « l'obstacle que la nature de la *manci-
tio* ou de l'*in jure cessio* oppose à l'idée d'une structure
ie dans toutes ses parties s'efface ici très simplement,
 au contraire de la nature de la tradition résulte que
tte structure à double face est impossible. » Ainsi l'esprit
main se refusait absolument à concevoir une *traditio
m fiducia,* c'est-à-dire un transfert non solennel de pro-
iété pourvu d'un pacte adjoint, il n'aurait pu compren-
e qu'une *fiducia cum traditione,* c'est-à-dire un contrat
el, puisant sa force exécutoire dans sa réalisation.
es auteurs, qui admettent comme possible la combi-
aison de la fiducie avec la tradition, ne s'y sont pas
ompés eux-mêmes, et c'est pour cela qu'ils se servent
 l'expression *contractus fiduciœ*. — Mais nous avons
montré que la fiducie est un pacte, et qu'elle ne se con-

---

1. Que cette convention soit ou non une *justa causa*, peu im-
orte du reste au point de vue de l'effet translatif de propriété.

çoit pas en dehors d'une *datio* solennelle. Nous aurons complètement réfuté cette théorie en prouvant que l'opération fiduciaire n'est pas une opération du *jus gentium*, comme le soutiennent les mêmes auteurs. — Tel est, en effet, le premier point qui va s'offrir à nous dans l'étude des conséquences de la nature de la fiducie.

4. La fiducie est un pacte ; ce n'est pas un pacte adjoint à un contrat ; c'est au contraire un pacte adjoint à une *datio :* telles sont les trois propositions qui résument la nature de la fiducie, il convient de les examiner en elles-mêmes et d'en déduire les conséquences.

α. De ce que la fiducie est un pacte, c'est-à-dire une convention adjointe à une *datio* solennelle, il s'ensuit que le *pactum fiduciæ* participe de certains des caractères de la *mancipatio* et de l'*in jure cessio :* comme celles-ci, il n'est accessible qu'aux seuls citoyens Romains, ou tout au moins aux personnes jouissant du *commercium* (Gaïus, I, § 119 ; II, § 65 ; Ulpien, XIX, § 4), et lorsque l'opération fiduciaire se traduit dans une *mancipatio*, elle se restreint aux *res mancipi* (Ulpien, XIX, § 3), ou tout au moins aux choses qui profitent du *jus Italicum :* aussi la mancipation fiduciaire qui nous est rapportée par les tablettes de Pompéï a-t-elle pour objet deux esclaves ; et celle que relate la table de Bétique s'applique à un esclave et à un fonds de terre situé dans le territoire d'Hasta, qui était une colonie jouissant du *jus Italicum* et qui comme telle était régie par le *jus civile ;* telle est la remarque de M. Hübner (1) qui a été reproduite par presque

1. *Corpus Inscriptionum Latinarum*, tome 2, p. 700, n. 5042.

tous les auteurs qui ont commenté la table fiduciaire espagnole, et par M. Gide (1) en particulier. Cependant ce principe lui-même est contesté, et des auteurs comme MM. Ubbelohde et Geib (2) soutiennent au contraire que la fiducie qui, à la vérité eut d'après ces auteurs eux-mêmes le caractère que nous lui avons reconnu pendant une certaine phase de son développement, finit par acquérir la qualité d'acte du *jus gentium* accessible aux pérégrins et applicable aux fonds provinciaux dépourvus du *jus Italicum ;* cette manière de voir se concilie à merveille avec la doctrine suivant laquelle la fiducie est un contrat, elle n'en est même à vrai dire que la conséquence logique. On prétend la fonder principalement sur un texte de Cicéron (*Pro Flacco,* c. 21, § 51) ; nous voyons dans ce passage que le Romain Decanius créancier du grec Lysanias reçoit en fiducie de ce dernier pour sûreté de sa créance un *fundus paternus* situé sur le territoire de Temnos en Eolie, ville qui à coup sûr n'avait pas le *jus Italicum* en l'année 694 de Rome, date du *Pro Flacco,* car il est certain, comme l'a démontré M. Walter (3), que les premières concessions du *jus Italicum* ne remontent pas au delà de l'année 705 de Rome. Ainsi la fiducie serait un contrat, pouvant se réaliser par tradition, puisqu'elle apparaît avec la nature d'opération du *jus gentium :* voilà toutes les conséquences qui résulteraient de ce texte uni-

1. *L. c.,* n. 15.

2. *L. c.,* n. 6 et 7.

3. *L. c.,* n. 30. Cf. aussi M. Mommsen, *Le Droit public Romain,* trad. M. Girard, tome 6, 2, p. 456 et suiv.

que ; s'il fallait le prendre à la lettre, il suffirait à lui
seul à ruiner toute la théorie à laquelle nous nous sommes ralliés à propos de la nature à assigner à la fiducie.
M. Rudorff (1) repousse cette conséquence, mais sans donner aucun motif, sinon qu'il semble dire d'une façon
vague qu'il pouvait bien s'agir là d'une opération analogue à l'opération fiduciaire, mais non d'une opération
fiduciaire proprement dite. M. Voigt (2) pense que Cicéron sous l'expression *fiducia* a voulu désigner ici l'hypothèque, pacte prétorien, qui, à ce titre, rentrait essentiellement dans le cercle du *jus gentium*. M. Geny (3),
repousse cette explication, parce que Cicéron sait quand
il le veut, désigner l'hypothèque par son nom (*Ad familiares*, XIII, 56); d'après lui, Cicéron, dans le passage
du *Pro Flacco* qui nous intéresse, a entendu désigner une
institution analogue, mais non identique à la fiducie, et
qui était en vigueur dans les provinces grecques de l'Asie,
la πρᾶσις ἐπὶ λύσει : c'est pour se faire plus facilement comprendre des Romains auxquels il s'adressait et pour frapper davantage leur imagination que Cicéron aurait substitué à l'institution grecque une institution romaine.

Cette explication ingénieuse nous semble très vraisemblable ; on se rend ainsi aisément compte de ce fait que
l'opération en question a pu être réalisée au moyen d'une
simple remise de la possession, telle que celle que semble

1. *L. c.*, n. 26, p. 74.
2. *L. c.*, n. 28.
3. *L. c.*, n. 1, p. 72.

indiquer notre texte par ces expressions : « *Tenes hodie ac possides* ». L'opinion de M. Geny nous semble donc devoir l'emporter sur l'essai de M. Voigt (1). Cet auteur mentionne cependant (2) un texte d'Ulpien, 1 *Opinionum* (Loi 52, § 2, Dig., 2, 14), qu'il rapporte à la fiducie en soutenant l'interpolation de *pignori* au lieu de *fiduciœ*, et que l'on pourrait être tenté à première vue d'invoquer dans le sens de l'opinion que nous combattons en cet endroit : il s'agirait, en effet, d'une convention accessoire du *pactum fiduciœ* relative au *tributum* imposé au fonds de terre qui fait l'objet de la fiducie ; il semblerait donc que ce soit un fonds provincial. L'auteur ne fait rien pour prouver l'interpolation ; M. Lenel dans sa *Palingenesia juris* (3) ne l'a admise qu'avec hésitation ; quoi qu'il en soit, cette interpolation fût-elle admise, ne prouverait rien en faveur de la doctrine d'après laquelle la fiducie devint un acte du *jus gentium :* en effet, dans la pensée de M. Voigt lui-même, ce texte ne peut pas avoir ce résultat, car nous venons de le voir combattre cette doctrine ; même en admettant comme lui l'interpolation, la loi 52, § 2. Dig., 2, 14, pourrait s'expliquer ; à une certaine époque, tous les fonds provinciaux furent soumis à un *tributum* récognitif du domaine supérieur de l'État Romain, et cela alors même qu'ils jouissaient du *jus Italicum*, et

---

1. Tel est aussi l'avis de M. Oertmann, *l. c.*, n. 33, p. 113 à 118.

2. *L. c.*, n. 14.

3. Cf. Table des textes interpolés de M. Lenel. Table A, n. 59 ; et Table de concordance, Lenel Voigt ; Table B, n. 8 β.

peut-être même avant l'époque où le sol italique fut lui
aussi soumis à l'impôt foncier par suite des exigences
toujours croissantes du fisc (Loi 8, § 7, Dig., 50, 15. *De
censu;* et Aurelius Victor, *De Cæsar.*, 39) ; dès lors on
pourrait concevoir notre texte comme se rapportant à une
opération fiduciaire sans être forcé de conclure que celle-
ci appartenait au domaine du *jus gentium;* d'ailleurs,
nous le répétons, il n'est pas bien certain que ce fragment
se rapporte à la fiducie. Ainsi la fiducie ne saurait exister que si la *datio* solennelle existe et est elle-même valable ; elle en dépend entièrement dans son existence.

β. Le pacte de fiducie n'est pas un pacte adjoint à un
contrat.

M. Voigt (1), qui se prononce pour l'insertion du
pactum fiduciæ dans la formule de la *datio* solennelle
émet pour établir cette opinion une série de considérations parmi lesquelles se trouve celle-ci : si le *pactum
fiduciæ* n'était pas une opération solennelle, mais était
simplement adjoint à l'*in jure cessio* ou à la *mancipatio*, ce
serait un *pactum de retrovendendo* du droit commun, dès
lors l'action qui devrait sanctionner ce pacte serait celle
de l'opération principale, c'est-à-dire l'*actio præscriptis
verbis*, on ne comprendrait pas que ce fût l'*actio fiduciæ*.
Indépendamment des raisons que nous avons déjà données pour repousser cette opinion, il en est une autre :
M. Voigt raisonne constamment sur l'idée d'un pacte
adjoint à un contrat ; or, telle n'est pas la nature de la

1. *L. c.*, n. 14.

fiducie ; nous l'avons vu, le *pactum fiduciæ* est une *lex dationi dicta*, ce qui est bien différent. Le pacte adjoint *in continenti* à un contrat est sanctionné par l'action qui naît de ce contrat, s'il s'agit d'un contrat de bonne foi, ou peut-être même d'une *stipulatio* (Loi 7, § 5, Dig., 2, 14, *De pactis* ; loi 40, Dig., 12, 1, *De rebus creditis*) par la raison que le pacte fait en quelque sorte partie intégrante du contrat lui-même ; au contraire, lorsque le pacte est adjoint à une *datio* solennelle, il ne saurait emprunter l'action qui en naît, par ce double motif qu'il ne fait pas corps avec la *datio*, et que celle-ci n'engendre aucune action personnelle.

Tels sont les principes : leur application pure et simple au *pactum fiduciæ* eût conduit à reconnaître en celui-ci un *pactum nudum* dépourvu de toute sanction, en vertu de la règle posée dans la loi 6, Dig., 2, 14. *De pactis « ex pacto nudo actio non nascitur »* ; c'est donc à tort à notre avis que M. Gide (1) a dit : « le pacte de fiducie s'appuie sur la mancipation, et c'est pour cela qu'il est obligatoire ; mais il ne se confond point avec elle, et c'est pour cela qu'il produit non une action de droit strict mais une action de bonne foi » ; pas plus que sa sanction de bonne foi, la force obligatoire du *pactum fiduciæ* ne peut dériver de la *mancipatio* ou de l'*in jure cessio ;* c'est ailleurs qu'il faut chercher la racine de ces deux effets de la fiducie ; du reste, ils ne doivent pas ainsi être séparés l'un de l'autre, à vrai dire ils se confondent ; la

_____

1. *L. c.*, n. 15.

sanction du *pactum fiduciæ* ne va pas sans sa force obligatoire, et réciproquement ; ces deux effets découlent d'une même idée, l'idée de *bona fides* qui, comme nous le verrons, a fait sa première apparition dans le droit romain des obligations à propos de la fiducie ; c'est là seulement que l'on peut chercher l'explication de ce fait, d'une part que le *pactum fiduciæ*, tout en n'étant qu'une *lex dationi dicta*, ait été rendu obligatoire, et d'autre part que l'opération fiduciaire, sorte de *datio ob rem*, ait à la différence des autres *dationes ob rem*, reçu une sanction au moyen d'une action de bonne foi. Comment et pourquoi en a-t-il été ainsi ? C'est ce que nous aurons à examiner en un autre endroit.

γ. La fiducie est un pacte adjoint à une *datio ;* ce n'est pas une opération une dans sa structure, elle se décompose en deux éléments : la *datio* solennelle et le *pactum conventum.*

De là résulte entre ces deux éléments une antithèse nettement marquée au point de vue des effets que l'un et l'autre sont appelés à produire ; nous aurons à développer ces effets dans le chapitre suivant, à propos de l'étude des effets de la fiducie ; mais il importe dès maintenant d'indiquer l'idée directrice qui domine toute cette question : le premier élément de l'opération fiduciaire, la *datio* qui se réalise dans la *mancipatio* ou l'*in jure cessio* engendre un droit réel, dès lors celui qui reçoit le bien en mancipation ou en cession *in jure* fiduciaire devient propriétaire, et il a en principe tous les droits qu'implique cette qualité, tandis qu'en sens inverse celui

qui mancipe ou cède *in jure* son bien fiduciairement cesse
d'en avoir la propriété, ainsi que tous les droits qui y sont
attachés ; au moyen de la *datio* l'aliénation est opérée
(Ulpien, XIX, § 2, 3 et 9). Le second élément de l'opération fiduciaire, la convention qui se révèle dans le *pactum fiduciæ*, n'engendre qu'un droit de créance au profit
du *fiduciæ dans*, auquel correspond à la charge du fiduciaire une simple obligation personnelle de restitution.
Ainsi se trouve justifiée l'idée que nous avons émise plus
haut : autant le *pactum fiduciæ* est subordonné dans son
existence à l'accomplissement de la *datio* solennelle,
autant il en est indépendant dans sa forme et dans ses
effets.

III

CARACTÈRES JURIDIQUES DE LA FIDUCIE.

1. *Son but.* — La fiducie a des applications très variées,
mais toutes présentent un caractère commun : l'adjonction du *pactum fiduciæ* à une *datio* solennelle a pour but,
soit de remédier aux lacunes de la législation, soit d'éluder les dispositions restrictives de la loi ; dans tous les
cas le but cherché est extralégal. Quelque variées que
soient les applications de la fiducie, il est possible de les
classer en deux catégories distinctes, sauf à subdiviser
ensuite ces dernières : la fiducie trouve ses applications,
tantôt dans le droit des personnes, tantôt dans le droit
des choses.

Envisagée dans le droit des personnes, elle tend à modifier leur état (Gaïus, I, § 134, 135, 140 ; — *Collatio legum Mosaïcarum et Romanarum*, tit. 2, ch. 3, § 1), ou à leur faire acquérir la capacité (Gaïus, I, § 114 et 115), résultats pour l'obtention desquels la loi n'avait organisé aucun moyen.

Envisagées dans le droit des choses, les applications de la fiducie peuvent se classer sous la division caractéristique de *fiducia cum creditore* et de *fiducia cum amico*. La *fiducia cum creditore* a eu pour objet de donner à un créancier une sûreté réelle, alors que le contrat de *pignus* et le pacte prétorien d'hypothèque étaient encore inconnus : le débiteur transfère en propriété à son créancier un de ses biens, avec la convention que le bien lui sera retransféré en propriété à l'échéance de la dette si elle est payée (Paul, II, 13 ; Gaïus, II, § 59 et 60 ; Isidore, Orig. V, 25, § 23) ; à la vérité, il eût été plus conforme à l'intention des parties que le débiteur ait pu ne transférer au créancier la propriété de son bien que sous condition résolutoire ; de cette façon les intérêts réciproques des deux parties eussent été mieux sauvegardés : le créancier aurait eu la propriété du bien jusqu'au paiement de la dette ; une fois le paiement opéré, le débiteur aurait recouvré cette propriété et aurait même été réputé l'avoir toujours conservée ; mais, à notre sens, ce fut jusqu'à Justinien un principe du droit romain que la transmission de la propriété *ad tempus* était impossible (*Fragmenta Vaticana*, § 283 ; loi 2, Code 8, 55, *De donationibus*) ; dès lors l'adjonction d'un *pactum fiduciæ* qui n'engendrait qu'un droit de créance à une *datio* qui créait un droit réel apparut comme un moyen de tourner cette règle, en amoindrissant dans la mesure du possible les inconvénients qu'elle entraînait pour le commerce.

Dans la *fiducia cum amico*, il convient de faire rentrer non seulement les opérations fiduciaires par lesquelles celui qui donne son bien *cum fiducia* se propose de rendre ou de recevoir un service d'ami, et qui ont alors pour fonction économique un dépôt ou un prêt à usage, mais encore toutes celles dont l'inspiration est un motif d'affection, et qui jouent alors le rôle de la donation, de la *dotis datio*, de la *mancipatio servi cum fiducia*, etc. L'opération fiduciaire, lorsqu'elle joue le rôle du *commodat*, avait pour but, comme la *fiducia cum creditore*, de tourner la règle d'après laquelle la propriété ne pouvait pas être transférée *ad tempus* (Loi 6, Dig., 45, 3, *De stip. servor.*, Paul, II, 4). Envisagée dans sa fonction de dépôt la *fiducia cum amico* avait deux buts, ainsi que le reconnaît M. Ubbelohde (1) : tourner la règle en vertu de laquelle la représentation en justice était repoussée d'une façon générale sous le système des *legis actiones* « *nemo alieno nomine lege agere potest* » (Gaïus, IV, § 82 ; loi 123, Dig., 50. 17. *De reg. juris*), et fournir la sécurité aux faibles dans les temps troublés « *cum amico quo tutius nostræ res apud eum sint* » (Gaïus, II, § 60 ; Boëce, *in Ciceronis Topica*, § 340, IV c. 10, 41 ; Bruns, *Fontes juris Romani antiqui*,

1. *L. c.*, n. 6, p. 87.

5ᵐᵉ édition, 1887, page 400). Dans la *datio dotis*, le *pactum fiduciæ* avait pour but de faire échec, à l'époque où il existait, au principe ancien en vertu duquel le mari propriétaire de la dot la gardait d'une façon incommutable sans être grevé d'aucune charge de restitution, principe dont le souvenir nous a été conservé par le témoignage formel du vieux jurisconsulte *Servius Sulpicius* rapporté par Aulu-Gelle (*Nuits Attiques*, IV, ch. 3), et dont l'écho se fait encore entendre à une époque où il avait depuis longtemps déjà disparu, dans cette maxime émanée de Paul « *dotis causa perpetua est* » (Loi 1, Dig., 23, 3. *De jure dotium*) ; cette application de la fiducie résulte d'un texte du Digeste, la loi 29, § 1, Dig., 24, 3. *Soluto matrimonio dos...*, que M. Voigt (1) est seul à admettre comme se référant à ce sujet (2), et à propos duquel nous aurons à établir qu'en effet cette référence peut être admise. Dans la *donatio mortis causa*, la fiducie tendait encore à remédier à la règle d'avec laquelle la propriété ne pouvait pas être transférée *ad tempus*, en faisant l'office d'une sorte de condition résolutoire, c'est ce qui a été démontré par M. Keller (3) (Loi 42, Pr., Dig., 39, 6. *De mortis causa donat. Frag. Vatic.*, § 252) (4).

Jusqu'ici nous avons vu la fiducie employée en vue de combler le mieux possible les lacunes de la législation ;

1. *L. c.*, n. 14.
2. Cf. Table de concordance Lenel-Voigt, table B, β. n. 17.
3. *L. c.*, n. 31.
4. Cf. Table de concordance Lenel-Voigt. Table B, β. n. 18.

nous allons la voir maintenant en usage en vue d'éluder
les restrictions gênantes édictées par la loi : tantôt intervenant dans la donation, elle tendait à éluder la prohibition des donations entre époux qui dérivait de la coutume
(Loi 49, Dig., 24, 1, *De donat. inter virum et uxorem* (1) ;
tantôt intervenant dans la mancipation qu'un maître faisait
à autrui de son esclave avec une clause d'affranchissement
au profit de ce dernier (Lois 27 § 1, — et 30, Dig., 17, 1.
Mandati (2) ; — *Frag. Vat.*, § 334 ; — Lois 2, § 2 ; 3 ;
et 5, Dig., 12, 4. *De condict. causa data* (3), — elle tendait à soustraire ce maître aux incapacités d'affranchir
édictées par les lois *Ælia Sentia* (757 *de R.*) *et Fuffia Caninia* (761 *de R.*) ; à la vérité deux textes (Loi 7, § 1, Dig.,
40. 9. *Qui et a quibus manumissi liberi...;* loi 4, Dig., 18. 7.
De servis export.) cités par M. Geny (4) semblent contraires à notre affirmation ; mais nous verrons qu'ils ne la
contredisent qu'en apparence. Ainsi le désir d'atteindre
un but extralégal : tel est le premier caractère de la
fiducie.

2. *Sa sanction.* — Pendant longtemps la fiducie ne fut
pas sanctionnée par une action ; elle était uniquement pro-
tégée par la loyauté et par la confiance réciproques ; le
nom même de notre institution est caractéristique : *fiducia*

1. Table de concordance Lenel-Voigt. Table B, β. n. 16.
2. Cf. Table des textes interpolés de M. Lenel ; — Table A,
n. 8 et 30.
3. Cf. Table de concordance Lenel-Gradenwitz; — Table C. n. 5
et 6.
4. *L. c.* n. 1, p. 49.

veut dire confiance, bonne foi. Un pur devoir d'honneur
abandonné à la conscience du fiduciaire : tel a été, en effet,
pendant plusieurs siècles le caractère juridique de la
fiducie. Ce qui le prouve par dessus tout, c'est qu'une
usucapion favorable, l'*usureceptio* fut imaginée avant la
création de l'*actio fiduciæ* au profit du *fiduciæ dans*, contre le fiduciaire qui se refusait à exécuter la convention
de restitution (Gaïus, II, § 59 et 60). Comment expliquer
ce caractère de la fiducie ? Si la fiducie n'eut pour base
que la loyauté réciproque, cela tient, croyons-nous, au
but même vers lequel elle tendait : ce but était extra-légal ; dès lors, à une époque reculée où le respect de la loi
s'imposait à tous d'une façon impérieuse, on ne pouvait
même pas songer à chercher dans la loi elle-même un
moyen de la tourner ; l'acte qui seul pouvait être employé
vers ce but devait nécessairement rester une clause secrète
ne trouvant aucune sanction dans la loi, mais uniquement
dans le respect que les parties elles-mèmes voulaient bien
avoir pour la convention. Mais comment peut-on comprendre que les besoins pratiques n'aient pas de très
bonne heure suscité une sanction plus énergique, partant
plus sérieuse; pourquoi la loi ne vint-elle pas plus tôt
sanctionner elle-même la convention, au lieu de s'en remettre à l'entière bonne volonté des particuliers ? Ce sont
là des faits de nature à surprendre au premier abord ;
ils sont susceptibles de plusieurs explications historiques,
nous aurons à opter entre elles; pour le moment, il
suffit de poser le principe de ce second caractère juridique de la fiducie, et d'indiquer les questions qu'il suscite,

en renvoyant la solution de celles-ci à un chapitre postérieur.

3. *Son résultat final.* — La fiducie, avons-nous dit déjà, a pour résultat la restitution des choses à leur état antérieur. Voilà l'idée générale ; toutefois il importe de la préciser dans son principe même, puis d'indiquer les diverses modifications que comporte ce principe. Et d'abord il est bien entendu que ce principe ne produit son effet qu'entre les parties, il est complètement étranger aux tiers : le fiduciaire a le droit réel de propriété ; les tiers à qui il aliène ce droit de propriété ou des droits réels qui en sont démembrés sont absolument à l'abri contre une revendication du *fiduciæ dans*, car celui-ci, en vertu du *pactum conventum*, n'a qu'un droit de créance contre le fiduciaire en vue d'obtenir la restitution du bien donné fiduciairement ; comme tous les droits de créance, celui-ci peut rester inefficace, ou tout au moins il se peut qu'il n'agisse que par équivalent. Telle est la portée du principe. Comment est-il appliqué, et quelles modifications subit-il ? Dans le cas le plus ordinaire, la restitution est imposée au fiduciaire au profit du *fiduciæ dans* lui-même ; de nombreux textes en font foi ; c'est la règle absolue dans la *fiducia cum creditore ;* cette règle s'applique aussi dans la *fiducia cum amico* envisagée dans sa fonction économique de dépôt et de *commodat ;* qu'il nous suffise ici de citer Boëce qui est tout à fait explicite (*In Ciceronis Topica*, 1. 4, c. 10, 41 ; Bruns, *Fontes*, 5e édit., page 400). Mais il y a certains cas dans lesquels la restitution au lieu d'être

imposée au fiduciaire au profit du *fiducia dans* lui-même, lui est imposée au profit d'une autre personne ; c'est ce qu'a fort bien remarqué M. Voigt (1) : dans ces différentes hypothèses, il est vrai, l'*actio fiduciæ* ne pourra pas appartenir au tiers, car la règle de la non-représentation contractuelle qui a subsisté jusqu'à la fin dans son ensemble s'y oppose formellement, mais l'*actio fiduciæ* appartiendra au *fiduciæ dans* pourvu toutefois que les principes généraux relatifs à la fiducie ne résistent pas à sa délivrance ; en effet, envisagée dans cette seconde branche, la règle de la non-représentation a subi un échec, incontestable à notre avis, toutes les fois qu'il s'agit d'une action de bonne foi « *placuit enim pruden- tioribus affectus rationem in bonæ fidei judiciis haben- dam* », tel a été l'avis des meilleurs prudents au dire de Papinien (Loi 54, Dig., 17, 1. Mand.). Il y a plusieurs cas dans lesquels la restitution est imposée au fiduciaire au profit d'un autre que le *fiduciæ dans*, ou même au profit d'un véritable tiers : dans l'adoption et dans la *coemptio fiduciæ causa*, deux applications de la fiducie dans le droit des personnes (Gaïus, I, §§ 134, 135, 114 et 115) ; dans la *donatio mortis causa sub modo* (Loi 49, Dig. 24, 1. *De donat. inter virum et uxorem*), et dans la *dotis recepticiæ datio* (Loi 29, § 1, Dig., 24, 3. *Soluto matrimonio dos...*), deux applications de la fiducie dans le droit des choses. Enfin il y a plus, et le principe en vertu duquel le résultat final de la fiducie consiste dans

---

1. *L. c.*, n. 14, p. 171, texte et note 12.

la remise des choses à l'état antérieur subit une sorte de dérogation dans l'une des applications de la fiducie dans le droit des choses, la *mancipatio servi cum fiducia* (Lois 27, § 1 et 30, Dig., 17, 1. *Mandati; Frag. Vat.* § 334; Lois 2, §§ 2 et 3, et 5, Dig., 12, 4. *De cond. causa data...*) : un maître mancipe à l'un de ses amis un esclave pour qu'il soit affranchi; ici il y aura donc au contraire changement apporté dans la condition juridique de l'esclave; au moment où il a été mancipé, il n'était qu'une chose, lorsque le *pactum fiduciæ* aura été exécuté, il sera devenu une personne, mais il faut remarquer que c'est seulement après cette exécution que la qualité d'affranchi lui appartiendra; s'il est vrai par conséquent que le résultat final de l'opération fiduciaire concerne une personne, il n'est pas moins vrai que cette opération envisagée en elle-même au moment où elle est conclue et jusqu'à ce qu'elle soit exécutée n'a qu'une chose pour objet, aussi la *mancipatio servi cum fiducia* doit-elle être rangée parmi les applications de la fiducie dans le droit des choses. Ainsi, si l'on fait abstraction de cette application, la fiducie a pour résultat une restitution à l'état antérieur, avec cette réserve que cette restitution n'est sanctionnée que par un droit de créance, non par un droit réel : c'est pourquoi M. Rudorff (1) nous paraît avoir exagéré la notion du résultat de la fiducie lorsqu'il parle du caractère provisoire de la propriété du créancier dans la *fiducia cum creditore*, qu'il compare au caractère provisoire de la propriété du mari sur la dot,

1. *L. c.*, n. 26, p. 73, note 23.

en rapportant du reste à la fiducie un texte (Gaïus, II,
§ 64), qui se réfère uniquement au *pignus;* dans les deux
cas la propriété est définitive, la preuve en est que les
tiers sous-acquéreurs sont entièrement à l'abri ; la propriété n'est pas le moins du monde limitée en elle-même
et dans son essence, elle reçoit seulement une limitation
dans un simple droit de créance.

4. *Ses modes de réalisation.* — Comment l'obligation de
restitution est-elle exécutée? L'acte juridique qui intervient
en vue de ce résultat est approprié à l'intention commune
des parties : s'agit-il d'une véritable restitution à opérer
soit au profit du *fiduciæ dans* lui-même, soit au profit
d'un tiers, une *datio* solennelle issue de la *mancipatio* ou
de l'*in jure cessio* sera employée en vue d'anéantir dans la
mesure du possible, les effets de la *datio* solennelle, issue
des mêmes actes juridiques, qui a transféré la propriété
au créancier ou à l'ami; à la *datio* solennelle originaire
correspond exactement une *datio* solennelle finale :
« *fiduciam accepit, cuicumque res aliqua mancipatur, ut
eam mancipanti remancipet* » nous dit notamment Boëce
(*In Ciceronis Topica,* l. 4, c. 10, 41) ; s'agit-il non plus
d'une vraie restitution, mais d'un dessaisissement à opérer, dans la *mancipatio servi cum fiducia,* c'est un mode
solennel d'affranchissement (Gaïus, II, §, 17), qui vient
détruire l'effet de la *mancipatio* qui a transféré à l'ami
la propriété de l'esclave. Du reste, comme l'obligation de
restitution ou de dessaisissement n'est sanctionnée que
par un droit de créance, il se pourra qu'au lieu d'être
exécutée en nature, elle le soit seulement par équivalent :

c'est un point sur lequel nous reviendrons ailleurs. Mais indépendamment de ce moyen direct d'exécution, l'obligation du fiduciaire peut trouver un moyen indirect de réalisation dans l'*usureceptio ex fiducia :* cette institution, dont l'existence n'était même pas soupçonnée avant la découverte des Institutes de Gaïus, a été mise en pleine lumière, par quelques lignes de ce jurisconsulte (Gaïus, II, § 59 et 60); elle consiste en une usucapion favorable au profit du *fiduciæ dans* contre le fiduciaire qui se refuse à exécuter volontairement l'obligation qui pèse sur lui en vertu du *pactum fiduciæ.* Toutefois à notre avis l'*usureceptio* n'est applicable qu'à la fiducie considérée dans le droit des choses et non à la fiducie envisagée dans le droit des personnes : à la vérité, aucun auteur jusqu'ici n'a pris la peine de se poser la question, ni par suite de la résoudre ; c'est tout à l'heure en étudiant les effets de la fiducie dont nous allons aborder à présent l'examen, que nous apporterons la preuve de ce que nous avançons ici. Quoi qu'il en soit du reste de ce point, l'application de l'*usureceptio* dans le droit des choses est certaine ; la découverte des Institutes de Gaïus n'a pas seulement dévoilé l'existence et la fonction de l'*usureceptio*, elle a en outre, comme le dit M. Accarias (1), rendu leur sens à plusieurs textes devenus inintelligibles dans l'œuvre de Justinien ; tel est précisément le cas d'un texte d'Ulpien, 20 *ad Edictum*, qui a été inséré au Digeste (loi 7, § 3, Dig. 10, 3. *Communi dividundo*) ; à la suite de

1. *L. c.*, n. 29.

M. Keller, tous les auteurs admettent l'interpolation des mots *indebiti soluti res,* qui sont incompréhensibles ; l'un des éditeurs les plus récents du Digeste, M. Mommsen, est du même avis ; c'est « *ex causa debiti soluti fiducia* » qu'Ulpien avait écrit ; ainsi reconstitué, le texte s'explique de lui-même.

CHAPITRE III

EFFETS DE LA FIDUCIE.

I. Notions préliminaires. — II. Effets de la fiducie dans le droit des personnes. 1. Le défaut de sanction légale. 2. La *cognitio extra ordinem*. 3. Discussion. 4. Discussion. 5. Discussion. — III. Effets de la fiducie dans le droit des choses. — A. Première période. 1. Le défaut de sanction légale. 2. La sanction de fait. 3. La sanction indirecte : l'*usureceptio*. — B. Seconde période. 1. Création d'une sanction légale. 2. Rédaction de la formule de l'*actio fiduciæ*. 3. Résultats de l'*actio fiduciæ*. — IV. Effets des deux éléments combinés de l'opération fiduciaire.

BIBLIOGRAPHIE

1. Bechmann. Der Kauf, tome 1, § 34, p. 285 à 287.
2. Geny. Etude sur la fiducie ; thèse de Nancy, 1885, pages 16, 17, 39 à 41, 44, 57, 102.
3. Rudorff. Zeitsch. für Rechtsgeschichte, tome 11, Ueber die bætische Fiduciartafel, pages 60, 61, 66, 85, 86.
4. Pernice. Marcus Antistius Labeo, tome 1, pages 408 à 416.
5. Danz. Der sacrale Schutz im römischen Rechtsverkehr.
6. Ihering. L'esprit du Droit Romain, trad. de Meulenaere, tome 1, § 11, pag. 121 à 125, tome 3, §§ 44 et 52, pag. 121 à 123, et 223, note 244, tome 4, § 63, page 138,

7. Huschke. Zeitsch. für geschichtliche Rechtswissenschaft, tome 14 ; Ueber die usucapio pro herede, fiduciæ, und ex prædiatura.

8. Mommsen. Die Stadtrechte der latinischen Gemeinden Salpensa med Malaca in der Provinz Bœticæ, pag. 466 et suiv.

9. Jourdan. L'hypothèque, pages 50, 57 et 58.

10. Walter. Geschichte des römischen Rechts bis auf Justinian, chap. 15, pag. 645 et 646.

11. Hugo, Histoire du droit romain, trad. Jourdan-Poncelet, tome 1, § 208, pag. 384 et 385.

12. Stintzing. Das Wesen der Bona Fides und Titulus in der römischen Usucapionslehre, § 6, pag. 14 à 24.

13. Scheurl. Beiträge zur Bearbeitung des römischen Rechts, tome 2, § 6, pag. 36 à 44.

14. Dernburg. Das Pfandrecht, tome 1, pag. 14 à 16, 24 et 25.

15. Ihering. De la faute en droit privé, trad. de Meulenaere, pag. 33, note 62, — page 34, texte et note 64.

16. Voigt. Die XII Tafeln, tome 2, § 86 et 121 ; — et das Jus naturale, tome 3, 541.

17. Lenel. Das edictum perpetuum, § 107, pag. 232 et suiv.

18. Lenel. Zeitsch. der Sav. Stift., tome 3, Quellenforschungen in den Edictcommentaren, Zur actio fiduciæ, p. 106 à 113, 118 et 119.

19. Eck. Zeitsch. der Sav. Stift., tome 9, Neue pompejanische Geschäftsurkunden, page 84.

20. Geib. Zeitsch. der Sav. Stift , tome 8, Actio fiduciæ und Realvertrag, pag. 128 à 151.

21. Rudorff. Edicti perpetui quæ reliqua sunt, § 100, texte et note 9.

22. Ubbelohde. Zur Geschicte der benannten Realcontracte, § 24, 25 et 28.

23. Mommsen. Zeitsch. der Sav. Stift., tome 6, Die römischen Anfänge von Kauf und Miethe, pag. 274.

24. Büchel. De fiducia, pages 20, 21 et 38.

25. Keller. De la procédure civile et des actions chez les Romains, trad. Capmas, page 102, texte et note 297.

26. Bethmann — Holweg, Der Civilprocess des gemeinen Rechts, tome 2, page 281.

27. De Savigny. Traité de droit romain, trad. Guenoux ; — tome 5,

appendice 13, n° 12, pag. 498 à 501,

appendice 14, n° 5, pag. 523 et 524,

n° 8, pag. 529, texte et note d,

n° 19, page 558, note b., et page 559.

28. Accarias. Précis de droit romain, tome 2, § 647, p. 569 ; — § 663, page 613, note 3 ; et § 795, pag. 951 et 952.

29. Girard. Nouvelle revue historique, tome 6, L'action auctoritatis, pag. 214 et 215.

30. Puchta. Kursus der Institutionen, tome 3, § 272.

31. Demelius. Zeitsch. für Rechtsgeschichte, tome 2, — Plautinische Studien, pag. 224 et 225.

32. Desjardins. Revue historique de droit français et étranger, tome 13, pag. 122 à 141.

33. Sohm. Institutionen, pag. 36.

34. Gide. Revue de législation, tome 1, Un pactum fiduciæ, pag. 81 et 86.

35. Degenkolb. Zeitsch. für Rechtsgeschichte, tome 9 ; Ein pactum fiduciæ, pag. 133, et 169 à 171.

36. Gothofredus. In tit. De diversis regulis juris.

37. Conradi de pacto fiduciæ exercitatio II, § 28.

38. De Bassewitz. De Romanorum fiducia, pag. 80 et suiv.

39. Pernice. Zeitsch. der Sav. Stift., tome 9 ; — Parerga ; — Zur Vertragslehre der römischen Juristen, pag. 228, texte et note 3.

40. Oertmann. Die Fiducia im römischen Privatrecht.

I

NOTIONS PRÉLIMINAIRES.

Les textes qui se réfèrent aux effets de la fiducie sont
très nombreux, autant ceux qui n'ont jamais été contestés que ceux à propos desquels les auteurs modernes
ont démontré ou tenté de démontrer des interpolations.
Bien que les textes relatifs aux effets de la fiducie soient
en grand nombre, nous serons loin de les examiner tous
dans ce chapitre; et cela pour deux raisons distinctes :
d'une part il y a certains fragments prétendus interpolés
et pour l'interpolation desquels aucune espèce de preuve
n'a même été tentée; ce sont, en général, des interpolations qui sont admises par M. Voigt et repoussées par
M. Lenel, nous nous contenterons de constater le fait (1),
sans le discuter; d'autre part, il se trouve d'autres textes
qui bien que se référant aux effets de la fiducie, ne se
réfèrent à ces effets que dans certaines des applications de
notre institution. C'est seulement dans l'étude de ces
applications que nous les retrouverons ; car ils n'ont
pas une portée générale. — Ce sont seulement les textes
présentant ce dernier caractère qui nous arrêteront ici.
Tel est le principe qui va guider nos développements ;

1. Il suffira de se reporter à nos tables de concordance aux
numéros que nous indiquerons.

il doit toutefois être tempéré par une double remarque : tout d'abord certains textes qui paraissent ne se rapporter qu'aux effets de la fiducie dans certaines de ses applications se rapportent au contraire en réalité à ces effets dans tous les cas où la fiducie est employée ; en outre, si générale que doive être notre étude dans ce chapitre, il convient dès le début de tenir compte d'une division fondamentale : à notre avis les effets de la fiducie sont profondément différents suivant qu'elle intervient dans le droit des personnes ou dans le droit des choses. — Voici donc quelle sera la délimitation exacte de notre cadre : étudier les effets généraux de la fiducie dans le droit des personnes, puis ses effets généraux dans le droit des choses, voilà qui comprendra l'étude des effets de la fiducie au sens technique du mot, c'est-à-dire du *pactum fiduciæ* ; enfin sortant de cet ordre d'idées, et prenant la fiducie dans son sens large d'opération fiduciaire, nous aborderons l'examen des effets combinés des deux éléments de cette opération, la *datio* solennelle, et le *pactum fiduciæ*.

II

EFFETS DE LA FIDUCIE DANS LE DROIT DES PERSONNES.

1. A l'origine la fiducie, pas plus ici qu'ailleurs, n'a reçu une sanction légale ; elle était basée uniquement sur la bonne foi et la loyauté réciproques ; ce fut là la seule

protection qui pendant longtemps fut accordée au respect de la convention. Ce qui prouve qu'il en a été de même en notre matière, c'est d'abord le nom même de notre institution, comme le remarque M. Bechmann (1); c'est ensuite et surtout que le seul consentement des parties était à une époque reculée impuissant à engendrer l'obligation civile : d'ailleurs cet accord des volontés avait un but caché ; à la différence de l'acte solennel dont il avait pour but de déterminer les effets il ne se révélait souvent par aucune marque extérieure, résidant tout entier dans la commune intention des parties. Un texte de Gaïus nous fournit un exemple frappant de cette idée précisément à propos de l'une des applications de la fiducie dans le droit des personnes, à propos de l'adoption (Gaïus, I, § 132 à 135) et comme l'a dit M. d'Ihering (2) : « Ce n'est pas par oubli que Gaïus dans la description de la triple mancipation du fils, ne mentionne pas le *pactum fiduciæ ;* ce pacte n'apparaissait pas dans l'acte lui-même ; le *criterium* de l'acte conclu *fiduciæ causa* était uniquement dans son but, et non dans sa forme. » Voilà des vestiges de l'époque où le *pactum fiduciæ* n'était pas sanctionné par un moyen de droit.

2. Mais lorsqu'il fut protégé par une sanction légale, quelle fut-elle ? Les auteurs qui ont examiné cette question sont rares, mais ils admettent tous sans difficulté, sans discussion, que la sanction légale de la fiducie a été

1. *L. c.*, n. 1.
2. *L. c.*, n. 6, tome 3, p. 223, note 244.

la même dans le droit des personnes et dans le droit des
choses. Seul M. Bechmann (1) effleure la discussion ; sur
quel argument base-t-il son opinion ? Sur un texte qui
dit le contraire, et qu'il trouve pour cette raison favorable à sa doctrine ; c'est un fragment de la *Collatio legum
Mosaïcarum et Romanarum* (tit. 2, cap. 3, §. 1) qu'il
importe de reproduire en entier:

    « *Per hominem liberum noxæ deditum si tantum adqui-
situm sit, quantum damni dedit, manumittere cogendus
est a prætore, qui noxæ deditum accepit : sed fiduciæ judicio non tenetur.* »

Un père a donné un de ses *filiifamilias* en abandon
noxal à une personne pour réparation d'un préjudice
subi, et les parties ont conclu un pacte de fiducie d'après
lequel lorsque le préjudice sera réparé la personne qui
a reçu en abandon noxal le *filiusfamilias* devra affranchir ce dernier. La solution du texte est claire : si celui
qui a subi le préjudice se refuse à l'affranchissement une
fois qu'il a été satisfait, il y aura lieu à un recours *extra
ordinem*. Tous les auteurs sont forcés de reconnaître cette
solution ; mais M. Bechmann prétend qu'il en résulte
précisément *a contrario* que dans tous les autres cas, c'est
l'*actio fiduciæ* qui sanctionne la fiducie qui intervient
dans le droit familial ; nous pensons en sens inverse qu'il
faut tirer de ce texte un argument *a pari,* et dire que
dans toutes les autres applications de la fiducie dans le
droit des personnes la sanction réside dans une *cognitio*

---

1. *L. c.,* n. 1.

extra ordinem. Il y a d'abord un autre cas que celui de la *noxœ deditio cum fiducia* pour lequel notre solution ne peut guère faire de doute ; elle est en effet admise par M. Ubbelohde (1) et par M. Geny (2), deux auteurs qui cependant se prononcent en principe pour la doctrine de M. Bechmann : c'est le cas de *coemptio fiduciæ causa* (Gaïus, I, § 137) ; les mots « *cogere potest* », selon la remarque de M. Geny, qui apparaissent à deux reprises dans ce passage, sont très significatifs, si on les rapproche du « *cogendus est a prœtore, sed fiduciæ judicio non tenetur* » de la *Collatio.* Il y a encore un texte qui nous semble favorable ; il est emprunté à Paul 11 *Quæstionum* (Loi 34, Dig., 1, 7. *De adoptionibus*) ; ce texte, visant un autre cas spécial, nous dit qu'aucune action ne sera délivrée ; n'est-ce pas indiquer par contre que la *cognitio extra ordinem* pourra procéder ? Voilà les textes qui se rapportent à notre question : on voit qu'ils sont loin d'être favorables à l'opinion universellement admise. Il s'agit donc d'examiner en elle-même la valeur de l'argument *a contrario* que l'on prétend tirer du fragment de la *Collatio ;* c'est après avoir reconnu sa faiblesse que, nous appuyant sur les principes généraux du droit, et sur des motifs rationnels invoqués par nos adversaires eux-mêmes, nous pourrons établir solidement notre opinion.

3. Le fragment de la *Collatio,* dit-on, doit être considéré comme une exception, il ne saurait être étendu à

---

1. *L. c.,* n. 22, p. 55, note 58.
2. *L. c.,* n. 2, p. 57.

toutes les applications de la fiducie dans le droit des personnes, mais il faut le restreindre au seul cas qu'il a visé. Si donc il décide pour ce cas spécial que la sanction de la fiducie se trouve dans une *cognitio extra ordinem*, c'est que en sens inverse pour les autres cas cette sanction se trouve dans l'*ordo privatorum judiciorum* ; en effet, peut-on dire, celui-ci est la règle, tandis que la *cognitio extra ordinem* est l'exception ; lors donc que les textes sont muets ce n'est pas elle qui peut être admise. Cette argumentation de notre texte principal nous rappelle involontairement la façon de raisonner qui était autrefois employée par une certaine doctrine à propos d'un autre texte (*Frag. Vat.*, § 99), qui jouait son rôle dans une controverse analogue dans ses éléments à celle qui nous occupe : il s'agissait de savoir si la *filiafamilias* était ou non capable de s'obliger ; dans le § 99 *Frag. Vat.*, Paul répond que la *filiafamilias* ne pouvait pas s'obliger par *dotis dictio* ; certains auteurs soutenaient néanmoins la capacité de la *filiafamilias*, en considérant que le § 99 *Frag. Vat.* devait être restreint à l'hypothèse qu'il prévoyait, la capacité étant la règle, l'incapacité l'exception ; d'autres au contraire généralisaient la décision du § 99 *Frag. Vat.* à tous les cas où la *filiafamilias* voulait s'engager ; la dernière lecture du § 104 Com. III de Gaïus leur a donné pleinement raison ; d'ailleurs d'autres textes étaient en jeu de part et d'autre (Loi 9, Dig., 14, 6 ; *De senat. Macedon* ; Loi 141, § 2, Dig., 45, 1. *De verbor. obligationibus* ; Loi 3, § 4, Dig., 13, 6 *Commodati* ; Loi 11, Code, 4. 26. *Quod cum eo...* ;

c'est là une différence avec notre controverse qui n'est influencée d'une façon certaine que par un seul texte, celui de la *Collatio ;* mais on voit que l'argument *a contrario* tiré du § 99 des *Frag. Vat.* était sans valeur. Il en est de même à notre avis de celui que l'on veut tirer du texte de la *Collatio ;* d'ailleurs pourquoi voulait-on restreindre la décision du §. 99 *Frag. Vat.* au seul cas qu'il prévoyait ? Parce que la capacité est la règle et l'incapacité l'exception ; mais, la doctrine adverse prétendait précisément que lorsqu'il s'agissait de la *filiafamilias,* l'incapacité était la règle, et la capacité l'exception ; la dernière révision du manuscrit de Vérone par M. Studemund a prouvé que là en effet était la vérité ; dans notre controverse pourquoi prétend-on restreindre la décision de la *Collatio leg. Mosaïc. et Roman.* tit. II, cap. 3, § 1, au seul cas qu'elle prévoit ? Parce que *l'ordo privatorum judiciorum* est la règle et la *cognitio extra ordinem* l'exception ; mais nous croyons précisément que lorsqu'il s'agit de l'état des personnes c'est la *cognitio extra ordinem* qui est la règle, et l'*ordo privatorum judiciorum* l'exception. L'examen des principes généraux du droit et des motifs rationnels invoqués par la doctrine adverse elle-même pour justifier notre fragment de la *Collatio,* qui à ses yeux n'est qu'une exception, va prouver que c'est de notre côté que se trouve la vérité.

4. Les exemples de cas dans lesquels la *cognitio extra ordinem* est le seul recours possible, en matière d'état des personnes, sont, à la vérité, assez rares (loi 5, Dig., 25, 3. *De agnoscendis et alendis liberis*) ; — le plus souvent l'in-

téressé agit par voie de *prœjudicium;* — il est possible,
comme le dit M. Accarias (1), que presque tous les *prœju-
dicia* relatifs à l'état des personnes aient leur base originaire dans une *cognitio extra ordinem;* en tous cas il
est certain que la *cognitio extra ordinem* a toujours pu
être employée concurremment avec le *prœjudicium*, et
que dans certaines hypothèses elle était seule possible,
tandis qu'en sens inverse il n'y a pas de cas dans lesquels
le *prœjudicium* ait été le seul recours admis à l'exclusion
de la *cognitio extra ordinem*. Le texte fondamental sur ce
point nous paraît être la loi 1, § 2, Dig., 6. 1. *De rei
vendicatione;* il nous dit que l'état des personnes ne peut
pas être réclamé par une action ordinaire, par l'action en
revendication par exemple, mais au contraire, « *petuntur
aut prœjudiciis, aut interdictis, aut cognitione prœtoria* ».
Telles sont les trois voies de recours seules admissibles.
— Mais la doctrine que nous combattons ne reste même
pas sur ce terrain : elle ne se borne pas à dire qu'au lieu
de la *cognitio extra ordinem, un prœjudicium* ou un interdit pourra être intenté; elle prétend que c'est une action personnelle, l'*actio fiduciœ*, qui fera l'office de la
cognitio extra ordinem; telle est la conséquence logique
à laquelle doit aboutir ce système ; or, la loi 1, § 2, Dig., 6,
1, nous paraît absolue, elle n'admet qu'une légère exception dans sa partie finale, en indiquant que dans certaines
circonstances, « *adjecta causa* », la *rei vindicatio* pourra
être employée pourvu que la formule soit modifiée, de

---

1. *L. c.*, n. 28, tome 2, § 795.

telle sorte qu'elle se rapproche alors du *prœjudicium;*
telle est, en dehors du *prœjudicium* et de l'interdit, la
seule exception à la règle suivant laquelle la *cognitio extra ordinem* est le seul recours possible quand il s'agit de
l'état des personnes, règle qui a fini par devenir absolue
par suite d'une décision de Marc-Aurèle qui ne faisait
que donner satisfaction à une tendance de plus en plus
accentuée de la pratique Romaine (Loi 4, Dig., 40, 14.
Si ingenuus esse dicetur). Dès lors notre fragment de la
Collatio n'est-il pas conforme aux principes lorsqu'il nous
dit : « *cogendus est a prœtore... sed fiduciœ judicio non
tenetur* », et s'il est conforme aux principes, pourquoi
donc ne doit-il pas être généralisé ? — Du reste, dans la
doctrine que nous combattons, comment fonctionnerait le
système de sanction ordinaire de la fiducie ? ce système
est un dans son ensemble, bien qu'il se décompose en
plusieurs éléments ; il suffirait que l'un d'eux seulement
fût inapplicable pour que la théorie fût déjà fort suspecte ;
mais si aucun de ces éléments n'est d'une application
possible ici, cette théorie est irrémédiablement condam-
née.

Examinons donc de plus près cette question : comment
le système de sanction que la fiducie reçoit dans le droit
des choses au moyen des actions *fiduciœ directa et contraria, de la condictio* (Loi 4, § 1, Dig. 12, 1, *De rebus
creditis*) ainsi que l'a découvert M. de Savigny (1), enfin
de l'*usureceptio*, peut-il fonctionner dans le droit des

1. *L. c.*, n. 27.

personnes ? Et d'abord l'*actio fiduciæ directa* est-elle
admissible ? le seul texte qui vise directement la question,
notre fragment de la *Collatio*, repousse l'*actio fiduciæ
directa*, et nous venons de voir que les principes généraux
imposent la même solution pour toutes les autres applications de la fiducie dans le droit des personnes. Quant à
l'*actio fiduciæ contraria*, elle a en général pour objet de
réparer le préjudice subi par le fiduciaire à l'occasion de
la chose qui lui a été donnée en fiducie ; l'esprit ne se
refuse-t-il pas à concevoir l'exercice de cette action à
propos de la fiducie dans le droit des personnes lorsqu'elle
tend à l'adoption, ou à l'émancipation, ou qu'elle se manifeste dans la *coemptio fiduciæ causa ?* toutes ces hypothèses sont par essence exclusives de l'exercice d'une *actio
fiduciæ contraria ;* à la rigueur celui-ci pourrait se concevoir dans la *noxæ deditio cum fiducia*, mais précisément
pour ce cas notre fragment de la *Collatio* écarte l'*ordo
privatorum judiciorum*, car bien qu'il ne s'explique
expressément que sur l'*actio directa*, il est certain que la
solution doit être étendue à l'*actio contraria ;* comment en
effet pourrait-on comprendre un système dans lequel
à une *actio contraria* ne correspondrait aucune *actio
directa*, mais une *cognitio extra ordinem ?* Ce serait là
une anomalie sans exemple à l'époque classique. L'exercice d'une *condictio* est lui aussi inadmissible : le principe
absolu posé par la loi 1, § 2, Dig. 6, 1, y apporte un obstacle insurmontable ; le principe opposé écrit dans la
loi 9, Pr. Dig., 12, 1, doit être ainsi limité à notre avis.
Enfin l'*usureceptio* appliquée aux personnes est assez

difficilement concevable ; elle ne peut s'appliquer qu'aux
choses : en effet, c'est une espèce d'usucapion ; or, celle-ci
réside dans une possession prolongée pendant un certain
délai et sous certaines conditions ; la possession est le pouvoir de fait sur un objet avec la volonté de s'en comporter comme propriétaire ; or, on ne peut pas être propriétaire d'une personne, on peut seulement avoir sur elle
un certain droit de puissance, qui ne se confond pas avec
le droit de propriété ; c'est la puissance patriarcale ou
tutélaire ou le *mancipium*, droits qui sont insusceptibles
de possession et par suite d'usucapion : à la vérité,
l'exemple de l'*usus* de la femme par l'homme pendant
un an suffisant à engendrer le mariage (Gaïus, I, § 111)
semblerait apporter un démenti à notre affirmation ; mais
cette institution appartient à une époque fort reculée,
alors que la barbarie primitive considérait encore la
femme non comme une personne, mais comme un meuble ; elle subsistait encore à l'époque de la loi des Douze
Tables, mais elle a dû disparaître de bonne heure ; à
supposer même dès lors que l'*usureceptio* ait jamais pu
s'appliquer aux personnes, il faut dire qu'elle a dû avoir
une destinée identique à l'*usus* de la femme ; sa disparition daterait sans doute des premiers développements de
la civilisation. Ainsi le système de sanction de la fiducie
dans le droit des choses est entièrement inapplicable à la
fiducie dans le droit des personnes ; on comprend donc
que les nécessités pratiques en aient engendré un autre,
consistant dans une *cognitio extra ordinem*.

5. Du reste, comment M. Bechmann (1) justifie-t-il la solution de la *Collatio leg. Mos. et Rom.*, tit. 2, cap. 3, § 1, qui à ses yeux constitue une décision exceptionnelle? S'il y a lieu, dit-il, à une *cognitio extra ordinem* en cas de *noxæ deditio cum fiducia,* c'est parce qu'alors il n'y a aucun intérêt pécuniaire en jeu, et parce qu'au contraire il s'agit de l'intérêt de la liberté. Eh bien ! ne sont-ce pas les mêmes motifs qui se retrouvent dans toutes les applications de la fiducie dans le droit des personnes : dans l'adoption, dans l'émancipation, dans la *coemptio fiduciæ causa,* y a-t-il donc un intérêt pécuniaire quelconque ? La *patria potestas* et la *manus* ne sont-elles pas au contraire de pur intérêt moral? Il faut même aller plus loin, et dire que s'il y a, parmi les applications de la fiducie dans le droit des personnes, un cas dans lequel apparaisse un intérêt pécuniaire, c'est bien le cas de *noxæ deditio cum fiducia,* car elle a en vue de réparer un préjudice causé ; et c'est précisément pour ce cas que nous avons un texte formel venant nous dire que la sanction de la fiducie a lieu *extra ordinem ;* à plus forte raison ne doit-il pas en être de même dans toutes les autres hypothèses où la fiducie intervient dans le droit des personnes, et qui à coup sûr sont beaucoup moins empreintes du caractère pécuniaire ?

6. Ainsi les textes, les principes généraux relatifs à l'état des personnes et à la fiducie elle-même : l'identité des motifs, tout nous pousse à donner une solution contraire à celle qui a prévalu universellement jusqu'ici : la

1. *L. c.*, n. 1.

cognitio extra ordinem est la seule sanction de la fiducie
dans le droit des personnes. Mais à quelle époque cette
sanction de la fiducie dans le droit des personnes est-
elle apparue ? A première vue on pourrait être tenté de
croire qu'elle a dû précéder la sanction de la fiducie dans
le droit des choses, parce que le préteur, qui bien que
magistrat et administrateur, ne craignit pas de se faire
législateur, ne dut pas hésiter à accorder, dès qu'il le
put, sa protection aux intéressés dans tous les cas où cette
protection lui semblait juste et où le droit ne donnait
aucune sanction ; ensuite parce que précisément dans
notre hypothèse le droit civil refusait une sanction quelconque, même l'*usureceptio* qu'il accordait dans le droit
des choses, et qui si elle existait tout à fait à l'origine, a
dû disparaître de très bonne heure dans le droit des personnes. Toutefois nous pensons au contraire que l'emploi
de la *cognitio extra ordinem* est de date assez récente, et
relève seulement de l'époque où la procédure formulaire
ayant été substituée à la procédure des actions de la loi,
le préteur abandonna le rôle purement passif qu'il s'était
contenté de garder jusque-là : cette sanction de la fiducie dans le droit des personnes a donc été postérieure à
la sanction de la fiducie dans le droit des choses ; jusque-là, l'*usureceptio* appliquée aux personnes ayant disparu sans doute de bonne heure, les mœurs seules sup-
pléèrent à ce défaut total de sanction légale.

III

EFFETS DE LA FIDUCIE DANS LE DROIT DES CHOSES.

A. — *Première période.* — 1. Le *pactum fiduciæ* à l'origine subit le sort de tous les autres *pacta nuda*. C'était un pacte adjoint à une *datio*, destiné à engendrer une obligation personnelle ; il ne pouvait pas emprunter la force obligatoire de la *datio* dont il était l'accessoire, et qui créait un droit réel: c'est la conséquence du principe de la simplicité des actes juridiques, qui a été mis en lumière par M. d'Ihering. « *Ex nudo enim pacto inter cives Romanos actio non nascitur* », telle est la maxime générale que nous rapporte Paul (loi 6, Dig., 2, 14. *De pactis* ; Sentences, II, 14, § 1) ; elle s'appliqua au *pactum fiduciæ*. C'est la remarque que fait M. Rudorff (1) ; elle constitue du reste dans sa bouche une inconséquence de plus : car d'après cet auteur le *pactum fiduciæ* était inséré dans la formule même de la *mancipatio;* dès lors à ce titre, il aurait dû participer de la force exécutoire de cet acte solennel. Néanmoins la solution est certaine, elle résulte sans contestation possible et du nom même de la fiducie et de l'existence de *l'usureceptio* (Gaïus, II, §§ 59 et 60), sanction indirecte qu'il n'eût jamais été nécessaire d'imaginer si de tous temps avait existé une sanction directe.

1. *L. c.*, n. 3, p. 85.

Cette solution s'explique d'ailleurs à merveille dans [la] théorie que nous avons adoptée et d'après laquelle [le] *pactum fiduciæ* était une convention placée en dehors [de] la *datio* et ne faisant pas corps avec elle. Mais comme [si] cet état de choses donnait-il satisfaction aux exigences [de] la pratique : comment se fait-il que pendant longtem[ps] l'on dut se contenter d'une convention basée essentiell[e]ment et exclusivement sur la loyauté réciproque, et d[é]pourvue de sanction directe ?

2. Cette question se confond avec celle de savoir com[m]ment dans les temps primitifs la bonne foi a été respecté[e.] Tous les auteurs sont d'accord pour reconnaître qu'à c[es] époques reculées, si le simple accord des volontés [ne] jouissait d'aucune sanction légale, c'est qu'il pouvait s'e[n] passer : la convention était respectée en fait, dès lors [le] droit n'avait pas à intervenir. Mais il ne suffit pas d[e] constater un fait, il faut en outre en trouver la raiso[n] intime, quelle est-elle donc ? M. Geny (1) la trouve da[ns] la crainte religieuse des peuples qui sont encore dan[s] l'enfance : la Fides était une divinité qui avait à Rom[e] plusieurs temples (Festus, v° Romam ; et Plutarqu[e,] Numa, 16), c'est elle qui présidait à toutes les conven[-] tions dont l'exécution était abandonnée à la confiance qu[e] les parties avaient l'une pour l'autre ; c'est de la sort[e] qu'on peut s'expliquer ces paroles d'Aulu-Gelle (Nuits A[n]- tiques, XX, 1, 39) : « *Populus Romanus omnium virtutu[m] maxime atque præcipue fidem coluit, sanctamque habu[it]*

---

1. *L. c.*, n. 2, pp. 16 et 17.

am privatim quam publice ».Cette opinion s'inspire de celle
e MM. Pernice et Danz (1) : M. Pernice semble admettre
u'il y avait dans la fiducie un serment dont la violation
tait une atteinte portée à la déesse Fides (Cicéron, *De
fficiis*, III, 104 ; et Isidore de Séville, Orig., V, 24).
'est ainsi d'après lui que peut s'expliquer l'exemple bien
onnu, que nous rapporte Cicéron (*De domo*, 66 ; *Pro
Balbo*, 10 ; *De officiis*, III, 111), *de Regulus* retournant à
Carthage pour observer la foi donnée; M. Pernice admet
n outre une opinion de M. Danz qui a trouvé de nom-
reux adhérents et d'après laquelle la *sponsio* elle-même
urait été inspirée par la crainte religieuse de la déesse
Fides (Festus, v° *Spondere*). Ainsi si la fiducie pendant
ongtemps put se passer d'une sanction légale, c'est
u'elle trouvait une sanction religieuse ; c'est seulement
uand le culte de la religion se fut affaibli que la loi dut
ntervenir pour la remplacer.

Cette opinion nous paraît tout à fait inadmissible : elle
e pourrait avoir quelque vraisemblance que si la fiducie
eposait sur un serment ; c'est ce qu'a fort bien vu
M. Pernice, aussi va-t-il jusqu'à soutenir qu'il en a été
ainsi ; mais en réalité nulle part les textes ne nous pré-
entent la fiducie avec ce caractère ; à notre avis il faut
nercher sa base autre part que dans la religion. Celle-ci
à la vérité a dû exercer une grande influence sur les
œurs du peuple romain : ce qui en fait foi, ce sont les
xtes d'Aulu-Gelle et Cicéron, et notamment l'exemple

1. *L c.*, n. 4 et 5.

de Régulus qui nous est rapporté par ce dernier ; mais
c'est uniquement à cela que se réduit la part de vérité
qui se trouve contenue dans la doctrine que nous combattons ; de même la manière de voir que cette doctrine pro-
fesse à l'égard de la *sponsio* nous semble constituer une
exagération outrée ; s'il était vrai que le respect de la *sponsio* ait reposé exclusivement sur la crainte des dieux, comment pourrait-on comprendre d'une part que cet acte
juridique ait toujours été si rigoureusement limité dans
sa forme, et d'autre part qu'il ait constamment repoussé
l'idée de bonne foi dans ses effets ; ne faut-il pas plutôt
attribuer ces résultats tout simplement à la grossièreté
intellectuelle des premiers âges ? C'est aussi dans les
mœurs antiques, et non dans la religion, que réside à
notre sens la base de la fiducie ; du reste l'explication
que nous allons donner n'est pas nouvelle ; elle est tout
entière empruntée à M. d'Ihering (1). Dans les sociétés
naissantes, l'individu ne compte pas, le groupe s'absorbe
tout, c'est le règne de la vie collective ; le simple bon
sens conduit d'abord à une remarque facile : c'est que
dans une famille patriarcale le délit, et même l'infraction
à la foi promise, sont plus difficiles à commettre par un
membre de cette famille que dans un Etat organisé par un
individu isolé de tout groupe ; car plus les liens de la
collectivité sont resserrés, plus la surveillance du chef
sur chacun de ceux qui la composent est active et facile
à exercer ; en outre à toutes les époques, si reculées que

1. *L. c.*, n. 6, tome 1, p. 121 à 125.

l'esprit puisse les concevoir, l'homme a été un être doué
d'une conscience lui permettant de distinguer le bien du
mal ; le droit a toujours existé, il n'a fait que se transformer sous l'influence du changement des mœurs: tout à fait
à l'origine il s'est confondu avec la force légitime, c'est-
à-dire avec la force que la coutume, cette conscience de
la nation, consacrait comme juste ; la violation de la convention conclue blessait le sentiment du droit, elle réclamait un châtiment de la justice privée; et comme le
sentiment du juste était profondément enraciné dans la
conscience de chacun, sa violation devait entraîner une
répression énergique ; c'est la crainte de celle-ci et non
la crainte des dieux qui était tout à fait efficace pour
contraindre au respect de la convention. Il faut lire à ce
propos les belles pages de M. d'Ihering: « le sentiment du
droit, dit-il, a par lui seul l'instinct de se réaliser ; une
violation de ce sentiment n'atteignit-elle même immédiatement qu'un individu isolé, réveille cet instinct non
seulement chez cet individu, mais chez tous les autres ;...
lorsqu'on se trouvait en présence d'un droit complètement indubitable, on devait s'attendre à l'assaut de toutes
les forces unies pour en poursuivre le redressement, non
seulement des forces de l'intéressé, mais de celles de ses
parents et de ses amis, tandis qu'on ne pouvait soi-même
aucunement compter sur un pareil secours en cette occur-
rence. » Voilà pourquoi pendant longtemps l'intervention
de la loi fut inutile ; ce n'est que lorsque l'individu s'étant
peu à peu détaché du groupe familial pour se placer sous
la protection de l'Etat, collectivité moins étroite, qu'il lui

fut facile de tromper la confiance de son semblable, et
qu'alors la sanction de droit parut indispensable. Telle est
l'explication qui nous semble seule vraisemblable : la
sanction première de la fiducie réside dans les mœurs,
non dans la religion ; celle-ci n'a dû avoir pour rôle que
de former celle-là, de même qu'elle a exercé une influence
incontestable sur le droit lui-même ; c'est de la sorte
que l'on peut s'expliquer les expressions « *fidem suam obligare,... fidem sequi* » dont se servent certains textes (loi 27,
§ 2, Dig., 16, 1, *Ad senat. Velleianum ;* loi 1, § 1, Dig., 12.
1. *De rebus creditis*) pour désigner des actes du droit strict ;
les auteurs dont nous repoussons la théorie, invoquent
ces textes, en exagérant leur portée. Ainsi se trouve
développée l'affirmation que nous avons déjà émise, à
savoir que la grossièreté intellectuelle n'a pas nécessairement pour corollaire la grossièreté morale d'un peuple.
Les violations de la foi donnée furent donc très rares dans
cette première période ; c'est pour cette raison que pendant longtemps l'*usureceptio* parut une sanction suffisante.

3. L'*usureceptio ex fiducia* (Gaïus, II, § 59 et 60)
peut se définir une usucapion favorable au profit du
fiduciæ dans contre le fiduciaire qui s'est refusé à exécuter le *pactum fiduciæ*. Celui qui a donné son bien en
fiducie a cessé d'en être propriétaire ; la restitution dépend
du bon vouloir du fiduciaire qui, lui, a été rendu propriétaire par la *mancipatio* ou l'*in jure cessio ;* s'il s'y
refuse, le *fiduciæ dans* ne pourra pas l'y contraindre ; il
pourra seulement usucaper à des conditions avantageu-
ses le bien qui appartient à autrui ; c'est la remarque de

Gaïus, II, § 59 : « ... *sciens quisque rem alienam usucapit* ».
Quelle' est l'origine de l'*usureceptio ;* quelles sont les
règles qui la régissent ; comment est-il possible d'expliquer celles de ces règles qui sont favorables, en comparaison du droit commun ? Telles sont les questions que
comprend l'examen de l'*usureceptio.*

α. Quelle origine convient-il de lui assigner ? Gaïus à
côté de l'*usureceptio ex fiducia* nous parle brièvement de
l'*usureceptio ex prœdiatura* (II, § 61) : celle-ci se produisait en cas de *prœdiorum subsignatio ;* qu'était cette dernière ? C'était une sûreté que l'État exigeait de ses débiteurs ; voilà tout ce que nous pouvons savoir grâce à la
lex municipalis Malacitana, ch. 64 et 65 (Bruns, *Fontes
juris,* 5e édit., pages 146 et 147) ; mais quel était ce genre
de sûreté, à quel but tendait-elle ? Question éminemment
obscure et qui divise les interprètes : pour les uns, comme
MM. Huschke et Mommsen (1), la *prœdiorum subsignatio*
avait pour objet d'établir que les débiteurs de l'État
étaient solvables ; pour les autres, comme M. Jourdan (2), c'était l'affectation de biens à la sûreté de la
créance de l'État, comme le fut plus tard l'hypothèque. Comment se réalisait cette *prœdiorum subsignatio ?*
Voilà encore une question à peu près indéchiffrable : d'a-
près MM. Hugo et Walter (3), la *prœdiatura* aurait
résulté d'une mancipation fiduciaire ; dès lors l'origine de
l'*usureceptio ex fiducia* se trouverait tout naturellement

1. *L. c.,* n. 7 et 8.
2. *L. c.,* n. 9, p. 57 et 58.
3. *L. c.,* n. 10 et 11.

dans l'*usureceptio ex prædiatura* ; mais il semble que la
conjecture de MM. Hugo et Walter doive être repoussée
par l'examen des textes ; en effet, tandis que celui qui a
mancipé son bien fiduciairement cesse d'en être propriétaire (Gaïus, II, § 59), les textes qualifient de *dominus*
celui qui a fait la *prædiorum subsignatio* (Gaïus, II, § 61).
Il est néanmoins permis à notre avis de croire que l'*usureceptio ex fiducia* a eu pour origine l'*usureceptio ex prædiatura :* tout d'abord le nom même paraît l'indiquer très
fortement ; en outre et surtout les règles qui régissent
ces deux sortes d'*usureceptio* sont presque identiques ;
d'ailleurs la remarque que nous avons faite après
M. Geny (1), et d'après laquelle Gaïus (II, § 61) désigne
par *dominus* celui qui a fait la *prædiorum subsignatio*,
n'est pas absolument concluante contre l'opinion qui voit
dans cette institution une mancipation fiduciaire ; en effet,
quelques lignes plus haut Gaïus (II, § 59) dit : « *Adhuc
etiam ex aliis causis sciens quisque rem alienam usucapit.* »
Le jurisconsulte romain dans tout ce passage s'occupe
de trois usucapions favorables très anciennes, l'*usucapio
pro herede* et les deux sortes d'*usureceptio* dont nous par-
lons.

C'est à propos de l'*usucapio pro herede* qu'il commence
par dire (II, § 52 : « *rursus ex contrario accidit ut qui
sciat alienam rem se possidere usucapiat* » ; puis au § 59
il nous dit qu'il y a encore d'autres cas où il en est de
même, c'est-à-dire où l'on peut usucaper, sans bonne

---

1. *L. c.*, n. 2 p. 102.

foi la chose d'autrui, ces autres cas « *ex aliis causis* »,
c'est d'une part l'*usureceptio ex fiducia*, développée aux
§§ 59 et 60, et d'autre part l'*usureceptio ex prædiatura* développée au § 61 ; ainsi Gaïus aurait lui-même indiqué
comme ayant cessé d'être propriétaire celui qui a fait la
prædiorum subsignatio dans son § 59, tandis que dans son
§ 61 il l'aurait appelé *dominus* ; le jurisconsulte se serait
ainsi contredit de la façon la plus manifeste ; cela est-il
donc admissible ? Pour nous c'est le § 59 qui doit prévaloir au point de vue purement juridique, dès lors on comprendrait que la *prædiorum subsignatio* ait pu avoir lieu
par mancipation fiduciaire, et que les deux sortes d'*usureceptio* dérivent l'une de l'autre ; quant à l'expression
dominus qui se trouve dans le § 64, elle peut s'expliquer
même dans notre opinion : Gaïus a dû ici se laisser guider par le sentiment populaire plutôt que par l'inspiration
juridique ; si en droit celui qui a mancipé son bien fiduciairement a cessé d'en être propriétaire, en fait la conscience du peuple le considère presque comme n'ayant
jamais cessé de l'être lorsque le fiduciaire se refuse à
exécuter le *pactum fiduciæ*. C'est même cette remarque,
nous l'allons voir, qui peut servir à expliquer l'existence
des règles favorables de l'*usureceptio* ; d'ailleurs en droit
si celui qui a fait la *prædiorum subsignatio* est resté *dominus*, comment comprendrait-on qu'il jouisse de l'*usureceptio* ? à coup sûr il n'en aurait aucun besoin, car on
n'usucape pas sa propre chose. Pour toutes ces raisons
nous pensons que l'*usureceptio ex fiducia* a une racine
très ancienne dans l'*usureceptio ex prædiatura*.

β. Quelles sont les règles qui régissent l'*usureceptio ex fiducia* ? Et d'abord à partir de quel moment le *fiduciæ dans* peut-il recouvrer son bien par *usureceptio* ; dans quels cas celle-ci est-elle possible ? Gaïus répond à la question par des distinctions (II, § 60) : s'agit-il de la *fiducia cum amico*, l'*usureceptio* peut procéder dans tous les cas et à toute époque « *si quidem cum amico contracta sit fiducia, sane omni modo competitus ureceptio* » ; s'agit-il de la *fiducia cum creditore*, le principe est que l'*usureceptio* peut procéder dans tous les cas dès que la dette a été payée, mais seulement à partir de ce moment, « *si vero cum creditore, soluta quidem pecunia omni modo competit* » ; pourtant que décider pour l'époque antérieure au paiement de la dette ? L'*usureceptio* ne sera alors possible que si le *fiduciæ dans* n'a pas reçu du fiduciaire le bien qu'il lui a transféré en propriété *cum fiducia*, à titre de *locatio* ou de *precarium* ; que si au contraire une *locatio* ou un *precarium* est intervenu, l'*usureceptio* sera rendue impossible ; en effet, l'*usureceptio* est une *usucapio ;* or, celle-ci exige la possession, et, celui qui a une chose en qualité de locataire ou de précariste ne possède pas, il a seulement la détention ; dès lors c'est parce que l'*usureceptio* manque d'un élément essentiel qu'elle ne peut pas alors procéder, « *nondum vero soluta ita demum competit si neque conduxerit eam rem a creditore debitor neque precario rogaverit ut eam rem possidere liceret ; quo casu lucrativa usucapio competit* ». Ce dernier point sera développé dans l'étude ultérieure de la *fiducia cum creditore*. Il se résume dans cette maxime « *Nemo ipse sibi causam posses-*

sionis mutare potest» (Loi 33, § 1, Dig., 41,3. *De usurpart.
et usucapion*).

Ainsi l'*usureceptio* pourra procéder à tous les cas et à
toute époque, même avant le paiement de la dette, à
moins qu'une *locatio* ou un *precarium* ait été concédé.
Quelles sont les faveurs dont jouit l'*usureceptio?* Elles
résultent du rapprochement entre les § 42 à 44 d'une
part et le § 59 du Commentaire II de Gaïus d'autre part :
l'*usucapio* ordinaire exige pour son accomplissement
la *justa causa* et la *bona fides ;* l'*usureceptio* est dispensée
de ces deux conditions de validité, le débiteur pourra
usurecipere bien qu'aucun acte juridique impliquant chez
les parties la volonté d'acquérir et de transférer la propriété ne soit intervenu, et bien qu'il sache que le bien
est la propriété d'autrui, *sciens quisque rem alienam usucapit ;* dans ces conditions celui qui voudrait profiter de
l'*usucapio* ordinaire, outre qu'il lui serait impossible d'atteindre ce résultat, commettrait le délit de *furtum ;* au
contraire le *fiduciæ dans* qui se proposera *d'usurecipere*
sans *justa causa* et sans *bona fides* atteindra son but, sans
commettre aucun *furtum* (Gaïus, III, § 200 et 201). Enfin,
tandis que l'*usucapio* du droit commun ne s'accomplit que
par une possession prolongée pendant un an s'il s'agit
d'un meuble, pendant deux ans s'il s'agit d'un immeuble ;
l'*usureceptio* n'a jamais besoin que d'un délai d'un an,
alors même qu'il s'agit d'un immeuble, « *si eamdem ipse
possederit, potest usucapere, anno scilicet, etiam soli si sit* ».

1. *L. c.*, n. 7.

γ Comment expliquer toutes ces faveurs qui entouraient l'*usureceptio?* M. Huschke (1) a émis à ce propos une conjecture bizarre, qui n'a trouvé d'autre adhérent que son auteur lui-même : d'après lui l'aliénateur fiduciaire transférait une partie de sa *familia* qui tout à fait à l'origine devait être inaliénable, elle devait être ainsi dans une sorte de captivité dont l'*usureceptio* avait précisément pour objet de la faire sortir. D'après MM. Stintzing et Scheurl (2), celui qui aliène son bien *fiduciæ causa* ne transfère que le *nudum jus Quiritium*, il conserve l'*in bonis*, et se trouve dès lors *in causa usucapiendi* (Gaïus, II, § 41) ; mais cette théorie est tout d'abord impuissante à expliquer les règles favorables de l'*usureceptio*, tout au plus serait-elle capable de rendre compte de l'existence d'une *usucapio* soumise aux règles du droit commun, si elle était exacte, en outre elle repose sur une erreur certaine : celui qui aliène son bien *fiduciæ causa*, l'aliène entièrement, et la *mancipatio* ou l'*in jure cessio* rend le fiduciaire *dominus ex jure Quiritium ;* les textes en effet sont tout à fait formels, Gaïus qualifie l'objet dont la propriété est transférée *cum fiducia* de *res aliena* (Gaïus, II, § 59 et 220 ; et III, § 201). C'est la théorie qui a été soutenue par M. Dernburg (3), et par M. Jourdan (4), qui nous semble seule admissible : en droit la chose a cessé d'appartenir au *fiduciæ dans*, mais à côté et à l'encontre de la rigueur

1. *L. c.*, n. 7.
2. *L. c.*, n. 12 et 13.
3. *L. c.*, n. 74.
4. *L. c* , n. 9, p. 50.

du droit il y a la conscience publique, l'instinct pratique comme dit M. Jourdan, qui lui est favorable : sans doute cet instinct pratique ne peut pas heurter de front la vérité juridique en reconnaissant que la propriété est restée sur la tête du *fiduciæ dans*, mais il se manifeste en lui permettant de recouvrer cette propriété à des conditions faciles. Telle est la théorie qui rend le mieux compte des règles favorables de l'*usureceptio*, toutefois il convient d'examiner celles-ci de plus près. L'*usureceptio* n'exige pas de *justa causa :* mais cette absence de titre n'est qu'apparente ; sans doute on ne pourra pas dire que le *fiduciæ dans* possède *Pro emptore, Pro dato, Pro dote,* etc., puisqu'aucune *justa causa* n'est intervenue, mais en réalité l'*usurecipiens* a l'*animus domini,* il possède *Pro suo* (Dig., 41. 10, *Pro suo*).

L'*usureceptio* ne réclame pas non plus la *bona fides :* peut-être faut-il voir là une preuve de plus pour admettre qu'elle remonte à une haute antiquité ; car à l'origine l'*usucapio* (1) ordinaire n'exigeait probablement pas non plus cette condition.

L'*usureceptio* s'accomplit toujours par un an, alors même qu'elle s'applique à une *res soli :* c'est la conséquence d'une interprétation littérale donnée par la jurisprudence Romaine aux termes de la loi des XII Tables, celle-ci disait d'une manière générale que les *res soli* s'usucapent par

---

1. Ihering, *l. c.,* n. 6, t. 3, p. 121 à 123; et M. Esmein, *Mélanges d'histoire du droit et de critique,* Paris, 1886; *sur l'histoire de l'usucapion,* p. 171 et suiv.

deux ans, et les *cœterae res* par un an (Gaïus, II, § 54) ;
c'est ainsi que l'*usucapio pro herede* s'accomplit par un an,
parce que l'*hereditas* était une *cœtera res*, le même raisonnement fut admis à propos de la *res fiduciaria ;* telle
est l'explication que donnent presque tous les auteurs e
notamment M. Dernburg.

B. *Seconde période.* — 1. La période que nous venons
de quitter était celle où la fiducie manquait de sanction légale ; celle que nous abordons est la période de création
d'une sanction légale ; mais elle comporte elle-même plusieurs phases dans son développement. La première phase
consista dans la reconnaissance d'une obligation délictuelle
à la charge du fiduciaire ; dans la seconde, cette obligation passa dans le droit prétorien en commençant à revêtir
le caractère contractuel bien qu'en restant encore fortemen
empreinte de son caractère originaire ; enfin dans une dernière phase l'obligation dépouillant à peu près entièremen
le caractère délictuel passa dans le droit civil dans lequel
elle se trouvait déjà depuis quelque temps sous une autre
forme, contractuelle mais unilatérale, pour devenir contractuelle et synallagmatique. Telle est l'évolution historique qu'il convient d'examiner d'abord pour établir son
existence, ensuite pour envisager les motifs naturels e
sociaux qui l'ont amené à se produire ; dans l'une comme dans l'autre des deux branches de cette étude, nou
allons rencontrer tantôt des points fort discutés par de
nombreux auteurs, tantôt des points presque complètement inexplorés. Ces discussions une fois tranchées et ces
lacunes une fois comblées, nous quitterons ce terrain qu

est plutôt historique que juridique, pour entrer sur un terrain qui présente au contraire un intérêt plus juridique qu'historique : l'étude de la formule de l'*actio fiduciæ* d'une part, l'étude de ses effets d'autre part.

α. La première sanction légale du *pactum fiduciæ* consista dans une obligation délictuelle à la charge du fiduciaire qui se refusait au respect de la convention. Tous les auteurs sont d'accord sur ce point ; et pourtant il n'y a relativement à la fiducie aucun texte formel ; mais on rapproche notre institution de plusieurs autres pour lesquelles le fait est absolument certain ; MM. d'Ihering, Ubbelohde, Girard, Demelius et Rudorff (1), ont montré que le rapport délictuel avait précédé le rapport contractuel à propos de l'*actio de rationibus distrahendis*, de l'*actio auctoritatis*, et de l'*actio depositi in duplum* dont nous parle la loi des douze Tables (Paul, II, 12, § 11 ; *Collatio legum. Mos. et Rom.*, X, 7, § 11) ; c'est uniquement sur cette dernière que nous allons raisonner, parce qu'à notre avis c'est avec le dépôt que le rapprochement de la fiducie est tout à fait frappant ; nous aurons à constater cette vérité au fur et à mesure de toute notre étude de la fiducie. Les textes cités mentionnent une *actio depositi in duplum* dès l'époque de la loi des Douze Tables ; faut-il donc croire que l'*actio depositi* existait dès cette époque ? MM. Voigt (2) et Puchta (3) l'ont soutenu ; d'après ces

1. *L. c.*, n. 15, 22, 29, 31, et 3, p. 60 et 61.
2. *L. c.*, n. 16.
3. *L. c.*, n. 30.

auteurs cette *actio depositi in duplum* aurait résulté précisément d'une *mancipatio cum fiducia ;* ils partagent en effet l'opinion d'après laquelle la fiducie faisant corps avec la *datio* solennelle aurait été sanctionnée en vertu du principe « *Cum nexum mancipiumve faciet, uti lingua nuncupassit, ita ejus esto* » ; c'est de la même façon que ces auteurs expliquent la condamnation au double de l'*actio auctoritatis ;* sur ce dernier point, M. Girard, après M. d'Ihering (1) a démontré que la base de l'*actio auctoritatis* était un délit : nous avons reconnu en outre la fausseté de la théorie qui voit dans la loi des Douze Tables la sanction de la fiducie et qui fait de celle-ci un pacte inséré dans la formule de la *datio* solennelle. Mais il y a une autre preuve, directe celle-là, que l'*actio depositi* est très postérieure à l'*actio fiduciæ* elle-même : la table d'Héraclée qui rapporte la *lex Julia municipalis,* an 709 de Rome, ne mentionne pas encore l'*actio depositi* parmi les actions de bonne foi infamantes (*Bruns, Fontes juris Romani,* 5e édit., lignes 112 et 113, page 107), et Cicéron n'en parle pas non plus (*De natura deorum,* III, 30, 74 ; *pro Roscio com.,* c. 6, 16 ; et *pro Cæcina,* c. 3, 7) ; l'*actio depositi in duplum* dont nous parle Paul n'est donc autre que l'*actio furti* qui est *pœnalis.* Des vestiges du caractère délictuel de l'*actio depositi* ont subsisté dans les textes, même après que cette action eut cessé de se confondre avec l'*actio furti ;* elle est rapprochée de l'*actio injuriarum* (Loi 9, Dig., 44, 7, *De oblig. et actionibus*) ; les jurisconsultes classiques emploient à son

1. *L. c.,* n. 3, tome 4, p. 138.

égard les expressions « *de fide rupta agitur* », et « *crimen perfidiæ* » (loi 5, Pr. Dig., 16, 3, *Depositi*, et loi 1, § 4, *Dig.*, 16, 3, *Depositi*). C'est ce *crimen perfidiæ* qui a dû sanctionner le dépôt à une certaine époque, et aussi toutes les opérations qui plus tard ont engendré une obligation contractuelle de bonne foi ; en effet, comme l'a dit M. d'Ihering (1) le *crimen perfidiæ* consiste dans le fait d'avoir grossièrement déçu une confiance toute particulière.

Cicéron nous dit (*Pro Roscio com.*, c. 6, 16) : « *si qua enim sunt privata judicia summæ existimationis et pœne dicam capitis sunt*; *tria sunt hæc : fiduciæ, tutelæ, societatis. Æque enim perfidiosum et nefarium est fidem frangere, quæ continet vitam....* » ; et il qualifie le *crimen perfidiæ* « *delictum... judicium turpe* » (*Pro Cæcina*, c. 3, § 7). Voilà des vestiges certains de l'époque où la *fiducia* n'engendrait qu'un rapport délictuel, sanctionné par le *crimen perfidiæ*. Comment maintenant s'expliquer que la *fiducia* qui, tout à fait à l'origine, était abandonnée à la seule loyauté des particuliers ait par la suite fait l'objet d'une réglementation énergique de la part du législateur ? Lorsque l'Etat se fut substitué au groupe familial, l'individu acquit plus d'indépendance et plus de liberté, il en abusa, c'est le sort des meilleures choses d'ici-bas de pouvoir devenir les maux les plus grands par suite de l'abus qu'en font les hommes ; c'est dès lors un devoir pour l'Etat qui représente la société, non pas de supprimer les institutions qui envisagées en elles-mêmes constituent

---

1. *L. c.*, n. 15.

peut-être des biens incomparables, mais de réprimer le
mauvais usage auquel elles donnent lieu, et de forcer les
particuliers à accomplir ce qu'ils refusent de faire spontanément et de leur plein gré ; ce fut ici le cas : quand
l'individu se sentit exonéré du contrôle sévère et inces-
sant du petit groupe auquel il était autrefois soumis, il se
crut assez maître de lui-même pour pouvoir impunément
tromper la confiance de celui qui avait placé sa foi en lui;
c'est alors, que l'intervention de la loi parut indispensable pour édicter la répression, et celle-ci fut d'autant plus
énergique qu'un plus long espace de temps s'était écoulé
pendant lequel aucune sanction n'avait été nécessaire
parce qu'on n'avait eu à constater que de très rares in-
fractions à la foi donnée. Il ne faut voir là du reste qu'un
effet habituel d'une loi naturelle qui est d'une application
générale : la loi des réactions, qui ne marche jamais à
pas lents et par étapes successives, mais qui va toujours
au contraire par sauts bondissants et exagérés.

β. De purement délictuelle qu'elle était, la sanction se
transforma pour devenir contractuelle, bien qu'en restant encore mélangée de son caractère primitif. Le *crimen
perfidiæ* qui avait été d'abord imaginé ne fut très vraisemblablement qu'une action spéciale de dol, inventée bien
avant l'*actio doli* elle-même ; mais plus tard le préteur
tint compte de la convention des parties : le *crimen perfidiæ* ne pouvait pas être intenté contre les héritiers du
fiduciaire qui avait violé la convention ; le préteur ac-

1. *L c.*, n. 32.

corda au *fiduciœ* dans une *actio fiduciœ in factum* en vue
de recouvrer son bien ; cette *actio in factum* était donc *rei*
persécutoire, c'était un progrès ; mais elle continua sans
doute à être pénale et probablement elle fut annale et
entraîna une condamnation au double, tout au moins à
l'époque de son apparition. Sur quelles bases pouvons-
nous appuyer ces affirmations ? Il y a depuis longtemps
un fait reconnu, et qui a été mis en lumière par M. Desjardins (1) en ce qui concerne le *commodat* et le dépôt :
c'est que le droit prétorien a frayé la voie au droit civil ;
c'est ce qui résulte de ce fait qu'encore à l'époque classique le commodant et le déposant pouvaient choisir entre
une formule d'action *in factum* et une formule d'action
in jus (Gaïus, IV, § 47) ; n'est-il pas impossible d'expliquer logiquement la coexistence de ces deux actions, l'une
prétorienne, l'autre civile ? Le simple bon sens ne con-
damne-t-il pas l'opinion d'après laquelle cette coexistence
s'expliquerait par ce fait que le préteur en créant *l'actio
depositi in factum* aurait eu l'intention de permettre, au
filiusfamilias d'intenter lui-même l'action ? Si cette explication était exacte, pourquoi donc le choix entre la
formula in factum et la *formula in jus* se restreindrait-il
aux actions *depositi et commodati*? Le préteur aurait dû
laisser la même possibilité d'option entre deux formules pour toutes les actions, quelles qu'elles fussent ; or,
il n'en est rien et le paragraphe 47 du Commentaire IV de
Gaïus semble constater un phénomène à peu près isolé

1. L. c., n. 32.

dans l'histoire générale du droit romain (1) ; dès lors,
la difficulté ne peut être résolue qu'historiquement : c'est
que l'*actio depositi* avant d'avoir été reconnue par le droit
civil dans une *formula in jus* a été sanctionnée par le
droit prétorien dans une *formula in factum*.

Voilà qui est certain. Toutefois est-il bien vrai, comme
nous venons de le dire, que le phénomène qui s'est certainement produit à propos des actions *depositi et commodati* soit absolument isolé dans l'histoire générale du droit
romain ? Le préteur à notre avis n'en était pas à son premier essai lorsqu'il créa l'*actio depositi in factum ;* c'est de
la même façon qu'il avait déjà dû procéder à propos de
l'*actio fiduciæ*, et cela probablement pour le cas où la
mancipatio cum fiducia avait pour fonction économique un
dépôt. Développons les deux propositions qui se trouvent
contenues dans notre affirmation.

Qu'une *actio fiduciæ in factum* ait précédé l'*actio fiduciæ in jus*, c'est ce qui résulte notamment de textes classiques insérés au Digeste (loi 24, § 1, Dig., 13, 7 ; loi 12,
Dig., 46, 2. *De novation.* loi 32, Dig., 46, 3. *De solut. et
liberation.* ; loi 40, Dig., 12, 2, *jurejurando ;* loi 10, Dig.,
18, 2. *De in diem addict.*), grâce auxquels M. Lenel (2)
a pu reconstituer d'une façon indiscutable la *formula in
factum ;* il y a même plus, et il faut dire qu'encore à l'é-

---

1. Sans doute le *filiusfamilias* a pu exercer les actions *in factum*, mais les textes ne prouvent pas du tout qu'il ait pu les exercer toutes en son propre nom. Cf. à ce sujet, loi 18, § 1, Dig., 5. 1.
De jud., loi 19, Dig., 16,3. Depos., loi 9, Dig., 44, 7. *De oblig. et
act.*, loi 13, Dig., 44, 7. *De oblig. et act.*

2. *L. c.*, n. 17 et 18.

poque classique le *fiduciæ dans* pouvait choisir entre une *formula in factum* et une *formula in jus* : sans quoi, comment pourrait-on comprendre que des jurisconsultes comme Julien et Ulpien, qui écrivaient à un siècle d'intervalle, se soient préoccupés d'une formule d'action qui depuis longtemps aurait disparu ?

Que ce soit précisément pour le cas où la *mancipatio cum fiducia* avait pour fonction économique la réalisation d'un dépôt, que le préteur ait créé l'*actio fiduciæ in factum*, c'est que, comme l'a démontré M. Lenel, cette formule, ainsi que la *formula in jus* elle-même, était placée dans l'édit à la suite de la formule de l'*actio depositi :* l'opinion est rendue à peu près incontestable par la constatation de ce fait que les commentateurs de l'édit suivent le même ordre d'exposition (Ulpien, 30 *ad Edict.*, Paul, 31 *ad Edict.* ; Julien, 13 *Digestor.* ; et surtout Paul, Sentences, II, 12, 13) ; ainsi l'*actio depositi* avait suivi une marche historique postérieure, mais exactement identique à l'*actio fiduciæ*, et l'une avait pendant longtemps servi à exécuter les mêmes opérations que l'autre fut plus tard appelée à réaliser ; enfin sur un très grand nombre de points, comme nous aurons à le constater de plus en plus, l'*actio depositi* présentait des ressemblances saillantes avec l'*actio fiduciæ*, de telle sorte que les jurisconsultes romains avaient à les rapprocher souvent l'une de l'autre pour les comparer.

Cette théorie d'après laquelle une *actio fiduciæ in factum* a précédé l'*actio fiduciæ in jus*, et qui n'est autre, sinon dans tous ses détails, du moins dans son ensemble, que la théorie de M. Lenel a été appréciée diversement par deux auteurs, qui depuis ont, eux aussi, étudié la fiducie, M. Eck (1) et M. Geib (2). Le premier de ces auteurs adopte sans modification et sans réserve la théorie de M. Lenel (3), mais M. Geib la combat fortement, quoiqu'à notre avis ses efforts soient vains : il reconnaît bien, lui aussi, l'existence d'une *actio fiduciæ in factum*, tant sont solides les bases sur lesquelles s'est appuyé M. Lenel ; mais il prétend que c'est l'*actio fiduciæ in jus* qui a été la première imaginée ; comment et pourquoi donc, dans son système, la formule *in factum* aurait-elle pris naissance ? Elle aurait été créée pour le cas où le droit civil n'accordait aucune action parce que la *mancipatio fiduciæ causa* était irrégulière ; l'*actio in factum* aurait donc remplacé l'*actio in jus* dans les cas où celle-c$_i$ ne pouvait pas compéter à l'intéressé, par suite de la nullité de la mancipation qui résultait par exemple de son emploi par des pérégrins et relativement à des fonds provinciaux ; tandis que le juge de l'*actio in jus* aurait eu uniquement à se demander s'il y avait eu *mancipatio* ou *in jure cessio fiduciæ causa*, celui de l'*actio in factum* aurait pu se poser la question plus large de savoir si l'avantage de l'opération fiduciaire (Fiduciageschaft) avait été procuré au fiduciaire d'une façon quelconque, par *mancipatio, in jure cessio*, ou par toute autre voie ; un élément réel se serait ainsi dégagé de l'opération ; c'est cet

1. *L. c.*, n. 19.
2. *L. c.*, n. 20.
3. Il en est de même de M. Pernice (*l. c*, n. 39).

élément et lui seul que le juge de l'*actio in factum* aurait
eu à prendre en considération. Quels sont les motifs allé-
gués à l'appui de ce système pour prouver la préexis-
tence de l'*actio in jus*. M. Geib invoque son âge reculé,
ses caractères de perpétuité et de bonne foi qui nous
sont signalés par Cicéron (*Pro Roscio com.*, c. 6, § 16),
l'existence simultanée d'une *actio contraria*, la désignation de la *fiducia* comme *contractus*. Toutes ces raisons, à
supposer qu'elles soient exemptes de tout reproche, ne sont
capables de prouver qu'un point ; c'est que l'*actio fiduciæ
in jus* existait à l'époque de Cicéron ; M. Geib parvient
ainsi, sans grande peine il est vrai, à détruire l'erreur
de M. Sohm (1) qui ne parle que d'une *formula in
factum ;* mais il ne démontre aucunement que la *formula in jus* soit antérieure à la *formula in factum*. D'ailleurs les bases mêmes de son système constituent des
erreurs capitales à nos yeux : nulle part, les textes ne
désignent la *fiducia* comme étant un *contractus ;* et, en
effet, elle est de sa nature un pacte ; en outre, ce pacte
n'est valable que s'il est adjoint à une *datio* solennelle
valable elle-même ; enfin l'opération fiduciaire n'a jamais
été une opération du *jus gentium ;* ce sont des points que
nous avons déjà établis et sur lesquels il est inutile de
revenir ici ; il suffit de les rappeler pour conclure à la
condamnation de la doctrine de M. Geib. Ainsi l'*actio
fiduciæ in factum* naquit la première : elle tendait non
plus seulement à une peine comme le *crimen perfidiæ*,

1. *L. c.*, n. 33.

mais au recouvrement du bien par le *fiduciæ dans*, et comme telle elle constituait déjà un progrès. Mais par suite de la condamnation au double, que sans doute elle entraînait, et de son caractère d'annalité qu'elle présentait probablement, elle était encore rigoureuse ; enfin elle n'engendrait d'obligation que d'un seul côté ; pour ces différents motifs elle appelait à sa suite un système de sanction plus complet et plus conforme à l'intention des parties.

γ. — Il consista dans l'introduction de l'*actio fiduciæ in jus*. De prétorienne qu'elle était d'abord, l'*actio fiduciæ* devint une action civile. Ce qui le prouve d'une façon incontestable, c'est que les textes la désignent comme étant une action de bonne foi ; car une action ne saurait être telle que si elle réunit les trois caractères d'action civile, *in personam*, *in jus*. C'est en outre que le caractère contractuel s'accuse de plus en plus fortement, au point de devenir pour ainsi dire synallagmatique ; car à l'*actio fiduciæ directa* correspond une *actio fiduciæ contraria* qui a toujours été civile sous la forme d'une *formula in jus*. Ainsi des droits et des devoirs réciproques naissent de la fiducie. Avant de rechercher comment ces phénomènes ont pu se produire historiquement, il convient d'établir leur existence par des textes, en partant des plus récents pour remonter aux plus anciens. — Au dernier siècle de l'âge classique, c'est-à-dire au iiiᵉ siècle après J.-C.-, Ulpien et Paul (Lois 22, 24, 25, Dig., 13. 7. *De pign. actione:* — Sentences, II, 13, § 7) nous parlent des effets des actions de fiducie *directa* et *contraria*, effets conformes à ceux des

autres actions *bonœ fidei*. Au ıı^e siècle après Jésus-Christ,
l'*actio fiduciœ in jus* coexiste à côté de l'*actio fiduciœ in factum*, car tandis que Julien (loi 32, Dig. 46. 3. *De solutionibus et liberat.*) fait allusion à une partie de la *formula in factum*, comme M. Lenel l'a démontré, ainsi que nous
le verrons en étudiant cette formule elle-même; Gaïus (IV,
§ 62 et 182) range expressément l'*actio fiduciœ* parmi les
actions *bonœ fidei*. Elle figure aussi dans l'énumération de
ces actions, telle qu'elle nous est rapportée par la table
d'Héraclée qui contient *la lex Julia municipalis*, an 709 de
Rome ; dans les derniers temps de la République, Cicéron
connaissait aussi les deux formules, la *formula in factum* nous est rapportée en effet par lui dans certaines de ses parties (Topiques, c. 17, § 66 ; *De officiis,*
III, 15, § 61, et 17, § 701; *Ad familiares*, VII, 12 ; *Ad
Atticum*, VI, 1, § 15) ; mais d'autre part, il cite, lui aussi,
l'*actio fiduciœ* parmi les actions *bonœ fidei* (*Pro Roscio
com.*, c. 6, § 16). Enfin à notre avis il faut reconnaître l'existence de *l'actio fiduciœ in jus bonœ fidei* dès le
vı^e siècle de Rome, dès l'époque de Plaute ; c'est là un
point dont nous réservons l'étude pour un chapitre ultérieur; qu'il nous suffise pour le moment de dire que
Plaute est le premier auteur à nous parler de la fiducie
(*In Trinummo*, acte 1, scène 2, vers 80).

Comment maintenant est-il possible d'expliquer historiquement le passage de *l'actio fiduciæ* du droit prétorien
dans le droit civil ? Voilà un problème qui n'a été approfondi, ni même posé jusqu'ici par aucun interprète du droit
Romain ; il est pourtant de nature à éveiller la curiosité

de l'historien et du jurisconsulte ; la conjecture suivante est peut-être capable de conduire à une solution : M. de Savigny (1) a admis l'interpolation d'un fragment d'Ulpien 31 *ad Sabinum* (loi 4, § 1, Dig., 12, 1. *De rebus credilis*) ainsi conçu : « *Res pignori data, pecunia soluta, condici potest* » ; les commissaires de Justinien ont substitué *pignori* à *fiduciæ* ; il ne peut pas s'agir ici de la *condictio generalis*, destinée à remplacer une action quelconque, dont nous parle la loi 9, Princ., Dig. 12, 1, qui émane aussi d'Ulpien ; car celle-ci pose le principe en termes généraux et tout à fait larges, et on ne voit guère pourquoi le jurisconsulte aurait fait l'application de ce principe pour un cas particulier, la dation fiduciaire, et pour ce cas particulier seulement ; de quelle autre *condictio* peut-il donc bien s'agir dans la loi 4, § 1 ? A notre avis, Ulpien a voulu parler là de la *condictio ob rem dati* (2). Cette action semble remonter à une haute antiquité ; elle existait probablement au profit du fiduciaire déjà à l'époque où le *pactum fiduciæ* reçut une sanction dans l'*actio fiduciæ in factum* et même dans le *crimen perfidiæ* ; ce point de vue ne peut-il pas trouver sa base dans cette considération que l'opération fiduciaire envisagée dans son ensemble est une *datio ob*

---

1. *L. c.* n. 27. — *Cf.* aussi Oertmann, *l. c.* n. 40, p. 47, 238 à 241.

2. *Cf.* Influence de la fiducie sur l'ensemble du droit. Origine des contrats réels innommés : c'est là que l'on trouvera la discussion de cette loi 4, § 1, Dig., 12, 1, et la justification de notre théorie.

rem ? La datio ob rem, quelle qu'elle soit, a donné lieu à l'exercice de la *condictio ob rem dati*. Mais comment une seule de ces *dationes ob rem* a-t-elle, de très bonne heure relativement, pu engendrer une *actio bonœ fidei*, l'*actio fiduciœ?* Voilà la question délicate ; ce point de départ étant donné et la référence de la loi 4, § 1, Dig. 12, 1, à la *condictio ob rem dati* une fois admise, voici comment on peut concevoir l'ordre historique des idées.

La *condictio ob rem dati* apparaît à l'origine avec un caractère de droit strict nettement accentué : d'une part, elle compète à la partie qui a fait la *datio* contre l'autre partie qui n'a pas encore rempli son engagement, alors même que celle-ci n'est pas en faute de ne pas l'avoir encore fait (Loi 16, Dig., 12, 4. *De conditione causa data*) ; d'autre part, la partie contre qui est intentée la *condictio ob rem dati* n'est tenue qu'à opérer une *datio* en sens inverse ; dès lors si elle s'est mise même par sa faute hors d'état d'opérer celle-ci, elle n'est plus tenue à aucune prestation ; la *condictio* reste inefficace. Voilà les principes originaires ; voyons leur application à la fiducie, en nous plaçant avant l'époque où le *crimen perfidiœ* fut créé : en cas de *fiducia cum amico*, le *fiduciœ dans* était entièrement à la discrétion du fiduciaire qui étant propriétaire *ex jure Quiritium* de la *res fiduciaria* pouvait l'aliéner et rendre ainsi la *condictio* inefficace ; mais d'un autre côté le fiduciaire qui suivant les cas rendait au *fiduciœ dans* ou recevait de lui un service d'ami, se trouvait sous le coup immédiat d'une *condictio ob rem dati*, ce qui était pleinement conforme à l'intention des parties ; aussi aurons-nous à constater ailleurs que, dans cette hypothèse, la *condictio ob rem dati* s'est conservée avec le même caractère, quoique sous un autre nom (Lois 27, § 1 ; et 30, Dig., 17, 1, *Mandati*). Mais allait-on étendre ce même système de sanction dérivant de la *condictio ob rem dati* à la *fiducia cum creditore* ? C'est dans la *fiducia cum creditore* que l'application des principes primitifs relatifs à la *condictio ob rem dati* serait apparue dans toute sa rigueur ; là les deux parties auraient été abandonnées à la discrétion réciproque l'une de l'autre : en effet, le créancier rendu propriétaire par suite de la dation fiduciaire aurait pu à son gré aliéner ou dégrader la *res fiduciaria*, et de cette façon anéantir ou diminuer l'efficacité de la *condictio ob rem dati ;* contre ce danger le débiteur n'aurait toujours eu comme remède que l'antique moyen de l'*usureceptio ;* mais, d'autre part, le débiteur aurait pu intenter la *condictio* avant même d'avoir payé sa dette, et recouvrer son bien, s'il existait encore entre les mains du créancier ; celui-ci contre ce danger n'aurait eu aucune espèce de remède à sa disposition. Aussi est-il permis de penser qu'un pareil système ne fut jamais appliqué ; sans quoi la *fiducia cum creditore* n'aurait pas pu atteindre son but de sûreté réelle, et jamais un débiteur n'aurait pu trouver un créancier assez naïf pour consentir à traiter dans ces conditions ; dès lors la *condictio ob rem dati* n'a jamais dû dans cette première phase de son histoire sanctionner la *fiducia cum creditore*.

A la vérité, la perfidie de l'ami, qui trompait gravement la confiance que l'on avait placée en lui, avait occasionné

la naissance du *crimen perfidiæ* et de l'*actio in factum*,
qui une fois créés en vue de sanctionner la *fiducia cum
amico* furent sans doute aussitôt étendus à la *fiducia cum
creditore* elle-même ; mais pas plus que la *condictio ob rem
dati* ces sanctions successives n'établissaient un rapport
synallagmatique entre les parties ; en outre elles présentaient le caractère délictuel ou tout au moins pénal, de
sorte qu'elles étaient limitées à une courte durée dans leur
exercice, et qu'elles ne pouvaient pas procéder contre les
héritiers du fiduciaire ; au contraire, la *condictio ob rem
dati* était une véritable action contractuelle ou quasi-con-
tractuelle, et à ce titre elle sanctionnait la *fiducia cum amico*,
mais précisément en cas de *fiducia cum creditore* elle ne
pouvait pas fonctionner. Comment donc allait-on sortir
d'embarras? Les inconvénients réciproques pour les deux
partis qui seraient nés de la *condictio ob rem dati* si elle
avait été étendue à la *fiducia cum creditore*, et que les autres sanctions successives n'avaient pas réussi à faire disparaître, et qui précisément pour cette cause mirent un
obstacle à cette extension de la *condictio ob rem dati* elle-
même à la *fiducia cum creditore*, engendrèrent du même
coup deux actions du droit civil, rédigées *in jus* l'une et
l'autre : l'*actio fiduciæ directa* et l'*actio fiduciæ contraria ;*
désormais des droits de créance et des obligations réciproques sanctionnèrent les rapports respectifs des parties ;
le créancier n'aurait plus eu à craindre l'exercice anticipé
d'une *condictio ob rem dati*, si elle avait pu procéder contre lui ; car une exception tirée de l'existence de l'*actio
fiduciæ contraria* qu'il aurait pu lui-même intenter l'au-

rait paralysé; et, d'autre part, le débiteur ne se serait plus vu dans la nécessité d'intenter la *condictio ob rem dati*, si elle lui avait été accordée, de crainte de voir le créancier aliéner ou détériorer la *res fiduciaria;* car il pouvait maintenant en pareil cas recevoir satisfaction en intentant à son choix l'*actio fiduciæ in factum* ou l'*actio fiduciæ in jus.*

C'est alors que le droit civil put en quelque sorte réagir sur lui-même : l'extrême rigueur de la sanction, qui seule aurait pu exister primitivement, la *condictio ob rem dati*, avait suscité la création d'actions de bonne foi, les actions *fiduciæ directa* et *contraria ;* car la création successive du *crimen perfidiæ* et de l'*actio fiduciæ in factum* ne doit être considérée que comme une étape de cette évolution ; l'*actio in jus bonæ fidei* une fois née réagit à son tour sur le système antérieur, qui n'avait pas pu fonctionner en matière de *fiducia cum creditore*, en introduisant l'idée de bonne foi dans les effets de la *condictio ob rem dati*, celle-ci se tranforma dès lors sous cette heureuse influence; on conçoit donc que cette *condictio* ait été soumise à des règles plus douces et plus en harmonie avec l'intention des parties ; désormais elle ne pourra plus d'une façon générale être intentée avant le terme qui a été convenu pour l'exécution de la convention (Loi 3, pr., Dig., 12, 4. *De conditione causa data...*), et dans l'hypothèse spéciale de la *fiducia cum creditore* le débiteur ne pourra plus s'en prévaloir avant d'avoir payé la dette ; dès lors c'est dans cette seconde phase de son histoire que la *condictio ob rem dati* put sanctionner la *fiducia cum creditore* ; — ainsi s'explique la décision, relativement récente à notre avis, qui nous est rapportée dans la loi 4, § 1, Dig., 12,1, « *res fiduciæ data, pecunia soluta, condici potest.* »

En résumé la *fiducia cum amico* avait été sanctionnée la première par la *condictio ob rem dati*, par le *crimen perfidiæ,* et par l'*actio fiduciæ in factum* ; ces deux dernières actions avaient été étendues à la *fiducia cum creditore* ; il n'avait pas pu en être de même de la première, c'est pour ce motif que fut imaginée l'*actio fiduciæ in jus* ; la création de cette dernière eut un double effet : d'abord la *condictio ob rem dati* s'étant transformée sous son influence, elle put désormais servir de sanction à la *fiducia cum creditore* ; ensuite cette *actio fiduciæ in jus* fut elle-même étendue à la *fiducia cum amico.*

Certes, ces considérations ne peuvent valoir qu'à titre de pure conjecture capable de nous rendre compte d'un phénomène très obscur, la sanction de bonne foi accordée à une *datio ob rem* et d'une façon plus générale l'introduction de la *Bona fides* dans le droit des obligations ; mais cette conjecture nous semble rendue vraisemblable par ce double fait, incontestable à notre avis, d'une part que l'opération fiduciaire s'analyse en une *datio ob rem*, — c'est ce que nous avons déjà vu, — et d'autre part que cette *datio ob rem* a été à une certaine époque sanctionnée par une *condictio*, — c'est ce que nous aurons à démontrer plus amplement dans un chapitre ultérieur.

D'ailleurs, même après que la sanction de la fiducie se fut ainsi transformée au point de devenir complète et pour ainsi dire parfaite, la sanction indirecte continua à subsister. Gaïus (II, §§ 59 et 60) nous parle en effet de l'*usureceptio* comme existant encore à son époque ; des textes du Digeste qui sont interpolés, et sur lesquels nous reviendrons, y font aussi allusion (Loi, 16, Dig., 44, 7. *De obligationibus et actionibus* ; et loi 36, Dig., 41, 2. *De acq. vel amitt. possessione*). On n'aurait certes pas compris sa création après la naissance des différentes actions qui sanctionnent le *pactum fiduciæ* ; mais lorsque ces sanctions furent imaginées, l'*usureceptio* existait déjà, elle se maintint donc en vigueur ; c'est là l'un des nombreux exemples de l'esprit traditionnel et conservateur des Romains qui créaient toujours sans jamais détruire.

2. L'étude de la formule de l'*actio fiduciæ* confine à l'étude de ses effets. Néanmoins elle en est distincte au même titre que l'effet est distinct de la cause ; c'est parce que l'*actio fiduciæ* est rédigée de telle ou telle façon qu'elle produit tels ou tels effets ; il est donc absolument faux de dire, comme l'a fait M. Geny (1), que l'examen de cette formule ne présente aucun intérêt ; tout au contraire il est de la plus haute importance de pouvoir la reconstituer. C'est ce que M. Lenel (2) a su faire d'une façon très heureuse en ce qui touche la formule *in factum concepta,* mais il a laissé un peu dans l'ombre la formule *in jus concepta ;* notre effort devra donc se porter principalement vers cette dernière, après que nous aurons rendu compte de la façon dont M. Lenel

1. *L. c.*, n. 2.
2. *L. c.*, nn. 17 et 18.

est parvenu à restituer la formule *in factum*. Nous aurons du reste à constater ici, une fois de plus, une divergence profonde entre les auteurs.

α. Indiquons d'abord quelle est, suivant M. Lenel, la rédaction de la *formula in factum*, pour l'examiner ensuite en détail.

« *Si paret A*ᵐ *A*ᵐ *N*° *N*° *qua de agitur, ob pecuniam de-*
« *bitam fiduciœ causa mancipio* (ou *in jure cessione*) *dedisse,*
« *eamque pecuniam debitam solutam, eove nomine satisfac-*
« *tum esse, aut per N*ᵐ *N*ᵐ *stetisse quominus solveretur,*
« *negotiumve ita actum non esse, ut inter bonos bene agier*
« *oportet, et sine fraudatione, quanti ea res erit, tantam*
« *pecuniam condemna; si non paret, absolve.* »

Sur quelles bases cette *formula in factum* est-elle établie. « *Ut inter bonos bene agier oportet et sine fraudatio-ne* » : voilà une phrase qui nous est rapportée par Cicéron relativement à la fiducie dans plusieurs passages de ses œuvres (*Topiques*, ch. 17, § 66 ; *De officiis*, III, 15, § 61 ; et 17, § 70 ; *Ad familiares*, VII, 12, § 2 ; *Ad Atticum*, VI, 1, § 15). M. Mommsen (1), nous l'avons vu, a prétendu sans raison voir là une formule de stipulation fiduciaire, qui aurait subi l'influence de l'idée de Bona Fides. MM. Büchel, Rudorff, Huschke et Voigt (2) ont fait rentrer cette phrase dans la formule de la *datio* solennelle qui d'après eux aurait contenu le *pactum fiduciœ* lui-même : c'est encore une erreur. M. Le-

---

1. *L. c.*, n. 23.
2. *L. c.*, nn. 24, 37 et 16.

nel assigne à ces mots leur véritable place, en les faisant
figurer dans la *formula in factum* de l'*actio fiduciæ :* c'est
du reste ce que dit lui-même Cicéron : « *Reliquo-*
rum... judiciorum post illa, in quibus additur EX FIDE
BONA, hæc verba maxime excellunt : in arbitrio rei uxo-
riæ, MELIUS ÆQUIUS; in fiducia UT INTER BONOS
BENE AGIER » (*De officiis,* III, 15), et encore : « *ILLA*
FORMULA fiduciæ UT INTER BONOS BENE AGIER
OPORTET »; en outre, M. Lenel cite un texte du Digeste,
la loi 10, Digeste 18, 2. *De in diem addictione,* émané du
livre 13 des Digestes de Julien et se rapportant dès lors
à la fiducie (1), par suite d'une reconstitution du texte et
de la substitution du mot *fiducia* à *pignus* interpolé par
Justinien, et qui fait clairement allusion à cette formule :
nous aurons l'occasion de revenir sur ce texte à propos de
la *formula in jus.* — « *Negotiumve ita actum non esse, ut*
inter bonos bene... » : voilà encore des mots que nous rapporte Cicéron (*Ad Atticum,* VI, 1, § 15); à n'en pas dou-
ter ils faisaient partie de la *formula fiduciæ in factum.*
Des textes que nous retrouverons en un autre endroit
(Loi 24, § 1, Dig., 13, 7, *De pig. actione* ; loi 32, Dig.
46, 3, *De solution. et liberat.*; loi 12, Dig. 46, 2. *De nova-*
tion; loi 40, Dig. 12, 2. *De jurejurando*), qui sont extraits
des livres 30 d'Ulpien *ad Edictum,* 31 de Paul *ad Ed.*, et
13 *Digestor.* de Julien, et qui par suite sont interpolés et

1. Comme nous l'avons montré, en rendant compte du procédé
de recherches des interpolations employé par M. Lenel, dans notre introduction générale, à propos des sources et textes principaux.

se réfèrent en réalité à la fiducie, bien qu'en apparence pris à la lettre ils se rapportent au *pignus*, ont encore permis à M. Lenel de reconstituer ces premiers mots de la *formula in factum* : « .... *Ob pecuniam debitam, qua de agitur... eamque pecuniam solutam, eove nomine satisfactum esse, aut per Numerium Negidium stetisse quominus solveretur* » ; mais tout ce membre de phrase n'est pas d'une application générale ; il ne pouvait convenir qu'au cas de *fiducia cum creditore* et devait au contraire faire défaut au cas de *fiducia cum amico ;* dans cette dernière hypothèse la formule devait contenir des mots analogues, tels que ceux-ci : « *eamque rem redditam non esse* », ou autres appropriés au but de l'opération fiduciaire.

β. Comment était rédigée la *formula* de l'*actio fiduciæ in jus ?* M. Rudorff (1), qui a le tort grave de ne pas admettre une *formula in factum* à côté de la *formula in jus* conçoit cette dernière de la façon suivante, qui est analogue à la façon dont il conçoit l'*actio pigneraticia :*

« *Quod A*us *A*us *N*o *N*o (*contraria : Quod N*us *N*us *A*o *A*o)
« *ob pecuniam, qua de agitur, illam rem pignori* (*fiduciæ*)
« *dedit, eaque omnis pecunia A*o *A*o *soluta, eove nomine*
« *satisfactum, aut per N*m *N*m *factum est quominus solve-*
« *retur, quidquid ob eam rem N*m *N*m *A*o *A*o *dare facere*
« *repromittere oportet, ex fide bona, ejus judex N*m *N*m*
« *A*o *A*o *condemna ; si non paret, absolve.* »

Ainsi M. Rudorff applique cette *demonstratio* de la formule de l'*actio pigneraticia* à la formule de l'*actio fidu-*

_____

1. *L. c.*, n. 21.

ciœ : d'après M. Lenel (1), comme il est évident que le seul moment qui doive engendrer l'obligation du fiduciaire est celui de l'abandon de la chose en fiducie, l'*intentio* « *Quidquid ob eam rem...* » a dû être précédée de cette simple *demonstratio* se suffisant à elle-même « *Quod A^m A^m N° N° fiduciœ causa mancipio dedit, quidquid ob eam rem...* » Cette opinion de M. Lenel nous paraît difficilement acceptable : la *formula in fac tum* à son avis aurait été beaucoup plus compliquée et plus circonstanciée que la *formula in jus ;* à la vérité ce résultat serait conforme aux principes ; mais nous pensons que la rédaction de la *formula fiduciœ in factum* a dû exercer sur la *formula fiduciœ in jus* une influence analogue à celle que la *formula depositi in factum* a exercé sur la *formula depositi in jus,* ainsi que cela résulte certainement du § 47, IV de Gaïus ; sur ce point par conséquent cette *demonstratio* proposée par M. Rudorff nous paraît devoir être admise, du moins en principe, de préférence à la *demonstratio* imaginée par M. Lenel.

Mais il y a un second point sur lequel au contraire M. Lenel (2) nous paraît avoir triomphé, contrairement à la doctrine soutenue par MM. de Savigny, Keller, Bethmann, Holweg et Rudorff (3). M. Lenel a démontré victorieusement que la *formula in jus* de l'*actio fiduciœ* n'a jamais admis les mots « *ex fide bona* », et a toujours conservé les mots « *ut inter bonos bene agier, et sine*

1. *L. c.,* n. 18, p. 112.
2. *L. c.,* n. 18, p. 118 et 119.
3. *L. c.,* n. 27, 25, 26, 21.

fraudatione » : en effet, la loi 10, Dig., 18, 2, qu'il invoque en ce sens, nous semble formelle ; dans ce texte Julien nous dit « *non potest videri bona fide negotium agi, nisi adjectio recipiatur* » ; ce texte ne peut être rapporté au *pignus*, puisqu'il émane du livre 13 des Digestes de Julien. Il est donc interpolé et se réfère à la fiducie ; dès lors quelle serait donc cette *adjectio*, sinon précisément le « *ut inter bonos bene agier* », qui seul est capable de faire de l'*actio fiduciœ* un *judicium bonœ fidei ?* Et, comme le remarque si bien M. Lenel, il n'y a aucunement à argumenter en sens contraire de ce que tous les textes et notamment Gaïus (IV, §. 62) énumèrent l'*actio fiduciœ* parmi les actions de bonne foi ; car l'*actio rei uxoriœ* qui, elle aussi, est un *judicium bonœ fidei*, et qui figure dans cette même énumération du § 62, IV de Gaïus, comme l'a prouvé la dernière lecture du manuscrit de Vérone, a conservé la vieille formule basée sur le *melius œquius*, et cela sans aucun doute, car les textes le démontrent (Loi 8, Dig. 4, 5, *de cap. mim.*). Ainsi la formule de l'*actio fiduciœ* n'a jamais admis les mots « *ex fine bona* » en remplacement des mots « *ut inter bonos bene agier* » ; ceux-ci se sont maintenus jusqu'à la fin, et se sont appliqués tout aussi bien à la *formula* de l'*actio fiduciœ in jus*, qu'à la *formula* de l'*actio fiduciœ in factum*. Nous sommes donc amenés à modifier déjà sur un point la *formula in jus* proposée par M. Rudorff.

Il en est un autre qui n'est pas moins important et qui cependant n'a guère été examiné jusqu'ici : c'est le point de savoir si l'*actio fiduciœ* n'était pas une action

arbitraire, et par suite si sa *formula in jus* ne con-
tenai pas les mots « *nisi restituat arbitratu tuo* ». Un
seul auteur, M. Geny (1), a résolu cette question affir-
mativement ; cette solution nous paraît exacte ; mais
sur quelles bases l'auteur qui la met au jour pour
la première fois la fait-il reposer ? M. Geny invoque
par analogie plusieurs exemples, tels que ceux de
l'*actio negotiorum gestorum* (Loi 80, § 7, Dig. 47, 2,
de furtis), de l'*actio præscriptis verbis* (Loi 9, Dig. 19, 5.
De præsc. verb.), de l'*actio depositi* (Gaïus IV, § 47), et de
l'*actio rei uxoriæ* (Loi 7, § 1, Dig., 23, 5. *De fundo dotali*) ;
ce dernier exemple est assez concluant, parce que l'*actio
fiduciæ* présente une certaine ressemblance avec l'*actio
rei uxoriæ :* de même que celle-ci a conservé son antique formule basée sur l'*æquius mœlius*, de même celle-là,
nous venons de le voir, n'a pas non plus abandonné sa
formule caractéristique fondée sur le « *ut inter bonos bene
agier.* » Mais l'exemple qui est tout à fait décisif à nos yeux
c'est celui de l'*actio depositi :* l'*actio fiduciæ* figurait dans
l'édit à la suite de cette dernière; Ulpien dans son commentaire sur l'Édit (liv. 30, *ad Edict.*), Paul dans son
commentaire sur l'Édit (liv. 31, *ad Edict.*), Julien dans
ses Digestes (liv. 13, *Digestor.*), suivaient le même ordre
d'exposition. Enfin Paul dans ses Sentences (liv. 2, tit.
12 et 13) présentait l'étude de la fiducie comme un appendice à l'étude du dépôt: voilà des faits que nous avons
eu plusieurs fois déjà l'occasion de constater; pourquoi

---

1. *L. c.*, n. 2, p. 41. Il en est de même cependant de M. Oertmann, *l. c.*, n. 40, p. 242 et 243.

donc tous ces rapprochements entre l'*actio depositi* et l'*actio fiduciæ*, entre le dépôt et la fiducié? C'est d'abord que ces deux institutions juridiques, bien que différentes, avaient l'une et l'autre pour but de réaliser un même rôle économique, un dépôt confié à un ami ; c'est ensuite que le dépôt avait dans sa sanction suivi une marche historique identique, bien que postérieure à celle de la fiducie, c'est encore que chacune de ces institutions était encore à l'époque classique sanctionnée à la fois par une action *in factum* et par une action *in jus*. C'est enfin que celle-ci était rédigée à peu près de la même façon dans les deux cas, parce que le droit de créance né du dépôt présentait dans ses effets de grandes analogies avec le droit de créance né de la fiducie, et notamment ce caractère commun d'engendrer une action arbitraire : ce fait est rendu certain pour le dépôt par le § 47 du commentaire IV de Gaïus ; les remarques que nous venons d'exposer ne le rendent-ils pas au moins très vraisemblable pour la fiducie? On le voit, les points de comparaison ne faisaient pas défaut entre ces deux institutions ; et les jurisconsultes Romains suivant en cela l'exemple du préteur ne manquèrent pas de les rapprocher le plus qu'ils purent. Une seconde correction à la formule *in jus* proposée par M. Rudorff s'impose donc à nous ; et de cette façon nous sommes nous-mêmes conduits à proposer la formule suivante de l'*actio fiduciæ directa in jus* :

« *Quod Aulus Agerius Numerio Negidio ob pecuniam qua*
« *de agitur illam rem fiduciæ causa mancipio dedit eaque*
« *omnis pecunia soluta, eove nomine satisfactum, aut per*

« *Numerium Negidium factum est quominus solveretur*,
« *quidquid ob eam rem N^m N^m A° A° dare facere ut inter*
« *bonos bene agier oportet, et sine fraudatione, condemna*
« *nisi restituat ; si non paret absolve.* »

Cette formule *in jus* ainsi reconstituée n'emprunte à la
formule *in jus* de M. Rudorff que ce qui est essentiel à
constituer la *formula concepta in jus*, mais elle se rapproche bien plus par les mots qu'elle contient de la *formula in factum* de M. Lenel ; c'est, qu'en effet, il en est
ainsi pour le dépôt ; d'après le § 47, IV de Gaïus, la *formula depositi in jus* reproduit presque entièrement les
mots contenus dans la *formula depositi in factum;* que
l'on prenne donc la peine de comparer d'une part la *formula in pactum* et la *formula in jus depositi*, telle que
Gaïus nous les rapporte, et d'autre part la *formula fiduciæ in factum* établie si solidement par M. Lenel et la *formula fiduciæ in jus* que nous proposons, et l'on verra que
le parallèle entre la fiducie et le dépôt continue à se poursuivre d'une façon saisissante.

γ. N'y avait-il jamais lieu à apporter une *adjectio* à la
formule ? Cicéron (*De officiis*, III, 17, § 70), prononce les
paroles suivantes en les rapportant à la fiducie : « *Uti ne
propter te fidemve tuam captus fraudatusque siem* » ; mais
quel est le rapport exact de ces mots de la fiducie ? D'a-
près une opinion défendue par MM. Huschke Rudorff, et
Dernburg (1), ils constitueraient une *clausula doli* qui aurait été insérée dans la formule de la *mancipatio fiduciæ*

1. *L. c.*, n. 6, 3, 14.

causa; mais cette opinion est tout à fait insoutenable ; elle émane d'auteurs qui admettent l'insertion du *pactum fiduciæ* dans la formule de la *datio* solennelle ; nous avons déjà examiné cette doctrine pour la réfuter ; or, une *clausula doli* n'aurait pu figurer dans la *mancipatio* ou dans l'*in jure cessio fiduciæ causa* que comme accessoire du *pactum fiduciæ* lui-même, si celui-ci avait pu aussi y figurer ; nous avons vu qu'au contraire il en était séparé, une *clausula doli*, aurait dû elle aussi en être distincte. C'est ailleurs qu'il faut chercher la portée de cette clause ; où donc la trouver sinon dans une *adjectio* de la formule de l'action ? Tous les auteurs, dont nous allons maintenant passer en revue les opinions, sont d'accord sur ce point ; c'est M. Lenel (1), qui l'a encore mis en lumière : cette clause se rapporte sans aucun doute au cas où il s'agit d'une *fiducia cum servo contracta ;* cela résulte de la loi 36, Digeste, 15, 1. *De peculio* qui est empruntée à Ulpien, 2, Disputation ; ce texte est certainement interpolé (2) : il nous dit que dans le cas où un pécule a été constitué à un esclave *cui res pignori data est,* il est nécessaire pour que la fraude du maître qui se refuse à restituer le bien donné en gage puisse être poursuivie non seulement *de peculio,* mais encore *in solidum,* d'apporter à l'action une *adjectio* ainsi conçue : « *Et si quid dolo malo domini captus fraudatusque actor est* » ; mais ailleurs (Loi 3, § 5, Dig., 13, 6, *Commodati*), le même Ulpien à propos de la même

1. *L. c.*, n. 17.
2. Cf. Table des textes interpolés de M. Lenel, n. 47.

question cite Julien « *libro undecimo circa pigneraticiam actionem* », au livre onze de ses Digestes. Julien traite en effet de l'*actio pigneraticia*, il suffit pour le constater de se reporter à la *Palingenesia juris* de Hommell ; la loi 3, § 5, Dig., 13, 6 n'est donc pas interpolée, cela est certain ; dès lors, si elle nous donne une solution contraire à celle de la loi 36, Dig., 15, 1 ; c'est que c'est cette dernière qui est interpolée : or, tel est précisément le cas : à la différence de la loi 36, Dig., 15, 1, la loi 3, § 5, Dig., 13, 6, nous montre qu'aucune clause relative au dol du chef de famille n'est nécessaire pour que celui-ci soit atteint *in solidum* dans l'*actio pigneraticia*, pas plus que dans toute autre action de bonne foi qui est intentée par celui qui a contracté avec l'esclave ou avec le *filiusfamilias*. Ainsi dans la loi 36, Dig., 15, 1, le mot *pignori* a été substitué par Justinien à *fiduciæ* qu'avait dû écrire Ulpien ; et la clause *Uti ne propter te fidemve tuam captus fraudatusque siem* devait figurer à titre d'*adjectio* dans la formule de l'*actio fiduciæ*.

M. Voigt (1), cite comme interpolé un texte se référant au dépôt, qu'il faudrait d'après lui rapporter à la fiducie ; si cette opinion était exacte, nous serions en présence de textes contradictoires, la loi 36, Dig., 15, 1, qui, nous venons de le voir, est interpolée et indique comme indispensable une *adjectio* à apporter à la formule de l'*actio fiduciæ*, en cas de *fiducia cum servo contracta*, et ce texte en question, la loi 1, § 42, Dig. 16, 3 *Depositi* qui vien-

---

1. *L. c.*, n. 16.

drait dire le contraire : ce fragment émane d'Ulpien, 30 *ad Edictum;* mais dans ce livre de son commentaire sur l'Édit; Ulpien traitait à la fois et de l'*actio depositi* et de l'*actio fiduciæ,* il est donc naturel de penser que ce texte se rapporte en réalité au dépôt et non à la fiducie, d'autant plus que M. Voigt ne fait pas la moindre tentative en vue de prouver l'interpolation ; inutile d'ajouter que celle-ci est repoussée par M. Lenel (1). Ainsi dans le cas de *fiducia cum servo contracta,* une *adjectio* à la formule était nécessaire : voilà un point certain. Mais de quelle formule s'agit-il ici? C'est là que les hésitations deviennent possibles. M. Lenel dit que notre clause constituait une *adjectio* de la formule de la *legis aetio fiduciæ :* le maître ou le *paterfamilias* en refusant la restitution de l'objet donné en fiducie à son esclave ou à son *filiusfamilias* commettait lui-même le délit, mais comme il ne s'était pas engagé lui-même par *pactum fiduciæ,* il était impossible de formuler l'action contre lui, comme cependant il fallait le condamner *in solidum* et non pas seulement de *peculio,* on usa d'un détour en vue de ce résultat en insérant notre *adjectio* dans la formule ; un peu plus tard d'après M. Lenel, les actions *adjectitiæ qualitatis* elles-mêmes auraient admis par extension la même clause, lorsqu'il s'agit de punir *in solidum* le dol du préposant ; c'est en effet ce que tendent à prouver deux textes, la loi 1, § 42, Dig. 16, 3, et la loi 5, Princ., Dig., 15, 1. *De peculio.* Voilà une idée qui sans doute nous semble

1. Lenel, Table B, n. 3, α.

juste en elle-même, mais qui a besoin d'être précisée
quelle était cette *legis actio fiduciæ?* M. Geny (1), qu
adopte ici l'opinion de M. Lenel, bien qu'en général il s
montre rebelle à l'admission des interpolations du Digeste
nous dit que la clause se rapportait à la formule d'un
legis actio délictuelle : voilà qui pour paraître plus exac
est encore aussi vague. C'est M. Ubbelohde (2) qui
apporté le plus de précision sur ce point : d'après lui, l
clause qui nous occupe est une *adjectio* du *crimen per
fidiæ;* nous repoussons cette opinion ; l'auteur, en effet
nous paraît avoir été beaucoup trop loin en prétendan
qu'à côté de l'*actio fiduciæ* une *actio in duplum de per
fidia* avait subsisté jusqu'à la fin, de même qu'à côté d
l'*actio tutelæ* se maintint jusque sous Justinien l'*actio d
rationibus distrahendis* (Loi 2, Dig. 27, 3. *De tut. et rat
distr.*) : à la vérité, on comprendrait, comme le di
M. Ubbelohde, que les compilations de Justinien fussen
muettes sur cette *actio in duplum de perfidia*, puisqu'elle
ne parlent pas non plus de l'*actio fiduciæ;* mais l'auteu
ne peut s'appuyer sur aucun autre document pou
admettre l'existence de cette *actio de perfidia*, et à cou
sûr si elle avait subsisté à côté de l'*actio fiduciæ*, on er
trouverait encore quelques traces, soit dans les Commentaires de Gaïus, soit dans les Sentences de Paul, deu
ouvrages qui eux mentionnent expressément l'*actio fiducic
(Gaïus, IV, § 62 et 182, Paul II, 13). Le *crimen perfidia

---

1. *L. c.*, n. 2, p. 42 et 43.
2. *L. c.*, n. 22, p. 61 et 95.

a donc dû disparaître peu de temps après la naissance de l'*actio fiduciæ in factum* ou tout au moins de l'*actio fiduciæ in jus*. D'ailleurs il y a un reproche commun à adresser à toutes ces explications : l'*actio fiduciæ*, et pas plus qu'elle le *crimen perfidiæ* n'ont jamais dûs pouvoir être intentés sous la forme d'une *legis actio* ; car la *legis actio* était l'action qui dérivait de la loi, ou du moins l'action dont les termes étaient adaptés à ceux de la loi (Gaïus, IV, § 11). Nous sommes donc amenés à proposer nous-mêmes une nouvelle explication : sans doute l'*adjectio « uti ne propter te captus... »* se rapportait à une *legis actio* sanctionnant la fiducie ; c'est là la part de vérité qui se trouve contenue dans la découverte de M. Lenel ; mais nous pensons que cette *legis actio* a été, non pas l'*actio fiduciæ* ou le *crimen perfidiæ*, mais la *conditio ob rem dati* qui, nous essayerons de le démontrer, a servi de sanction à la fiducie ; la *condictio* en effet est la seule action sanctionnant la fiducie qui ait pu être intentée sous la forme d'une *legis actio*; ce fait lui-même, lié à la découverte de M. Lenel, suffirait déjà peut-être à prouver que cette sanction de la fiducie, dérivant de la *condictio*, a effectivement existé.

3. L'étude de la formule de l'*actio fiduciæ* va nous permettre d'examiner maintenant quels ont été les effets de cette action, qu'on l'envisage comme *actio directa* ou comme *actio contraria*, en ne retenant naturellement ici que ceux de ces effets qui sont d'une application générale. C'est d'ailleurs l'étude des effets de l'*actio directa* qui va nous occuper surtout, comme étant de beaucoup

la plus importante : les éléments de la condamnation, et
la façon dont celle-ci est exécutée, voilà deux questions
intimement unies, et qu'il est impossible de disjoindre.
D'ailleurs l'examen de cette sanction de la fiducie, l'*actio
fiduciœ*, va nous montrer par voie de conséquence quelles
sont d'une part les obligations engendrées par le *pactum
fiduciœ* à la charge du fiduciaire envers le *fiduciœ dans*,
et d'autre part les obligations engendrées par la même
convention à la charge du *fiduciœ dans* envers la fiduciaire ; les premières trouvent leur sanction dans l'*actio
fiduciœ directa*, les secondes la trouvent dans l'*actio fiduciœ contraria*. Au reste, les effets communs à toutes les
actions ne devront aucunement nous occuper ; nous n'a-
vons à étudier que les effets propres à l'*actio fiduciœ*:
c'est ainsi que cette action est patrimoniale et transmissible comme toutes les autres ; un texte, le § 8, du chap.
6 de la *Consultatio veteris cujusdam jurisconsulti*, semble
au premier abord devoir conduire à une solution contraire ; mais il peut s'expliquer par l'effet propre d'une
clause spéciale du *pactum fiduciœ*, le *pactum de vendendo*,
dans la *fiducia cum creditore ;* c'est donc là que nous le
retrouverons.

α. De l'*actio fiduciœ directa*. — Deux idées dominent
l'étude de ses effets : c'est une action arbitraire et c'est
une action de bonne foi. Du premier caractère résultent
le *jusjurandum in litem* qui offre au *fiduciœ* dans un
large équivalent de la restitution en nature (Loi 1, § 26,
Dig., 16, 3. *Depositi ;* et loi 5. Princ., Dig., 12, 3. *De in
litem jurando*) et même l'emploi de la *manus militaris* en

exécution de l'*arbitrium judicis*, d'après une opinion qui
à la vérité tend à être abandonnée de plus en plus (Loi
68, Dig., 6, 1. *De rei vindicat*).

C'est le caractère de bonne foi de l'*actio fiduciæ directa*
qui doit attirer particulièrement notre attention. Il est
indiqué par les textes que nous avons déjà cités (Cicéron, *Pro Roscio com.*, c. 6, § 16 ; Gaïus IV, § 62) ;
si dans l'énumération des actions de bonne foi, contenue dans le § 28 du livre 4 des Instilutes ne figure
pas l'*actio fiduciæ*, c'est qu'elle n'existait plus du temps
de Justinien. La conséquence la plus grave entraînée par
le caractère de bonne foi de l'*actio fiduciæ*, c'est l'infamie : elle nous est attestée par Cicéron, qui qualifie
cette action *turpe judicium* (*Pro Cœcina*, ch. 3, § 8),
par la *lex Julia municipalis* (ligne 112) qui rapproche l'*actio fiduciæ* de l'*actio injuriarum* et de l'*actio de dolo*, et par Gaïus (IV, 182) qui est tout à fait formel. L'infamie, voilà le dernier vestige du temps où
l'action était purement délictuelle ; désormais elle est devenue purement contractuelle, néanmoins une peine vien-
dra encore venger la foi rompue. Si l'infamie est la conséquence la plus grave qu'entraîne le caractère de bonne
foi de l'*actio fiduciæ*, ce n'est pas la plus importante au
point de vue juridique ; celle-ci réside dans l'appréciation
de la faute du fiduciaire.

Le fiduciaire est tenu vis-à-vis du *fiduciæ dans* de sa
faute *in concreto*, c'est-à-dire qu'il doit pour éviter une
condamnation résultant de l'*actio fiduciæ directa*, apporter à
la conservation de la *res fiduciaria*, non pas les soins d'un

administrateur diligent, d'un *bonus paterfamilias*, mais des soins égaux à ceux qu'il prend de ses propres affaires. Le texte fondamental sur ce point est un fragment de la *Collatio legum Mosaïcarum et Romanarum* (tit. X, ch. 2, § 2) ; il s'exprime ainsi « *sic enim et in fiduciæ judicium, et in actionem rei uxoriæ dolus et culpa deducitur, quia utriusque contrahentis utilitas intervenit* ».

Comme le remarque M. Accarias (1), lorsque 'l'on rencontre inséré au Digeste (Loi 18, Princ., 13. C. *Commodati*), un fragment de Gaïus qui mesure de la même façon la faute *in rebus pignori datis et dotalibus*, il est légitime de croire à une interpolation et de penser que Gaïus avait écrit *fiduciæ* et non *pignori* (2). Cette interpolation en effet nous semble très vraisemblable ; si les jurisconsultes romains aimaient à faire la comparaison entre la *fiducia* et le *depositum*, ils avaient aussi tendance à rapprocher et à combiner entre elles la *fiducia* et la *dos*, l'*actio fiduciæ* et l'*actio rei uxoriæ* ; nous voyons se réaliser ici cette tendance dans la loi 18, Pr. Dig., 13, 6, comme dans le fragment de la *Collatio*. Nous avions déjà eu à la constater dans Cicéron (*Ad familiares*, VII, 12, § 2), et nous aurons à retrouver des applications de cette idée dans un assez grand nombre de textes (Loi 49, § 1, Dig. 24. 3. *Solutio matrimonio dos...*, et *Frag. Vatic.* § 94 ; loi 4, § 1, D. 12. *De rebus creditis*; loi 29, § 1, et loi 58, Dig. 24, 3,. *Sol. matr. dos...*). Comment expliquer tous ces rapprochements ?

---

1. *L. c.*, n. 28, tome 2, page 613.

2. M. Dernburg (*L. c.*, n. 14) admet une interpolation analogue. à propos de la loi 5, § 2, Dig., 13, 6. *Commodati*.

C'est que l'*actio fiduciœ* et l'*actio rei uxoriœ*, actions de
bonne foi l'une et l'autre, excluaient de leur formule la
clause *ex fide bona*, pour admettre l'une la clause *ut inter
bonos bene agier*, l'autre la clause *œquius melius;* c'est que
dans les deux la faute était appréciée *in concreto* de la
même façon ; c'est enfin que la *fiducia* jouait des rôles
variés 'et quelquefois importants dans la constitution et
dans l'administration de la *dos*. Comment convient-il
maintenant d'expliquer la solution de la *Collatio legum
Mos. et Roman* (tit. X, ch. 2, § 2)? Cette solution semble
en effet soulever deux sortes de difficultés juridiques en
sens opposé l'une de l'autre : le texte de la *Collatio* est
général, il s'applique à l'appréciation de la faute du fiduciaire aussi bien dans le cas où la fiducie a pour fonction
économique un dépôt confié à un ami que dans le cas où
elle a pour rôle de donner une sûreté réelle à un créancier ; dès lors comment se fait-il d'une part que dans le
premier cas le fiduciaire soit tenu de sa faute *in concreto;*
il semble qu'il ne devrait être tenu que de son *dol* et de sa
culpa doli proxima comme Modestin le dit au § précédent à propos du dépositaire proprement dit « *in depositi vero causa sola deponentis utilitas vertitur et ibi dolus
tantum prœstatur* », car dans ce cas le fiduciaire aussi
bien que le dépositaire rend un service d'ami ; et d'autre part comment expliquer en sens inverse que le créancier fiduciaire ne soit tenu qu'au même titre que le fiduciaire qui reçoit la *res fiduciaria* en dépôt, seulement de sa
culpa in concreto ; il semble, puisque la convention est
intéressée de part et d'autre, que le créancier fiduciaire

devrait être tenu de sa *culpa in abstracto*. Cette double
anomalie, si elle existait en réalité, pourrait s'expliquer
par l'histoire : c'est dans la fiducie qu'a pris naissance
l'idée de la faute contractuelle, dès lors il ne fallait pas
s'attendre dès le début à une théorie parfaitement élucidée,
on pouvait ne pas distinguer, et apprécier dans tous les
cas la faute *in concreto* là où plus tard les progrès du
droit conduisirent à repousser complètement cette idée en
l'amoindrissant dans un cas pour ne tenir compte que du
dol du dépositaire, en l'augmentant dans l'autre pour
estimer *in abstracto* la faute du gagiste. Mais cette anomalie n'existe même pas en réalité, elle est purement
apparente, et elle peut trouver sa justification dans le
raisonnement juridique lui-même ; c'est pourquoi la faute
du fiduciaire continua à être appréciée *in concreto*, même
après que l'on sut estimer différemment et la faute du
dépositaire et celle du gagiste : c'est que la situation
juridique du fiduciaire, quel que soit le rôle économique
joué par la fiducie, est profondément différente de celle
qui résulte d'un *depositum* et d'un *pignus ;* l'un ne confère
que la simple détention, l'autre donne la possession *ad
interdicta ;* au contraire le fiduciaire est toujours propriétaire de la *res fiduciaria*, cette propriété résulte
pour lui de la *datio* solennelle que suppose toujours
nécessairement l'existence d'un *pactum fiduciæ*, dès lors
il est naturel d'apprécier la faute du fiduciaire relativement à la *res fiduciaria* comme on apprécierait sa faute relativement à ses propres biens, il est juste de considérer
sa faute *in concreto* parce qu'il est juste de prendre le

fiduciaire pour ce qu'il est, pour un propriétaire. Nous nous trouvons là en présence de l'une des influences exercées par la *datio* sur les effets du *pactum fiduciæ*. C'est une étude sur laquelle nous allons revenir tout à l'heure.

M. Voigt (1) a d'ailleurs indiqué comme interpolés et comme devant être rapportés à la faute du fiduciaire un certain nombre de textes du Digeste (Loi 32, loi 13, § 1, Dig., 16, 3 *Depositi*) ; mais il n'essaye aucune justification de sa théorie, qui est restée isolée (2) ; toutefois il admet comme M. Accarias l'interpolation de la loi 18, Princ., Dig., 13, 6.

β. *De l'actio fiduciæ contraria.* — C'est une action de bonne foi, qui est essentiellement contractuelle. Tels sont les caractères qui résument ses effets. De là résulte d'abord qu'à la différence de l'*actio fiduciæ directa*, l'*actio fiduciæ contraria* n'entraîne pas l'infamie, à moins toutefois qu'elle soit fondée sur un dol. C'est d'ailleurs la règle générale qui s'applique à toutes les actions contraires ; Ulpien nous dit en effet « *non de perfidia agitur, sed de calculo* » (Loi 6, § 5 et 7, Dig., 3. 2. *De his qui not.*) L'*actio fiduciæ contraria* ne tend qu'à indemniser le fiduciaire du préjudice que lui a causé, involontairement le plus souvent, le *fiduciæ dans* par la translation de la *res fiduciaria* ; toutefois le fiduciaire ne doit pas non plus faire en sorte par l'effet de sa propre volonté de mettre le

1. *L. c.*, n. 16.
2. Cf. *Table de concordance* Lenel-Voigt; Table B, β, n. 2, 4 et 6.

fiduciæ dans dans le cas de se voir forcé de payer des in-
demnités considérables ; c'est alors au juge à prendre
un juste milieu sans écouter un *fiduciæ dans* trop sen-
sible à la dépense ni un fiduciaire qui cherche à le sur-
charger. Ces principes résultent d'abord de la loi 31, Dig.,
13, 7. *De pign. actione* empruntée à Africain, 8. *Quæst.* (1)
et qui s'applique aussi bien à la *fiducia cum amico* qu'à la
fiducia cum creditore ; ils résultent, en outre, d'autres documents qui, à la vérité, ne s'expliquent littéralement que
sur le cas de *fiducia cum creditore*, mais qui doivent sans
difficulté être étendus par analogie à la *fiducia cum
amico :* les Sentences de Paul, II, 13, § 7 et la loi 25, Dig.,
13, 7. *De pign. actione*, que M. Lenel (2) considère
comme émanée du livre 31 de Paul *ad Edictum*, et qui
par suite serait interpolée ; à la vérité, la loi 25, Dig., 13,
7 est inscrite au Digeste sous le titre *Idem libro* 31 *ad
Edict.*, elle serait donc émanée de la plume d'Ulpien, à
qui est emprunté le fragment précédent, la loi 24, Dig.,
13, 7 ; mais comme la matière et la décision de la loi 25
ne peuvent être rattachées à aucune des matières
dont traite Ulpien dans son livre 31 *ad Edict.*, il est hors
de doute pour M. Lenel que cet *Idem libro* 31 repose
sur l'erreur d'un copiste qui avait dans son imagination
considéré étourdiment Paul comme étant l'auteur du
fragment 24 ; la loi 25, Dig., 13, 7, est donc extraite du
livre 31 de Paul *ad Edictum* ; dès lors elle a été inter-

---

1. Cf. *Table des textes interpolés* de M. Lenel ; table A, n. 2 et
28.

2. *L. c.*, n. 18, p. 107.

polée, et il faut la rapporter à l'*actio fiduciæ contraria*.

Il y a un autre texte relatif à l'*actio fiduciæ contraria* qui doit être étendu à tous les cas de fiducie, bien qu'il ne prévoie expressément que la *fiducia cum creditore ;* à la vérité même il parle de l'*actio pigneraticia contraria*, non de l'*actio fiduciæ ;* mais l'interpolation a été mise en évidence par M. Lenel et M. Gradenwitz (1) ; il s'agit de la loi 8, Princ., Dig, 13, 7. *De pign. act.*, qui est empruntée à Pomponius. 35 *ad Sabinum* presque tous les interprètes ont reconnu dans le § 3 de cette loi la trace d'une interpolation grossièrement faite : en effet on y rouve la phrase : « . . . . Si acceperim pignus. . . . . ut . . . . . . vendere *eam* mihi liceret . . . . » Il est impossible de rapporter cet *eam* à *pignus*, il devait se référer à *fiduciam* que Pomponius avait dû écrire ; mais la plupart des interprètes, M. Voigt notamment, bornent l'interpolation à ce § 3 ; M. Gradenwitz a eu le mérite de découvrir l'interpolation dans le *principium* à l'aide du procédé de recherches que nous avons fait connaître dans notre introduction générale ; M. Lenel a admis cette interpolation du *principium*, mais il va plus loin et se montre plus hardi en admettant que tout le livre 35 de Pomponius *ad Sabinum* est relatif exclusivement à la fiducie.

1. Note. cf. *Table de concordance.* Lenel-Gradenwitz ; Table A, n. 39 ; et Tab. C. n. 4.

IV

EFFETS DES DEUX ÉLÉMENTS COMBINÉS DE L'OPÉRATION FIDU-CIAIRE.

Comme l'opération fiduciaire s'analyse en deux éléments tout à fait distincts, la *datio* solennelle et le *pactum fiduciæ*, il en résulte deux sortes d'effets profondément différents : du premier de ces éléments naît un droit de propriété au profit du fiduciaire, le second engendre un droit de créance au profit du *fiduciæ dans*. Cette situation suscite une série de conséquences qui sont conformes aux principes, soit dans les rapports des parties entre elles, soit dans leurs rapports avec les tiers. Mais à côté de ces conséquences logiques, et en opposition avec elles, il se trouve une série de solutions de faveur au profit du *fiduciæ dans* et au détriment du fiduciaire, soit qu'on envisage leur situation respective, soit que l'on considère leurs relations avec les tiers. Ce sont ces deux séries de décisions opposées qui se présentent à notre examen.

1. *Conséquences logiques.* — α. Examinons-les d'abord dans les rapports des parties entre elles.

Le fiduciaire qui acquiert la propriété par suite de la *datio* solennelle, acquiert aussi la possession de la *res fiduciaria*. C'est sans aucun motif que M. Geib (1) a

1. *L. c.*, n. 0. p. 114.

songé à prétendre le contraire (1) ; aucunt exte, il est vrai, n'est formel en notre faveur, mais notre opinion est conforme aux principes, et il n'y a non plus aucun document dans le sens de l'opinion contraire : à la vérité la table de bronze trouvée en Bétique en 1867, qui rapporte un exemple de mancipation fiduciaire, ne contient pas la mention d'une remise de la possession, d'une *vacuæ possessionis traditio*. M. Gide (2) explique ce silence par ce fait que la mancipation fiduciaire n'étant qu'une sorte d'affectation hypothécaire, le créancier fiduciaire n'avait pas besoin de posséder le bien qui lui était donné à titre de sûreté ; mais nous pensons plutôt, avec M. Degenkolb (3), que la seconde table de diptyque Espagnol qui a été perdue devait contenir la mention de cette clause ou mieux la mention d'un *precarium* ou d'une *locatio* qui la rendait inapplicable ; car si la *vacuæ possessionis traditio* avait eu lieu, elle aurait été mentionnée, dans la partie de l'inscription qui relate l'accomplissement de la *datio* plutôt que dans celle qui énumère les clauses du *pactum fiduciæ*.

De ce que l'opération fiduciaire engendre un droit réel au profit du fiduciaire, il résulte qu'elle offre le caractère de l'indivisibilité ; ce résultat nous est attesté par la loi 10, Dig., 20.2. *In quibus causis pignus... tacite...*, et par la loi 8, § 2, Dig., 13, 7. *De pig. actione :* le premier de ces textes

---

1. Nous aurons à revenir sur cette opinion et sur les textes qu'elle invoque dans l'étude de la *fiducia cum creditore*.

2. *L. c.*, n. 34, p. 81.

3. *L. c.*, n. 35, p. 133, 169 à 171.

est tiré du livre 6 des *Digestes de Scævola*, et le second du livre 35 de Pomponius *ad Sabinum*, deux livres que M. Lenel (1) considère comme devant être rapportés exclusivement à la fiducie; ils sont donc interpolés. La loi 10, Dig., 20, 2, suppose qu'une transaction étant intervenue entre l'héritier d'un tuteur et l'héritier d'un pupille, le premier après avoir payé la plus grande partie de la dette a donné pour sûreté du reste au créancier un bien en fiducie; le consultant demandait si dans le cas où il ne serait point satisfait à la transaction, la *res fiduciaria* était valablement obligée pour assurer l'exécution du contrat originaire qui avait affecté les biens du tuteur au paiement du pupille : Scœvola a répondu que la *res fiduciaria* était valablement obligée pour toute la dette du tuteur. Dans la loi 8, § 2, Dig., 13, 7, Pomponius remarque que, dans le cas où la dette pour sûreté de laquelle une fiducie a été constituée n'a été payée qu'en partie, le bien donné en fiducie reste engagé tout entier pour le reste : la fiducie est donc indivisible « *est tota in toto, et tota in qualibet parte* ».

Un texte important se rapporte encore à la situation respective que l'opération fiduciaire fait aux parties ; c'est la loi 45, Dig., 50, 17. De *reg. juris* qui est extraite du livre 30 d'Ulpien *ad Edictum ;* — il est impossible de la rapporter raisonnablement au dépôt, dès lors elle

---

1 *Cf.* Table des textes interpolés de M. Lenel.— Table A, n. 43 39; et 51 et 57.

se réfère à la fiducie, comme l'a démontré M. Lenel (1) ; d'ailleurs l'application de ce texte à la fiducie a été depuis longtemps reconnue par les vieux auteurs (2). Ce fragment nous donne une solution certaine parce qu'elle est reproduite dans un texte non contesté (Paul, II, 13, § 3) : le *fiduciæ dans* ne peut pas vendre la *res fiduciaria* au fiduciaire. La raison de cette règle n'est pas que le *fiduciæ dans* a cessé d'être propriétaire de la *res fiduciaria* ; car la vente de la chose d'autrui est valable (loi 28, Dig., 18, 1 De *contrat. emptione*) ; et ce principe conduit même Paul (II, 13, § 3) à décider que le *fiduciæ dans* peut vendre la *res fiduciara* à un tiers ; mais le motif réside dans cette règle qu'on ne peut pas acheter une chose dont on est déjà propriétaire ; c'est à la nullité de cette vente de la *res fiduciaria* au fiduciaire par le *fiduciæ dans*, ou peut-être à l'inefficacité du *pactum de non distrahendo* dans la *fiducia cum creditore*, que M. Lenel rapporte le § 1 de notre loi 45 Dig., 50, 17 ainsi conçu : « *Privatorum conventio juri publico non derogat.* » — Ainsi la vente que le *fiduciæ dans* ferait au fiduciaire de la *res fiduciara* est nulle.

Il y a cependant un texte qui semble à première vue contredire ce principe : c'est la loi 34, Dig., 13. 7 *De pign. actione*, qui est empruntée au livre des Réponses de Marcellus ; ce fragment raisonne sur l'hypothèse d'un *pignus*, mais M. Lenel dans sa *Palingenesia juris* (3) re-

1. *L. c.*, n. 18, p. 113.
2. *L. c.*, n. 36, 37 et 38·
3. Cf. Table des textes interpolés de Lenel, Table A, n. 23.

marque qu'il y a une preuve certaine que ce mot a été
interpolé et substitué par Tribonien à *fiducia* que Marcellus avait dû écrire ; en effet, une ligne à peine après
le passage où figure le mot *pignus* on trouve les mots
« *ut distraheret eam creditor* » ; ce féminin ne peut être
rapporté qu'à la *fiducia*. Ce texte suppose que Titius qui
est créancier de Sempronius a reçu de lui une *res fiduciaria;* Titius n'étant pas payé à l'échéance se disposait à
la vendre pour se venger sur le prix, mais le débiteur a
invité le créancier à acheter lui-même le fonds qu'il avait
en fiducie moyennant un certain prix, et lui a écrit une lettre dans laquelle il marquait à Titius qu'il lui vendait ce
fonds ; on demandait si le débiteur pouvait faire annuler
cette vente en offrant le capital et les intérêts de sa dette ;
Marcellus a répondu qu'il ne le pouvait pas. Cette solution ne se trouve-t-elle pas en opposition directe avec
le principe posé par Ulpien dans la loi 45, Dig., 50, 17 et
par Paul dans ses Sentences, II, 13, § 3 ? En aucune façon :
en effet le principe « *debitor creditori vendere fiduciam
non potest* » n'a pas pour motif, comme l'a dit à tort
M. Rudorff (1), l'impossibilité juridique dans laquelle se
trouve le débiteur qui a déjà cessé d'être propriétaire de
la *res fiduciaria*, d'opérer une seconde mancipation ; la
preuve que ce motif est inexact, c'est que le débiteur peut
consentir une vente de la *res fiduciaria*, à un tiers ; la
raison d'être du principe repose sur une règle de bon
sens formulée par Pomponius « *suæ rei emptio non*

1. *L. c.*, n. 3, p. 60.

valet » ; le fiduciaire ne peut pas acheter une chose dont
il est déjà propriétaire ; or, dans l'hypothèse prévue par
la loi 34, Dig., 13. 7 le créancier non payé était prêt à
vendre la res *fiduciaria* à un tiers et à se dessaisir de la
propriété à son profit ; dès lors peu importe qui sera l'a-
cheteur de cette *res fiduciaria*, pourquoi ne pourrait-ce
pas être le fiduciaire lui-même ? Voilà une considération
de fait qui devait conduire en équité à repousser la demande de nullité émanée du débiteur : l'accueillir dans
cette demande, ç'eût été favoriser sa mauvaise foi ; du
reste en droit l'opération pouvait s'analyser et se dédou-
bler de la façon suivante : par suite de l'accord des parties le *fiduciæ dans* était censé avoir recouvré sinon la
propriété, qui ne peut dériver ici que d'une *datio* solennelle, mais du moins la possession de la res *fiduciaria*, il
y avait là dès lors un élément de la vente qu'il pouvait
consentir au fiduciaire comme à un tiers quelconque ; la
possibilité de cette vente rendait ainsi inutile une *impetratio possessionis* de la part du créancier fiduciaire.

Examinons maintenant les conséquences des principes
dans les rapports des parties avec les tiers.

Comme c'est le fiduciaire qui est propriétaire, c'est lui
qui peut exercer contre les tiers les actions relatives à
la *res fiduciaria*, notamment l'action en revendication
(Paul, V, 26, § 4) ; Paul nous présente cette solution qu'il
donne à propos du créancier fiduciaire comme une différence de situation entre ce créancier et le créancier
gagiste ; en effet, celui-ci n'a pas la propriété, mais seulement la possession *ad interdicta*.

Le fiduciaire a seul la *condictio furtiva* : M. Voigt (1)
cite à ce propos plusieurs textes (loi 12, § 2, Dig.,
13, 1. *De condict. furt.;* loi 1, Dig., 13, 1 ; loi 14, § 16,
Dig. 47, 2, *De furtis;* loi 18, Dig., 25, 2. *De act. rerum
amotar*) ; à la vérité, les solutions données par ces textes
sont conformes aux principes, mais M. Voigt est seul à
admettre qu'ils se rapportent à la fiducie par exclusion,
de toute autre institution (1), et il ne fait rien en vue de
justifier son opinion. Mais nous avons un texte qui se
réfère à ce sujet parce qu'il est certainement interpolé :
en effet, il émane du livre 30 d'Ulpien *ad Edictum*, et il
est absolument impossible de le rapporter au dépôt ; c'est
la loi 22, Princ., Dig., 13, 7. *De pign. act.* ; ici d'ailleurs
M. Lenel et M. Voigt sont d'accord pour la rapporter à la
fiducie. Ce texte nous montre mises en mouvement par
le fiduciaire l'*actio furti* et la *condictio furtiva* ; puis supposant que c'est le débiteur, le *fiduciæ dans*, qui a lui-
même volé la *res fiduciaria*, Ulpien le traite comme un
véritable tiers, et donne à ce propos une solution intéressante que nous allons faire connaître dès maintenant, bien
qu'elle se rattache peut-être mieux à l'étude de la *fiducia cum creditore* : notre loi 22 prévoit d'abord l'hypothèse où la *res fiduciaria* a été volée par un tiers ; le créancier fiduciaire intente l'*actio furti* contre le voleur ; Papinien décide qu'il doit imputer tout ce qu'il a touché à
cette occasion sur ce qui lui est dû ; il en est de même
quand, au lieu d'avoir intenté l'*actio furti*, le créancier a

1. *L. c* , n. 16. Cf. Table de concordance Lenel-Voigt, Table B,
β. n. 13, 14, 19, 20.

intenté la *condictio furtiva* et cela à plus forte raison,
« *multo magis* », puisque cette action est *rei* persécutoire,
tandis que l'*actio furti* est pénale ; puis le jurisconsulte
envisage le cas où c'est le *fiduciæ dans* lui-même qui a
volé la *res fiduciaria* ; dans ce cas ce que le fiduciaire
aura pu toucher du *fiduciæ dans* en intentant l'*actio furti*
ou la *condictio furtiva* devra-t-il être imputé sur la dette ?
tout le monde, nous dit Ulpien, est de l'avis de Papinien
pour décider la négative. Il semble donc qu'il y ait là une
contradiction ; cependant la différence qui est faite entre
les deux hypothèses peut s'expliquer : si, dans le cas où
c'est le *fiduciæ dans* lui-même qui a volé la *res fiduciaria*,
le montant de la condamnation devait être précompté sur
le paiement de la dette, le *fiduciæ dans* échapperait ainsi
à la peine qu'il doit subir parce qu'il l'a méritée, il n'y a
aucune raison pour qu'il soit traité plus favorablement
qu'un tiers quelconque ; il doit donc, comme ce dernier,
subir la condamnation ; seulement il résulte de cette idée
et de la solution logique qui en découle et qui nous est
indiquée par le texte que le fiduciaire aura avantage à ce
que la *res fiduciaria* soit volée par le *fiduciæ dans* lui-
même plutôt que par un tiers quelconque, car dans ce
cas il obtiendra plus. Le § 1 de notre loi 22, Dig., 13, 7
contient une décision analogue pour le cas où le créancier
fiduciaire, qui de bonne foi a reçu du débiteur un bien en
fiducie, a été contraint par la violence à lui remettre ce bien
et a intenté pour le recouvrer l'*actio quod metus causa* qui
lui a fait obtenir le quadruple à titre de peine pesant sur
l'auteur de la violence. Telles sont les conséquences logi-

ques que le fiduciaire retire de sa situation de propriétaire.

Considérons maintenant les solutions que nous donnent les textes en ce qui concerne la situation du *fiduciæ dans* qui a perdu la propriété par l'effet de la *datio*.

Tout d'abord, comme nous l'avons déjà vu, il peut vendre la *res fiduciaria* à tout autre qu'au fiduciaire (Paul, II, 13, § 3); seulement la vente ne produira son effet complet, ainsi que le remarque Paul, qu'à partir du moment où le *fiduciæ dans* ayant payé sa dette au créancier fiduciaire aura obtenu de lui une *remancipatio* qui le mettra à même d'opérer lui-même la livraison de la chose vendue à son acheteur.

Une *dos æstimata* est aussi possible, comme le remarque M. Rudorff (1), elle vaudra au même titre qu'une vente. Ce fait nous est attesté par la loi 49, § 1, Dig., 24,3. *Soluto matrimonio dos...;* ce texte, il est vrai, nous parle d'un « *fundus æstimatus in dotem datus qui..... ex causa pignoris ablatus est* » ; mais tous les interprètes sont d'accord pour reconnaître l'interpolation de *pignoris* pour *fiduciæ* (2); en effet, notre loi 49 est reproduite littéralement du § 94 des *Fragmenta Vaticana*, extrait lui aussi du livre des Réponses de Paul, sauf précisément en ce qui concerne le mot *pignoris;* le § 94 *Frag. Vatic.* nous parle d'un *fundus æstimatus in dotem datus qui..... ex causa fiduciæ ablatus est;* l'interpolation du *pignoris* dans notre

1. *L. c.*, n. 3, page 60.
2. Cf. Table des textes interpolés de Lenel. Table A, n. 34. Cf. aussi M. Mommsen, édition du Digeste, 1886, page 324, note 15.

loi 49, Dig., 24,3, est donc évidente. Un père a donné en dot à sa fille un fonds avec estimation de sa valeur ; le mari en a été évincé par un créancier antérieur à la constitution de dot à qui le père l'avait donné en fiducie ; on demandait si la fille, qui dans l'espèce n'était pas héritière de son père, et n'était pas par suite tenue de ses obligations, était recevable à répéter l'estimation de ce fonds à son mari ; Paul a répondu que si le fonds a été évincé sans fraude ni faute du mari, celui-ci pouvait repousser la prétention de sa femme par une exception fondée sur la mauvaise foi, attendu que le fait du père qui a constitué à sa fille une dot sujette à éviction, ne peut nuire qu'à cette fille.

De ce que le *fiduciæ dans* a perdu la propriété de la *res fiduciaria*, il résulte qu'il ne peut pas la léguer *per vindicationem*, c'est ce que nous apprend Paul (III, 6, § 69), « *his scilicet exceptis qui fiduciæ dati sunt* ».

De ce qu'il en a perdu la possession, il résulte que c'est le fiduciaire qui a seul droit aux fruits : mais telle n'est pas l'opinion de tous les auteurs, la question met en jeu un assez grand nombre de textes, et elle ne pourra être examinée qu'à propos de la *fiducia cum creditore*.

2. *Des solutions dérogatoires aux principes.* — Les décisions que les textes viennent de nous donner sont en opposition avec certaines autres solutions qui nous sont aussi fournies par les sources. Il y a même des documents qui paraissent les contredire formellement.

De ce nombre se trouve notamment la loi 181, Dig., 50, 16, *De verb. signif.,* qui émane du livre 35 de *Pomponius ad*

Sabinum, et qui dès lors, suivant l'opinion de M. Lenel (1), doit être rapportée à la fiducie : d'après ce texte,
le terme *pertinere,* appartenir, est d'une signification très
étendue ; il ne s'étend pas seulement aux choses qui font
partie de notre domaine et à celles que nous possédons à
quelque titre que ce puisse, quoiqu'elles ne soient pas en
notre domaine, mais aussi à tout ce qui n'étant pas encore
en notre domaine ni en notre possession, est néanmoins
susceptible d'y venir. Ainsi la *res fiduciaria* continuerait
à appartenir au *fiduciæ dans.* C'est dans ce sens que
Gaïus (II, § 61) qualifie aussi de *dominus* celui qui a
fait la *prædiorum subsignatio* par mancipation fiduciaire.
Sans doute cette manière de voir n'est pas complètement erronée ; car c'est de cette façon seulement que l'on
peut expliquer l'existence et le fonctionnement de l'*usureceptio,* mais cette conception dérive bien plutôt du sentiment pratique de la conscience publique que du sentiment du droit ; en réalité, elle est même contraire à la
vérité juridique : ce qui le prouve ce sont d'abord les
principes ; c'est en outre Gaïus (II, § 59) qui nous dit
« *adhuc etiam ex aliis causis sciens quisque rem alienam
usucapit* » ; c'est enfin la loi 181 Dig., 50, 16 elle-même,
car elle range parmi les choses desquelles on peut dire
qu'elles nous appartiennent, *pertinere,* même celles dont
nous n'avons pas la propriété « *quamvis non sint nostri
dominii* », mais dont nous avons l'espoir de pouvoir un
jour recouvrer cette propriété « *sed esse possint* » ; le
fiduciæ dans est précisément dans ce cas.

1. Cf. Table des textes interpolés de Lenel, Table A. n. 42.

Un passage de la table fiduciaire Espagnole semblerait pourtant faire croire à première vue qu'à l'arrivée du paiement de la dette la propriété repassera de plein droit sur la tête du débiteur qui a mancipé son bien *cum fiducia*, « *usque eo is fundus... pecunia persoluta...* » ; mais il n'en est rien, et comme le remarque M. Gide (1), « pour détruire les effets de la première mancipation, il ne faudra rien moins qu'une mancipation nouvelle ; le débiteur n'aura donc que l'action personnelle de fiducie pour obtenir du créancier cette remancipation ».

Cette vérité juridique nous est apparue dans toutes les conséquences que nous venons d'étudier ; c'est elle aussi qui nous a fait comprendre pourquoi la faute du fiduciaire était appréciée seulement *in concreto*, même après que la conception de la faute *in abstracto* avait été connue de la jurisprudence Romaine. C'est au contraire l'instinct et la tendance de la pratique à considérer le *fiduciœ dans* comme ayant conservé un certain droit sur la *res fiduciaria* qui nous a expliqué l'*usureceptio*, et qui va encore nous expliquer les solutions suivantes, qui sont des solutions de faveur, ou qui lorsqu'elles ne sont pas telles en réalité semblent du moins en apparence présenter ce caractère ; du reste s'il est vrai, comme nous l'avons déjà dit, que le plus souvent elles interviennent dans l'intérêt du *fiduciœ dans*, il faut reconnaître aussi que quelquefois le jeu des principes contraint à les faire fonctionner dans l'intérêt du fiduciaire.

1. *L. c.*, n. 34, page 86.

α. C'est précisément ce qui se présente à propos de la question de savoir qui, du fiduciaire ou du *fiduciæ dans*, supporte les risques de perte ou de détérioration de la *res fiduciaria*, le seul point qui se présente ici comme solution dérogatoire au droit commun dans les rapports des parties entre elles. Cette question est d'ailleurs controversée : M. Büchel (1) fait supporter les risques au fiduciaire en vertu du principe, « *casum sentit dominus*, » mais M. Dernburg (2) se prononçait déjà contre cette opinion, ainsi que M. Pernice (3). M. Lenel (4) a démontré depuis que les risques n'étaient pas à la charge du fiduciaire ; cette solution résulte incontestablement de la loi 22, *Princ.* Dig., 13, 7. *De pign. act.*, qui émane du livre 30 d'Ulpien *ad Edictum,* et qui se rapporte à la fiducie, ainsi que nous venons de le voir : le jurisconsulte nous dit dans ce fragment que le créancier fiduciaire doit imputer sur la dette le produit de l'*actio furti* alors même que le vol est arrivé par sa faute ; cette décision ne peut avoir de sens que si au cas de vol qui n'est pas arrivé par la faute du créancier le risque est supporté par le *fiduciæ dans;* le fiduciaire n'a donc à sa charge que les risques qui proviennent de sa faute, et non les risques proprement dits qui résultent des cas fortuits ; tel est le raisonnement, irréfutable, pensonsnous, que tient M. Lenel.

1. *L. c.*, n. 24, page 38.
2. *L. c.*, n. 14, page 14.
3. *L. c.*, n. 4, tome II, 265.
4. *L. c.*, n. 18, pages 109 et 110.

β. Envisageons à présent la situation des parties vis-à-vis des tiers. Nous trouvons à ce propos dans les textes des décisions de faveur pour le *fiduciæ dans*.

Paul (III, 6, § 69) nous a fait savoir que le *fiduciæ dans* ne pouvait pas léguer la *res fiduciaria per vindicationem ;* mais dans un autre passage (III, 6, § 16) le même jurisconsulte se place en présence d'une hypothèse un peu différente : tandis que tout à l'heure il supposait que le legs était fait après que la *res fiduciaria* avait déjà été donnée en fiducie, ici au contraire il prévoit le cas inverse où la *res fiduciaria* avait déjà fait l'objet d'un legs avant d'être donnée en fiducie, et il décide que la *datio cum fiducia* de la chose léguée ne doit pas être considérée comme entraînant la révocation du legs, « *rem legatam testator si postea pignori vel fiduciæ dederit ex eo voluntatem mutasse non videtur* » ; cette solution ne peut s'expliquer que par la conception d'après laquelle le *fiduciæ dans* est regardé comme ayant conservé un certain droit sur la *res fiduciaria ;* elle est en harmonie avec la loi 181, Dig., 50, 16, qui répute comme nous appartenant encore même les biens qui ne sont plus en notre domaine, mais qui sont susceptibles d'y revenir un jour ; tel est bien le cas ici, celui qui a donné en fiducie le bien qu'il avait déjà légué a l'espoir de pouvoir tôt ou tard en recouvrer la propriété ; la *datio* de ce bien *cum fiducia* n'est donc pas suffisante pour indiquer un changement de volonté et une révocation de la part du testateur. Ce texte de Paul (III, 6, § 16) pourrait peut-être s'entendre uniquement du legs *per damnationem ;* il s'expliquerait alors très simplement, car il

12

serait conforme aux principes généraux : le *fiduciæ dans*, en effet, peut léguer *per damnationem* la *res fiduciaria*, de même qu'il pourrait également léguer toute autre chose appartenant à autrui. Mais il est tout à fait large, et doit être appliqué à toute espèce de legs, même au legs *per vindicationem* : d'ailleurs le § 16 n'est pas en contradiction manifeste avec le § 69, III, 6 ; Paul, en effet, dans le § 16 nous dit seulement que la *datio cum fiducia* de la chose léguée ne révoque pas le legs, voilà tout ; mais il ne se prononce pas sur le point de savoir si ce legs sera valable ; cette question recevra une solution que dicteront les circonstances, ici les principes reprennent leur empire ; si donc le *fiduciæ dans* a recouvré avant sa mort la propriété du bien donné en fiducie, le legs produira tous ses effets, il suffit en effet pour que le legs *per vindicationem* soit valable que le testateur ait été propriétaire de la chose léguée à l'époque de la confection du testament et à l'époque de sa mort, « *media tempora non nocent* » (Gaïus, II, § 196) ; si, au contraire, le *fiduciæ dans* n'a pas recouvré la propriété de la *res fiduciaria* avant sa mort, le legs *per vindicationem* bien que n'ayant pas été révoqué sera nul en définitive.

Une autre solution en faveur du *fiduciæ dans* nous est encore indiquée en matière de legs (Gaïus, II, § 220) : le *fiduciæ dans* peut léguer valablement la *res fiduciaria per præceptionem*, bien qu'il s'agisse d'une *res aliena ;* et ce legs peut être fait au profit d'un cohéritier d'après l'opinion des Sabiniens, ou même au profit d'un tiers quelconque d'après l'opinion des Proculiens (Gaïus, II, § 218 et 219).

Voilà des décisions qui sont extensives des droits du *fiduciæ dans*. En sens opposé, les sources ne nous font connaître aucune solution restrictive des droits du fiduciaire. Puisqu'il est propriétaire en vertu de la *datio* solennelle, il peut vendre la *res fiduciaria*, la donner en dot, la léguer, l'aliéner, en un mot se comporter en maître à son égard. Certains auteurs ont voulu cependant lui refuser le droit de la léguer ; ils prétendent s'appuyer sur la loi 9, § 2, Dig., 33. 10. *De suppellect. legata*, qui est extraite du livre 7 des Réponses de Papinien, le jurisconsulte nous dit « *suppellectili sua omni legata acceptum argentum pignori non continebitur, quia suppellectilem suam legavit...* » MM. Voigt (1) et Geib (2) considèrent ce texte comme interpolé et comme se rapportant non au *pignus*, mais à la *fiducie* ; M. Lenel n'admet cette interpolation qu'avec une grande réserve ; quant à nous, nous la repoussons absolument ; tout d'abord ce meuble d'argent qui ne serait pas compris dans le legs de tout le mobilier, ne peut pas avoir été donné en fiducie par suite d'une *mancipatio*, car il est une *res nec mancipi* ; à la vérité on pourrait à la rigueur songer à une *in jure cessio*, mais celle-ci est bien peu concevable, les mots *acceptum argentum....* indiquent eux-mêmes qu'il n'y a eu qu'une remise de la possession ; M. Geib (3) l'a si bien compris qu'il

---

1. Cf. Table de concordance Lenel-Voigt, et Table des textes in terpolés de Lenel, Table B, β. n, 7 ; et Table A, n. 26.

2. *L. c.* n. 16 et 20.

3. *L. c.* n. 20, p. 140, note 2.

en tire argument pour admettre comme possible la *traditio eum fiducia*, théorie dont nous avons déjà démontré
la fausseté ; en outre, le motif de la décision donné par
Papinien serait incompréhensible si on rapportait celle-
ci à un meuble donné en fiducie, car le jurisconsulte
nous dirait que si le meuble n'est pas compris dans le
legs de tout le mobilier, c'est parce que le testateur a
légué les meubles et non ceux d'un autre, cette raison ne
peut se comprendre que relativement à un meuble que le
testateur avait, pour sûreté d'une créance, reçu en gage,
et non en fiducie ; enfin MM. Voigt et Geib n'indiquent
aucun argument pour établir l'interpolation et leur opinion est en contradiction avec les principes : toutes ces
raisons nous conduisent à reconnaître que cette loi, 9, § 2,
telle qu'elle est insérée au Digeste, est un texte authen-
tique.

Il y a encore un texte relatif au même sujet, et qui
semblerait à première vue restreindre aussi les droits du
fiduciaire en ce qui touche son droit de disposition de
la *res fiduciaria* par voie de legs ; c'est la loi 68, pr. Dig.
32. *De legatis et fideicom.*, extraite du livre 1 des Réponses d'Ulpien, que M. Lenel dans sa *Palingenesia juris*
rapporte à la fiducie, non toutefois sans hésitation (1) :
Ulpien commence par nous dire que le créancier peut
léguer ou laisser à titre de fidéicommis la *res fiduciaria*
mais il ajoute « *salvo scilicet jure debitoris* » ; cependant ce
texte n'a pas, croyons-nous, la portée qu'il semble avoir ;
il est susceptible de deux significations différentes ; par

1. Cf. Table des textes interpolés de M. Lenel ; Table A, n. 60.

les mots *salvo scilicet jure debitoris* Ulpien a pu vouloir dire simplement que le *fiduciæ dans* pourra, en intentant l'*actio fiducie directa*, demander compte aux héritiers du fiduciaire de l'aliénation par voie de legs qu'il a opérée, et qui a ainsi engagé sa responsabilité ; ou bien ces expressions peuvent être entendues en ce sens que le *fiduciæ dans*, malgré le legs pourra *usurecipere* la *res fiduciaria*, de telle sorte que le legs bien que parfaitement valable en droit, sera complètement inefficace en fait ; quelle que soit l'interprétation préférée, ce « *salvo scilicet jure debitoris* » ne fait à notre avis allusion qu'aux rapports du débiteur avec son créancier fiduciaire, nullement à ses rapports avec les tiers.

Telle est la situation que l'opération fiduciaire fait aux parties. Comment expliquer les solutions qui s'écartent des principes, telles que l'*usureceptio*, la théorie des risques, et les décisions de faveur pour le legs fait par le *fiduciæ dans ?* Sans doute par l'idée que nous avons déjà indiquée, et d'après laquelle le sentiment de la conscience publique a servi à tempérer la rigueur du droit à une époque où celui-ci abandonnait toute la sanction à la loyauté des particuliers ; mais comment concevoir que cette idée ait pris naissance, et surtout qu'elle ait persisté avec ses diverses conséquences dérogatoires du droit commun, même après que la fiducie eut reçu une sanction légale ? C'est que dans cette opération toute d'intention on se laissa entraîner par un penchant naturel en considération du but matériel de l'acte conclu *fiduciæ causa* à reconnaître des solutions appropriées à ce but, plutôt qu'à la vérité juridique ; c'est qu'en effet la fiducie est un acte qui repose essentiellement sur la bonne foi. C'est ce caractère qui a exercé une si grande influence sur l'ensemble du droit romain qui va maintenant être l'objet de notre examen.

CHAPITRE IV

INFLUENCE DE LA FIDUCIE SUR L'ENSEMBLE DU DROIT.

A. — Origine des actions de bonne foi.

B. — Origine des contrats réels.

A. — Origine des actions de bonne foi.

I. Notions préliminaires. — II. Age de l'*actio fiduciæ*. — III. Influence de l'*actio fiduciæ* sur l'origine des actions de bonne foi.

BIBLIOGRAPHIE

1. Girard. Nouvelle revue historique, tome 7. Les stipulations de garantie, p. 539, note 1.
2. Keller. De la procédure civile et des actions chez les Romains, trad. Capmas, § 17, pag. 67 à 73.
3. Ihering. L'esprit du droit romain, trad. de Meulenaere ; tome 4, § 64, pag. 195 à 199.
4. Voigt. Das jus naturale, tome 3, pag. 221.
5. Bernhöft. Staat und Recht der römischen Königszeit, pag. 173.
6. Bekker. Die Aktionen. tome 1, pag. 157, 311 et suiv.
7. Bechmann. Der Kauf, tome 1, pag. 467, 468, texte et note 2, — 505 et suiv.

8. Demelius. Zeitsch, für Rechtsgeschichte, tome 2, Plautinische Studien, pag. 177 et suiv.

9. Rudorff. Zeitsch. für Rechtsgeschichte, tome 11, Ueber
die bætische Fidurciartafel, pag. 61.

I

NOTIONS PRÉLIMINAIRES

C'est dans la fiducie qu'est née l'idée de *Bona fides ;*
aussi est-ce là que l'on trouve l'origine des actions *bonæ
fidei*. Mais il convient d'établir et de justifier ce point.
Cette question se divise en deux branches : quel est l'âge
exact de l'*actio fiduciæ* et quelle influence a-t-elle exercé
sur l'origine des actions *bonæ fidei ?* Ainsi notre étude
sera dédoublée. Une remarque commune s'applique à
chacun de ces deux points de vue : c'est que dans la recherche de la vérité pour l'une ou pour l'autre branche
de cette étude, nous trouverons un guide très sûr dans un
rapprochement constant entre la fiducie et la vente :
celle-ci est de l'avis de tous les interprètes le premier
contrat consensuel de bonne foi qui ait été connu des
Romains ; la fiducie n'est pas un contrat, mais seulement un pacte adjoint à une *datio ;* mais nous verrons que
c'est elle qui a engendré dans le droit l'idée de *Bona fides ;*
puis nous demandant pourquoi il en a été ainsi et pourquoi cette idée ne pouvait pas trouver ailleurs sa première racine, nous aurons à rechercher comment la fiducie a pu susciter la naissance des contrats de bonne foi,

en luttant contre l'idée du droit strict qui avait seule
régné en maîtresse jusque-là.

II

AGE DE L'*actio fiduciæ*.

1. — *A quelle date l'*ACTIO FIDUCIÆ *est-elle apparue dans
l'histoire?* — Le premier élément de solution de cette question, c'est l'accord dans lequel sont tous les interprètes
pour reconnaître que l'*actio fiduciæ* est la première action
de bonne foi. On justifie en général cette opinion par la
remarque que la formule de l'*actio fiduciæ* contient, au lieu
des mots relativement récents « *ex bona fide* », une phrase
antique « *Ut inter bonos bene agier*» ; on pourrait peut-être
en outre tirer argument dans le même sens de ce fait que
les documents les plus anciens qui donnent l'énumération
des actions de bonne foi placent au premier rang l'*actio
fiduciæ* (Cicéron, *Pro Roscio com.*, ch. 6, § 16 ; *Lex Julia
municipalis*, ligne 112 ; Bruns, *Fontes juris Romani*, 5e
édit., page 107). D'un autre côté on est aussi d'accord
pour reconnaître dans l'*emptio venditio* le premier contrat de bonne foi. De ces deux propositions à peu près
certaines, il résulte que l'*actio fiduciæ* a précédé l'*actio
empti* et l'*actio venditi*; mais ces remarques sont encore
impuissantes à nous faire assigner une date à l'*actio fiduciæ*. Celle-ci existait dès l'époque de la loi des Douze Tables pour la doctrine qui voit dans cette loi l'origine en

même temps que la sanction de la fiducie; mais nous avons démontré que cette opinion était fausse. Dès lors le seul procédé de recherches que nous puissions employer en vue de découvrir l'âge de l'*actio fiduciæ*, c'est de résoudre le point de savoir quand et comment est née l'*actio empti ;* de là par voie de conséquence nous arriverons à trouver l'époque à laquelle il convient de placer, tout au moins d'une façon approximative, la naissance de l'*actio fiduciæ,* puisqu'elle a précédé toutes les autres actions comme *judicium bonæ fidei.* C'est grâce au même procédé de recherches qu'il nous sera possible de nous rendre compte de la façon dont l'*actio fiduciæ* a exercé son influence sur la création des autres actions de bonne foi.

2. *A quelle époque la vente a-t-elle donc été connue des Romains?* — Deux opinions principales sont en présence. Pour certains auteurs la vente a été connue dès l'époque des actions de la loi et de la loi des Douze Tables ; cette théorie cadrerait à merveille avec la doctrine que nous avons repoussée et d'après laquelle la fiducie daterait, elle et sa sanction, de cette même époque; elle est soutenue notamment par M. Keller (1) qui la défend au moyen de sa distinction célèbre, mais fausse, des *judicia* et des *arbitria* ; d'après cet auteur la *judicis seu arbitri postulatio* aurait sanctionné toutes les actions qui par la suite furent rangées parmi les *judicia bonæ fidei;* ce système est tout à fait insoutenable. il échoue complètement

_____

1. *L. c.*, n. 2.

devant le § 20, IV de Gaïus, dans lequel le jurisconsulte nous dit qu'on cherche en vain le motif pour lequel les lois *Silia* et *Calpurnia* ont introduit la *condictio*, puisqu'avant ces lois on pouvait déjà agir par la voie du *sacramentum* ou de la *judicis postulatio ;* ainsi s'exprime Gaïus, c'est donc que la *judicis postulatio* ne sanctionnait que des actions du droit strict, puisque comme nous l'apprend ce texte, elle a vu s'établir à côté d'elle et en vue de sanctionner les droits, qu'elle sanctionnait déjà une action qui à coup sûr a toujours appartenu au droit strict le plus pur, la *condictio*.

On est donc amené forcément à se ranger du côté de la seconde opinion, qui a pour elle des interprètes imposants par leur nombre et leur autorité : la vente n'a été connue qu'à une époque relativement récente ; telle est notamment la doctrine de M. d'Ihering (1). Mais avant qu'elle fut connue comme vente proprement dite, on usa de procédés différents de ceux qui furent plus tard connus pour satisfaire aux exigences pratiques. Tels sont les principes de cette théorie ; mais ses partisans se divisent eux-mêmes gravement dès qu'il s'agit d'envisager ces principes dans leur application. Nous sommes donc en face de deux questions qu'il convient d'examiner uniquement pour indiquer la solution qui doit être donnée à chacune d'elles sans nous arrêter du reste à la discussion, parce qu'en effet elles nous écartent un peu de notre sujet, bien qu'elles ne soient ni l'une ni l'autre indifférentes à la

1. *L. c.*, n. 3.

question traitée ici : l'âge de l'*actio fiduciæ*, et son influence sur l'origine des actions de bonne foi. Tout d'a-
bord comment, avant que la vente proprement dite,
l'*emptio venditio*, ait été connue, fut-il pourvu aux besoins du commerce? Et ensuite quand l'*emptio venditio*
en vint-elle comme telle à l'état de conception juridique ?

α. Comment donc fut-il satisfait aux nécessités de la
pratique, avant l'introduction de l'*emptio venditio* dans la
vie juridique? Ce point donne lieu à de graves dissenti-
ments entre les auteurs. D'après M. Voigt (1), tout reposait sur la loyauté des mœurs avant l'époque où vint la
sanction légale. Pour d'autres, comme M. Bernhöft (2), la
vente aurait été un contrat réel avant de devenir un contrat consensuel : la vente Romaine aurait eu de la sorte
une destinée historique analogue à celle de la vente Ger-
manique. Enfin d'après une doctrine plus répandue, à
laquelle nous nous rallions, la vente a été d'abord réalisée
au moyen de deux stipulations réciproques : tel est notamment l'avis de M. Girard (3) qui indique les diverses
opinions et leurs différents adhérents, et auquel nous
empruntons le résumé de toutes ces discussions. C'est
aussi l'opinion de M. Bekker (4) et de M. d'Ihering (5) :
ce dernier auteur démontre que la simplicité élémentaire

1. *L. c.*, n. 4.
2. *L. c.*, n. 5.
3. *L. c.*, n. 1.
4. *L. c.*, n. 6, tome 1, p. 157.
5. *L. c.*, n. 3.

des corps juridiques était un principe du très ancien droit romain ; et spécialement pour ce qui concerne les contrats, les Romains des premiers temps ne connurent que le principe de l'unilatéralité et ignorèrent complètement celui de la bilatéralité, celui-ci marque dans le droit un progrès relativement récent. Cependant les besoins de la vie et du commerce ne manquaient pas de recevoir leur satisfaction, et cela d'une façon très simple : grâce à l'emploi de deux contrats unilatéraux, on put pendant longtemps se passer de l'opération unique, qui plus tard constitua un contrat synallagmatique ; « le promettant, dit M. d'Ihering, pouvait empêcher que l'adversaire, profitant du caractère unilatéral de sa promesse, ne s'avisât d'en réclamer l'accomplissement avant de s'être exécuté lui-même ; il n'avait pour cela qu'à ajouter une condition à cette promesse, « *centum dare spondes, si equum dederim? equum dare spondes, si centum dederim?* » C'est uniquement de cette façon, et non de la façon que conçoit M. Mommsen à propos de sa prétendue *stipulatio fiduciæ*, que la violation de la foi donnée pouvait être empêchée légalement. Néanmoins ce n'était pas encore là une *emptio venditio;* le nom de celle-ci dénote bien par lui-même qu'à une époque reculée il se décomposait en deux éléments unilatéraux ; partant l'introduction de l'*emptio venditio* devait réaliser un progrès considérable : les deux éléments unilatéraux devaient se fondre en un seul élément synallagmatique ; dès lors tandis que jusque-là on n'avait su qu'empêcher la mauvaise foi des contractants, on exigea désormais leur bonne foi ; auparavant la bonne foi était en quelque sorte négative, dorénavant elle fut positive par suite des développements qu'elle engendra. Donnons quelques applications de cette idée, pour montrer l'importance du progrès réalisé : tout d'abord avec le système des deux stipulations réciproques, dans le cas où les parties avaient omis chacune de leur côté d'ajouter à leur promesse la condition dont parle M. d'Ihering, une *exceptio* était nécessaire pour paralyser la prétention de l'adversaire qui réclamait en refusant la prestation à laquelle il s'était engagé ; cette exception ne pouvait être que l'*exceptio doli ;* mais celle-ci est elle-même de date assez récente, soit qu'on la considère comme postérieure à l'*actio doli* qui est de 688 de Rome, soit même qu'on la tienne pour antérieure à cette action ; en outre, le juge de l'*actio ex stipulatu* ne pouvait tenir compte que de la faute *in faciendo*, et nullement de la faute *in omittendo* (Loi 91, Princ. *Digeste*, 45. 1. *De verbo obligationibus) ;* enfin le stipulant n'avait aucune espèce de réclamation à faire valoir du moment que l'exécution promise avait eu lieu, alors même que par suite de la mauvaise foi du débiteur, il n'avait en réalité retiré aucune utilité de l'exécution de l'obligation (Loi 7, § 3, Dig., 4. 3. *De dolo malo*). C'est l'introduction de l'idée de bonne foi dans les rapports juridiques qui a mis un terme à toutes ces conséquences fâcheuses de l'idée du droit strict.

β. Quand donc l'*emptio venditio* des Romains fut-elle connue comme contrat consensuel et de bonne foi, et par suite synallagmatique ? Plaute est le premier auteur qui nous parle de l'*emptio venditio* dans de nombreux passages de ses comédies ; faut-il donc penser qu'elle remonte à son époque, au vi⁰ siècle de Rome ? Tel n'est pas l'avis de M. Bekker (1). D'après lui, l'*emptio venditio* est encore complètement inconnue à cette époque, elle est beaucoup plus récente ; et Plaute dans tous ses passages ne fait jamais allusion qu'à l'antique usage des stipulations réciproques. M. Bechmann (2) enseigne une doctrine intermédiaire : suivant cet auteur, Plaute aurait bien connu la vente comme contrat concensuel, mais non comme contrat synallagmatique et de bonne foi. L'auteur qui a le plus approfondi cette question est M. Demelius (3) à l'opinion duquel nous nous rangeons : d'après cette opinion, Plaute a connu la vente à la fois comme un contrat consensuel et de bonne foi ; c'est donc au vi⁰ siècle de Rome que l'on peut placer la naissance de l'*emptio venditio* ; on peut invoquer en ce sens, outre les passages qui pourraient être extraits de presque toutes les comédies de Plaute, la loi 38, § 1, Dig. 19, 1, *De actionib. empti vend.* dans laquelle il nous est fait mention, à propos d'une question concernant la vente, d'une solution qui affirme hautement le caractère de bonne foi de ce contrat et qui émane des deux vieux jurisconsultes, Sextus Ælius et Drusus.

3. *Dès lors, l'âge de l'actio fiduciæ peut être facilement trouvé.* — Puisqu'elle est la première action de bonne foi,

1. *L. c.*, n. 6.
2. *L. c.*, n. 7.
3. *L. c.*, n. 8.

elle doit être antérieure aux *actiones empti vendili*, et pour ne pas hasarder une conjecture que l'on puisse accuser de témérité l'on peut dire que l'*actio fiduciæ* date au moins du temps de Plaute. Ce qui ne permet guère d'hésiter, c'est que Plaute est en effet le premier auteur qui nous parle de cette action (*Trinummus*, Acte 1, scène 2, vers 80),.. « *qui tuæ mandatus est fidei et fiduciæ...* »

Comment expliquer maintenant d'une part qu'il a dû en être nécessairement ainsi, que l'idée de *Bona Fides* ait trouvé sa source première dans la fiducie, et d'autre part que l'*actio fiduciæ* une fois créée ait pu aussi rapidement faire passer cette idée de bonne foi dans les autres rapports juridiques, et notamment dans l'*emptio venditio* qui fut connue presqu'à la même époque, puisque c'est le même auteur littéraire qui mentionné à la fois ce contrat et la fiducie ? C'est ce que nous allons voir ; mais il importait avant tout de poser les bases de la théorie que nous allons développer : si nous nous sommes écartés à dessein de la discussion qui nous aurait peut-être permis d'établir plus solidement ces bases, c'est d'abord que celles-ci ont été posées par d'autres, et notamment par M. Demelius, c'est ensuite que tout en ces matières repose plus ou moins sur des conjectures, et pour en sortir en vue de parvenir à une vérité vraiment scientifique, il nous aurait fallu pénétrer dans une étude qui eût de beaucoup dépassé le cercle de notre travail.

III

INFLUENCE DE L'ACTIO FIDUCIÆ SUR L'ORIGINE DES ACTIONS DE BONNE FOI.

1. — *Comment se fait-il que ce soit dans la fiducie que soit née l'idée de Bona Fides?* — L'usage des stipulations réciproques avait suppléé à l'*emptio venditio*, avant l'époque où celle-ci fut connue comme contrat consensuel et de bonne foi. Mais c'était encore là du droit strict. Au contraire, l'usage de pareilles stipulations, nous l'avons vu, n'a jamais trouvé d'applications dans la fiducie, M. Mommsen est seul à émettre une opinion erronée qui ferait de la *stipulatio fiduciæ* une sorte de contrat de bonne foi ; que la *stipulatio* fasse partie du droit strict, et que la fiducie soit par nature, par essence même, un pacte et non un contrat, voilà deux points incontestables à nos yeux et qui suffisent pour condamner cette théorie. Le dernier de ces points suffirait aussi à lui seul à tenir en échec une opinion qui pourrait se produire et d'après laquelle la fiducie aurait pu se réaliser, comme la vente au moyen de stipulations du droit strict : la fiducie est un pacte, et d'ailleurs pourrait-on comprendre dans ce système qu'un pareil usage de stipulation n'ait laissé aucune trace ; pour la vente, son nom double, *emptio venditio*, indique clairement que le contrat avant d'être synallagmatique a été dédoublé en deux éléments unila-

13

téraux ; rien de semblable pour la fiducie, son nom est
simple, et au lieu de révéler une origine historique analogue à celle de l'*emptio venditio*, il éveille au contraire
au plus haut degré l'idée d'absence de toute sanction
légale, puisqu'il signifie confiance. C'est en effet à propos de la fiducie que peut s'appliquer la théorie que
M. Voigt (1) a proposé en ce qui touche la vente : la fiducie avant de recevoir une sanction légale a toujours uniquement reposé sur la loyauté des mœurs. Mais pourquoi
les parties ne préfèrent-elles pas recourir à l'usage de
stipulations réciproques qui leur eût procuré l'avantage
de la sanction légale ? Elles l'eussent peut-être préféré,
mais elles ne l'osèrent pas : la fiducie avait pour but de
tourner les règles de la loi ; dès lors cette convention
devait procéder timidement, à titre de contre-lettre et de
clause secrète ; voilà quel dut être le point de vue des
Romains à l'époque où la convention de fiducie apparut,
et où le respect des lois était encore profondément enraciné dans les mœurs ; plus tard, la fiducie étant née avec
ces caractères, on ne songea pas à la dénaturer par l'usage
de contrats du droit strict, parce que la sanction de
fait et la sanction indirecte parurent suffisantes ; mais
peu à peu l'individu put plus facilement se faire un jeu
de la confiance de celui avec qui il avait traité ; c'est que
l'Etat s'était substitué au groupe familial ; on pouvait dès
lors édicter une sanction légale ; celle-ci dut nécessairement s'inspirer de la bonne foi ; car la civilisation était en

1. *L. c.*, n. 4.

progrès, les mœurs influèrent sur la législation : en effet, pendant longtemps les particuliers respectèrent spontané- ment la clause de fiducie ; lorsque la bonne foi quitta le domaine des mœurs parce que les liens de groupe fami- lial s'étaient relâchés, elle entra dans le domaine de la loi parce que l'Etat avait remplacé le groupe ; en réalité, l'ensemble du système social et juridique n'avait subi que des transformations assez légères : la sanction avait con- servé sa nature de bonne foi ; mais la collectivité s'était élargie ; aussi la sanction au lieu d'être infligée par le groupe des parents et des amis de l'offensé qui prenaient soin de la justice populaire, fut-elle prononcée par un juge chargé de faire respecter la loi ; seul l'individu par suite du relâchement des liens de la collectivité et de la surveillance avait gagné une liberté, dont il abusait quel- quefois. Ainsi naquit l'*actio fiduciæ*.

2. Dès lors l'idée de *Bona Fides*, issue de la fiducie, devait constituer un contraste dans l'ensemble du droit, dans lequel tous les rapports juridiques étaient satisfaits par des actes du droit strict, dans lequel des constrats qui par essence devaient être foncièrement bilatéraux se réalisaient au moyen de stipulations réciproques juxta- posées. Cette idée exerça sur le droit des obligations une influence importante et rapide. C'est qu'en effet elle était toute bienfaisante par les conséquences qu'elle engen- drait : le juge de l'*actio fiduciæ* saisi pas l'une des par- ties pouvait prendre en considération non seulement les droits de celle-ci, mais encore ceux de son adversaire, sans que pour cela celui-ci eût besoin d'intenter à son

tour une action, ou de paralyser la prétention de l'autre partie par une exception ; en outre, la faute du fiduciaire qui était obligé à restituer fut appréciée comme telle, bien qu'elle ne résidât que dans une abstention ; enfin tout dol qui empêchait à l'exécution de l'obligation de se produire avec son entière efficacité put être réprimé. Telles furent les heureuses conséquences qu'engendra la bonne foi.

De la fiducie, où elle avait trouvé sa source, cette idée devait donc pénétrer plus avant dans le droit. Elle se manifesta notamment dans la création de l'*emptio vendidio*. Des deux courants qui se trouvaient en présence et qui dérivaient de sources opposées, l'un du droit strict et l'autre de la bonne foi, le second finit par l'emporter sur le premier ; mais ce ne fut ni sans peine, ni d'une façon immédiate et absolue. En effet, comme le dit M. Rudorff (1), ce sont seulement les jurisconsultes du dernier temps de la République qui ont développé la théorie des actions et des obligations de bonne foi ; et l'on reconnaît des traces très visibles de l'idée du droit strict dans l'*emptio vendilio*, même après que ce contrat eut subi l'influence de l'idée de bonne foi qui se trouvait essentiellement contenue dans la fiducie. Bien que la vente, et en général tous les contrats de bonne foi soient nés spontanément comme tels en subissant cette influence, et en se séparant dès lors profondément des contrats de droit strict, il n'y a eu qu'une introduction successive de la bonne foi dans le droit, ou plutôt qu'une disparition

1. *L. c.*, n. 9.

successive dans les contrats de bonne foi des derniers
vestiges de l'idée du droit strict. Donnons quelques exemples, tirés de l'*emptio venditio*, de ce phénomène juridique qui est reconnu par presque tous les auteurs à
l'heure actuelle : l'*actio empti* en garantie fut postérieure
à l'*actio empti* en délivrance ; la garantie avant d'être
sanctionnée par l'*actio empti* trouva sa satisfaction pratique dans l'*actio ex stipulatu duplæ*; l'usage de la *stipulatio* se maintint sur ce point particulier, même après qu'il
eut disparu pour engendrer l'obligation principale née
de la vente, la délivrance ; lorsque la jurisprudence eut
étendu l'*actio empti* à l'obligation de garantie, l'acheteur
n'eut d'abord pour faire valoir son droit à la garantie le
choix entre cette *actio empti* et l'*actio ex stipulatu* que si
la *stipulatio duplæ* avait eu lieu effectivement; ce n'est
que plus tard, par un nouveau progrès de la jurisprudence qui considéra la *stipulatio duplæ* comme une clause
de style, que l'*actio empti* fut capable de faire obtenir
celle-ci dans le cas où en réalité elle avait été omise ;
la vente romaine, à la différence de notre vente fran-
çaise et de la *locatio conductio* n'a jamais admis la réso-
lution pour inexécution des obligations ; enfin l'*exceptio
mercis non traditæ* et l'*exceptio non adempleti contractus*
durent longtemps encore être insérées dans la formule
de l'action bien que l'*emptio venditio* fût un contrat de
bonne foi. Voilà autant de marques certaines de l'idée du
droit strict, qui prouvent que l'idée de bonne foi fut impuissante à triompher immédiatement et d'une façon complète.

Pourtant cette idée avait déposé dans le droit des germes féconds, qui allèrent toujours en se développant : issue de la *fiducia* qui n'était qu'un simple pacte adjoint à une *datio*, elle avait pu influencer assez heureusement des conventions qui, absolument indépendantes de toute autre opération juridique dans leur existence, formaient par leur nature des contrats, pour faire naître en vue de les sanctionner des actions de bonne foi à l'image de l'*actio fiduciæ* ; La théorie des fautes qui était apparue pour la première fois dans la fiducie parvint à une conception juridique très élevée ; dans notre pacte, la faute n'était appréciée que *in concreto*, et ce fait tenait précisément à cette nature de pacte que présentait la fiducie ; la *datio* qui rendait le fiduciaire propriétaire devait nécessairement exercer son influence sur certains effets de l'obligation engendrée par le *pactum fiduciæ* ; mais lorsque l'idée de bonne foi fut transplantée de ce pacte dans les contrats, rien n'empêcha plus d'envisager la faute même *in abstracto*, dans les cas où la justice commandait qu'il en fût ainsi ; enfin les derniers éléments du droit strict qui subsistaient dans les différents contrats de bonne foi finirent peu à peu par disparaître, sinon tous, du moins pour la plupart. Sans doute l'influence de la fiducie sur ces conceptions nouvelles fut alors nulle, mais c'est elle qui avait engendré l'idée dont elles dérivèrent. Tel est l'un des rôles considérables qu'a joué la fiducie sur l'ensemble du droit.

B. - Origine des contrats réels.

I. Notions préliminaires. — II. Influence de la fiducie sur l'origine des contrats réels nommés. — III. Influence de la fiducie sur l'origine des contrats réels innommés.

BIBLIOGRAPHIE

1. Desjardins. Revue historique de droit français et étranger, tome 13, pag. 137 et 138.
2. Ubbelohde. Zur Geschichte der benannten Realcontracte, § 24, p. 56 à 58, et § 28, p. 87 à 95.
3. Huschke. Jurisprudentiæ antejustinianæ quæ supersunt, — pag. 375.
4. Rudorff. Zeitsch. für Rechtsgeschichte, tome 11. Ueber die bætische Fiduciartafel, p. 63.
5. Geib. Zeitsch. der Sav. Stift., tome 8, Actio fiduciæ und Realvertrag, pag. 146 à 151.
6. Bechmann. Der Kauf, tome 1, § 34, pag. 292 et 294.
7. Gradenwitz. Interpolationen in den Pandekten ; — das Reurecht, § 18, pag. 146 à 169.
8. De Savigny. Traité de droit romain, trad. Guenoux ; — tome 5 ;
appendice 13, n° 12, pag. 498 à 501.
appendice 14, n° 5, pag. 523 et 524.
n° 8, pag. 529, texte et note d.
n° 19, page 558, note b., et page 559.
9. Accarias. Précis de droit romain, tome 2, pages 569, — 572, note 4, — et 574.
10. Lenel. Zeitsch. der Sav. Stift., tome 9. Litteratur, p. 181 et 182.

11. Dirksen. Manuale latinitatis, pag. 985.

12. Lenel. Zeitsch. der Sav. Stift., tome 3. Quellenforschungen in den Edictcommentaren, Zur actio fiduciæ, p. 177,
note 37.

13. Dernburg. Das Pfandrecht, tome 1, page 13, note 17.

14. Heck. Zeitsch. der Sav. Stift., tome 10, — die fiducia
cum amico contracta, ein Pfandgeschäft mit Salmann;
pag. 82 à 138.

I

NOTIONS PRÉLIMINAIRES.

Dans la fiducie réside l'origine des actions de bonne
foi. Elle a joué dans l'histoire du droit un autre rôle qui
n'est guère moins important : elle est l'origine des contrats réels, nommés et innommés. Cette question se présente sous un double aspect: tout d'abord la fiducie n'a-t-
elle pas précédé les contrats réels en réalisant la fonction économique qu'ils eurent plus tard pour objet de
réaliser eux-mêmes? Ensuite au point de vue juridique
n'est-ce pas la fiducie qui a suscité la création des contrats réels de bonne foi ? L'idée qui influe sur la solution
de cette dernière question, c'est que l'opération fiduciaire
envisagée dans son ensemble constitue une *datio ob rem* :
il y a là un élément réel qui alla en se développant.
Quant à la première question elle ne peut se résoudre
que par des observations de fait et des comparaisons.
Elle ne se pose même pas à l'égard des contrats réels
innommés ; il est certain que la *datio cum fiducia* n'a

jamais eu pour objet de remplir les mêmes fonctions économiques que la *permutatio*, que l'*œstimatum*, et les autres *nova negotia*, comme les appellent les textes ; nous n'aurons donc à envisager que la seconde question en ce qui les touche. C'est seulement à propos des contrats réels nommés que nos deux questions se posent à la fois.

II

INFLUENCE DE LA FIDUCIE SUR L'ORIGINE DES CONTRATS RÉELS NOMMÉS.

1. La *mancipatio* ou l'*in jure cessio cum fiducia* a-t-elle précédé le *pignus*, le *depositum* et le *commodatum* dans le rôle économique qu'ils réalisaient ? L'affirmative n'est pas douteuse en ce qui touche les deux premiers de ces contrats. Pour le *pignus*, cette opinion résulte d'une façon très certaine de plusieurs textes. Tout d'abord Isidore de Séville, Orig. V, c. 25, § 21 à 24 nous donne une définition comparative du *pignus*, de la *fiducia* et de l'*hypotheca*, trois institutions dont l'objet était d'assurer à un créancier une sûreté réelle ; voici comment s'exprime cet historien juriste qui écrivait au vii⁰ siècle ap. J.-C. :

§ 21. — *Item inter pignus et fiduciam, et hypothecam hoc interest.*

§ 22. — *Pignus est quod propter rem creditam obligatur, cujus rei possessionem solam ad tempus consequitur creditor, dominium pœnes debitorem est.*

§ 23. — *Fiducia est cum res aliqua, sumendœ mutuœ pecu-
niœ gratia, vel mancipatur, vel in jure ceditur.*

§ 24. — *Hypotheca est cum res commendatur, sine deposi-
tione pignoris, pacto vel cautione sola interveniente.*

C'est peut-être ce texte qui a permis à Cujas (Livre 1,
titre 29, *De feudis* ; tome 2, page 1225) de constater dans
la loi 9, § 2, Dig. 13, 7, *De pign. act.* un retranchement
opéré par les commissaires de Justinien ; ce fragment s'exprime ainsi : « *Proprie pignus dicimus, quod ad creditorem
transit, hypothecam cum non transit nec possessio ad creditorem* ; » ainsi remanié par Tribonien, ce texte est à peu
près inintelligible ; il doit être restitué de la façon suivante qui s'inspire des paroles d'Isidore de Séville,
lequel n'a peut-être fait que reproduire Ulpien, de qui
émane cette loi 9, § 2, Dig. 13, 7 : « *proprie pignus dicimus, quod ad creditorem transit possessio; fiduciam, cum
ad creditorem transit dominium ; hypothecam, cum non
transit nec possessio nec dominium ad creditorem.* » Ainsi
avant la naissance du *pignus* et de l'*hypotheca*, c'était la
fiducia qui servait d'instrument de crédit réel : c'est la
première sûreté réelle. Ce fait nous est encore attesté par
Gaïus (II, § 60) qui nous dit « *... fiducia contrahitur... cum
creditore pignoris jure* » ; et enfin par tous les textes insérés au Digeste et à propos desquels M. Lenel dans ses
différents travaux a démontré l'interpolation et la référence à la *fiducia cum creditore*; ces textes émanent des
livres 30 d'Ulpien *ad Edictum*, 31 de Paul *ad Edictum* ;
13 de Julien *Digesta* ; 10 de Gaïus *ad Edictum provinciale* ; 5 de Paul *ad Plautium*, dans lesquels ces juriscon-

sultes traitaient de l'*actio fiduciæ* à côté de l'*actio depositi*
et des livres 7 de Celsus *Digesta*, 6 de Scævola *Digesta*,
35 de Pomponius *ad Sabinum*, 6 de Marcellus *Digesta*, et
du livre des Réponses de Marcellus, livres dans lesquels
ces jurisconsultes traitaient uniquement de la *fiducia* en
la plaçant sous un titre ayant cette rubrique ; on peut de
la sorte se faire une idée de la richesse des documents
qui concernent la fiducie ; on peut ajouter à cette liste le
titre 13 du livre II des Sentences de Paul, qui est relatif
à la *fiducia cum creditore.*

Que la *fiducia* ait précédé le *depositum* pour satisfaire
aux mêmes besoins pratiques auxquels il répondit quand
il fut imaginé, le fait n'est pas moins certain. C'est ce
que nous disent Boëce (*In Ciceronis Topica*, c. 10, § 41),
et Gaïus (II, § 60) « ... *fiducia contrahitur... cum amico,
quo tutius nostræ res apud eum sint* » ; certains textes
du Digeste extraits des livres que nous venons de citer
sont dans le même sens, mais ils sont assez rares ; mais
la place que l'*actio depositi* occupait dans l'édit à côté de
l'*actio fiduciæ*, l'ordre suivi par les commentateurs de
l'Édit et par Paul dans ses Sentences, les nombreuses
ressemblances que nous avons signalées entre la formation historique et les effets juridiques de nos deux institutions et de leur sanction respective, tout nous prouve
que la *fiducia*, en même temps qu'elle a précédé le *pignus*
à titre de sûreté réelle, a précédé aussi le *depositum* à
titre de service rendu à un ami.

C'est à propos du *commodatum* que le doute a été

élevé ; M. Desjardins (1) pense même qu'en cette matière la *mancipatio* ou l'*in jure cessio fiduciaria* a toujours été inapplicable : c'est qu'en effet, les documents nous font à peu près défaut ici ; toutefois Paul (II, 4) donne pour rubrique à l'un des titres de ses Sentences « *De commodato et deposito pignore fiduciae* » ; ce seul intitulé nous montre clairement le rapport étroit qui existait entre nos trois contrats réels et la fiducie ; et ce fait nous semble à lui seul suffisant pour nous faire pencher vers une opinion contraire à celle de M. Desjardins ; la *datio cum fiducia* a dû suppléer au *commodat* avant qu'il fût connu ; autrement on ne conçoit pas quel autre procédé juridique aurait pu être employé pour satisfaire aux désirs de la pratique ; ceux-ci auraient donc été laissés en souffrance jusqu'à l'époque où s'introduisit le *commodat* comme contrat réel de bonne foi : c'est ce qui nous paraît inadmissible.

Qu'il nous suffise de signaler la doctrine si bizarre de M. Heck (2), sur la discussion de laquelle nous aurons à revenir dans l'étude de la *fiducia cum amico*, et d'après laquelle cette dernière n'aurait jamais pu avoir aucune des applications que nous venons de lui reconnaître, et n'aurait été qu'une variété de la *fiducia cum creditore*.

2. La fiducie a-t-elle engendré au point de vue juridique les contrats réels nommés. Des différences capitales ont subsisté jusqu'à la fin entre ces contrats et la fiducie ; la *datio cum fiducia* transfère la propriété, tandis

1. *L. c.*, n. 1.
2. *L. c.*, n. 14.

que le *pignus*, le *depositum* et le *commodatum* ne donnent
que la possession ou la détention ; en outre, la fiducie est
un pacte accessoire à une *datio* qui la précède nécessairement ; au contraire, le *pignus*, le *depositum* et le *commodatum* sont des contrats qui tirent leur force obligatoire
d'une *traditio* qui est opérée en exécution d'une convention préexistante ; c'est en quelque sorte l'opération ren-
versée dans ses deux éléments, l'élément consensuel et
l'élément réel. Néanmoins comme celui-ci existait certainement dans l'opération fiduciaire qui était une *datio ob
rem* sanctionnée par la *condictio ob rem dati* (Loi 4, § 1,
Dig. 12, 1. *De reb. cred.*), il exerça son influence ; d'autre
part le caractère de bonne foi qui était contenu dans l'élément consensuel, le *pactum fiduciæ*, joua aussi son rôle.
Comment s'accomplit ce phénomène ? Peu à peu le créancier au lieu d'exiger la propriété d'un bien de son débiteur à titre de sûreté se contenta de la possession ; le
débiteur trouvait lui-même dans cet arrangement son
avantage, mais la fiducie ne pouvait que transférer la
propriété, il fallait donc imaginer le *pignus* ; en outre, il
est possible que les exemples de cas où l'ami qui avait
reçu un bien en fiducie trompait la confiance du déposant
se soient beaucoup multipliés, sans doute le *fiduciæ dans*
trouvait alors un recours dans l'*actio fiduciæ*, mais celle-
ci n'était qu'une action personnelle, outre qu'elle risquait
d'être totalement inefficace, elle ne pouvait jamais en tout
cas agir que par équivalent ; or, le *fiduciæ dans* attachait
peut-être à la *res fiduciaria* qu'avait aliénée le fiduciaire
un grand prix d'affection qu'il n'était guère facile de

représenter par une somme d'argent, il désira donc pour éviter ces fâcheuses conséquences rester propriétaire du bien confié, mais ici encore il fallait trouver un acte juridique nouveau, le *depositum;* car la fiducie était incapable de ne transférer que la possession. Par quel procédé allait-on satisfaire les exigences pratiques? Au lieu de manciper le bien ou de le céder *in jure,* il suffisait d'en opérer la tradition ; celle-ci, nous l'avons vu, ne pouvait pas intervenir *cum fiducia,* elle ne transférait que la possession, lorsque telle était la volonté des parties ; dès lors l'idée du contrat réel de bonne foi était née : on ne commença plus comme autrefois, à transférer la propriété de son bien, sauf à conclure accessoirement un pacte engendrant pour l'acquéreur l'obligation de restitution ; au contraire on commença par conclure la convention de *pignus,* de *depositum* ou de *commodatum,* sauf à l'exécuter par une *traditio* qui ne transférait que la possession et qui engendrait l'obligation de restitution ; ainsi l'opération était retournée ; l'élément réel avait pris la place de l'élément concensuel, jadis l'obligation de restitution dérivait de l'élément consensuel contenu dans le *pactum fiduciæ* qui était la détermination du but juridique de la *datio* préexistante ; maintenant cette obligation découle de l'élément réel contenu dans la tradition qui est opérée en vertu de la convention préexistante. Telle est, au fond, nous semble-t-il, la théorie de M. Bechmann (1), que nous n'avons fait que développer; c'est cette théorie que nous adoptons sans aller plus loin, et sans exagérer davantage l'idée de

1. *L. c.,* n. 6.

l'élément réel impliqué dans la fiducie, comme l'ont fait MM. Geib et Ubbelohde (1).

Pour M. Geib, la fiducie aurait été un véritable contrat réel ; et en effet, il la désigne par l'expression *contractus fiduciæ* ; d'après lui la fiducie aurait pu être adjointe à la *traditio*. C'est dès lors celle-ci qui aurait engendré la force obligatoire du contrat ; cette opinion n'est que la conséquence d'erreurs que nous avons déjà signalées ; elle se réfute donc d'elle-même. Quant à M. Ubbelohde, à la vérité, il nous paraît ou s'être contredit sans avoir assez pesé la portée des idées qu'il émet, ou avoir abouti à la théorie suivante, qui résulterait de la combinaison de deux passages de son ouvrage (2) ; cette théorie peut se résumer dans deux propositions distinctes, et presque opposées l'une à l'autre : d'une part, il serait bien exact que l'expression *fiducia* a continué à désigner seulement la *datio cum fiducia*, en se séparant dès lors des contrats réels de bonne foi, puisqu'à la différence de ceux-ci elle transférait la propriété ; mais d'autre part, la *fiducia* aurait en même temps servi dans une autre acception à désigner le *pignus*, le *depositum et* le *commodatum* ; elle se serait ainsi confondue avec ces contrats, et en effet, M. Ubbelohde, lui aussi, parle d'un *contractus fiduciæ*. Cet auteur s'appuie sur certains textes : il invoque principalement la rubrique du titre 4 du livre II des Sentences de Paul, à laquelle il fait subir la

1. *L. c.*, n. 5 et 2.
2. *L. c.*, n. 2, §§ 24 et 28.

correction proposée par M. Huschke (1) et qu'il recons-
titue de la manière suivante : « *De commodato, et deposito, item de pignore,* — *fiduciave,* ce *fiduciave* qui vient
à la suite de l'énumération de nos trois contrats réels de
bonne foi indiquerait que la fiducie sert à elle seule à les
désigner ; ce mot *ve* serait pris dans le sens de *id est,*
mais Dirksen (2) qui signale les significations variées du
mot *ve* signale entre autres le sens *æque ac,* ce qui est syno-
nyme de *et* ; c'est précisement ce dernier mot qui figurait à la place du mot *ve* dans la *lex romana Burgondo-
rum,* ainsi que le remarque l'un des éditeurs des Sentences de Paul, M. Krueger. M. Ubbelohde a donc exagéré
la portée de cette rubrique : elle montre seulement que
la fiducie a pu suppléer aux contrats réels de bonne foi
à une époque où ils n'existaient pas encore, mais elle ne
prouve pas qu'elle se soit jamais confondue avec eux au
point de vue juridique. C'est ce que remarque M. Rudorff (3), qui combat la correction proposée ; c'est aussi la
théorie que M. Ubbelohde lui-même semble avoir adoptée
en un autre endroit (§ 28), mais ici il nous paraît s'être
contredit.

Il invoque d'ailleurs d'autres textes à l'appui de son opinion, et dans le même sens à son avis que la rubrique
dont nous venons de parler. C'est d'abord Gaïus (II § 60)
qui dit : « *fiducia... contrahitur pignoris jure* » ; voilà en-

1. *L. c.,* n. 3.
2. *L. c.,* n. 11.
3. *L. c.,* n. 4.

core une exagération analogue à la précédente : Gaïus ne
veut pas dire que la *fiducia* a été un véritable *pignus ;*
mais seulement qu'elle l'a précédé au point de vue économique à titre de sûreté réelle ; n'est-ce pas du même
point de vue que s'inspirent les nombreux textes qui désignent l'hypothèque par l'expression *pignus*, sans cependant confondre ces deux institutions au point de vue
juridique ? Enfin M. Ubbelohde se prévaut d'un passage
de Cicéron (*Pro Flacco*, c. 21, § 51) qui en réalité d'après
lui s'appliquerait à un *pignus*, mais qui nous l'avons vu,
ne se rapporte même pas à la *fiducia* des Romains.

Ainsi cette opinion ne peut trouver aucun appui dans les
textes ; elle est aussi contraire aux principes, car elle aboutit aux conséquences suivantes : la fiducie serait devenue
un vrai contrat réel, au lieu d'être une convention adjointe
à une *datio* solennelle, elle serait une convention entièrement indépendante qui puiserait sa force obligatoire dans
la tradition opérée en exécution de l'obligation contractée.
De pareilles conclusions suffisent à condamner une telle
doctrine.

III

INFLUENCE DE LA FIDUCIE SUR L'ORIGINE DES CONTRATS RÉELS INNOMMÉS.

1. C'est l'idée de *datio ob rem* qui a été l'idée première
des contrats réels innommés : c'est elle qui réside aussi
dans l'opération fiduciaire.

14

Celle-ci devait donc être sanctionnée par la *condictio ob rem dati ;* elle le fut. Comme le dit très bien M. Accarias (1), on appelle *datio ob rem* toute translation de propriété *ut aliquid sequatur,* c'est-à-dire en vue d'un but à atteindre... ; ce but n'étant pas atteint, la *condictio ob rem dati* peut toujours être exercée contre l'acquéreur. Et cependant M. Accarias reconnaît pour sanction de la *datio ob rem* engendrée par l'opération fiduciaire non la *condictio ob rem dati,* mais la *condictio sine causa ;* or, celle-ci nous semble avoir étéimaginée à une époque infiniment plus récente ; et l'on peut dire qu'elle a été pour les obligations formées sans convention à peu près ce qu'a été la *condictio ex lege* pour les obligations dérivant de la convention. Nous avons vu comment ce sont les rigueurs excessives qu'aurait entraînées l'application de la *condictio ob rem dati,* si elle avait pu être intentée, qui ont suscité la naissance simultanée de l'*actio fiduciæ directa* et de l'*actio fiduciæ contraria :* autrefois le *fiduciæ dans* aurait pu intenter la *condictio* même avant que le but recherché dans l'acte eût été atteint ; cette faculté eût été contraire à l'intention des parties dans la *fiducia cum creditore ;* mais elle était conforme à cette intention dans la *fiducia cum amico* parce que là l'appréciation du point de savoir si le but avait été atteint était abandonné à l'arbitraire du *fiduciæ dans ;* aussi, tandis que l'introduction de l'*actio fiduciæ,* sans faire disparaître la *condictio,* la modifia dans un

1. *L. c.,* n. 9.

sens conforme à l'intention des parties lorsqu'il s'agissait de *fiducia cum creditore*, de sorte qu'alors elle put sanctionner cette dernière, elle la laissa subsister au contraire à côté d'elle telle qu'elle était auparavant lorsqu'il s'agissait de *fiducia cum amico*. On rencontre dans les textes des traces très visibles de ces résultats.

Tout d'abord en ce qui touche la *fiducia cum creditore*, l'interpolation que M. de Savigny (1) a découverte, sans pourtant l'avoir démontrée suffisamment dans la loi 4, § 1, Dig., 12. 1. *De rebus creditis* : « *res fiduciæ data pecunia soluta condici potest* », prouve que le *fiduciæ dans* a à son choix, après avoir payé son créancier, l'*actio fiduciæ* et la *condictio* ; à notre avis la condition du payement préalable mise à la délivrance de la *condictio* n'existait pas à l'origine lorsque s'appliquaient les anciens principes ; c'est cette rigueur qui, mettant précisément obstacle au fonctionnement pratique de la *condictio ob rem dati*, a par là même suscité la naissance de l'*actio fiduciæ* ; mais celle-ci une fois créée a elle-même réagi sur les conditions dans lesquelles la *condictio* pouvait être intentée ; même avec cette transformation la *condictio* pouvait encore à l'époque classique présenter au *fiduciæ dans* de préférence à l'*actio fiduciæ* des avantages tenant à son caractère le droit strict et à sa procédure. Mais la référence de notre loi 4, § 1 Dig., 12, 1 à la fiducie doit-elle, en effet, être admise ? M. de Savigny (2) qui a proposé cette inter-

1. *L. c.*, n. 8.
2. *L. c.*, n. 8.

polation a fait peu de chose pour justifier son opinion, et même il n'a pas osé se montrer très affirmatif; il faut en dire autant de M. Dernburg (1) et de M. Voigt (2) qui se sont ralliés à cette proposition ; aussi M. Lenel dans sa *Palingenesia juris* s'est-il prononcé pour l'opinion contraire, et maintient-il l'application du texte au *pignus*.

Cependant nous pensons fermement que la loi 4, § 1, Dig., 12, 1, doit être restituée : *res fiduciæ data, pecunia soluta, condici potest.* Tout d'abord cette solution elle-même, si le texte nous la donnait d'une façon certaine, ne serait nullement de nature à nous étonner, parce qu'elle serait en conformité avec ce principe, que toutes les *dationes ob rem* sont sanctionnées par une *condictio*. En outre, ce qui prouve qu'en effet le texte parlait de la *fiducia* et non du *pignus*, c'est ce détail, en apparence insignifiant, mais en réalité tout à fait décisif, à savoir que notre loi 4, § 1, Dig., 12, 1, est extraite du livre 34 d'Ulpien *ad Sabinum ;* ce livre avait pour titre : *De jure dotium ;* c'est précisément ce qui surprend M. Lenel, qui dans sa *Palingenesia juris* avoue ne pouvoir s'expliquer pourquoi à propos des matières dotales Ulpien a parlé du *pignus ;* à coup sûr cette surprise de M. Lenel serait très légitime, et toute explication de ce rapprochement serait impossible s'il était vrai que dans la loi 4, § 1, Dig., 12, 1, Ulpien ait parlé du *pignus*. Tout au contraire, si, comme nous le pen-

1. *L. c.*, n. 13.
2. Cf. Table de concordance Lenel-Voigt ; Table B, n. 9, β.

sons, il traitait là de la fiducie, tout s'explique très facilement ; en effet, n'avons-nous pas vu déjà que les textes
nous présentent des comparaisons et des rapprochements
très fréquents entre la dot et la fiducie, de même qu'ils
nous présentent des comparaisons et des rapprochements
analogues entre la fiducie et le dépôt ? L'une comme l'autre, la dot et la fiducie, sont sanctionnées par des actions
de bonne foi très anciennes, qui ont jusqu'à la fin conservé leurs vieilles formules, basées l'une sur le *melius
æquius*, l'autre sur le *ut inter bonos bene agier oportet*
(Cicéron, *De officiis*, III, 15, § 61) ; dans les deux cas
la faute est appréciée *in concreto* (*Collatio legum Mosaïcarum et Romanarum*, tit. X, ch. 2, § 2 ; loi 18, pr.,
Dig., 13, 6, — et loi 5, § 2, Dig. 13, 6, *Commodati vel
contra*) ; enfin de même que la fiducie a précédé le
dépôt au point de vue économique, de même, nous le
verrons, elle a joué un rôle important dans la constitution et dans l'administration de la dot ; ainsi les
ressemblances et les points de contact entre les deux
institutions étaient loin de faire défaut, et ce sont en général les mêmes textes qui font tous ces rapprochements :
dès lors dans son livre 34 *ad Sabinum*, Ulpien n'a pas
fait autre chose ; suivant cette même méthode, il a com-
paré la fiducie et la dot au point de vue de leur double
sanction ; c'est qu'en effet l'une et l'autre étaient sanctionnées à la fois par une action de bonne foi et par une
condictio ; en ce qui touche la dot, M. de Savigny (1) lui-

1. *L. c.*, n. 8.

même cite un texte tout à fait précis, la loi 67, Dig., 23,
3. *De jure dotium,* « *aut dotis jure, aut per condictionem
repetere recte potest* » ; quant à la fiducie, nous pouvons
bien, il nous semble, invoquer maintenant notre loi 4,
§ 1, Dig., 12, 1, mais en outre, M. Lenel lui-même dans
sa *Palingenesia juris* (1) rapporte à la fiducie un texte
qu'il considère avec raison, à notre avis, comme interpolé, et qui nous paraît dire d'une façon très claire que
le *fiduciæ dans* a le choix entre l'*actio fiduciæ* et la *condictio,* c'est la loi 5, Dig., 27, 3, *De tutelæ et rationibus
distrahendis* qui émane d'Ulpien, 43, *ad Sabinum,* et qui
nous dit : « *plerisque placuit eam pecuniam vel fiduciæ
actione repeti vel condici posse..* ». Il y avait donc là, entre
la fiducie et la dot, une nouvelle ressemblance ; c'est ce
qui explique très simplement pourquoi Ulpien dans son
livre 34 *ad Sabinum, De jure dotium,* a parlé, non pas
du *pignus* comme le veut M. Lenel, mais de la fiducie.
Et maintenant que cette *condictio,* sanction de la fiducie,
soit la *condictio ob rem dati,* et non la *condictio generalis*
de la loi 9, Dig., 12, 1, comme on a voulu le soutenir, c'est
ce qui nous paraît certain : ce résultat est en effet en
harmonie avec le caractère de *datio ob rem* que présente
la fiducie, et par suite avec les principes généraux ; en
outre, lui seul à notre avis peut nous faire comprendre
pourquoi la création de l'*actio fiduciæ,* et en général l'immixtion de la *bona fides* dans le droit, apparurent comme
nécessaires à côté de la *condictio* et du *jus strictum.*

1. Cf. Table des textes interpolés de M. Lenel. Table A, n. 61.

2. Quant à la *fiducia cum amico*, qui admit aussi l'*actio
fiduciæ*, elle continua à être régie par les principes anciens en ce qui touche la *condictio* : celle-ci put encore
être intentée par le *fiduciæ dans* aussitôt qu'il le voulut
en vue de recouvrer le bien donné *cum fiducia*. Les textes du Digeste qui nous montrent la *condictio* sous cet
aspect sont assez nombreux, ils ne visent pas seulement
le cas de la *fiducia cum amico* ; et cette action, qui en
réalité n'est que la *con'lictio ob rem dati* du droit ancien
prend le nom de *condictio propter pœnitentiam* (Lois 3 et
5, Dig., 12, 4. *De cond. causa data*). Mais M. Gradenwitz,
reprenant une opinion d'Antoine Fabre, a démontré que
cette *condictio propter pœnitentiam* n'était qu'une pure invention des commissaires de Justinien (1). Voici notamment comment il prouve l'interpolation de la loi 3, § 3, et
de la loi 5, § 1, Dig., 12, 4, qui émanent toutes deux
d'Ulpien : dans la loi 3, § 3, le sentiment de ce jurisconsulte serait en opposition avec celui de Proculus et de
Julien (Loi 19, Princ., Dig., 12, 1. *De reb. credit.*), ce qui
doit déjà nous mettre en garde contre l'authenticité du
fragment; de plus la solution donnée par le texte est contraire aux principes du droit classique ; d'après cette solution la *condictio ex pœnitentia* pourrait procéder avant
l'expiration du délai de restitution, tandis qu'après l'expiration de ce délai, ce serait la *condictio ob rem dati* ; cela
est inadmissible ; écarter une *condictio* pour en donner
une autre est un résultat impossible en soi, car les *con-*

1. *L. c.*, n. 7.

dictiones sont des actions abstraites : faut-il donc croire à un changement de législation intervenu entre l'époque de Julien et l'époque d'Ulpien ? L'auteur discute encore cette tentative d'explication, et montre qu'elle est impuissante à rendre compte des textes du Digeste ; le texte législatif invoqué serait une constitution de Marc-Aurèle à Aufidius Victorinus d'après laquelle l'esclave vendu sous la condition d'être affranchi devenait libre *ipso jure* lorsque l'acheteur ne l'avait pas affranchi dans le délai convenu, à moins que le vendeur se repentît et déclarât ne plus consentir à l'affranchissement ; il y avait donc là une *pœnitentia* à son profit, mais cette *pœnitentia* est complétement différente dans ses effets de celle dont nous parle Ulpien dans les textes du Digeste ; elle constitue une limitation à une conséquence juridique défavorable à l'*accipiens*, l'acquisition de la liberté par l'esclave, tandis que l'autre, celle du Digeste, constitue une limitation à un principe favorable pour l'*accipiens*, la conservation de l'argent reçu ; l'une est *in favorem libertatis*, l'autre est *in necem libertatis* ; enfin M. Gradenwitz remarque toute la défectuosité que présentent la terminologie et le sens de ce § 3 de la loi 3, Dig., 12, 4 : « *Inhibenda erit repetitio, nisi pœniteat* » est synonime de « *Semper admittenda repetitio ;* » ainsi ce texte est interpolé. Quant à la loi 5, § 1, *huj. tit.*, bien que, dit M. Gradenwitz, d'après les circonstances qu'elle mentionne, un droit de repentir soit très concevable ici, elle est néanmoins interpolée ; et l'auteur pour le démontrer fait des remarques de terminologie ; c'est ainsi que la phrase « *super hoc cum certiorave-*

rit » n'est pas classique ; le mot *super* dans le sens de *de* apparaît à la vérité dans Cicéron ; mais chez lui, comme chez les jurisconsultes des Pandectes, le pronom régime de *super* est *is, ea, id,* et non pas *hic, hœc, hoc* ; celui qui donne la préférence à ce dernier, c'est Justinien ; c'est lui aussi et lui seul qui se sert du verbe *certiorare,* car Ulpien emploie les expressions *certiorem facere et notum facere* (Loi 29, Dig., 17, 1. *Mandati*). Voilà une idée sommaire de la façon dont M. Gradenwitz a démontré que la *condictio ex pœnitentia* n'était qu'une invention Tribonienne ; cette opinion a été admise sans réserve par M. Lenel (1).

Mais comment les compilateurs de Justinien ont-ils eu l'idée d'imaginer cette *condictio ex pœnitentia ?* C'est que dans la plupart des applications de la *fiducia cum amico,* et particulièrement dans la *mancipatio servi cum fiducia,* le *fiduciœ dans* a droit à une *pœnitentia* (Loi 27, § 1 ; loi 30. Dig., 17, 1. *Mandati*; *Frag. Vatic.,* § 334) ; c'est bien ce que reconnaissent et M. Gradenwitz (2) et M. Lenel (3). Mais ce dernier auteur, revenant sur une opinion qu'il avait émise auparavant (4) et d'après laquelle avec l'*actio fiduciœ* concourt la *condictio* pense aujourd'hui que pour un jurisconsulte classique, cette *pœni-*

---

1. *L. c.,* n. 10, cf. Table des textes interpolés de M. Lenel, Table A, n. 46 et 50, et Table de concordance Lenel-Gradenwitz, Table C, n 5 et 6.

2. *L. c.,* n. 7 page 169.

3. *L. c.,* n. 10.

4. *L. c.,* n. 12.

tentia ne pouvait s'exercer que par l'*actio fiduciæ* ; nous croyons au contraire que l'intéressé pouvait agir à son gré soit par cette *actio fiduciæ*, soit aussi par la *condictio ob rem dati* qui avait conservé pour le cas de *fiducia cum amico* son antique caractère. Cette opinion ne rend-elle pas encore mieux compte des interpolations découvertes par M. Gradenwitz? Les compilateurs de Justinien trouvant dans le droit classique une *pœnitentia* qui pouvait s'exercer au cas de *fiducia cum amico* n'auraient fait qu'étendre cette théorie à d'autres hypothèses plus générales en se contentant de dénommer *condictio ex pœnitentia* dans la loi 3, § 2 et 3 et dans la loi 5, Dig. 12, 4, une action que des textes du droit classique qui ne nous ont pas été conservés appelaient simplement *condictio*, en mentionnant qu'elle était engendrée par la *datio ob rem* impliquée dans l'opération fiduciaire : à la vérité la loi 5, § 1, Dig. 12, 4, nous parle non pas d'une *condictio propter pœnitentiam*, mais d'une *actio propter pœnitentiam* et MM. Gradenwitz et Lenel pensent qu'Ulpien a pu en réalité dans ce texte nous parler d'une *actio fiduciæ* ; mais l'étude de la *fiducia cum amico* nous apprendra que l'hypothèse visée dans ce passage ne pouvait même pas faire l'objet d'un *jus pœnitendi* ni par suite d'une *actio fiduciæ* à exercer ; force nous sera donc ou bien de reconnaître qu'une négation émanée d'Ulpien, a dû être supprimée, ou bien même, comme l'a fait M. Lenel lui-même dans sa *Palengenesia juris* à propos du § 2 de cette même loi 5, de reconnaître que tout le § 1 de cette loi est dû à Tribonien. D'ailleurs tous les autres textes, et

par exemple la loi 3, §§ 2 et 3, Dig., 12, 4, nous parlent
bien d'une *condictio* dérivant de la *pœnitentia* : est-il donc
possible de croire que Tribonien ait pu songer à inventer
une *condictio* plutôt qu'une *actio propter pœnitentiam*, s'il
n'avait pas eu devant les yeux l'exemple d'une *condictio
ob rem dati*, mais seulement celui d'une *actio fiduciæ* ? En
un mot à notre avis ce n'est pas uniquement l'idée d'un
jus pœnitendi, c'est encore l'idée d'une *condictio* servant à
le faire valoir en justice que les compilateurs ont empruntée au droit classique ; ils n'ont rien fait autre chose
que de combiner ces deux notions sous la forme d'une
condictio propter pœnitentiam, nom ignoré des classiques,
qu'ils ont indiquée comme sanction d'opérations juridiques différentes par leur nature, mais voisines par leur
objet de la *fiducia cum amico* qui avait disparu.

Ainsi la *fiducia cum amico*, aussi bien que la *fiducia
cum creditore*, admettait la *condictio ob rem dati* comme
sanction à côté de l'*actio fiduciæ* : telle est la conclusion,
en ce qui touche notre sujet, à tirer de la découverte
de M. Gradenwitz.

On aperçoit dès lors comment la fiducie a pu influer sur la naissance des contrats réels innommés : ceux-
ci dérivent de l'idée de la *datio ob rem*, et la fiducie a été
l'une des premières *dationes ob rem*. Cette influence alla
toujours se développant, et elle se laisse presque percer
à jour dans un texte émané d'Ulpien, livre 4 *ad Edictum*
(loi 7, § 2, Dig., 2, 14. *De pactis*) qui sanctionne par l'*actio
prœscriptis verbis* une espèce très voisine de la *mancipatio servi cum fiducia*.

SECONDE PARTIE

La fiducie envisagée dans ses applications

A. — APPLICATIONS DE LA FIDUCIE DANS LE DROIT DES PERSONNES.

———

CHAPITRE I

1. Fiducie employée en vue de modifier l'état des personnes.
2. Fiducie employée en vue d'acquérir la capacité.

I. Notions préliminaires. — II. Fiducie employée en vue de modifier l'état des personnes. — III. Fiducie employée en vue d'acquérir la capacité.

BIBLIOGRAPHIE

1. Geny. Etude sur la fiducie ; — thèse de Nancy, 1885 ; pag. 47 à 57.
2. Accarias. Précis de droit romain, tome 1, § 121 a., pag. 312 et 313, — et § 134, pag. 342 et 343 ; tome 2, § 888, pag. 1203, note 2.
3. Ihering. L'esprit du droit romain, trad. de Meulenaere, tome 4, § 67, pag. 258, texte et note 385 ; tome 4, § 68, pag. 275 à 279, et 284 à 292.
4. Lange. Ueber die transitio ad plebem, pag. 10 à 16.

I

NOTIONS PRÉLIMINAIRES.

1. L'étude des applications de la fiducie dans le droit des personnes, qui à la vérité devaient occuper une grande place dans la pratique journalière de Rome, est sans doute curieuse en ce qu'elle nous fait connaître tout un côté des mœurs et du caractère romains, mais elle n'est pas très importante au point de vue juridique : en effet, les textes relatifs à cette matière ne sont pas très nombreux ; et les difficultés d'interprétation sont rares. Nous avons établi que la sanction de la fiducie dans le droit des personnes résidait dans la *cognitio extra ordinem* ; dans l'étude que nous abordons maintenant, nous n'aurons à revenir sur ce point que pour le contrôler par des remarques particulières. Quelle est la nature de l'acte juridique employé, quels sont ses effets, quel est son but ? Telles sont les questions que nous aurons à examiner à propos de chacune des applications de la fiducie.

2. La dernière de ces questions, le but de l'opération, a une importance capitale ; c'est elle qui nous donne l'idée dominante de cette étude : le but de l'opération exerce une influence considérable sur les effets de l'acte juridique employé ; tantôt cet acte produira sans exception tous les effets qu'il est destiné à produire d'une façon normale ; tantôt au contraire, il se restreindra à l'un de

ces effets seulement, parce qu'ainsi l'auront voulu les parties ; comme l'a dit M. d'Ihering (1), « la logique du but primait celle des moyens. » Ce but est d'ailleurs très varié, mais il peut être rangé en deux grandes catégories principales : ou bien il a en vue de modifier l'état des personnes, et alors l'acte juridique produit tous ses effets réguliers ; lorsqu'il en est autrement, ce n'est que par exception ; ou bien il tend seulement à faire acquérir la capacité à une personne ou à la décharger de ses obligations, et c'est alors que l'acte employé produit exclusivement l'un de ses effets, celui qu'ont visé les parties.

II

FIDUCIE EMPLOYÉE EN VUE DE MODIFIER L'ÉTAT DES PERSONNES.

1. *Acquisition de la cité.* — Jusqu'à la constitution d'Antonin Caracalla, Rome se montra toujours peu large de la concession du *jus civitatis* aux *pérégrins*. Toutefois les Latins furent mieux traités que les autres peuples ; ils eurent entre autres privilèges, sinon toujours, du moins à une certaine époque, la faculté d'acquérir la cité Romaine en venant s'établir à Rome et en laissant dans leur patrie un ou plusieurs descendants (Tite-Live, 41, 8). Mais beaucoup de Latins ne se contentèrent pas de

1. *L. c.*, n. 3.

ce privilège ; non satisfaits d'en profiter eux-mêmes, ils voulurent en faire bénéficier aussi leurs enfants ; pour cela il fallait tourner la loi ; quel moyen pouvait donc être employé vers ce but ? Il n'y en avait qu'un : la fiducie. Le Latin avant d'aller s'établir à Rome avait soin de manciper les enfants qu'il laissait chez lui à un Romain, avec un pacte d'affranchissement fiduciaire qui ne devait recevoir son exécution qu'après l'acquisition du *jus civitatis* par le Latin lui-même. Grâce à ce *mancipium cum fiducia* le but voulu était atteint : les enfants du Latin qui avait acquis la cité étaient affranchis et devenaient eux aussi citoyens Romains ; dans cette hypothèse l'affranchissement produisait tous ses effets ordinaires. Cette application de la fiducie ne vient-elle pas nous confirmer dans l'idée que la fiducie dans le droit des personnes n'était jamais sanctionnée que par une *cognitio extra ordinem* ? Comment une sanction dérivant de l'*ordo judiciorum privatorum* aurait-elle pu fonctionner ici, alors que l'ensemble de l'opération était si manifestement contraire à la loi ? Seul le préteur était assez puissant et assez hardi pour se mettre quelquefois au-dessus d'elle, et pour faire respecter la convention.

2. *Emancipation.* — Au lieu d'intervenir dans une opération dont l'objet était l'acquisition de la cité, la fiducie pouvait figurer dans l'émancipation, une opération qui avait un double objet, d'abord faire sortir de sa famille une personne *alieni juris*, ensuite la rendre *sui juris*. Le premier de ces buts trouvait sa satisfaction dans la constitution par le *paterfamilias* d'un *mancipium* du *filius-*

familias au profit d'un tiers. D'après la loi des Douze Tables, il suffisait d'une seule mancipation, lorsqu'il s'agissait d'un enfant autre que le *filiusfamilias*, tandis qu'il
fallait trois mancipations successives lorsqu'il s'agissait
d'un *filiusfamilias* pour que la *patria potestas* pût s'éteindre (Gaïus, 1, § 132 ; Ulpien, X, § 1). Quant au second
but, il était réalisé par une *manumissio vindicta*, qui
avait pour effet de dissoudre le *mancipium* (Gaïus, 1,
§ 138). Mais comment le tiers allait-il être obligé de tenir
sa promesse d'affranchissement? La *mancipatio* du *filiusfamilias* avait lieu *cum fiducia*, c'est le pacte de fiducie
qui faisait au tiers une obligation d'affranchir. Quelquefois les choses se passaient en effet ainsi ; mais le plus
souvent il en était autrement ; c'était encore un *pactum
fiduciœ* qui était le procédé employé, mais il avait une portée différente : il était convenu entre les parties que le
tiers, une fois l'extinction de la *patria potestas* opérée,
au lieu d'affranchir le fils ou la fille de famille sur qui il
avait acquis le *mancipium*, le remanciperait à son ancien
paterfamilias, à son père par le sang ; c'était alors ce
dernier qui réalisait l'affranchissement et rendait ainsi
sui juris son ancien *filiusfamilias* sur lequel il avait encore
un *mancipium*.

Dans le premier cas le *pactum fiduciœ* apparaît avec
le caractère de pacte de dessaisissement, dans le second
cas il se montre sous la forme d'un pacte de restitution.
L'emploi de l'un ou l'autre procédé était loin d'être in-
différent : c'était toujours en effet le *pater emancipator*,
celui qui avait réalisé l'affranchissement définitif, qui ac-

quérait les *jura tutelæ ac successionis* ; on conçoit que le *paterfamilias* devait recourir de préférence au dernier procédé pour se réserver ces droits à son profit, plutôt que de les voir passer à un tiers par suite de l'emploi du premier mode d'émancipation. A la vérité le texte fondamental sur ce point, le § 132 du commentaire 1 de Gaïus n'est pas très explicite, il est en partie illisible ; mais on s'accorde en général à le restituer dans le sens que nous avons indiqué (Cf. Edition de Gaïus, 1884. MM. Krueger et Studemund) ; en outre, nous avons sur la tutelle et la succession fiduciaire des textes assez nombreux, sur lesquels nous reviendrons et qui ne peuvent s'expliquer que de cette façon (Gaïus, I, §§ 172, 175, 195 a ; Ulpien, X, § 5).

L'affranchissement une fois accompli produisait tous ses effets ordinaires, en rendant *sui juris* celui qui en avait été l'objet et notamment d'après le droit civil le *filiusfamilias* émancipé perdait tout droit sur la succession de son ancien *paterfamilias* ; la réforme sur ce point ne dérive que du droit prétorien. M. d'Ihering (1) semble s'étonner de ce fait qu'il croit avoir été contraire à l'intention des parties ; et il en est d'autant plus surpris lorsqu'il le compare avec le résultat de la *coemptio fiduciæ causa*, qui, elle, pouvait n'être employée qu'en vue d'un effet déterminé et unique ; comment expliquer cette différence ? D'après cet auteur la raison s'en trouve dans cette remarque que le *paterfamilias* trouvait dans le testament le moyen d'assurer dans une autre forme le droit d'hérédité

1. *L. c.*, n. 3.

ab intestat de l'enfant, que la *capitis deminutio* lui avait fait perdre ; le père aurait ainsi recouru à une sorte de palliatif en vue de corriger des résultats contraires à son intention lorsqu'il avait opéré l'émancipation. Ce motif nous paraît certainement vraisemblable pour l'époque où l'émancipation devint une institution de bienfaisance ; et c'est ce qui explique que le droit prétorien n'ait pas tardé à venir ici corriger le droit civil en s'inspirant des mœurs ; mais à coup sûr cette raison est inexacte pour l'époque ancienne : pendant longtemps l'émancipation romaine a revêtu le caractère d'une peine ; faire sortir une personne de sa famille, c'était la mettre à l'écart de la société ; l'individu détaché du groupe et abandonné à ses seules forces était réduit à l'impuissance, la privation des droits successoraux devait se produire comme les autres effets de l'émancipation, car elle était en réalité dans l'intention de celui qui opérait l'émancipation ; il n'y avait là qu'un moyen commode d'exhérédation Le résultat était donc ici encore en concordance avec le but : l'état de la personne était entièrement changé ; c'est précisément ce qu'avaient voulu les parties.

Mais pour que ce but ait pu être atteint, n'a-t-il pas fallu nécessairement la sanction de la *cognitio extra ordinem ?* Comment admettre que le *paterfamilias* qui voulait infliger une peine à son subordonné en le rendant *sui juris* ait pu se contenter d'une somme d'argent, résultat de l'*actio fiduciæ* intentée contre celui qui gardait le *mancipium* en se refusant à l'exécution du *pactum fiduciæ ?*

3. *Adoption.* — α. La fiducie jouait aussi un rôle dans l'adoption. Cette institution présente dans sa forme de grandes ressemblances avec l'émancipation ; comme elle, en effet, l'adoption a un double but : faire d'abord sortir l'enfant de la famille à laquelle il appartient, lui donner ensuite un rang dans une autre famille. Le premier de ces buts était donc le même dans les deux cas : aussi était-il réalisé par des moyens identiques ; le *paterfamilias* accomplissait trois mancipations s'il s'agissait d'un *filius-familias* et une seule s'il s'agissait d'une autre personne *alieni juris*, pour éteindre sa *patria potestas*. Quant au second but visé dans l'adoption, il différait un peu de celui qui se trouvait dans l'émancipation : au lieu de rendre une personne *sui juris*, on voulait la laisser avec sa qualité d'*alieni juris*, mais lui faire changer de famille ; aussi ce but n'était-il pas satisfait par un moyen complètement semblable à celui qui était employé dans l'émancipation. toutefois il l'était par un moyen sensiblement analogue ; et c'est dans cette partie de l'opération qu'intervenait encore le *pactum fiduciæ* ; cette seconde partie de l'opération pouvait ici aussi s'effectuer grâce à l'un de deux procédés voisins, mais différents. Comme tout à l'heure, le *pactum fiduciæ* se présente ici tantôt avec le caractère de pacte de dessaisissement, tantôt avec celui de pacte de restitution. C'est ce qui résulte du § 134 du Commentaire 1 de Gaïus, tel qu'il a été lu lors de la dernière révision du manuscrit de Vérone. Le plus souvent, nous dit Gaïus dans ce texte, le *paterfamilias* avait recours au procédé suivant : il mancipait son enfant soit à l'adoptant

lui-même, soit à un tiers quelconque ; s'il s'agissait d'un
filiusfamilias, l'acquéreur l'affranchissait, et la *patria potestas* subsistait, une seconde mancipation suivie d'un second
affranchissement intervenait avec le même résultat ; ces
affranchissements successifs étaient effectués en exécution
d'un *pactum fiduciæ* adjoint à la *mancipatio*. Ce pacte de
fiducie dans ce cas avait donc le caractère de pacte de
restitution ; la *patria potestas* n'était pas éteinte puisque la
troisième mancipation exigée par la loi des Douze Tables
n'avait pas été accomplie ; le *paterfamilias* l'opérait, et
l'acquéreur au lieu d'affranchir cette fois la personne sur
laquelle il avait le *mancipium* la remancipait à son ancien
paterfamilias en vertu d'un nouveau *pactum fiduciæ* de
restitution ; c'est alors que le père adoptif réclamait la
patria potestas apud prætorem ; là l'ancien *paterfamilias*
lui cédait l'enfant *in jure*. Mais d'autres fois, nous dit
toujours Gaïus, et c'est ce passage qui a été lu par
M. Studemund, la troisième mancipation qui éteignait la
patria potestas n'était suivie d'aucun affranchissement ni
d'aucune autre mancipation ; le tiers était donc investi du
mancipium ; ici c'est avec le caractère de pacte de dessaisissement au profit d'un tiers que se présente à nous le
pactum fiduciæ : c'est en effet au tiers lui-même que le
père adoptif devait s'adresser pour obtenir l'*in jure cessio*
de l'enfant, *in jure cessio* que le titulaire de *mancipium*
sur cet enfant était tenu d'accomplir en exécution d'un
pactum fiduciæ.

L'intervention d'un *pactum fiduciæ* dans l'adoption est
un point universellement admis, et pourtant Gaïus n'en

dit pas un mot dans son § 134 : mais il n'y a là rien qui doive nous surprendre ; le *pactum fiduciæ* pouvait être tacite, il était une clause secrète qui ne figurait même pas d'une façon apparente dans l'acte solennel auquel il était adjoint ; Gaïus, dans le § 132 du *Commentaire* 1, où il parle de l'émancipation ne fait pas allusion non plus au *pactum fiduciæ*, et pourtant il est certain que là il intervenait, les textes qui mentionnent la tutelle et la succession fiduciaire en font amplement foi ; dès lors le *pactum fiduciæ* devait figurer aussi dans l'adoption, puisque celle-ci comme l'émancipation a pour objet de faire sortir une personne de sa famille, et que ce sont les mêmes procédés, des mancipations et des affranchissements successifs, qui sont employés dans ce but.

L'adoption se produisait avec tous ses effets logiques qui dérivaient de la situation créée et voulue par les parties : la sortie de l'enfant de son ancienne famille, et son entrée dans une nouvelle ; notamment l'enfant acquérait de nouveaux droits successoraux, et perdait ceux qu'il avait auparavant ; cette situation féconde en injustices lorsqu'elle se combinait avec une émancipation de l'enfant postérieure à son adoption, suscita à titre de remèdes quelques réformes prétoriennes, mais elle ne fut tranchée définitivement dans un sens équitable que sous Justinien, lorsque l'idée du groupe familial se fut effacée devant l'idée de la parenté par le sang.

β. Cependant n'y avait-il pas certains cas dans lesquels l'adoption pouvait se produire seulement avec des effets limités dans leur durée et restreints dans leur nombre ?

Et d'abord le *paterfamilias* pouvait-il ne donner son subordonné en adoption que pour un temps déterminé, en se réservant par *pactum fiduciæ* adjoint à l'*in jure cessio* qui avait réalisé l'adoption une sorte de droit de retour à son profit de la *patria potestas* ? M. Geny (1) répond négativement : à la vérité, il y a un texte qui à première vue semble lui donner raison; c'est la loi 34, Dig., 1. 7 *De adoption.*, dans laquelle Paul, livre 11 *Quæstion.*, reproduisant une solution de Labeo, décide que dans ce cas il n'y aura lieu à la délivrance d'aucune action « *Labeo putat nullam esse actionem* »; mais nous pensons que le recours *extra ordinem* était possible; Paul et Labeo n'ont même pas voulu dire qu'ici l'*actio fiduciæ* était écartée, ce résultat ne pouvait pas être dans leur pensée, car l'*actio fiduciæ* est complètement inapplicable dans le droit des personnes, il était donc inutile de le constater ici ; ce que les jurisconsultes ont entendu faire dans cette loi 34, c'est écarter soit le *præjudicium,* soit l'interdit, deux actions relatives à l'état des personnes et dont nous parle la loi 1, § 2, Dig., 6. 1, *De rei vind.* à côté de la *cognitio extra ordinem*, qui, elle, ne constitue certainement pas une action au sens propre du mot. Cette simple remarque pourrait donc déjà nous suffire pour admettre cette *cognitio extra ordinem*, malgré les termes généraux du texte; mais il y a pour nous faire pencher dans le même sens, une autre remarque, peut-être plus décisive : c'est que les Romains chaque fois qu'ils en eu-

1. *L. c.*, n. 1, page 53.

rent le désir, surent se faire un jeu des modifications
que l'adoption apportait à l'état des personnes ; c'était
une paternité artificielle, dès lors malgré la règle « *Adoptio imitatur naturam* » il était naturel qu'elle pût être mo-
delée et accommodée dans ses effets à l'intention des parties. Et en effet le motif que donne la loi 34, Dig., 1, 7
pour décider qu'aucune action ne sera délivrée « *Nec
enim moribus nostris convenit filium temporalem habe-
re* », est un motif qui à coup sûr est inexact ; tout au contraire les mœurs romaines se prêtaient merveilleuse-
ment à l'idée d'une paternité purement temporaire, alors
qu'elle ne résultait que de l'adoption ; l'*adoptio regia* et la
transitio ad plebem n'en sont-ils pas des exemples tout à
fait frappants ? Que devenait alors la règle « *Adoptio
imitatur naturam* » ? Le patricien Clodius se faisant adro-
ger par le plébéien Fonteius afin de pouvoir devenir
tribun était plus âgé que son *adrogator*. Et la règle de
l'indivisibilité de l'état des personnes qui eût voulu que
l'adoption produisit toujours tous ses effets n'était-elle pas
aussi entièrement méconnue ? L'*adoptio regia* n'avait
qu'un but, faire acquérir le droit à l'Empire, et la *transitio ad plebem* n'intervenait que dans une seule vue,
faire acquérir le droit aux magistratures plébéïennes ; mais
ni dans l'un ni dans l'autre cas les relations de paternité
et de filiation n'étaient engendrées, et jamais notamment les droits successoraux ne dérivaient de ces adoptions que personne ne prenait au sérieux (Capitolin ; *Antonin le Pieux*; ch. 7).

Comment donc au point de vue juridique ces adoptions

étaient-elles accomplies? Quant à l'*adoptio regia* tout dé-
pendait du bon plaisir du prince ; elle était placée en
dehors du droit ; mais la *transitio ad plebem* se réalisait
au moyen d'une *adrogatio fiduciæ causa :* un *pactum fiduciæ* obligeait l'adoptant après l'adoption à émanciper l'a-
dopté et à lui restituer ses biens, c'est ce qu'a démontré
M. Lange (1) et son opinion a été admise par M. d'Ihering ; ces deux auteurs rapprochent l'*adrogatio fiduciæ
causa* de la *cœmptio fiduciæ causa* pour constater entre
elles une double ressemblance, ressemblance dans leurs
effets qui répondaient à la satisfaction d'un but déterminé
et unique, ressemblance dans leur fonctionnement juridique issu du *pactum fiduciæ*.

4. *Noxæ deditio cum fiducia*. — Jusqu'ici dans les diverses opérations fiduciaires que nous avons examinées, le
moyen employé en vue d'atteindre le but voulu est un
moyen fictif ; dans tous les cas le *mancipium*, qu'il intervienne en vue de l'acquisition de la cité, en vue de l'émancipation ou en vue de l'adoption, est un droit de puissance
non sérieuse. Au premier abord on pourrait même être
tenté de trouver là l'élément d'une autre différence fondamentale, à côté de celle qui résulte de la diversité de
sanction, entre les applications de la fiducie dans le
droit des personnes et ses applications dans le droit
des choses ; mais cette règle si elle était posée subirait
une double exception ; d'une part dans le droit des choses
la *mancipatio familiæ cum fiducia*, qui, nous le verrons, a

1. *L. c.*, n. 4.

joué plusieurs rôles importants dans le droit testamentaire,
n'est qu'un moyen fictif employé en vue d'un résultat voulu
par celui qui l'accomplit, et d'autre part dans le droit des
personnes la *noxæ deditio cum fiducia* engendre un *mancipium* sérieux. Toutefois cette dernière exception à la règle
n'est pas en réalité aussi grave qu'elle peut paraître tout
d'abord : en effet la *noxæ deditio cum fiducia* peut s'appliquer à un subordonné quelconque du *paterfamilias*, notamment à un esclave ; dans ce cas la constitution d'un
mancipium sérieux rentrerait dans la règle, puisqu'alors
la *noxæ deditio* appliquée à un esclave fait partie du domaine
de la fiducie dans le droit des choses ; et à ce titre elle
pourrait être considérée comme une variété de la *fiducia
cum creditore*. Du reste le seul texte qui vise formellement
la *noxæ deditio cum fiducia Collatio legum Mosaïcar* (*et
Romanarum,* tit. 2, ch. 3), suppose qu'elle s'applique à
une personne libre *alieni juris*. Nous avons déjà rencontré ce fragment ; c'est lui principalement qui nous a permis d'établir comme étant la seule sanction possible de la
fiducie dans le droit des personnes la *cognitio extra ordinem* ; c'est en effet la solution qu'il donne en termes clairs
et précis. On peut donc en conclure qu'au contraire lorsque la *noxæ deditio cum fiducia* a pour objet un esclave,
l'*actio fiduciæ* retrouve son entière application : ce qui
est logique, puisqu'alors nous sommes en présence d'une
application de la fiducie dans le droit des choses, l'esclave
n'ayant jamais été considéré comme une personne juridique capable de droits et passible d'obligations, « *servi pro
nullis habentur* » (Loi 32, Dig., 50. 17. *De reg. juris*). Tel-

les sont les conséquences légitimes que l'on peut tirer du texte. Mais les auteurs n'estiment pas que la fiducie dans le droit des personnes soit sanctionnée par le recours *extra ordinem*, et ils n'admettent même pas tous que la *noxæ deditio cum fiducia* appliquée à une personne libre *alieni juris* reçoive cette sanction dans tous les cas ; de ce nombre sont M. Accarias (1) et M. Geny (2), qui ne fait que reproduire son opinion. Comment donc dans cette doctrine explique-t-on le fragment de Papinien inséré dans la *collatio*?

D'après M. Accarias, les derniers mots « *fiduciæ judicio non tenetur* » signifieraient que le père ne peut pas exiger de celui à qui il a abandonné noxalement son enfant que celui-ci lui soit remancipé après avoir réparé par son travail le préjudice causé, afin de l'affranchir lui-même et de se procurer ainsi les *jura patronatus ;* suivant l'auteur une pareille convention serait nulle. Voilà une explication du texte qui est peut être ingénieuse pour l'interprète qui veut de parti pris repousser l'idée de la *cognitio extra ordinem* comme seule sanction possible de la fiducie dans le droit des personnes, mais qui à coup sûr ne résulte aucunement du texte et va même se heurter à des motifs de bon sens: tout d'abord pourquoi si la personne abandonnée noxalement a réparé entièrement le préjudice causé, celui qui a eu le *mancipium* ne se déclarait-il pas satisfait; et pourquoi le *paterfamilias* ne pour-

1. *L. c.*, n. 2.
2. *L. c.*, n. 1. page 47.

rait-il pas avoir les *jura patronalus* si le tiers en recevant le *filiusfamilias* en *noxæ deditio* a consenti librement à le remanciper? On veut, dit l'auteur, que l'enfant abandonné noxalement ne puisse à aucun titre retomber sous la puissance de son père. Eh bien ! si ce motif était vrai, le moyen employé, la *manumissio apud prætorem* dont nous parle Papinien, ne serait-il pas tout à fait insuffisant pour empêcher le *pater familias* de recouvrer la *patria potestas*, s'il s'agit d'un *filiusfamilias* qui n'a pas encore été mancipé trois fois (Gaius, IV, § 79), ? Peu importe alors que l'affranchissement qui fait retomber le *filiusfamilias* sous la *patria potestas* de son *paterfamilias* soit opéré en vertu d'une *cognitio extra ordinem* ou de l'*actio fiduciæ*.

Dès lors il n'y a aucune raison pour restreindre la validité du *pactum fiduciæ* adjoint à la *noxæ deditio* au cas où il présente le caractère de pacte de dessaisissement ; le *pactum fiduciæ* adjoint à la *noxæ deditio* est valable même s'il présente le caractère de pacte de restitution ; et maintenant si le fragment de Papinien nous dit : « *fiduciæ judieio non tenetur, sed manumittere cogendus a prœtere, qui noxæ deditum accepit* », c'est qu'il y a là un principe tout à fait général relatif à la sanction que doit nécessairement recevoir la fiducie lorsqu'elle intervient dans le droit des personnes. Il y a du reste un texte de Gaïus (I, § 140) qui nous semble tout à fait décisif pour condamner l'opinion que nous combattons : le jurisconsulte prévoit d'abord le cas où un *paterfamilias* a donné en *mancipium* un de ses *filiifamilias* en ajoutant à cette dation un *pactum fiduciæ* de dessaisissement, et Gaïus nous dit que

dans ce cas c'est celui qui est soumis au *mancipium* et
non pas son *paterfamilias* lui-même qui peut exiger sa *manumissio censu* « *quia etiam invito quoque eo cujus in mancipio sunt censu libertatem consequi possunt* » ; puis Gaïus
passe à l'hypothèse où il y a eu une dation fiduciaire du
filiusfamilias avec un pacte de restitution au *paterfamilias*, et le jurisconsulte ne nous dit pas du tout qu'ici
c'est l'*actio fiduciœ* qui sera intentée, tandis que tout à
l'heure la *cognitio extra ordinem* était seule possible, mais
il nous dit que le recours sera exercé non plus par le
filiusfamilias, mais par le *paterfamilias* ; enfin examinant
le cas de *noxœ deditio cum fiducia*, Gaïus donne la même
solution que pour le cas où le *pactum fiduciœ* apparaît
avec le caractère de pacte de restitution ; c'est donc que
dans la *noxœ deditio* le *pactum fiduciœ* pouvait intervenir
aussi avec ce caractère. Ainsi je trouve à notre avis con-
damnée l'explication que M. Accarias a voulu donner du
chap. 3, tit. 2 de la *Collatio*. La *fiduciaria noxœ deditio*
était donc sanctionnée par la *cognitio extra ordinem* quand
elle rentrait dans le domaine de la fiducie dans le droit
des personnes.

A une certaine époque, cette *noxœ deditio* rentra toujours dans le droit des choses, car l'abandon fiducière
des personnes libres en puissance fut prohibée par la
loi, et le créancier qui accepta l'une de ces personnes
en fiducie s'exposa à la peine de la déportation ; c'est
ce que nous apprend Paul dans ses Sentences (V ; 1, § 1) ;
dès lors la *noxœ deditio servi cum fiducia* fut seule possible. Il est évident du reste que nous n'entendons parler

ici que de la *noxœ deditio* fiduciaire, et non pas de la
noxœ deditio ordinaire : car celle-ci subsista, même à
l'égard des personnes libres, jusqu'à Justinien (Instituts,
IV, 8, § 7) ; on conçoit facilement que la coexistence de
ces deux sortes d'abandon noxal ait présenté une utilité
incontestable.

APPENDICE.

Des droits de tutelle et de succession fiduciaires.

Dans toutes les applications de la fiducie examinées
jusqu'ici, nous avons trouvé une personne en affranchissant une autre du *mancipium* auquel elle est soumise :
que le *mancipium* soit sérieux ou fictif, dans tous les cas
ce *manumissor* est assimilé à un patron ; il acquiert donc les
jura patronatus (Gaïus, I, §§ 166, 172, 194 et 195 ; Ulpien, XI,
§ 5 ; Institutes, I, 9, Princ. ; et III, 9, § 3). Ces *jura patronatus*
se décomposent en un droit de tutelle et en un droit d'hérédité *ab intestat*, deux institutions qui vont le plus souvent
ensemble.

La tutelle porte d'ailleurs un nom différent suivant
le procédé qui a été employé dans l'opération juridique
dans laquelle a figuré le *pactum fiduciæ :* est-ce le tiers
qui a affranchi la personne *alieni juris du mancipium*,
ce *manumissor extraneus* n'a qu'une tutelle fiduciaire
pour lui et pour ses enfants, tandis que lorsque c'est
l'ancien *paterfamilias* qui a opéré l'affranchissement, ce
pater emancipator a une tutelle légitime ; mais même
dans ce dernier cas ses enfants n'ont qu'une tutelle fidu-

ciaire (*Instilutes*, I, 18 et 19). Quelle est la raison de
cette différence de dénomination ? que la tutelle du *manumissor extraneus* ne soit que fiduciaire, tandis que celle
du *pater emancipator* est légitime, on le conçoit sans
peine à notre avis, et il est faux de dire, comme le fait
M. Accarias (1), que la logique eût dû conduire à reconnaître seulement aussi une tutelle fiduciaire au *pater
emancipator :* en effet, l'affranchissement opéré par le
manumissor extraneus n'est que l'exécution du *pactum
fiduciæ* ; on comprend donc que les conséquences de cet
affranchissement soient elles aussi fiduciaires ; au contraire, l'affranchissement accompli par le *pater emancipator* ne dérive que de son plein gré ; dans l'émancipation par exemple le *paterfamilias* après l'accomplissement de la troisième mancipation du *filiusfamilias* qui lui
a fait perdre la *patria potestas*, et après la restitution de
l'enfant accomplie par le tiers à son profit en exécution
du *pactum fiduciæ*, serait libre de conserver un *mancipium* par son ancien *filiusfamilias* ; s'il l'affranchit, c'est
qu'il le veut bien ; dès lors les conséquences de cette
manumissio ne sauraient être fiduciaires. Mais ce qui
constitue véritablement une anomalie, c'est que la tutelle des enfants du *pater emancipator* ne soit pas légitime comme celle de leur *paterfamilias* ; aussi bien est-
ce à ce point de vue que se placent les textes pour
expliquer cette différence. Justinien dans ses *Instilutes*
(I, 19) en donne pour raison que le *filiusfamilias*, s'il
n'avait pas été émancipé, serait devenu *sui juris* à la

1. *L. c.*, n. 2.

mort de son *paterfamilius*, et n'aurait été soumis à aucun droit de patronat, tandis que l'esclave, s'il n'est pas affranchi par son maître, appartient certainement après la mort de celui-ci à ses propres enfants. Gaïus (I, § 172) indique ce motif qu'en donnant une tutelle légitime au *pater emancipator*, on a voulu l'honorer autant que le patron lui-même ; c'est une explication qui n'explique absolument rien ; puisqu'elle se borne à résoudre la question par la question.

Quoi qu'il en soit, cette différence de dénomination donnée à la tutelle n'est pas une pure affaire de mots, elle engendre des conséquences pratiques assez importantes : Gaïus (I, § 172) nous dit que d'après une certaine doctrine, qui du reste paraît avoir été abandonnée à son époque « *quidem putaverunt* », le tuteur fiduciaire à la différence du tuteur légitime ne pouvait pas faire *cessio in jure* de la tutelle ; de même le père lorsqu'il est tuteur légitime peut être dispensé de fournir la *satisdatio rem pupilli salvam fore* (Loi 5, § 1, Dig., 26, 4. *De legit. tutoribus*).

Quant à la succession, le droit civil reconnaissait à celui qui a affranchi du *mancipium* la personne qui s'y trouvait soumise les mêmes droits qu'à un patron ; le préteur laissa subsister cette législation pour le cas où le *manumissor* était le *pater emancipator* lui-même, mais il la modifia lorsqu'il s'agit d'un *manumissor extraneus* en rendant ses droits à peu près illusoires, par la création de la *bonorum possessio unde decem personæ* (*Institutes*, III, 2, § 8 ; et III, 9, § 3). Enfin dans le droit de Justi-

nien il n'est plus question des droits de tutelle et de succession fiduciaire du *manumissor extrancus :* en effet, le
mancipium a disparu et l'affranchissement final est toujours réputé fait par le père qui émancipe son fils ; on
peut dire que dans le dernier état du droit l'émancipation implique toujours sous-entendu un *pactum fiduciæ* de
restitution, et repousse absolument l'idée d'un *pactum
fiduciæ* de dessaisissement : c'est ce que veulent exprimer
les *Institutes* en disant que l'émancipation est toujours
censée faite *contracta fiducia.* Mais tout cela n'est que
fiction, et ne repose que sur une subtilité byzantine :
en réalité, sous Justinien la fiducie a disparu avec toutes
ses conséquences. C'est donc à une mégarde de Tribonien
qu'il faut attribuer la mention de la *fiducia* dans un texte
du Digeste (Loi 2, § 15, Dig., 38. 17, *ad Senat. cons.* Tertull. et Orphit.) dans lequel Ulpien nous apprend que
dans la succession d'un fils ou d'une fille la mère, qui se
trouve primée par le père, prime à son tour l'aïeul et
le bisaïeul, alors même que ceux-ci joindraient à leur
qualité celle d'émancipateurs, « *quamvis fiduciam contraxerint* ».

III

FIDUCIE EMPLOYÉE EN VUE D'ACQUÉRIR LA CAPACITÉ : DE LA *coemptio fiduciæ causa.*

1. Dans cette application, comme dans les précédentes,
le but visé par les parties, dans le *pactum fiduciæ* influe

sur le résultat de l'opération dans laquelle il intervient ; c'est pourquoi ce résultat est différent ici de ce qu'il était tout à l'heure : tandis que dans les opérations juridiques, qui tendaient à modifier l'état des personnes, tous les effets normaux de l'acte juridique étaient produits ; ici en sens inverse l'effet seul produit par l'acte juridique employé sera celui qu'auront voulu les parties ; la *coemptio fiduciæ causa* n'intervient jamais qu'en vue d'un effet unique et déterminé.

Les textes nous signalent trois buts différents auxquels elle pouvait donner satisfaction ; l'un d'entre eux seulement peut être atteint sans que les autres soient produits. Ce sont Cicéron (*Pro Murena*, c. 12) et Gaïus (I, § 114 et 115) qui nous font connaître le rôle joué par la *coemptio fiduciæ causa* dans la société romaine : elle pouvait avoir lieu *sacrorum interimendorum gratia, tutelæ evitendæ gratia*, ou enfin *testamenti faciendi gratia*. Comme le remarque M. d'Ihering (1) à qui nous empruntons la plupart des développements qui vont suivre, « les buts mêmes que le monde féminin de Rome cherchait à atteindre par son intermédiaire : affranchissement des *sacra*, changement de la tutelle, droit de tester, marquent l'heure de la décadence des institutions religieuses, et annoncent la période de l'émancipation sociale de la femme ». L'acte juridique employé et dans lequel figurait le *pactum fiduciæ* se décompose en trois parties ; la *coemptio fiduciæ causa*, c'est-à-dire la conclusion d'une *coemptio* avec *manus* purement fictive, et con-

1. *L. c.*, n. 3.

tenant ou impliquant une clause de dessaisissement au profit d'un tiers, ou d'affranchissement au profit de la femme elle-même ; la *remancipatio fiduciæ causa*, c'est-à-dire la dation de la femme en *mancipium*, contenant ou impliquant une clause fiduciaire d'affranchissement ; enfin l'affranchissement.

Il est important de remarquer que c'est la femme elle-même qui conclut le *pactum fiduciæ* ; c'est elle qui avant d'avoir fait *coemptio* convient avec son *coemptionator* qu'il devra l'affranchir ; comment une fois qu'elle s'est soumise à la *manus*, la femme devenue incapable par suite de la *capitis deminutio* qu'elle a subie, pourrait-elle agir par la voie de l'*actio fiduciæ* pour réclamer l'exécution du *pactum fiduciæ*? La *capitis deminutio* l'atteignant (Gaius, I, § 162), la femme ne doit plus avoir qu'un seul recours possible : la *cognitio extra ordinem*. M. Geny (1) pense à la vérité que l'*actio fiduciæ* pouvait, de même que l'*actio rei uxoriæ* (Lois 8 et 9, Dig., 4, 5. *De capite minutis*), survivre à la *capitis minutio* ; mais les textes ne disent rien de semblable, et l'auteur ne nous semble avoir rien fait pour tenter de justifier l'analogie qu'il prétend établir entre l'*actio fiduciæ* et l'*actio rei uxoriæ* sur ce point particulier ; d'ailleurs M. Geny, suivant en cela l'exemple de plusieurs autres auteurs, finit par admettre la sanction de la *cognitio extra ordinem* comme seule possible pour cette application spéciale de la fiducie, la *coemptio fiduciæ causa*, ce qui n'est guère logique dans son système. Ces remarques ne nous sollicitent-elles pas une fois de plus à

1. *L. c.*, n. 1, p. 56 et 57.

reconnaître que la fiducie dans le droit des personnes ne trouvait pas sa sanction dans le *jus privatorum judiciorum* ?

Telles sont les idées dominantes sur la *coemptio fiduciæ causa* ; un dernier trait suffira à la caractériser : les différents buts auxquels elle vise ont tous pour objet d'éluder la loi dans les institutions gênantes qu'elle édicte ; les précédentes opérations dans laquelle figurait la fiducie au contraire n'avaient en général pour objet que de suppléer à la loi pour satisfaire à des besoins qu'elle n'avait pas prévus. Envisageons maintenant de plus près la *coemptio fiduciæ causa* dans son rôle et dans son fonctionnement pratique.

2. *De la coemptio fiduciæ causa sacrorum interimendorum gratia.* — Le texte relatif à ce sujet est le *Pro Murena*, de Cicéron, ch. 12. La *coemptio matrimonii causa*, constitutive d'une *manus* sérieuse, avait pour effet d'affranchir la femme de l'obligation aux *sacra* : car elle les transférait à son mari, et c'est lui qui en restait chargé si plus tard la femme venait à sortir de sa puissance par suite d'une *capitis deminutio*. Lorsque le sentiment religieux commença à s'effacer et que le culte des *sacra* fut devenu un fardeau, les femmes mirent à profit la *coemptio* pour se débarrasser d'un culte aussi gênant, en l'accomplissant d'une façon purement fictive : la femme en vue de ce résultat se choisissait un *senex coemptionalis* ; c'était un vieillard qui jouait le rôle de *coemptionator* et qui recevait de la femme de quoi subvenir à l'entretien des *sacra* jusqu'à sa mort prochaine ; quelquefois la femme

achetait à vil prix un vieil esclave, lui donnait la liberté,
faisait *coemptio* avec lui et se déchargeait ainsi du culte
des *sacra*, sans cependant avoir à subir les conséquences
du mariage ; car la *coemptio* était accompagnée expressément ou tacitement d'un *pactum fiduciæ* en vertu duquel
le *coemptionator* après avoir fait *coemptio* devait affranchir la femme de sa *manus*, ou devait la remanciper à la
personne que la femme lui avait désignée d'avance. C'est
ce qui résulte du § 137, du *Commentaire* 1 de Gaïus, tel
qu'il a été restitué par M. Studemund, ainsi que du § 118
du même ouvrage. Cette *manus* ne produisait donc
qu'un seul effet : l'extinction de l'obligation de la femme
aux *sacra* ; son effet habituel, qui était de faire considérer la
femme comme une *filiafamilias* de son *coemptionator* et de
lui faire acquérir le droit de succession était écarté (Gaïus,
I, § 115, 6). Quelques incertitudes pouvaient encore pla-
ner sur tous ces points avant la dernière révision du manuscrit de Vérone ; celle-ci a donné raison à la doctrine
qui était déjà adoptée par beaucoup d'auteurs notamment
par MM. Accarias et d'Ihering (1), et que nous n'avons
fait que reproduire.

3. *De la coemptio fiduciæ causa, tutelæ evitandæ gratia.*—
Le texte capital émane de Gaïus (I, §§ 114 et 115). Le droit
civil établissait une tutelle perpétuelle de la femme pubère
sui juris au profit de ses agnats ; ceux-ci exerçaient un
contrôle sérieux sur la gestion du patrimoine de la femme, car cette dernière ne pouvait accomplir aucun acte

1. *L. c.*, n. 2, et 3.

important sans leur *auctoritas*. Lorsque l'individualisme commença à se substituer à la vie collective, la femme désira éluder la nécessité de l'*auctoritas* d'un agnat gênant en le remplaçant par un autre tuteur qu'elle pût choisir à son gré et jouissant de toute sa confiance de façon à rendre illusoire et vaine la nécessité de l'*auctoritas*. Mais comment allait-elle pouvoir atteindre ce résultat? Si l'agnat y consentait, il pouvait faire l'*in jure cessio* de la tutelle à celui que la femme lui désignait ; mais bien peu d'agnats durent consentir de leur plein gré à abdiquer ainsi leurs droits ; la femme n'avait-elle donc aucun moyen en vue de parvenir à son but? Elle usa de la *coemptio fiduciæ causa :* cependant elle ne pouvait pas non plus faire *coemptio* sans l'*auctoritas tutoris* (Ulpien, II, § 22); mais, comme le dit M. d'Ihering (1), « la *coemptio fiduciæ causa* doit avoir fait partie des cas où, d'après Gaïus (I, § 190), le tuteur d'une femme « *sæpe etiam invitus auctor fieri a prætore cogitur* ». L'agnat était donc forcé de consentir à la *coemptio fiduciæ causa :* la femme fait *coemptio* avec un tiers en convenant fiduciairement qu'il la remancipera à celui ; qu'elle lui désignera elle est remancipée à cette personne avec la clause fiduciaire d'affranchissement, la femme est affranchie et dès ce moment elle commence à avoir pour tuteur celui qui a procédé à la *manumissio :* de cette façon la loi qui établit la tutelle perpétuelle des agnats est éludée très simplement. Désormais cette tutelle devenait une dérision; elle fut abolie par l'empereur Claude (Gaïus, I, § 171).

1. *L. c.*, n. 3.

4. *De la coemptio fiduciæ causa testamenti faciendi gratia.* — C'est encore Gaïus (I, § 115 a) qui nous renseigne à ce propos. Le droit civil ancien refusait à la femme la capacité de tester : en effet, le testament primitif est analogue à l'adoption, il a en vue la continuation des *sacra* et du nom ; or, comme la femme est la fin de sa famille, elle n'a pas à tester ; en outre, elle n'aurait pas pu pénétrer dans les *comices* pour faire le testament *calatis comitus ;* enfin de même que la femme soumise à la tutelle de ses agnats eût fait tort à ce droit de tutelle en pouvant changer de tuteur, de même en pouvant tester elle aurait nui aux droits de succession *ab intestat* de ses agnats. Quand le testament, dépouillant son caractère politique, devint un acte de pure bienfaisance, et quand le droit de la famille agnatique eut fait place au droit de l'individu, les principes devaient nécessairement changer. Ils furent d'abord écartés en ce qui touche la femme affranchie à qui son patron qui est son tuteur a accordé la liberté de tester (Tite-Live, liv. 9, ch. 9 ; Gaïus, I, § 192, et II, § 122). Quant à la femme ingénue elle restait en droit incapable de tester ; mais elle sut bientôt mettre à profit la faculté que le droit lui-même reconnaissait à la femme affranchie, en se plaçant fictivement dans la même situation que cette dernière : dans ce but, elle usa de la *coemptio fiduciæ causa.* Forçant comme tout à l'heure son tuteur à donner son *auctoritas* à la *coemptio,* la femme se soumet à la *manus* d'un tiers, le mari fictif s'engageant par *pactum fiduciæ* à manciper immédiatement la femme à une autre personne, cette *mancipatio* est en effet accom-

plie, le nouvel *accipiens* affranchit la femme du *manci-pium* qu'il a sur elle, et la femme ingénue se trouve ainsi transformée en affranchie ; désormais elle pourra tester avec le consentement de son patron. Dès lors ce jeu de la *coemptio fiduciæ causa* n'était qu'une comédie puérile : aussi un sénatusconsulte voté sous Adrien vint-il la sup-primer en décidant que la femme était capable de tester avec l'*auctoritas tutoris* sans avoir besoin de recourir à la *coemptio fiduciæ causa* ; dès ce moment les femmes attei-gnant l'âge de la puberté à douze ans purent tester plus tôt que les hommes ; c'est ce que nous dit Gaïus (II, § 112) dans un texte qui n'a été lu définitivement que par M. Studemund.

B. — APPLICATIONS DE LA FIDUCIE DANS LE DROIT DES CHOSES

CHAPITRE II

FIDUCIA CUM CRÉDITORE.

BIBLIOGRAPHIE

1. Dernburg. Das Pfandrecht, tome 1, pag. 7 à 26.
2. Geny. Etude sur la fiducie, — thèse de Nancy, 1885 ; — pag. 68, 90, 94, 95, 101.
3. Accarias. Précis de droit romain, tome 1, pag. 695, note 3.
4. Lenel. Zeitsch. der Sav. Stift., tome 3. Quellenforschungen in den Edictcommentaren ; Zur actio fiduciæ, p. 104 et suiv.

5. Voigt. Die XII Tafeln, tome 2, die lex fiduciæ, § 86, p. 166 à 187.

6. Ihering. De la faute en droit privé, trad. de Meulenaere, pag. 40, texte et note 86.

7. Degenkolb. Zeitsch. für Rechtsgeschichte, tome 9. Ein pactum fiduciæ, pag. 117 à 179.

8. Rudorff. Zeitsch. für Rechtsgeschichte, tome 11. Ueber die bætische Fiduciartafel, pag. 52 à 107.

9. Gide. Revue de législation, tome 1. Un pactum fiduciæ, pag. 74 à 92

10. Tardif. Nouvelle revue historique, tome 12. Les nouvelles tablettes de cire de Pompéi, pag. 472 à 478, 832 à 835.

11. Eck. Zeitsch. der Sav. Stift., tome 9. Neue pompejanische Geschfätsurkunde, pag. 60 à 97, 151 et 152.

12. Geib. Zeitsch. der Sav. Stift., tome 8. Actio fiduciæ und Realvertrag, pag. 114, note 1.

13. Gradenwitz. Zeitsch. der Sav. Stift., tome 7. Interpolationen in den Pandekten, pag. 46 à 49.

14. Cujas. In libro XIII Digestorum Salvii Juliani; — tome 6, pag. 84 et 85.

15. Chesius. De differentiis juris, chap. 89 ; — Jurisprudentia romana et attica Heinecii, tome 2, p. 872 à 874.

16. Ubbelohde. Zur Geschichte der benannten Realcontracte, pag. 151.

17. De Petra. Notizie degli scavi di antichita comunicate alla R. Academia dei Lincei, 1887, pag. 415 et suiv.

18. Scialoja. Bulletino del Istituto di diritto romano, tome 1, pag. 5 à 15.

19. Alibrandi. Bulletino del Istituto di diritto romano, tome 1, pag. 16 à 20.

20. Girard. Nouvelle revue historique, tome 6. L'action auctoritatis, pag. 198, note 1.

21. Girard. Nouvelle revue historique, tome 7. Les stipulations de garantie, pag. 548 à 550, note 1.

22. Jourdan. L'hypothèque, pag. 45, note 1.

23. Bechmann. Der Kauf, tome 1, pag. 370, note 3.

24. Mommsen. Hermès, tome 23, pag. 157 à 159.

25. Gradenwitz. Bulletino del Istituto di diritto romano, tome 2, pag. 122.

26. Oertmann. Die Fiducia im römischen Privatrecht, pag. 243 à 245.

I

NOTIONS PRÉLIMINAIRES.

1. La *fiducia cum creditore* a eu dans la société romaine une importance pratique très considérable, aussi est-ce à propos de cette application de la fiducie que l'on rencontre le plus grand nombre de textes interpolés. Alors que d'une part le crédit réel était encore dans l'enfance parce que le *pignus* et l'*hypotheca* étaient inconnus, et que d'autre part le *dominium ex jure Quiritium* n'était pas susceptible d'être transféré sous condition résolutoire (*Fragmenta Vaticana*, § 283; loi 2, Code, 8, 55. *De donationibus...*), la *fiducia cum creditore* servit à satisfaire les nécessités du commerce juridique en procurant une sûreté réelle au créancier qui ne consentait à mettre sa confiance que dans un bien, et non dans la personne de son débiteur. La *fiducia cum creditore* suppose donc toujours une dette antérieure préexistante, telle par exemple que celle qui résulte d'un prêt : c'est ce qui nous explique qu'à propos de la *fiducia cum cre-*

ditore les jurisconsultes romains indiquaient les conditions auxquelles le prêt était réalisé; en ce sens se trouve la loi 30, Dig., 12, 1. *De rebus creditis*, qui est extraite du livre 5 *de Paul ad Plautium*, et que M. Lenel dans sa *Palingenesia juris* (1) rapporte à la fiducie, parce que dans ce livre Paul traitait à la fois du *depositum* et de la *fiducia*. C'est dans un esprit analogue, nous l'avons vu, qu'est conçue la loi 36, Dig., 41, 1. *De acq. rerum dominio*, empruntée au livre 13 des Digestes de Julien : ce fragment se rapporte non à la mancipation fiduciaire, comme le pense M. Lenel (2), mais à la tradition qui réalise le prêt.

2. Mais la *fiducia cum creditore*, même après qu'elle eut été sanctionnée par une action, présentait d'assez graves inconvénients : en principe, elle impliquait la dépossession, et en tous cas le dessaisissement de la propriété du bien de la part du *fiduciæ dans* ; en outre le bien ayant été une seule fois donné en fiducie, le crédit du *fiduciæ dans* était épuisé, car la fiducie n'est pas susceptible de se fractionner au profit de plusieurs créanciers titulaires de créances différentes. Le premier de ces inconvénients suscita la naissance du *pignus*, qui tout en maintenant la possession du bien au créancier conserva la propriété au débiteur; quant au second, il engendra l'idée de l'*hypotheca*, droit réel susceptible de fractionnement. Néanmoins, même après la création du *pig-*

---

1. Cf. Table des textes interpolés de M. Lenel. Table A, n. 31.
2. *L. c.*, n. 4,

nus et de l'*hypotheca*, la *fiducia cum creditore* subsista,
tous les auteurs sont d'accord pour constater ce fait :
c'est que, malgré ses défectuosités, elle offrait certains
avantages sur les deux autres instruments de crédit réel ;
c'est elle, en effet, qui constituait la sûreté la plus grande
au profit du créancier, puisqu'elle le rendait propriétaire ; en outre, comme elle intervenait toujours et nécessairement liée à une *mancipatio* ou à une *in jure cessio*,
elle participait de deux caractères de ces opérations
qui étaient précieux pour la vie des affaires, la publicité
et la spécialité (Gaïus, II, § 24 ; et I, § 119 ; Ulpien,
XIX, § 6), deux qualités indispensables d'un bon système de crédit réel, aux yeux de presque tous les légis-
lateurs modernes.

3. Du reste, les inconvénients eux-mêmes de la *fiducia cum creditore*, ou tout au moins le premier d'entre eux, pouvaient être dans une certaine mesure atténués
par la convention des parties, par suite des diverses clauses accessoires du *pactum fiduciæ*. C'est l'étude de ces
clauses, qui interviennent tantôt dans l'intérêt du débiteur, tantôt dans celui du créancier, qui fixera tout
d'abord notre attention. Les premières ont en vue de
régler la situation des parties au point de vue de la possession et de la jouissance intérimaires jusqu'à l'échéance
de la dette ; les secondes envisageant au contraire cette
époque visent le dénouement des rapports nés de la fiducie. A côté du cas où ces questions ont été prévues par
des clauses spéciales du *pactum fiduciæ*, se trouve celui
où la convention est muette : c'est donc lui qui devra

ensuite nous occuper, mais seulement en tant qu'il se réfère à l'époque de l'échéance de la dette, que celle-ci soit ou non payée ; car, à propos de l'étude des effets de l'opération fiduciaire, nous avons eu l'occasion d'examiner quelle situation le *pactum fiduciæ* fait aux parties pendant la période intérimaire. Enfin nous devrons nous arrêter quelques instants sur les applications et les particularités des actions *fiduciæ directa* et *contraria* dans la *fiducia cum creditore*. Tels sont les divers points qui constituent l'étude de cette application de la fiducie, envisagée d'une façon générale. Mais cette application mérite en outre d'être considérée dans deux exemples pratiques qui nous ont été révélés par la découverte successive de deux documents épigraphiques : c'est l'examen de ces documents qui formera la seconde partie de notre étude de la *fiducia cum creditore*.

II

LA *fiducia cum creditore* ENVISAGÉE EN GÉNÉRAL.

1. *Les différentes clauses du* pactum fiduciæ.
α. *Dans l'intérêt du débiteur.*

a). Un usage qui se maintint en vigueur à propos du *pignus* lorsqu'il eut été imaginé consista dans la *fiducia cum creditore* à insérer dans la convention une clause accessoire de *locatio* ou de *precarium*. Leur caractère dominant était d'intervenir dans l'intérêt du débiteur, car celui-ci au lieu de se dessaisir entièrement du bien au profit du fiduciaire, le conservait par devers lui; mais d'un autre côté le créancier lui-même trouvait aussi dans ces clauses accessoires la satisfaction de son intérêt personnel; à la vérité, il doit en être nécessairement ainsi de toutes les conventions, quelles qu'elles soient; sans quoi jamais elles ne seraient conclues; mais tels sont bien les caractères opposés des deux effets engendrés par une *locatio* ou par un *precarium*.

b) Le premier de ces effets consiste dans le droit aux fruits et à la jouissance de la chose au profit du *fiduciæ dans*; les textes sont tout à fait formels sur ce point; c'est donc que de droit commun et sans ces clauses accessoires le fiduciaire a seul droit à la jouissance et aux fruits de la *res fiduciaria*. En ce qui touche le *precarium*, nous avons un texte très clair, qui est emprunté à Isidore de Séville (Orig., V, cap. 25, § 17): « *Precarium est dum prece rogatur creditor permitti debitorem in possessione fundi sibi obligati demorari et ex eo fructus capere.* » Quant à la *locatio*, il y a dans le même sens un texte du Digeste qui est peut-être plus explicite encore; c'est la loi 4, § 1, Dig., 12-1. *De reb. credit.* dont l'application à la fiducie est admise par quelques auteurs, depuis M. de Savigny; dans ce fragment, Ulpien 34 *ad Sabinum* nous dit que le locataire a droit aux fruits tant que dure le bail, mais seulement tant qu'il dure; lorsqu'il est terminé, le locataire ne peut plus percevoir les fruits, à moins toutefois que le propriétaire y consente.

c) Le second effet de ces conventions accessoires, qui se produit au profit du fiduciaire, est celui qui donne lieu aux difficultés juridiques les plus graves : il consiste dans l'obstacle que mettent ces clauses à l'accomplissement de l'*usureceptio* au profit du débiteur. Posons d'abord des principes absolument certains parce qu'ils reposent sur des textes non contestés, de façon à pouvoir les invoquer pour démêler ce que les textes du Digeste présentent de contradictoire. Un texte parfaitement irrécusable, ce nous semble, c'est le § 60 du Commentaire II de Gaïus; il importe au plus haut degré d'insister sur les distinctions qu'il fait à propos de la question de savoir quand l'*usureceptio* compète au débiteur dans la *fiducia cum creditore* ; « *Si vero cum creditore, soluta quidem pecunia, omni modo competit* (*usureceptio*) ; *nondum vero soluta, ita demum competit, si neque conduxerit eam rem a creditore debitor, neque precario rogaverit ut eam rem possidere liceret...* » Ainsi pour répondre à la question de savoir quand, dans la *fiducia cum creditore*, l'*usureceptio* compète au *fiduciæ dans*, il faut se placer à deux époques successives ; à l'époque antérieure au paiement de la dette, le débiteur peut *usurecipere*, mais seulement s'il n'a été convenu d'aucune *locatio* ou d'aucun *precarium* entre les parties; car au cas contraire, si ces conventions ont été conclues, l'*usureceptio* est inapplicable; à l'époque postérieure au paiement de la dette, l'*usureceptio* compète au débiteur dans tous les cas sans distinction, même lorsqu'il avait été convenu d'une *locatio* ou d'un *precarium*. Voilà, les principes certains ; voyons maintenant comment ils ont été présentés dans les textes du Digeste. Ces textes sont assez nombreux (Lois 37, Dig., 13, 7. *De pign. act.*; 13, Dig., 41, 3. *De usur-*

pat. et usuc. ; 11, Dig., 43, 26. *De precario* ; 18, Dig., 43,
26, *eod. tit.*, 16, Dig., 44, 7. *De oblig. et act.* ; 36, Dig., 41,
2. *De acq. vel amitt. possessione*), et pourtant bien peu
d'auteurs ont songé à les étudier : c'est que la référence
de ces fragments à la fiducie a été découverte assez récem-
ment, par M. Lenel principalement.

Nous avons relativement à la *locatio* un texte entièrement conforme aux principes, dont il donne même le
motif rationnel et juridique, c'est la loi 37, Dig., 13, 7,
De pig. act. ; elle est extraite de Paul, 5 *ad Plautium*,
livre dans lequel ce jurisconsulte traitait àla fois du dépôt et de la fiducie sous deux rubriques juxtaposées *depositi vel contra*, *fiduciæ vel contra* ; le fragment résiste
énergiquement à toute application au dépôt, aussi M. Lenel le rapporte-t-il à la fiducie (1). Dans cette loi 37,
Paul visant le cas où une *locatio* a été concédée au débiteur par le créancier, et se plaçant avant le paiement
de la dette nous dit : si j'ai loué au débiteur le bien qu'il
m'avait mancipé en fiducie, je conserve par là ma possession, parce que cette possession n'appartenait pas au débiteur avant qu'il la tînt de moi à loyer, et que j'ai intention de la conserver sans que celui à qui j'ai loué puisse
avoir celle de l'acquérir. Telles sont les paroles de Paul ;
elles contiennent la justification théorique et rationnelle
de la règle d'après laquelle la concession d'un *precarium*
ou d'une *locatio* met obstacle à l'*usureceptio* : celle-ci est
une espèce particulière d'*usucapio* ; or, l'*usucapio* exige

---

1. Cf. Table des textes interpolés de M. Lenel, Table A, n. 32.

pour son accomplissement la possession, mais celui à qui un *precarium* ou une *locatio* a été consenti n'a pas la possession, il a seulement la détention précaire, la possession reste à celui qui a donné le bien en *precarium* ou en *locatio*, au créancier ; il y a dans l'acceptation de pareilles conventions de la part du débiteur une renonciation implicite à la faculté de pouvoir posséder.

Comment donc expliquer que l'*usureceptio* compète au débiteur après le paiement de la dette dans tous les cas, même quand il a accepté un *precarium* ou une *locatio?* Très simplement : c'est que ce *precarium* ou cette *locatio* ne subsistent que tant que la dette n'a pas été payée ; aussitôt le paiement effectué, ils s'effacent ; voilà ce que nous dit la loi 11, Dig., 43, 26 : « *Si debitor rem pigneratam (fiduciæ datam) precario rogaverit, soluta pecunia, precarium solvitur : quippe id actum est, ut usque eo precarium teneret* » ; ce texte dérive du livre 7 des Digestes de Celsus ; dans ce livre le jurisconsulte traitait de matières très diverses sous des rubriques y correspondant, et parmi lesquelles se trouvait la rubrique *fiduciæ*, aussi est-ce sous ce titre que M. Lenel dans sa *Palingenesia juris* (1), a rangé notre loi 11, Dig., 43, 26, *De precario.*

Un texte, la loi 13 ; Pr. Dig., 41, 3. *De usurpat. et usucap.*, qui émane de Paul, 5 *ad Plautium* et qui dès lors se rapporte à la fiducie, constate les mêmes résultats, en supposant sans le dire, la concession d'un

---

1. Cf. Tables des textes interpolés de M. Lenel. Table A., n. 5 et 33.

precarium ou d'une *locatio*, et en envisageant l'époque
antérieure au paiement de la dette : « *Pignori (fiduciæ)*
rem acceptam usu non capimus, quia pro alieno posside-
mus ». Il n'y a rien d'impossible ici, à notre avis, à ce
que les commissaires de Justinien désirant accommoder
ce passage de Paul au droit de leur époque, l'ait modifié
de cette façon, alors que primitivement il était ainsi
conçu : « *(Fiduciæ) rem (datam) (precario) acceptam usu*
non capimus, quia pro alieno possidemus ». Quoi qu'il en
soit, le fragment, alors même que dans sa pureté primitive il se serait rapporté au *pignus*, et aurait été rédigé
tel qu'il se trouve au Digeste, ne contredirait en rien les
principes relatifs à l'*usureceptio ex fiducia :* il y serait étranger, tout simplement.

La concession d'un *precarium* ou d'une *locatio* apportant un obstacle à l'*usureceptio* doit être d'une grande
utilité pour le fiduciaire ; aussi sommes-nous portés à croire
que lorsque le *fiduciæ dans* avait acquis la possession
et commencé l'*usureceptio*, le fiduciaire s'en apercevant
proposait la concession d'un *precarium* au *fiduciæ dans*,
et que celui-ci y consentait plutôt que de subir les
conséquences de l'action en revendication, qui elle aussi, une fois la condamnation prononcée, eût arrêté l'*usu-*
receptio ; c'est ainsi que nous paraît devoir être inter-
prétée une loi 18, Dig., 43, 26, *De precario.* qui est
empruntée au livre 13 des Digestes de Julien et qui
dès lors se rapporte certainement à la fiducie, et qui est
conçue de la manière suivante : « *Unusquisque potest rem*
suam, quamvis non possideat, precario dare ei qui possi-

deat » ; chacun est donc libre, lorsqu'il a perdu la possession de la *res fiduciaria*, de consentir un *precarium* à son
débiteur, afin d'empêcher l'*usureceptio;* de cette façon le
débiteur n'a plus le droit de se comporter en maître de
la *res fiduciaria*, car il a renoncé à l'*animus domini* par
l'acceptation du précaire ; si donc il accomplissait sur la
res fiduciaria des actes de propriétaire, une aliénation
par exemple, il commettrait un *furtum;* c'est ainsi que
s'explique la loi 22, Pr. Dig., 13). *De pig. act.* déjà examiné à propos des effets de l'opération fiduciaire ; c'est
ainsi que ce fragment d'Ulpien, 30 *ad Edictum* se concilie
parfaitement avec la règle d'après laquelle l'*usureceptio*
ne constitue pas un *furtum* (Gaïus III, § 201) : il ne saurait y avoir *furtum* de la *res fiduciaria* par le fait de l'*u-
sureceptio* ; mais il peut y avoir *furtum* de la *res fiduciaria*
en dehors de l'*usureceptio*, et lorsqu'elle est inapplicable.

Il y a encore un texte qui est conforme aux principes relatifs à l'*usureceptio*, tels qu'ils nous sont indiqués par
Gaïus (II, § 60) ; c'est la loi 16, Dig. 44, 7. *De obligat. et
action.;* l'interpolation de ce fragment est admise par tous
les auteurs à l'heure actuelle, par MM. Lenel (1) Gradenwitz (2), Voigt (3), et même par M. Geny (4) :

1. *L. c.*, n. 4, p. 119.
2. *L. c.*, n. 13, p. 46.
3. *L. c.*, n. 5.
Cf. Table des textes interpolés de M. Lenel ; — Table A, n. 1.
Cf. Table de concordance Lenel-Gradenwitz ; — Table C, n. 1.
Cf. Table de concordance Lenel-Voigt ; — Table B, n. 2, β.
Cf. aussi édition du Digeste de M. Mommsen.
4. *L. c.*, n. 2, p. 101.

rapportée au *pignus*, cette loi 16 se refuse à tout essai d'interprétation raisonnable ; aussi les vieux auteurs tels que Cujas et Chesius (1), tentaient-ils de la rapporter à une *res hereditaria*, à propos de laquelle ils voulaient appliquer les mots de la loi 133, Dig. 50, 7. *De regulis juris* : « *Melior conditio nostra per servos fieri potest, deterior fieri non potest* » ; l'interpolation et la référence du texte à la fiducie ont été démontrés par M. Lenel, car notre fragment est emprunté au livre 13 des Digestes de Julien, et par M. Gradenwitz qui a confirmé l'opinion de l'auteur précédent en s'appuyant sur une base fondée sur la terminologie, que nous avons eu déjà l'occasion d'apprécier. Il s'agit dans cette loi 16, d'un cas de *fiducia cum servo contracta* : un esclave d'une hérédité vacante a contracté un prêt pour l'administration de son pécule ; l'emprunteur de l'esclave lui a donné pour sûreté de sa créance un fonds de terre ou un esclave en fiducie, et il a gardé ce même bien par devers lui à titre de précaire ; Julien nous dit qu'en donnant ce bien en précaire l'esclave empêche qu'il puisse être usucapé, car le débiteur n'a que la détention, l'esclave créancier au contraire conserve la possession au profit de l'hérédité vacante.

Jusqu'ici nous n'avons pas rencontré de difficulté pour reconnaître que les textes du Digeste concordent avec le texte capital de Gaïus (II, § 60) ; mais il y a un texte émané du livre 13 des Digestes de Julien, la loi 36 Dig., 41, 2. *De acq. vel amitt. possessione*, qui, au premier

1. *L. c.*, n. 14 et 15.

abord tout au moins, apparaît comme étant en contradiction avec les principes. Mais ce fragment qui statue expressément sur le cas où un fonds de terre a été donné par
le débiteur *pignoris causa*, est-il interpolé, et doit-il être
en réalité rapporté à la fiducie ? Bien qu'il soit extrait
du livre 13 des Digestes de Julien, M. Lenel (1) ne l'a pas
pensé : d'après lui, Julien, bien que traitant dans ce livre
13 de la fiducie à côté du dépôt, aurait dans ce passage
parlé par exception et incidemment du *pignus* pour le
rapprocher et le mettre en opposition avec la fiducie.
Mais M. Gradenwitz (2) est venu démontrer l'application
de notre loi 36, Dig., 41, 2, à la fiducie : en effet, les compilateurs de Justinien n'ont eu, pour adapter les textes
classiques à la législation de leur temps, qu'à substituer
partout le mot *pignus* au mot *fiducia* ; car tandis qu'à
l'époque de Gaïus (II, § 59. III, § 201) l'expression en
usage était *fiduciæ causa dare*, à l'époque de Paul (II. 13,
§ 6 ; III, 6, § 69) l'expression employée était *fiduciæ dare.*
Aussi M. Lenel est-il revenu sur sa première opinion, et
dans sa *Palingenesia juris* (3) il admet la référence à la
fiducie de la loi 36, Dig., 41, 2. Toutefois un autre auteur,
M. Geib (4), a contesté la découverte de M. Gradenwitz :
d'après M. Geib, il faudrait considérer le fiduciaire com-

1. *L. c.*, n. 4, page 119.
2. *L. c.*, n. 13
3. Cf. Table des textes interpolés de M. Lenel. Table A, n. 13.
Cf. Table de Concordance Lenel-Gradenwitz. Table C, n. 2. Cf.
aussi édition du Digeste de M. Mommsen.
4. *L. c.*, n. 12

me un non-possesseur, et il cite en ce sens la loi 18, Dig.,
43, 26, *De precario*, dont nous avons donné une interprétation tout à fait différente ; à l'appui de son opinion
M. Geib aurait pu, à première vue du moins, invoquer notre
loi 36, Dig., 41, 2 ; car là Julien nous dit « *qui pignoris (fiduciœ) causa fundum creditori tradit (mancipio dedit) intelligitur possidere* », et il ajoute que si le débiteur a obtenu
la concession d'un précaire il peut néanmoins usucaper,
mais c'est cette dernière partie du fragment, qui semble
être en contradiction avec les principes, qui a conduit
M. Geib à repousser l'interpolation de la loi 36. D'après lui
ce texte se rapporte effectivement au *pignus* ; rapporté
à la fiducie, il serait inintelligible, dit l'auteur, puisqu'il
contredit le principe connu d'après lequel le débiteur
qui possède *precario* ne peut pas *usurecipere*, tandis que
si on l'applique au *pignus* il se comprend très bien ; *intelligitur possidere* signifierait que le débiteur gagiste
conserve la possession *ad usucapionem*, et les paroles suivantes de Julien seraient d'accord avec la loi 33, § 6,
Dig., 41, 3. *De usurpat. et usucapion*, d'après laquelle la
concession d'un précaire au débiteur gagiste n'est pas un
obstacle à sa possession *ad usucapionem* ; M. Geib cherche en outre à détruire l'argument que M. Gradenwitz
tire de la terminologie en faisant remarquer qu'à côté du
Pignori dare et du *Pignoris causa dare*, apparaissent beaucoup d'autres expressions telles que *Jus pignoris contrahere* (loi 3, § 1, Dig., 27, 9. *De rebus eorum qui sub tutela...*),
Pignoris titulo obligare (Loi 26, Code, 8, 13, *De pignori-
bus*), *Jure pignoris obligare* (Loi 10, Pr., et loi 12, Code,

8, 27. *De distractione pignor.*), *Pignoris nomine obligare*
(Loi 1, Code, 8, 25. *De remissione pignor*), *Pignoris nomine
dare* (Loi 37, Dig., 41. 2, *De acq. vel amitt. pos.*), *Pignoris
nomine teneri* (Loi 9, Dig. 39, 1, *De operis novi nunciat*).
Cette remarque est sans aucune valeur : les textes du
Code tout d'abord ne prouvent rien parce qu'ils datent des
années 290, 293 et 294, c'est-à-dire tout à fait de la fin
de l'époque classique. Restent donc les textes du Digeste : le
Jus pignoris contrahere de la loi 3, § 1, Dig. 27, 9, n'est pas
non plus concluant, parce que ce fragment émane d'Ulpien, et pour que l'argument de M. Geib ait une portée,
il faudrait qu'il apporte la preuve que les jurisconsultes
du IIe siècle, tels que Julien, Pomponius, Gaïus, Marcien employaient indifféremment *Pignoris causa* ou toute
autre expression ; or, dans cet ordre d'idées M. Geib est
parvenu seulement à établir qu'à côté de l'expression
Pignoris causa, l'expression *Pignoris nomine* était aussi
en usage, c'est elle qui figure en effet dans la loi 37,
Dig., 41, 2, qui émane de Marcien, et dans la loi 9, Dig.,
39, 1, qui est empruntée à Gaïus ; or, il faut en convenir, le *Pignoris nomine dare* est sensiblement analogue au
Pignus causa dare ; à vrai dire même, il se confond avec
lui. Quant à l'argument purement juridique avancé par
M. Geib pour maintenir l'application de notre loi 36,
Dig., 41, 2, au *pignus*, est-il donc si décisif ? Est-il vrai
qu'appliqué au *pignus* ce texte soit bien intelligible ? Rapporté à la possession *ad usucapionem*, comme le veut
M. Geib, il se comprendrait, en effet, très bien ; mais
n'est-il pas manifeste que dans notre passage Julien n'a

voulu viser que les rapports des parties entre elles, et
non les rapports du débiteur avec les tiers ? Comment
imaginer que dans le livre 13 de ses Digestes où il traitait de la fiducie et non du *pignus*, Julien ait pu avoir en
vue les rapports du débiteur avec les tiers en parlant de
la possession *ad usucapionem* ? Il ne pouvait pas même
le faire à propos du *pignus* par comparaison et par opposition à la fiducie ; car dans la *fiducia cum creditore*, cette
question des rapports du débiteur vis-à-vis des tiers au
point de vue de l'usucapion ne se présente jamais : dans
la *fiducia cum creditore* l'usucapion se produit toujours
sous la forme de l'*usureceptio* contre le fiduciaire, et uniquement contre lui, parce que c'est lui qui est propriétaire.
Il faut donc de toute nécessité reconnaître que dans la
loi 36, Julien n'a pu viser que les rapports des parties
entre elles : mais alors, rapporté au *pignus*, ce texte ne
présente plus aucun sens ; comment concevoir en effet
que dans ses rapports avec son créancier gagiste, le débiteur soit considéré comme possesseur du gage ? Une
trace très visible du remaniement opéré par Tribonien à
propos de notre texte réside dans le mot *sed*, qui commence la seconde phrase ; celle-ci est en harmonie d'idées
avec la première ; pourquoi dès lors une opposition ?
Un jurisconsulte classique eût été certainement incapable d'une pareille inconséquence ; le mot *sed* est une
transition que Tribonien a ajouté là, probablement parce
qu'il venait de changer ou de retrancher un autre mot.
Ainsi la référence de la loi 36 au *pignus* ne se justifie
d'aucune manière, au contraire les considérations émises

par M. Gradenwitz en sens inverse subsistent intactes ;
et puisque ce passage est extrait du livre 13 des Digestes
de Julien, et que d'un autre côté il est tout à fait impossible de concevoir qu'il puisse se rapporter au *depositum*,
il est naturel de conclure à son application à la *fiducia*.
Toutefois un point subsiste vrai de toute l'argumentation
de M. Geib : c'est que cette loi 36 nous apparaît comme
constituant une méconnaissance flagrante de principes
qui sont certains ; comment peut-on comprendre que
Julien ait dit : « *qui fiduciæ causa fundum creditori mancipio dedit, intelligitur possidere* » ; et comment peut-on s'expliquer qu'il ait reconnu au *fiduciæ dans* à qui a été concédé un *precarium* le droit de profiter de l'*usureceptio* ?
A coup sûr il y a là une difficulté sérieuse ; cependant
aucun auteur ne semble s'en être préoccupé ; comment
donc convient-il de la lever ? A notre avis, la loi 36, Dig.
41, 2 n'est qu'en apparence contraire aux principes ; en
réalité elle est conforme à ceux-ci ; nous pensons que
Julien a parlé ainsi en envisageant l'époque postérieure
au paiement de la dette ; peut-être même les mots « *pecunia soluta* » se trouvaient-ils originairement dans ce
passage du jurisconsulte classique. Mais il n'est pas nécessaire qu'il en ait été ainsi, car Julien avait peut-être
dans une précédente phrase qui n'a pas été reproduite par
les commissaires de Justinien annoncé en forme de pré-
ambule qu'il allait s'occuper de cette question. Si à
cette remarque qui tend à l'addition dans la loi 36 des mots
pecunia soluta nous joignons cette observation que le mot
sed doit être supprimé, non pas parce que l'expression,

« *sed et si* » envisagée en elle-même n'est pas classique,
— car elle se rencontre dans d'autres textes émanés de
jurisconsultes du iie siècle, par exemple dans la loi
8, § 4, Dig. 13. 7. *De pign, act.* empruntée à Pomponius 35
ad Sabinum, — mais parce que ce mot *sed* constitue une
opposition inconséquente, nous arrivons à l'essai suivant
de reconstitution du texte :

« *Qui pignoris (fiduciæ) causa fundum creditori tradit
(mancipio dedit) (pecunia soluta) intelligitur possidere, etsi
eumdem precario rogaverit : æque usucapiet : nam cum
possessio, etc...* »

Après le paiement de sa dette, le débiteur qui avait
donné un bien en fiducie pourra jouir de la possession
indispensable pour l'accomplissement de l'*usureceptio*, et
cela alors même qu'un *precarium* lui avait été concédé ;
c'est donc à juste titre « *æque* » qu'il usucapera. Voilà ce
que Julien a dû écrire : dès lors notre loi 36 se conçoit à
merveille, elle est en harmonie avec ce que nous dit Gaïus
(II, § 60) : *Si vero cum creditore (fiducia contrahitur), soluta quidem pecunia, omni modo competit (usureceptio).*
Ainsi se trouve levée toute difficulté.

La concession d'un *precarium* ou d'une *locatio* était
aussi précieuse pour les intérêts bien entendus du créancier que pour ceux du débiteur, puisqu'elle avait pour
effet de déplacer la responsabilité en ce qui touche la
res fiduciaria : la mettant tout entière du côté du *fiduciæ
dans,* elle en déchargeait complètement le fiduciaire et
le plaçait de la sorte hors d'atteinte de l'*actio fiduciæ
directa.*

β — *Dans l'intérêt du créancier.*

a). Le créancier peut d'abord stipuler les clauses que le droit commun relatif à une créance quelconque met à sa disposition. Il se peut par exemple qu'il ait été convenu d'une clause pénale, pour le cas ou la dette ne serait pas payée à l'échéance. C'est à cette hypothèse que se réfère un texte extrait du livre 13 des Digestes de Julien qui dès lors s'applique sans aucun doute à la fiducie ; la loi 15, Dig., 46. 2. *De novat. et delegation.,* dans laquelle le jurisconsulte appliquant les principes généraux du droit nous dit que la clause pénale n'est pas encourue si une novation est intervenue. Mais le créancier peut aussi convenir avec le débiteur de clauses spéciales qui à la vérité se maintinrent à propos du *pignus* quand il apparut, mais qui se révèlent pour la première fois dans la *fiducia cum creditore* : le *pactum de vendendo,* et la *lex commissoria.*

b). Du *pactum de vendendo.* — Le créancier non payé à l'échéance n'a pas toujours eu de plein droit la faculté de vendre le bien que son débiteur lui avait donné pour sûreté de sa créance, et de se payer sur le prix : pendant longtemps il fallut à cet effet une convention entre les parties. Pourtant dans la *fiducia cum creditore,* le créancier est propriétaire de la *res fiduciara* ; de quelle utilité est donc le *pactum de vendendo* ici, le créancier n'est-il pas libre de vendre et d'aliéner le bien qu'il a reçu en fiducie, indépendamment de toute clause ? A la vérité si le créancier aliène la *res fiduciara* au profit d'un tiers, en dehors de toute clause l'autorisant à opérer cette aliéna-

tion, celle-ci vaudra néanmoins comme telle, car le fiduciaire est propriétaire de la *res fiduciara*, tandis qu'au
contraire par la *mancipatio* ou l'*in jure cessio* le *fiduciæ
dans* a perdu sur elle tout droit réel ; mais le débiteur
pourra intenter l'*actio fiduciæ directa* et la responsabilité
du créancier sera engagée. L'effet du *pactum de vendendo*
est de dégager le créancier de cette responsabilité vis-à-
vis du débiteur. Comme le dit M. Gide (1), le droit que
cette clause confère au créancier n'est point un droit réel
sur le gage, c'est un droit personnel vis-à-vis du débiteur.

Toutefois ce droit personnel ou droit de créance était-il
intimement attaché à la personne du créancier fiduciaire?
Son héritier ne peut-il pas au contraire profiter du
pactum de vendendo? Il y a sur ce point des documents dont la contradiction ne peut être expliquée qu'historiquement : à notre avis le *pactum de vendendo* à l'origine et même encore à l'époque d'Auguste ne profitait
qu'au créancier lui-même, et non à son héritier ; au contraire au iie siècle après J.-C., à l'époque de Pomponius, le *pactum de vendendo* est devenu de plein droit
transmissible à l'héritier du fiduciaire. Cette opposition
résulte incontestablement d'après nous d'une part de l'examen des inscriptions relatées sur la table de Bétique et
sur les tablettes de Pompéï ; et d'autre part de l'examen
de la loi 8, § 4, Dig., 13, 7. *De pign. act.*, qui est empruntée à Pomponius 35 *ad Sabinum* et qui se rapporte à la

1. *L. c.*, n. 9, page 86.

fiducie ainsi que l'a démontré M. Lenel (1) dans sa *Palingenesia juris :* tandis que les deux inscriptions mentionnent expressément que la faculté de vendre en cas de non paiement à l'échéance est réservée au profit du créancier et de son héritier, clause qui eût été inutile si cette faculté avait appartenu de plein droit à l'héritier, Pomponius dans la loi 8, § 4, Dig., 13, 7, nous dit : « *de vendenda fiducia in rem pactio concipienda est ut omnes contineantur ; sed et si creditoris dumtaxat persona fuerit comprehensa, etiam heres ejus jure vendet, si nihil in contrarium actum est* ». Au IIe siècle après J.-C. le *pactum de vendendo* est donc de plein droit transmissible à l'héritier du créancier ; c'est que la clause de transmissibilité au profit de l'héritier est devenue de style, et est toujours sous-entendue, alors même qu'elle n'est pas exprimée. — C'est une évolution historique analogue que nous aurons bientôt à constater à propos de la destinée générale du *pactum de vendendo* lui-même, et à propos d'une clause de non garantie qu'insérait le créancier dans la vente qu'il faisait à un tiers de la *res fiduciaria.*

Le *pactum de vendendo* est conclu exclusivement en faveur du créancier ; tel est le principe : de là résulte que s'il le préfère, le créancier peut ne pas l'invoquer et rester nanti de la *res fiduciaria* jusqu'à ce qu'il soit payé ; c'est le parti qu'il prendra lorsque la *res fiduciaria* n'aurait aucune chance d'être vendue, ou lorsque la vente ne produirait qu'un prix de beaucoup inférieur à la créance

1. Cf. Table des textes interpolés de M. Lenel ; Table A, n. 39.

garantie. Un texte du Digeste, émané du livre 35 *de Pomponius ad Sabinum*, et que M. Lenel dans sa *Palingenesia juris* (1) applique pour ce motif à la fiducie constate ce principe ; c'est la loi 6, Princ., Dig., 13, 7. *De pign. act.*, qui s'exprime ainsi : « *Quamvis convenerit ut fundum pigneraticium (fiduciæ datum) tibi vendere liceret nihilomagis cogendus es vendere, licet solvendo non sit is qui pignus (fiduciam) dederit, quia tua causa id caveatur* ». Mais le même fragment ajoute une restriction que Pomponius nous présente comme empruntée à l'opinion du jurisconsulte Atilicinus : on devra en connaissance de cause forcer le créancier à vendre la *res fiduciaria*, car il peut se faire que la dette soit moins considérable que la valeur du bien qui la garantit, et qu'on trouve occasion de vendre celui-ci plus cher aujourd'hui qu'on ne trouverait à le vendre par la suite ; le texte nous présente alors deux moyens de satisfaire tous les intérêts en jeu : le débiteur pourra vendre la *res fiduciaria* et payer son créancier sur le prix, c'est déjà ce que Paul nous avait appris (II, 13, § 3) ; mais dans ce cas l'acheteur ne pourra pas devenir immédiatement propriétaire de la *res fiduciaria*, car le débiteur ne peut lui transmettre que les droits qu'il a, et il a perdu la propriété par l'effet de la mancipation fiduciaire ; l'acheteur devrait donc s'en rapporter à la bonne foi du débiteur qui ne peut lui transférer la propriété du bien vendu qu'après l'avoir lui-même recouvrée en désintéressant le créancier avec le prix ; il est donc possible que

1. Cf. Table des textes interpolés de M. Lenel ; table A, n. 36.

l'acheteur pour plus de sécurité entende devenir tout de suite propriétaire ; pour cela il est nécessaire que la vente, lui soit consentie par le créancier fiduciaire qui seul a la propriété ; le créancier pourra en effet être obligé de consentir à cette vente « *invitum enim creditorem cogi vendere* » ; mais alors le créancier aura la faculté de se faire donner par son débiteur une autre sûreté jusqu'à ce qu'il soit payé « *cautela a debitore pro indemnitate ei præstanda.* » Telle est la nature, tels sont les caractères du *pactum de vendendo*.

Comment fonctionne-t-il ; quand peut-il être invoqué par le créancier ? A l'époque de l'échéance en cas de non paiement de la dette ou même de l'un seulement de ses accessoires. La loi 8, § 3, Dig., 13, 7. *De pign. act.*, nous fournit quelques détails à ce sujet ; elle est empruntée à Pomponius, 35, *ad Sabinum*, et les auteurs modernes, MM. Lenel (1) et Voigt (2), admettent son application à la fiducie ; c'est qu'en effet ici il y a une trace indéniable de l'interpolation. Le texte après avoir parlé d'un *pignus*, contient le membre de phrase « *vendere eam mihi liceret* » ; ce féminin ne peut pas se rapporter au neutre *pignus*, aussi Haloandre avait-il proposé l'addition du mot *rem* ; aujourd'hui tous les auteurs s'accordent à reconnaître que le mot *pignus* a été substitué

1. Cf. Table des textes interpolés de M. Lenel; Table A, n. 39.

2. Cf. Table de concordance Lenel-Voigt ; table B, n. 5, β. *L. c.*, n. 5.

au mot *fiduciam* qu'avait dû écrire Pomponius; et
M. Lenel a conclu de là à la référence à la fiducie du
livre 35 *ad Sabinum* de Pomponius dans son entier. Ce
fragment nous montre que le *pactum de vendendo* variait
suivant la convention des parties : si ayant stipulé trente
en trois paiements, dit Pomponius, le créancier a reçu
un bien en fiducie et qu'il ait été convenu qu'il pourra
vendre la *res fiduciaria* dans le cas où chaque paiement
ne serait pas fait à son terme « *ut nisi sua quaque die
pecunia soluta esset* », il est décidé que le créancier ne
peut pas procéder à la vente avant l'échéance du dernier
terme, parce que cette clause paraît comprendre tous les
paiements; mais si on a fait cette convention : si un seul
paiement n'est pas fait à son terme « *si qua pecunia sua
die soluta non erit* », alors le créancier peut invoquer
cette clause pour dégager sa responsabilité en ce qui touche la vente à laquelle il a procédé dès l'époque où un
seul des paiements n'a pas été opéré à son terme.

D'ailleurs il suffit que les parties aient convenu entre
elles d'un *pactum de vendendo* sans même y adjoindre aucune autre clause accessoire pour que le créancier puisse
vendre valablement la *res fiduciaria* non-seulement à défaut de paiement du principal de la créance, mais encore à
défaut de paiement des intérêts et des impenses faites en
vue de la conservation du bien donné en garantie : c'est
ce que nous apprend le même Pomponius dans le § 5,
de cette même loi 8, Dig., 13, 7 ; comme ce texte est
extrait du livre 35 *ad Sabinum* de ce jurisconsulte, il
s'applique à la fiducie, et non au *pignus*.

La loi 10, Dig., 18, 2. *De in diem additione*, qui est extraite du livre 13 des Digestes de Julien, et qui dès lors se rapporte à la fiducie parce qu'il est de toute impossibilité de l'appliquer au dépôt, et que dans ce livre Julien ne traitait que de ces deux institutions (1), nous montre une autre espèce de clause accessoire du *pactum de vendendo* ; les parties réglaient d'une façon minutieuse la faculté pour le créancier de vendre à l'échéance au cas de non-paiement; de cette façon la responsabilité du créancier était plus sûrement mise à couvert, et les intérêts du débiteur étaient mieux protégés; c'est ainsi que notre loi 10, Dig., 18, 2, nous indique un cas dans lequel il a été convenu dans le *pactum de vendendo* que le créancier ne devrait procéder à la vente de la *res fiduciaria* qu'en réservant un clause d'*addictio in diem*. C'est un texte que nous avons déjà rencontré à propos de l'étude de la formule de l'*actio fiduciæ directa ;* c'est ce fragment qu'invoque M. Lenel pour soutenir que cette formule n'a jamais admis l'insertion des mots « *ex fide bona* » et a toujours impliqué la phrase « *ut inter bonos bene agier* »; Julien qui écrit au II⁰ siècle après Jésus-Christ nous dit en effet : « *non potest videri bona fide negotium agi, nisi adjectio recipiatur.* » Nous aurons encore l'occasion de retrouver cette loi 10, Dig., 18, 2 à propos de l'examen de l'*actio fiduciæ directa* dans la *fiducia cum creditore.*

L'étude complète du *pactum de vendendo* suscite encore

1. Cf. Table des textes interpolés de M. Lenel; table A, n. 12.

d'autres questions relatives tant aux rapports du créancier
`avec le débiteur qu'à ses rapports avec le tiers acheteur;
mais elles se présentent avec le même intérêt à propos du
droit de vendre de droit commun que l'on finit par reconnaître au créancier non payé à l'échéance; aussi est-ce
là que nous les retrouverons.

c) De la *lex commissoria*. — La *lex commissoria* qui se
rencontre aussi dans l'*emptio venditio* et dans le *pignus*
est une clause de déchéance d'après laquelle le débiteur
se trouve privé de la faculté de payer ce qu'il doit s'il ne
l'a pas fait dans un certain délai fixé par la convention.
Quelle était l'utilité de la *lex commissoria* ? De droit commun, aucun terme n'était fixé dans le *pactum fiduciæ*
pour le paiement de la dette : lors donc que le débiteur
venait à s'acquitter, le créancier fiduciaire devait lui re-
transférer la propriété de la *res fiduciaria*. Nos vieux
auteurs, Cujas entre autres, avaient pensé le contraire ;
mais, comme le remarque M. Dernburg (1), l'usage de la
lex commissoria prouve précisément leur erreur ; c'est
une clause qui fixe un délai passé lequel le débiteur ne
pourra plus payer, ni par suite intenter l'*actio fiduciæ
directa*. Pourtant de droit commun le créancier n'a-t-il
aucun moyen de se décharger de la responsabilité de la
res fiduciaria qui pèsera sur lui·jusqu'à la restitution
causée par le paiement du débiteur ; ne peut-il pas s'affranchir de cette obligation de restitution ? On pourrait
avoir la pensée de dire que si le débiteur tarde trop à se

1. *L. c.*, n. 1, p. 19.

libérer, le créancier n'aura qu'à le faire condamner par son action personnelle dérivant du prêt qu'il lui a consenti, dès lors il exécutera son débiteur et fera vendre ses biens parmi lesquels le bien donné en fiducie : tel serait le parti que prendrait le créancier lorsque le prix des biens vendus serait supérieur ou au moins égal à la valeur de la créance. Mais cette idée est inadmissible, puisque la *res fiduciaria* a cessé d'être la propriété du débiteur. Quoi qu'il en soit, la *lex commissoria* a pour utilité de fixer un terme de paiement, dont l'expiration met obstacle à tout paiement ultérieur de la part du débiteur et rend le créancier propriétaire incommutable et définitif du bien qui lui a été donné en fiducie.

Quelles différences existent entre la *lex commissoria* et le *pactum de vendendo?* Tandis que la première met fin aux rapports des parties, le second a seulement pour objet de les régler : aussi est-ce seulement le *pactum de vendendo* qui a lui-même pour effet d'engendrer de nouveaux rapports entre le fiduciaire et le *fiduciæ dans;* nous aurons à nous en occuper bientôt ; rien de semblable ne se produit au contraire à propos de la *lex commissoria.* Pourtant ces deux clauses présentent un caractère commun, sur lequel les textes insistent énergiquement : comme le *pactum de vendendo* et à un plus haut degré que lui encore, la *lex commissoria* offre le caractère d'une convention en faveur du seul créancier; aussi celui-ci est-il à son gré libre de l'invoquer ou non. C'est ce que nous apprennent plusieurs fragments : la loi 2, Dig., 18, 3 *De lege commissoria,* et la loi 3, Dig., 18, 3, *eod.*

tit.; la première émane du livre 35 de Pomponius *ad Sabinum* et la seconde du livre 30 d'Ulpien *ad Edictum*; M. Lenel considère donc l'une et l'autre comme étant interpolés et comme se rapportant à la fiducie (1). Dans ces passages les deux jurisconsultes rapprochaient la *lex commissoria* dans la fiducie de la *lex commissoria* dans la vente.

Quels sont les effets de la *lex commissoria?* L'exercice de la *lex commissoria* met fin aux rapports juridiques qui existaient entre les parties; il y a extinction de la dette et par suite de la créance; en effet l'opération s'analyse en une sorte de *datio in solutum* : le créancier reste définitivement propriétaire du bien donné en fiducie; comme c'est lui qui est le maître de se prévaloir ou non de la *lex commissoria*, il n'y a rien d'inique à cette combinaison; le créancier l'invoquera si ses intérêts bien entendus le veulent ainsi; quant au débiteur, comme il a donné son consentement anticipé à cette *datio in solutum*, et comme ce n'est peut-être qu'à cette condition qu'il a réussi à trouver l'argent qui lui était nécessaire, il y a aussi trouvé son intérêt. Cet effet important de la *lex commissoria*, un terme apporté aux rapports des deux parties, est constaté par presque tous les interprètes, notamment par M. Rudorff (2) et par M. Dernburg (3). Il nous est en effet attesté par

1. Cf. Tables des textes interpolés de M. Lenel. Table A, n. 137 et 56.

2. *L. c.*, n. 8, page 67.

3. *L. c.*, n. 1, page 20.

Cicéron d'une façon très formelle : « *Ut aut decedat, aut pecuniam solvat* » (*ad Familiares*, XIII, 56, § 27).

La *lex commissoria* présentait-elle des inconvénients ? Nous venons de la justifier au point de vue purement rationnel par ce motif qu'elle repose tout entière sur ce principe moderne d'après lequel la convention fait la loi des parties. Pourtant M. Dernburg reconnaît à la *lex commissoria* deux sortes d'inconvénients : d'une part, elle était d'une rigueur extrême pour le débiteur, puisque la moindre négligence lui faisait perdre son droit ; la réponse est fort simple : le débiteur avait consenti par avance à cette rigueur ; et s'il y avait consenti, c'est sans doute qu'il la préférait à celle où il eût été réduit par suite du défaut de ressources pécuniaires ; d'autre part, le créancier en invoquant la *lex commissoria* pouvait, lui aussi, être lésé dans ses intérêts ; car par l'exercice de cette clause il déclarait préférer la *res fiduciaria* à sa créance, et il se pouvait que la valeur du bien fût en réalité inférieure à celle de la créance, par exemple parce que les intérêts accumulés excédaient la valeur de la chose, ou parce que celle-ci avait diminué considérablement de valeur par suite de cas fortuits ; mais à vrai dire ce n'est pas là un inconvénient puisque le créancier est à son gré libre d'invoquer la *lex commissoria* ou de conserver sa créance : il n'a qu'à consulter ses intérêts. Quoi qu'il en soit, ce sont ces prétendus défauts de la *lex commissoria* et surtout le premier d'entre eux qui suscitèrent l'immixtion de l'Etat dans les conventions des particuliers ; en l'année 326 après J.-C. Constantin prohiba d'une façon absolue l'usage de la *lex commissoria*, comme étant trop désastreuse pour le débiteur (Loi 3, Code 8, 35. *De pactis pignor.*); cette prohibition a passé dans l'article 2078 de notre Code civil; le débiteur n'est plus maintenant à la merci de son créancier, car il n'en trouve pas: voilà, semble-t-il, de singulières conceptions économiques.

Telles sont les différentes clauses que le *pactum fiduciæ* pouvait contenir à titre de conventions accessoires: mais quels étaient les effets de la *fiducia cum creditore* lorsque la convention ne conprenait aucune de ces clauses? c'est ce que nous allons examiner maintenant en envisageant seulement l'époque de l'échéance de la dette, et en distinguant suivant qu'elle n'a pas été payée, ou au contraire suivant qu'elle l'a été.

2. *Du non paiement de la dette à l'échéance.* — *a.* A l'origine le créancier non satisfait à l'échéance ne pouvait vendre la *res fiduciaria* sans engager sa responsabilité envers le débiteur que si un *pactum de vendendo* avait été conclu. Mais celui-ci passa bien vite à l'état de cause de style; dès lors comme il était adjoint au *pactum fiduciæ* qui reposait essentiellement sur la bonne foi, il fut bientôt sous-entendu: le but de la *fiducia cum creditore* exerça ici encore son influence sur les conséquences que la nature même de l'opération aurait dû entraîner. Le droit de vendre au profit du créancier non satisfait à l'échéance devint désormais de l'essence de la *fiducia cum creditore*: ainsi le *pactum de vendendo* eut une destinée historique diamétralement opposée à la *lex commissoria*. En effet, à l'époque classique, au temps de Paul (II, 13,

§ 5) les parties ne peuvent pas convenir efficacement que le créancier non payé à l'échéance n'aura pas le droit de vendre la *res fiduciaria* pour se payer sur le prix ; le *pactum de non vendendo* fut sans doute obligatoire à l'origine, et sa violation eût entraîné la condamnation du créancier actionné par l'*actio fiduciæ directa ;* telle est du moins l'opinion de M. Dernburg (1) ; mais au iiie siècle après J.-C. le créancier pouvait malgré cette clause passer outre et procéder à la vente, sans craindre d'engager sa responsabilité, « *nec enim in tali conventione fiduciæ actio nasci potest.* » C'est à cette nullité de cette convention que fait peut-être allusion, suivant M. Lenel (2), le § 1 de la loi 45, Dig., 50, 17. *De regulis juris :* « *Privatorum conventio juri publico non derogat* », qui émane du livre 30 d'Ulpien *ad Edictum*, et qui dès lors doit être rapporté à la fiducie.

Toutefois même au temps de Paul, le *pactum de non vendendo* avait une portée, qui, bien que fort légère, doit être signalée : dans le cas où les parties avaient conclu cette convention, le créancier non payé à l'échéance devait, avant de procéder à la vente, en avertir son débiteur. Suffisait-il d'un seul avertissement ou au contraire le créancier fiduciaire devait-il, comme le créancier gagiste (Paul, II, 5, § 1 ; loi 4, Dig., 13, 7, *De pign. act.*) recourir à la formalité de trois avertissements successifs ? Le texte de Paul (II, 13, § 5) a donné lieu, à propos de ce détail, à une difficulté : quelques auteurs restituent ce

1. *L. c.*, n. 1, page 22.
2. *L. c.*, n. 4, page 113.

fragment « *creditor denuntiare ter solemniter potest et dis-trahere* » mais il est préférable de restituer avec M. Dernburg (1), et avec M. Krueger, éditeur des *Sentences* de Paul (1878), « *creditor denuntiare ei solemniter potest et distrahere* » : il suffisait donc d'un seul avertissement ; en effet, il n'y a aucune analogie à tirer de ce qui se passait en matière *de pignus*, puisque le créancier fiduciaire à la différence du créancier gagiste est propriétaire du bien donné en garantie de la dette.

Plusieurs textes se placent dans l'hypothèse où la *res fiduciaria* a été vendue par le créancier sans spécifier si cette vente a été opérée en vertu d'un *pactum de vendendo*, ou en l'absence de toute convention de ce genre. C'est tout d'abord la loi 14, Dig., 20, 5, *De distract. pignorum* ; elle est tirée du livre 6 des Digestes de Scœvola, dans lequel ce jurisconsulte traitait de la fiducie (2) ; elle a donc été interpolée par Tribonien : des arbitres nommés pour faire le partage d'une succession entre des cohéritiers, après avoir divisé entre eux les biens de l'hérédité, ont adjugé ensuite à chacun des créances qui étaient dues par plusieurs débiteurs ; on demandait si faute de paiement de la part du débiteur assigné à un héritier, ce dernier pouvait vendre la *res fiduciaria* donnée par ce débiteur en garantie de sa dette ; Scœvola a répondu qu'il le pouvait. Le texte ne dit pas qu'un *pactum de vendendo* ait été conclu, et pourtant le créancier a le droit de vendre lorsqu'il n'a pas été satisfait à l'échéance.

1. *L. c.*, n. 1, page 22.
2. Cf. Table des textes interpolés de M. Lenel, Table A, n. 44.

Un. autre fragment nous montre encore que le bien donné en fiducie peut être aliéné par le créancier ; c'est la loi 7, § 3, Dig., 10, 3. *Communi dividundo* qui émane du livre 20 d'Ulpien *ad Edictum,* et que M. Lenel (1) et M. Mommsen dans son édition du Digeste considèrent comme interpolée ; les mots *« si ex causa indebiti soluti res possideatur »* ont été substitués par les commissaires de Justinien, aux mots *« si ex causa debiti soluti fiducia possideatur ».* Ce texte suppose plusieurs créanciers d'une même dette, garantie par une *res fiduciaria ;* ils ne peuvent pas intenter les uns contre les autres la *rei vindicatio* puisque tous sont copropriétaires, mais ils peuvent intenter l'*actio communi dividundo* pour faire partager ce bien qu'ils possèdent *ex justa causa* ; et c'est à titre d'exemple que le jurisconsulte dit *« utputa si ex causa debiti soluti fiducia possideatur ».* Il ne peut pas s'agir ici d'un bien donné en fiducie que les créanciers possèdent à titre définitif en vertu d'une *lex commissoria,* car s'il en était ainsi le texte devrait constater que la dette n'a pas été payée *« si ex causa debiti non soluti... »* ; or, c'est le contraire qui nous est indiqué : c'est donc que, sans doute, la dette a été payée, mais probablement elle ne l'a été qu'en partie ; et, comme la fiducie est indivisible, elle continue à garantir tout entière la partie de la dette non payée ; c'est ce que nous avons vu exprimé par Pomponius, 35 *ad Sabinum* dans la loi 8, § 2, Dig., 13, 7. *De pign. act.* ; dès lors chaque créancier réclame la part de la *res fiduciaria*

1. Cf. Table des textes interpolés de M. Lenel ; Table A, n. 49.

à laquelle il a droit afin de la vendre et de se payer ensuite
sur le prix pour ce qui lui reste dû. Toutefois, il n'est
pas certain que ce texte doive recevoir cette interprétation ; il se peut fort bien, au contraire, qu'il vise l'hypothèse suivante : plusieurs codébiteurs d'une même
dette l'ont payée ; ils possèdent la *res fiduciaria* sans en
avoir obtenu la remancipation du créancier, ils sont
donc dans le cas de l'*usureceptio*, chaque débiteur n'étant
pas encore propriétaire, ne peut pas intenter la *rei vindicatio*, mais il jouit de l'*actio communi dividundo* qui lui
donne le moyen de profiter de l'*usureceptio* exclusivement sur la part qui lui revient. Ainsi la loi 7, § 3,
Dig., 10, 3 *Communi dividundo* devrait être rapportée à
l'*usureceptio* qui profite au débiteur plutôt qu'à la faculté
de vendre dont jouit le créancier non payé à l'échéance.

　Un autre fragment la loi 26, Dig., 46, 3. *De solutionibus et liberation*. qui émane du livre 35 de *Pomponius ad Sabinum*, et qui pour ce motif doit être considéré comme interpolé et comme se référant à la fiducie, ainsi que l'enseigne M. Lenel (1) dans sa *Palingenesia juris*, nous parle encore de la vente du bien donné
en fiducie par le créancier non payé sans nous dire que
cette vente a eu lieu en exécution d'un *pactum de vendendo*. Les solutions données par ce texte sont du reste
intéressantes à connaître : si un créancier, nous dit Pomponius, a vendu un fonds qu'il avait reçu en fiducie, et qu'il
ait retiré de cette vente tout ce qui lui était dû, le débi-

1. Cf. Table des textes interpolés de M. Lenel ; Table A, n. 41.

teur est libéré ; s'il avait consenti à son acheteur une acceptilation pour le prix de la vente, ou s'il avait stipulé de
lui ce prix au lieu d'exiger un paiement immédiat, le débiteur serait néanmoins libéré ; mais si le créancier vend
un esclave qui lui a été donné en fiducie par son débiteur, celui-ci n'est pas libéré tant que cet esclave est soumis à l'action rédhibitoire, de même que dans toute
vente de la *res fiduciaria* tant que cette vente peut être
résolue. Ainsi la vente du bien donné en fiducie libère
en principe le débiteur.

M. Voigt (1) rapporte encore à la vente de la *res fiduciaria* par le créancier un texte du Code, la loi 4, Code
8, 27. *De distractione pignorum*, une constitution d'Alexandre Sévère, en date de l'année 225 après J.-C. ; mais
l'auteur se contente d'une affirmation pure et simple, il ne fait aucune tentative de démonstration (2) ; aussi
son opinion est-elle restée isolée ; en outre, cette constitution nous parle d'une *proscriptio pignoris (fiduciæ*, selon
M. Voigt) ; or, la *proscriptio* ne devait pas, nous semble-
t-il, trouver son application en ce qui touche la vente du
bien donné en fiducie ; en effet, la *proscriptio bonorum*
n'était que l'annonce publique de la *missio* obtenue, et le
créancier fiduciaire n'avait nullement besoin de solliciter
la *missio* du préteur, car il n'était pas un créancier ordinaire ; à ce titre de créancier, il en joignait un autre plus
important, celui de propriétaire ; il pouvait donc vendre

1. *L. c.*, n. 5.
2. Cf. Table de concordance, Lenel-Voigt ; Table B, β. n° 12.

quand et comment il l'entendait, même avant l'échéance
de la dette ; l'aliénation était toujours valable ; mais dans
ce cas, il engageait sa responsabilité envers le *fiduciæ
dans*, tandis que s'il vendait seulement après l'échéance,
en cas de non-paiement, il n'avait pas à redouter les conséquences de l'*actio fiduciæ directa*. Ainsi la loi 4, Code
8, 27, ne s'applique pas à la fiducie ; sa référence au *pignus*
doit être maintenue.

Quoi qu'il en soit, à l'époque classique, le créancier
non payé avait le droit de se venger sur le prix de la
res fiduciaria qu'il pouvait vendre nonobstant toute convention contraire : cette vente engendre des rapports
entre le créancier vendeur et le tiers acheteur d'une
part, et d'autre part entre le créancier vendeur et le
débiteur exécuté.

β. — *Rapports entre le créancier vendeur et le tiers acheteur.* — Le créancier devait-il à son acheteur la garantie
contre l'éviction ? Nous avons à ce sujet plusieurs sources qui viennent nous renseigner : la table de Bétique
mentionne que dans le *pactum fiduciæ* les parties ont convenu que le créancier non payé à l'échéance pouvait vendre la *res fiduciaria* en insérant dans la vente des clauses
de non-garantie ; d'un autre côté la loi 22, § 4, Dig., 13,
7. *De pign. act.*, qui doit être rapportée à la fiducie, ainsi
que l'a démontré M. Lenel (1), puisqu'elle émane du livre 30 d'Ulpien *ad Edictum*, nous montre qu'en principe
le créancier fiduciaire ne doit pas la garantie à son acheteur, et qu'il ne la doit que lorsqu'une clause formelle de

garantie a été insérée dans la vente. Ainsi ces deux sources nous apparaissent comme étant en contradiction flagrante : d'après la Table de Bétique, le créancier fiduciaire doit toujours garantie, à moins d'une clause formelle
de non-garantie ; c'est la remarque qui a été faite par
M. Degenkolb (2) et reproduite par M. Gide (3). C'est à
tort que M. Rudorff (4) a soutenu le contraire ; car si une
clause spéciale de non garantie est nécessaire, c'est que de
droit la garantie est due. Au contraire, la loi 22, § 4, Dig.,
13, 7 nous apprend que le créancier fiduciaire ne doit jamais garantie, à moins d'une clause formelle de garantie ;
c'est la découverte qui a été faite par M. Lenel. Aucun auteur jusqu'ici n'a songé à relever cette contradiction ; il
convient cependant de s'en préoccuper. A notre avis elle
ne peut être expliquée que par l'histoire : la table fiduciaire Espagnole est un document qui remonte au premier siècle de l'ère chrétienne, au temps d'Auguste ;
Ulpien auquel est empruntée notre loi 22, § 4. Dig., 13,
7, écrivait au IIIe siècle après J-C ; dans cet intervalle de temps, un mouvement d'idées se produisit en
ce qui touche notre question, en même temps qu'en ce
qui touche d'autres points que nous avons déjà examinés.
A l'origine, la solution était en conformité avec les principes et la nature de la fiducie : le créancier vendeur devait garantie puisqu'il était propriétaire et qu'il vendait

1. *L. c.*, n. 4, page 110.
2. *L. c.*, n. 7, pages 165-169.
3. *L. c.*, n. 9, page 89.
4. *L. c.*, n. 8, page 103.

comme tel, c'est dans le sens de cette législation qu'est conçue l'inscription de la table de Bétique ; mais il est probable que la clause de non garantie devint bien vite une clause de style ; de là à être sous-entendue, alors même qu'elle avait été omise, il n'y avait qu'un pas ; il était franchi au iii⁰ siècle et même au ii⁰ siècle ; la non-garantie était devenue de droit dès cette époque : en effet la loi 8, § 1. Dig., 13, 7. *De pign. act.*, qui émane de Pomponius 35 *ad Sabinum*, et que pour cette raison M. Lenel (1) rapporte à la fiducie, indique que la garantie n'est due par le créancier vendeur que si une clause formelle de garantie a été exprimée ; cette loi 8, § 1. Dig., 13, 7, est donc conçue identiquement dans le même esprit que notre loi 22, § 4. Dig., 13, 7 ; il en est de même d'une loi 36, § 1. Dig., 50, 1. *Ad municipalem*, qui émane du livre 1 des Réponses de Modestin, contemporain d'Ulpien, et que M. Lenel (1) dans sa *Palingenesia juris* rapporte aussi à la fiducie. Le créancier fiduciaire était donc désormais assimilé sur ce point à un créancier hypothécaire ; ici encore le but de l'opération avait influé sur les effets qui auraient dû dériver de sa seule nature ; c'est ainsi que le droit relatif à la fiducie, de purement conventionnel qu'il était à l'origine, devint peu à peu légal.

γ. — *Rapports entre le créancier vendeur et le débiteur exécuté.* — Le créancier qui a vendu le bien donné en fiducie a le droit de se désintéresser sur le prix pour toute la somme qui lui est due, mais seulement pour cette somme : tel est le principe absolu.

1. Cf. Table des textes interpolés de M. Lenel ; Table A, n. 39 et 25.

Il se peut que le prix atteint par la vente de la *res fiduciaria* soit supérieur à la valeur de la créance garantie ; il y a alors un excédant, c'est le *superfluum ;* le créancier doit le restituer au débiteur, et s'il tarde à faire cette restitution, il lui doit de ce chef des intérêts (Paul, II, 13, §§ 1 et 1. a) : peut-être à l'origine une convention formelle de restitution du *superfluum* était-elle aussi indispensable, c'est sans doute ce qu'a pensé M. Eck (1), dans son essai de reconstitution des tablettes de Pompéi ; en tous cas l'obligation pour le créancier de restituer le *superfluum* au débiteur était une obligation légale à l'époque de Paul, au IIIe siècle après J.-C. Il y a un texte intéressant qui se réfère au *superfluum* ; c'est la loi 6, § 1, Dig. 13, 7, *De pign. act.,* tirée du livre 35 de *Pomponius ad Sabinum,* et que pour cette raison M. Lenel (2) dans sa *Palingenesia juris* rapporte à la fiducie : si le créancier vend la *res fiduciaria* plus que la dette, nous dit *Pomponius,* et qu'il place ce surplus à intérêts, il doit compte des intérêts de ce surplus à son débiteur ; s'il a lui-même employé cet argent à son usage, il en doit aussi l'intérêt au débiteur ; s'il l'a gardé à titre de dépôt, il ne doit pas d'intérêt. Nous avons vu cependant dans les Sentences de Paul (II, 13, § 1. a) (3) la solution contraire même pour cette dernière hypothèse lorsque le créancier a trop tardé à restituer le *superfluum* à

---

1. *L. c.,* n. 11.
2. Cf. Table des textes interpolés de M. Lenel. Table A, n. 38.
3. Cf. Loi 7, Digeste, 13, 7. *De pign. act.* Paul. 2. Sentent.

son débiteur qui le lui réclamait : « *Si autem tardius super-fluum restituat creditor in quod apud eum depositum est, ex mora etiam usuras debitori hoc nomine præstare cogendus est* » ; c'est qu'alors en réalité on se trouve dans la seconde hypothèse, celle où le créancier a employé l'argent à son usage. D'ailleurs le créancier non payé à l'échéance peut préférer garder le bien donné en fiducie comme sûreté de sa créance jusqu'à ce que son débiteur puisse se libérer, plutôt que de vendre à un prix désavantageux qui ne suffirait pas à le désintéresser : dans ce cas le créancier, s'il a prêté sans stipuler d'intérêts, pourra continuer à jouir des fruits de la *res fiduciaria* à titre d'intérêts ; c'est là du moins ce que nous semble avoir voulu dire Paul (II, 13, § 1. b), si tant est toutefois que ce passage qui nous parle des fruits « *rei pigneratæ* » doive être rapporté à la fiducie, ainsi que l'a pensé M. Krueger, dans son édition des Sentences de Paul.

ẟ. *De la dominii ou de la possessionis impetratio.* — Lorsque le créancier ne trouve pas à vendre la *res fiduciaria*, ou qu'il n'en trouve qu'un prix dérisoire, ne peut-il pas à l'instar du créancier gagiste s'adresser à l'Empereur pour lui demander à conserver le bien donné en fiducie pour se désintéresser, en mettant fin à ses rapports avec le *fiduciæ dans* et en attendant le moment opportun pour la vente ? Cette demande est inutile lorsque les parties ont convenu d'une *lex commissoria*, car elle a précisément cet effet (Cicéron, *ad Familiares*, XIII, 56, § 2), ou lorsque le débiteur consent de lui-même à se libérer en faisant à son créancier *datio in solutum* de la *res fiducia-*

ria elle-même (Loi 34, Dig., 13, 7 *De pign. act.*) ; mais il est possible que le *pactum fiduciæ* ne contienne aucune *lex commissoria*, et que le débiteur ne consente pas à cette *datio in solutum*, en espérant toujours pouvoir se libérer un jour et recouvrer son bien ; que faut-il donc décider dans ce cas ? M. Rudorff (1) pense que le créancier pouvait alors recourir à une *domini impetratio* ; il aurait donc été assimilé sur ce point au créancier gagiste ; sans doute le créancier fiduciaire a la propriété de la *res fiduciaria*, on se demande dès lors pourquoi il aurait besoin de demander à l'acquérir ; mais c'est que cette propriété n'est que provisoire, le créancier fiduciaire en réalité n'est qu'un créancier qui a une sûreté réelle ; par la *dominii impetratio*, il demande que cette sûreté se transforme en une propriété définitive à son profit. Telle est la théorie de M. Rudorff ; elle nous paraît inexacte ; car il est faux que la propriété du créancier fiduciaire ne soit pas une propriété ordinaire ; la preuve, c'est que s'il aliène la *res fiduciaria* au profit d'un tiers, cette aliénation est valable et le tiers n'a pas à craindre d'être inquiété par le *fiduciæ dans*.

C'est ce qu'a pensé M. Lenel (2). Cet auteur a du reste découvert l'interpolation d'un texte qui condamne l'opinion précédente : c'est la loi 24, *Princ.* Dig., 13, 7. *De pign. act.* (3) qui est extraite du livre 30 d'Ulpien *ad Edic-*

---

1. *L. c.*, n. 8, pages 67 et 68.

2. *L. c.*, n. 4, page 111.

3. Cf. Table des textes interpolés de M. Lenel ; Table A, n. 54.

tum, et qui s'applique par conséquent à la fiducie ; Ulpien
nous parle là non pas d'une *dominii impetratio*, mais d'une
possessionis impetratio, ce qui se comprend à merveille.
M. Geny (1) repousse l'opinion de M. Lenel autant que celle
de M. Rudorff, par ce motif que la *dominii* ou la *possessionis
impetratio* serait une institution de date récente, inconnue
à l'époque classique ; mais alors comment les besoins
pratiques eussent-ils été satisfaits ? c'est ce que l'auteur
ne nous dit pas ; en outre, la loi 24, *Princ.*, Dig., 13. 7
nous semble tout à fait formelle, puisqu'elle se rapporte à
la fiducie ; il est vrai que M. Geny n'admet en principe
aucune des interpolations découvertes par M. Lenel, mais
il ne nous dit pas pourquoi, il se contente d'affirmer sans
discuter ; au contraire, la démonstration de M. Lenel nous
paraît irréfutable.

3. *Du paiement de la dette à l'échéance.* — Les textes
qui concernent la libération du débiteur dans la *fiducia cum creditore* sont assez nombreux : ils sont presque
tous interpolés. Les règles relatives à ce sujet sont du reste
conformes aux principes généraux du droit : tantôt la dette
est payée par un tiers, tantôt elle est payée par le débiteur
lui-même (Institutes, III, 29. Princ.) Les modes d'extinction de l'obligation sont d'ailleurs aussi variés que de droit
commun.

α. *Du paiement par un tiers.* — Paul dans ses Sentèn-
ces (II, 13, § 8) nous apprend que si le débiteur a deux
créanciers, au premier desquels il a donné un bien en

1. *L. c.*, n. 2, page 79.

fiducie pour sûreté de sa créance, le second créancier pourra le désintéresser afin de devenir lui-même créancier fiduciaire, de créancier purement chirographaire qu'il était auparavant ; mais si le créancier premier en date préfère conserver la *res fiduciaria* plutôt que de recevoir le montant de ce qui lui est dû, peut-être parce qu'il a prêté à gros intérêts ou parce que les fruits qu'il retire de la *res fiduciaria* sont pour lui une source de gain, il pourra satisfaire son désir en désintéressant lui-même le second créancer, en prenant sa place de créancier simplement chirographaire vis-à-vis du débiteur en ce qui concerne cette seconde créance. C'est ainsi que nous semble devoir être interprété ce passage de Paul : il ne peut pas s'agir en effet de deux créanciers successifs qui seraient l'un et l'autre créanciers fiduciaires du même bien ; car la fiducie n'est pas susceptible de fractionnement ; comme elle accompagne toujours un transfert de propriété, le débiteur ne peut pas donner à un second créancier ce qu'il a perdu en le donnant déjà à un premier. Deux textes viennent à l'appui de notre opinion ; ce sont la loi 15, Dig. 20, 6. *Quibus modis pignus... solvitur*, et la loi 4, Dig. 20. 4. *Qui potiores in pignore* ; le premier de ces fragments émane du livre 6 des Digestes de Scœvola, et le second est extrait du livre 35 de *Pomponius ad Sabinum* ; comme dans ces deux livres ces jurisconsultes traitaient de la fiducie ainsi que le montre la *Palingenesia juris* de M. Lenel (1), ces textes sont

1. Cf. Table des textes interpolés de M. Lenel. Table A, n. 45 et 40.

interpolés, ils s'appliquent à la fiducie, et non au *pignus*.

Une seule et même personne, nous dit Scœvola dans la loi 15, Dig., 20, 6, a hérité et du premier créancier à qui certains fonds avaient été donnés en fiducie, et du second créancier à qui quelques-uns de ces mêmes fonds avaient aussi été donnés en fiducie ; le débiteur offre de payer à cette personne ce qu'il a emprunté du second créancier ; Scœvola a répondu qu'elle devait être forcée à recevoir le paiement, en conservant intact son droit de créancier fiduciaire relativement à la première créance. Le semblant de raison que l'héritier de ces deux créanciers successifs pouvait trouver à la résistance qu'il mettait à recevoir son paiement était le suivant : il était devenu le créancier unique du débiteur, dès lors il lui semblait qu'il pouvait invoquer l'indivisibilité de la fiducie pour soutenir que celle-ci garantissait à la fois les deux créances ; mais l'indivisibilité ici était hors de cause, car il s'agissait de deux créances successives ; la seconde opération fiduciaire était même nulle, puisqu'elle portait sur des fonds dont le débiteur avait déjà perdu la propriété ; seulement comme le débiteur n'avait payé que la seconde créance, Scœvola a répondu que l'héritier conservait ses droits de créancier fiduciaire pour la première créance qui, elle, avait toujours été garantie valablement par la fiducie ; c'est la solution inverse que le jurisconsulte aurait certainement donnée si le débiteur au lieu de commencer par payer la seconde créance s'était acquitté d'abord de la première créance envers l'héritier.

Ecoutons maintenant Pomponius dans la loi 4, Dig., 20,

4 : si un débiteur, nous dit-il, avant de libérer une *res fi-*
duciaria donnée à un premier créancier, la donne à un
autre pour argent prêté, et qu'avant de payer aucun des
deux créanciers, il vende au premier une chose différente
de celle qu'il lui a engagée, en compensant ce qui lui est
dû à titre de vente avec ce qu'il lui doit d'ailleurs, on
peut dire que cette compensation a le même effet que si
le premier créancier avait été payé; car peu importe que
le débiteur ait payé son créancier ou qu'il ait compensé ce
qu'il lui devait avec ce qui lui était dû par lui ; c'est
pourquoi dans ce cas le second créancier commencera à
voir sa situation s'améliorer, puisqu'il aura une sûreté
qu'il n'avait pas jusque-là, « *et ideo posterioris creditoris*
causa est potior ». Nous voyons ici une pratique analogue
à celle qui nous est signalée par Paul (II, 13, § 3) : le
débiteur a emprunté à un taux désavantageux, il trouve
ensuite une personne qui aurait consenti à lui prêter à de
meilleures conditions pourvu qu'elle reçût un bien en fiducie, cette personne a confiance dans le débiteur, elle lui
avance les fonds nécessaires pour désintéresser le premier créancier, le débiteur obtient dès lors la remancipation du bien qu'il avait engagé, et désormais il lui est
possible de faire au profit de son nouveau créancier ce
que le droit aurait empêché d'accomplir valablement auparavant : il peut maintenant lui constituer une fiducie,
tandis que l'opération fiduciaire eût été nulle si elle était
intervenue au profit du second créancier avant que le
premier eût été désintéressé. On ne saurait donc trouver
à propos du passage des Sentences de Paul (II, 13, § 8),

une interprétation différente de celle que nous avons donnée.

γ. *Du paiement par le débiteur lui-même.* — Il y a d'a-
bord un texte relatif au paiement proprement dit, à la
solutio, qui applique les principes généraux au paiement
dans la *fiducia cum creditore :* c'est la loi 22, Dig., 46,
3. *De solutionibus et liberationibus* qui est empruntée au
livre 13 des Digestes de Julien, et qu'il faut dès lors rapporter à la fiducie, ainsi que l'a fait M. Lenel (1). Si un
esclave est devenu créancier par suite de l'administration
de son pécule, et que le débiteur ignorant la mort du maître, ait payé avant que l'hérédité ait été acceptée, il sera
néanmoins libéré ; la même règle s'applique si même
après l'affranchissement de l'esclave le débiteur le paye,
ignorant qu'on ne lui a pas laissé son pécule ; et peu importe que l'argent lui ait été compté du vivant du maître
ou après sa mort, même dans ce dernier cas le débiteur
est libéré ; c'est de même que celui qui a reçu l'ordre de
son créancier de payer une somme d'argent à Titius paye
valablement à ce Titius, même après la mort du créancier duquel il a reçu cet ordre, pourvu qu'il ait été dans
l'ignorance de cette mort.

Le paiement de la dette en espèces est encore visé
par la loi 24, § 1. Dig., 13, 7. *De pigner. actione;*
ce texte est extrait du livre 30 d'Ulpien *ad Edictum,*
où il était traité de la fiducie à côté du *depositum;*
comme il est impossible de trouver son application au

1. *L. c.,* n. 4, p. 117.

depositum, il faut avec M. Lenel (1) le rapporter à la
fiducie : on demande, nous dit Ulpien dans ce fragment,
si le débiteur qui a payé son créancier fiduciaire en mau-
vaises espèces peut intenter l'*actio fiduciæ directa* pour
réclamer la remancipation de la *res fiduciaria* en invoquant son paiement ; il est certain, nous répond le jurisconsulte, que le débiteur ne peut pas intenter cette action,
et qu'il n'est pas libéré, car le paiement fait en mauvai-
ses espèces ne libère pas celui qui paye de cette façon, et
cet argent doit lui être rendu. C'est surtout ce passage
qui a permis à M. Lenel de reconstituer les mots de la
formule « *Eamque pecuniam solutam esse* » : « lorsque
Ulpien, nous dit l'auteur, se pose la question de savoir
si l'*actio fiduciæ* n'est pas fondée même par le paiement
de *nummi reprobi quasi soluta pecunia,* ces derniers mots
montrent clairement que comme condition mise à la condamnation, la formule contenait la phrase « *Eamque pecuniam solutam esse* ». — C'est aussi sans doute cette loi 24,
§ 1, Dig., 13, 7 qui a inspiré M. Eck (2) dans son essai de
reconstitution du diptyque de Pompéi ; il restitue, en effet,
de la façon suivante les lignes 2 et 3 de la table II, dont
l'état matériel est fort endommagé :

« mi, ea (dem) pro duobus (mancipiis probis nummis o) »
« mnis mihi ere (dive meo soluta,... etc.) ».

---

1. *L. c.,* n. 4, p. 111. Cf. Table des textes interpolés de M. Lenel,
table A, n. 11 et 55.
2. *L. c.,* n. 11.

La *datio in solutum* intervenait aussi dans la *fiducia cum creditore* ; nous en avons déjà trouvé un exemple dans la loi 34, Dig., 13, 7 ; nous en trouvons une autre application dans la loi 50, § 1, Dig., 23, 3. *De jure dotium*, dont l'interpolation et la référence à la fiducie, mises en pleine lumière par M. Gradenwitz (1), sont admises à peu près par tous les auteurs, par M. Lenel dans sa *Palingenesia juris* (2), par M. Ubbelohde (3), et même par M. Geib (4). Si le débiteur a donné en fiducie le fonds Cornélien, et qu'ensuite il ait donné le fonds Titien, Africain nous dit qu'il est hors de doute que le débiteur peut à l'instant « *statim* » intenter contre son créancier l'*actio fiduciæ directa*, pour le contraindre à lui rendre le fonds Cornélien.

Une délégation ou une novation pouvaient aussi être employées en vue d'éteindre l'obligation. Ce fait nous est attesté pour la novation par la loi 15, Dig., 46, 2. *De novation. et delegationibus* et pour la délégation par la loi 12, Dig., 46. 2, *eod. tit.*; ces deux fragments doivent, selon la découverte de M. Lenel (5), être considérés comme interpolés et comme s'appliquant à la fiducie, puisque le premier est extrait du livre 13 des Digestes de

---

1. *L. c.*, n. 13.
2. Cf. Table des textes interpolés de M. Lenel. Table A, n. 1.
   Cf. Table de concordance Lenel-Gradenwitz. Table C, n. 3.
3. *L. c.*, n. 16.
4. *L. c.*, n. 12.
5. *L. c.*, n. 4, p. 116. Cf. Table des textes interpolés de M. Lenel ; Table A, n. 9, 10 et 30.

Julien et le second du livre 31 de Paul *ad Edictum*, livres dans lesquels ces jurisconsultes traitaient de la fiducie à côté du *depositum*, et puisque d'autre part toute référence de ces textes au *depositum* est impossible à concevoir. Julien dans la loi 15. Dig., 46, 2 nous dit que la novation éteint toute possibilité de réclamation de la part du créancier qui avait stipulé une clause pénale pour retard apporté dans le paiement de la dette. Paul de son côté dans la loi 12, Dig., 46, 2, fait aussi l'application des principes : Si quelqu'un a délégué son débiteur qui savait pouvoir se défendre par l'exception de dol, ce délégué est considéré comme agissant dans une intention libérale s'il ne se prévaut pas de l'exception ; mais si c'est en ignorant l'existence de l'exception en sa faveur qu'il s'engage vis-à-vis du nouveau créancier, à la vérité il ne pourra user d'aucune exception contre ce créancier, parce que celui-ci reçoit ce qui lui est dû ; il a seulement un recours contre son délégataire, celui-ci est soumis à la *condictio incerti* si c'est autre chose que de l'argent qui a été payé par le délégué, à la *condictio certi* si c'est de l'argent qui a été payé par le délégué ; celui-ci dans ce dernier cas peut agir en vertu du mandat qu'il a reçu d'avoir à payer.

Enfin un texte, la loi 40, Dig., 12, 2. *De jurejurando*, qu'il faut encore avec M. Lenel (1) rapporter à la fiducie, parce qu'il émane du livre 13 des Digestes de Julien, nous dit que la dette peut aussi être éteinte par le serment du

1. *L. c.*, n. 4, p. 117.

débiteur. Le serment par lequel le débiteur affirme ne rien devoir, libère la *res fiduciaria*, nous dit Julien, car il a la même force qu'une remise de dette consentie par le créancier ; il est certain, ajoute le jurisconsulte, que l'exception engendrée par ce serment est perpétuelle ; ainsi si le créancier voulait se prévaloir d'une clause pénale qu'il avait stipulée, le débiteur pourrait l'écarter par une exception, il pourrait même répéter la somme qu'il aurait payée au créancier parce que le serment intervenu met fin à toute contestation, « *utpote cum interposito eo ab omni controversia discedatur* ».

Tels sont les divers modes d'extinction de la dette garantie par une fiducie dont nous parlent les textes : comme le dit M. Lenel (1), c'est à propos de l'examen des mots de la formule de l'*actio fiduciæ directa* « *Eamque pecuniam debitam solutam, eove nomine satisfactum esse* », et en vue de développer leur signification que les prudents Romains s'en sont occupés.

Quels sont les effets produits par la libération de la dette ? De même qu'elle met fin aux rapports établis entre le créancier et le débiteur, de même elle apporte un terme aux rapports établis entre le fiduciaire et le *fiduciæ dans ;* ce second effet n'est que la conséquence du premier ; c'est ainsi que le débiteur après avoir payé son créancier peut exiger de lui une remancipation de la *res fiduciaria* ; c'est ce que constatent tous les auteurs et notamment M. Rudorff (2), qui s'exprime d'une façon

1. *L. c.*, n. 4.
2. *L. c.*, n. 8, p. 65.

générale, et M. Lenel (1), qui s'en explique à propos de la novation et du serment ; en un mot le paiement de la dette donne ouverture à l'exercice de l'*actio fiduciæ*. C'est l'étude de cette action dans la *fiducia cum creditore* que nous abordons maintenant.

4. *De l'actio fiduciæ dans la fiducia cum creditore*. — Cette action qui sanctionne la fiducie dans cette application ne présente-t-elle aucune particularité dans sa nature ? Telle est la première question qui s'offre à notre examen. Quant aux effets de l'*actio fiduciæ* dont l'étude suivra, ils peuvent être divisés en deux catégories assez distinctes : les uns ne sont pas en réalité propres à la *fiducia cum creditore*, ce sont ceux qui dérivent, du but même de la *fiducia* dans le droit des choses, appliqués par les textes à la *fiducia cum creditore ;* les autres au contraire sont propres à cette application de la fiducie, ils ne se rencontrent nulle part ailleurs. Telle est donc la division qui s'impose à nous dans l'étude successive de l'*actio fiduciæ directa* et de l'*actio fiduciæ contraria*.

a) De l'actio fiduciæ directa.

α. *Sa nature*. — L'*actio fiduciæ directa* est-elle transmissible ? Cette question semble au premier abord bizarre : puisque l'*actio fiduciæ directa* est contractuelle, elle doit être transmissible. Elle ne se pose pas du reste au point de vue de la transmissibilité passive, l'obligation du créancier fiduciaire passe à ses héritiers (Paul, II, 13, § 6). C'est au sujet de la transmissibilité active que la dis-

1. *L. c.*, n. 4, p. 116 et 117.

cussion s'est élevée : les héritiers du *fiduciæ dans* ont-ils comme l'avait leur auteur, le droit d'intenter l'*actio fiduciæ directa*? Il y a, se référant à ce sujet, un texte qui a reçu bien des interprétations différentes ; c'est le chapitre 6, § 8, de la *Consultatio cujusdam veteris jurisconsulti* qui est ainsi conçu : « *Heredibus debitoris adversus creditorem qui pignora vel fiducias distraxit, nulla actio datur, nisi a testatore inchoata ad eos transmissa est* ».

Ce passage qui est présenté comme émanant de Paul, semble donc au premier abord refuser aux héritiers du débiteur l'*actio fiduciæ directa* d'une manière tout à fait générale : c'est en ce sens que l'entend en effet M. d'Ihering (1) ; d'après lui, il y aurait là un vestige du caractère délictuel de l'*actio fiduciæ*, caractère qui aurait subsisté sur ce point ; l'*actio fiduciæ* serait refusée aux héritiers du *fiduciæ dans*, de même que l'*actio injuriarum* aux héritiers de la victime de l'injustice (Gaïus, IV, § 112). Mais il est certain que l'*actio fiduciæ* était contractuelle ; son caractère de bonne foi nettement accentué par les textes (*Lex Julia municipalis*, ligne 112 ; Cicéron *Pro Roseio Com.*, ch. 6, § 16 ; Gaïus, IV, §§ 62 et 182) suffit amplement à le prouver ; en outre la comparaison faite par M. d'Ihering entre l'*actio fiduciæ* et l'*actio injuriarum* est malheureuse parce qu'elle est inexacte, car tandis que Gaïus (IV, § 112) nous dit que l'*actio injuriarum* n'est donnée ni aux héritiers de la victime, ni contre les héritiers de l'auteur du délit, Paul (Sentences, II, 13, § 6) est très explicite pour dire

1. *L. c.*, n. 6.

que l'*actio fiduciæ* atteint les héritiers du fiduciaire eux-mêmes ; c'est uniquement la transmissibilité active de l'action qui est en question ici ; il y a même plus : s'il était vrai, comme le pense M. d'Ihering, que le passage de la *Consultatio* doive être expliqué par le caractère délictuel de l'*actio fiduciæ directa*, il serait bien curieux que cette même action puisse être intentée contre les héritiers du fiduciaire ; le caractère délictuel aurait dû entraîner une intransmissibilité totale, et même passive plutôt qu'active.

Le chapitre 6, § 8 de la *Consultatio* ne statue donc pas d'une manière générale ; il vise un cas tout à fait spécial ; c'est ce que n'a pas compris non plus M. Geny (1), qui veut expliquer notre texte d'après une opinion spéciale attribuée à Paul sur l'intransmissibilité de certaines actions telles que la pétition d'hérédité et l'action en délivrance d'un legs (*Consultatio veteris cuj. jurisc.*, ch. 6, §§ 5 et 6).

Quel est donc le cas particulier que le jurisconsulte a eu en vue dans notre § 8 ? M. Dernburg (2) a émis une explication séduisante : d'après cet auteur, il s'agit du cas où il y a eu au profit du créancier une *lex commissoria* subordonnée au prédécès du débiteur avant l'exercice de l'action ; les parties ont convenu que si le débiteur mourait avant de s'être acquitté et par suite d'avoir pu intenter l'*actio fiduciæ directa* pour obtenir la *remancipatio*, le créancier deviendrait propriétaire définitif de

1. *L. c.*, n. 2, p. 44.
2. *L. c.*, n. 1, p, 15 et 16.

la *res fiduciaria* sans que les héritiers du débiteur puissent avoir le droit de lui offrir son paiement (1).

Malgré son apparence de vraisemblance, cette opinion nous paraît cependant devoir être repoussée : en effet, il ne peut pas s'agir là d'une *lex commissoria*, le texte nous parle d'un créancier « *qui fiducias distraxit* » ; or, tel n'est pas l'effet de la *lex commissoria*, elle ne donne pas simplement au créancier le droit de vendre, elle le rend propriétaire incommutable en éteignant la dette. A notre avis, le jurisconsulte a voulu prévoir l'hypothèse suivante, qui est d'ailleurs très simple : les parties ont convenu d'un *pactum de non vendendo* ; le débiteur ne s'acquitte pas à l'échéance et il meurt ; le créancier vend la *res fiduciaria* nonobstant la clause contraire ; les héritiers du débiteur ne pourront pas lui en faire un reproche en intentant de ce chef l'*actio fiduciæ directa*, pas plus que le débiteur ne l'aurait pu lui-même de son vivant ; car le *pactum de non vendendo* est inefficace ; cette manière de voir nous semble, outre sa vraisemblance intrinsèque, trouver un appui dans le rapprochement du § 8 du ch. 6 de la *Consultatio* avec le passage des Sentences de Paul (II, 13, § 5) où il nous est parlé de l'inefficacité de cette convention : « *nulla actio datur* », est-il dit dans le premier passage ; et Paul dans le second ajoute « *nec enim in tali conventione fiduciæ actio nasei potest* ». Une objection pourtant vient tout de suite à l'esprit : s'il est vrai qu'il s'agit d'une vente de la *res fiduciaria* par le

---

1. Cette explication a été admise par M. Oertmann, *L. c.*, n. 26.

créancier nonobstant un *pactum de non vendendo*, le débiteur lui-même ne pourrait pas de ce chef intenter l'*actio fiduciæ* ; or, comment se fait-il que le texte dans sa partie finale semble dire le contraire, puisque l'action passera aux héritiers si elle a été intentée par leur auteur « *nisi a testatore inchoata ad eos transmissa est* » ? la contradiction n'est qu'apparente : si, dans le cas où l'action a déjà été intentée par le débiteur de son vivant, elle passe à ses héritiers, c'est qu'alors le débiteur qui intente cette action l'intente à bon droit parce qu'il a payé sa dette avant la vente du bien donné en fiducie, et que dès lors le créancier est en faute d'avoir procédé à cette vente. En réalité le passage de la *Consultatio* vise une hypothèse à deux branches : un *pactum de non vendendo* a été conclu ; le débiteur est mort après l'échéance de la dette ; a-t-il payé cette dette de son vivant et avant l'échéance, l'*actio fiduciæ* qu'il a intentée pour réprimer la mauvaise foi du créancier, qui a vendu la *res fiduciaria* après avoir été payé est transmissible à ses héritiers ; au contraire, s'il n'a pas payé la dette avant l'échéance, le créancier a pu vendre la *res fiduciaria* à bon droit, malgré le *pactum de non vendendo* ; ni le débiteur de son vivant, ni ses héritiers après sa mort ne pourront intenter l'*actio fiduciæ* en se fondant sur ce chef. Telle nous semble avoir été la pensée du jurisconsulte.

β. *Ses effets.*

Effets dérivant du but de la fiducie dans le droit des choses appliqués à la *fiducia cum creditore*. — Le but de la fiducie est toujours d'obtenir la retrans-

lation de propriété de la *res fiduciaria;* le premier
effet de l'*actio fiduciæ directa* est de satisfaire ce but.
Nous avons relativement à ce sujet deux textes, qui l'un
et l'autre sont interpolés et se réfèrent à la fiducie,
ainsi que l'a démontré M. Lenel (1), puisqu'ils émanent
l'un du livre 13 des Digestes de Julien, et l'autre du livre
30 d'Ulpien *ad Edictum :* ce sont la loi 23, Dig., 19, 1.
De actionib. empti vend., et la loi 24, § 3, Dig., 13, 7.
De pign. act.

Dans le premier de ces fragments Julien nous dit
que celui qui, ayant vendu un esclave, l'a affranchi
avant de le livrer à l'acheteur est tenu de rendre à ce
dernier non seulement le pécule de l'esclave, mais encore
tout ce que ce dernier a acquis même après son affranchissement, et tout ce qu'il aurait aussi fait acquérir à
son maître, notamment l'hérédité de cet affranchi que le
vendeur a recueillie comme patron, en un mot, comme
le dit Marcellus cité par Julien, tout ce que l'acheteur eut
acquis si l'affranchissement n'avait pas eu lieu ‹ *illa
præstare venditor ex empto debet, quæ huberet emptor,
si homo manumissus non esset.* » Comme le dit M. Lenel (2),
le motif pour lequel Julien applique ici par analogie les
règles juridiques de la vente est clair : l'un des cas les
plus ordinaires du manque de bonne foi dans la *fiducia*
est certainement celui où le fiduciaire a rendu impossible

---

1. *L. c.,* n. 4, pages 111 et 120. Cf. Table des textes interpolés
de M. Lenel, Table A, n. 19 et 55.

2. *L. c.,* n. 4, p. 120.

la *remancipatio* de l'esclave mancipé *fiduciæ causa* en l'affranchissant.

Le créancier fiduciaire n'est pas seulement tenu de restituer la *res fiduciaria* en la remancipant, il est en outre obligé de la restituer en bon état ; c'est ce que nous dit Ulpien dans la loi 24, § 3, Dig., 13, 7 : le créancier est soumis à l'*actio fiduciæ directa* relativement aux mauvais traitements qu'il a fait subir à la *res fiduciaria,* par exemple s'il a altéré la santé des esclaves donnés en fiducie ; cependant s'il les a corrigés, mis aux fers, ou livrés au magistrat pour les punir des délits qu'ils avaient commis, il n'est pas soumis à cette action ; ainsi s'il prostitue une *ancilla* qui lui a été donnée en fiducie ou s'il la force à accomplir quelque action illicite, l'action *fiduciæ directa* peut être intentée. Voilà des effets de cette action dont les textes nous parlent à propos de la *fiducia cum creditore*, et qui sont communs à toutes les applications de la fiducie dans le droit des choses.

Effets propres à la *fiducia cum creditore.* — Les uns sont engendrés par les conventions accessoires du *pactum fiduciæ,* les autres par la loi, lorsque le droit commun s'applique à défaut de conventions accessoires. Parmi les premiers figure un effet engendré par le *pactum de vendendo ;* celui-ci même après que la faculté de vendre fut devenue légale dut continuer à être d'un usage assez fréquent ; car les parties y réglaient d'une façon détaillée les conditions de la vente ; l'intérêt à écarter ainsi le droit commun était réciproque, pour le débiteur le *pactum de vendendo* continua à être avantageux en ce sens qu'il lui

20

permit toujours de mettre certains obstacles à la vente
du bien par le créancier non payé à l'échéance, de façon
à gagner ainsi du temps et à pouvoir se libérer ; quant
au créancier, il lui importait aussi de voir sa responsabilité nettement délimitée à l'avance par une convention, il
ne sera obligé envers le *fiduciæ dans* que s'il viole ce
pacte. C'est précisément en ce sens que se trouve la loi
10, Dig., 18, 2. *De in diem addictione*, qui est extraite du
livre 13 des Digestes de Julien, et qui dès lors se réfère à
la fiducie, ainsi que nous l'avons déjà vu : les parties ont
convenu que le créancier, s'il n'était pas payé à l'échéance,
ne pourrait vendre la *res fiduciaria* qu'en ajoutant à cette
vente une clause d'*addictio in diem ;* si le créancier ne se
conforme pas à cette condition, il encourt les effets de
l'*actio fiduciæ directa ;* mais que faut-il décider, dit Julien, si un nouvel acquéreur plus offrant n'est pas solvable
et ne s'est présenté que pour empêcher la vente ? dans ce
cas, répond le jurisconsulte, le créancier ne courra aucun
risque d'adjuger la chose au premier acheteur. Cette solution se comprend très bien si on la rapproche du principe posé dans la loi 26, Dig., 46, 3. *De solutionib. et libe-*
rationib. déjà examinée, et d'après lequel c'est le créancier
qui court le risque de l'insolvabilité de son acheteur, du
moment qu'il a vendu la *res fiduciaria* à un prix supérieur ou au moins égal à sa créance, ce qui libère le débiteur ; dans notre hypothèse d'*addictio in diem*, il doit
donc être permis au créancier d'opter pour celui des ache-
teurs qu'il croit solvable.

Un autre fragment emprunté aux Sentences de Paul

(I, 9, § 8) prévoit ainsi le cas où le créancier a violé les conditions du *pactum de vendendo :* Paul dans ce passage suppose que c'est un *minor XXV annis* qui réclame contre la vente des biens donnés en fiducie par son père à un créancier qui a vendu mal à propos « *non ita ut oportuit :* » le *minor XXV annis* pourra obtenir du magistrat une *restitutio in integrum.* C'est l'application des principes généraux.

Dans le même sens se trouve la loi 16, *Princ.*, Dig., 13, 7. *De pign. act.* qui est extraite du livre 6 *des Digestes de Marcellus* et qui dès lors se rapporte à la fiducie, puisque, comme le montre la *Palingenesia juris* de M. Lenel (1), Marcellus dans ce livre traitait de notre institution sous un titre *De fiducia :* si le tuteur dans les cas permis par la loi, dit-il, a donné en fiducie le bien du pupille, l'opération doit être déclarée valable, pourvu que la dette qu'il a contractée ait tourné au profit du pupille ; il en est de même du curateur d'un *minor XXV annis* ou d'un fou.

Arrivons maintenant aux effets propres à la *fiducia cum creditore*, qu'engendre le droit commun. —La vente opérée par le créancier non payé peut produire un *superfluum.* La loi 24, § 2, Dig., 13, 7. *De pign. act.* qui, nous l'avons vu, se réfère à la fiducie, raisonne sur cette hypothèse : si le créancier, nous dit Ulpien 30 *ad Edictum*, a vendu la *res fiduciaria* pour un prix plus considérable que ce qui lui est dû, mais qu'il n'ait pas encore exigé le prix de l'acheteur, le débiteur pourra-t-il intenter contre lui l'*actio fiduciæ directa*

---

1. Cf. Table des textes interpolés de M. Lenel; Table A, n. ?2.

pour l'obliger à rendre ce dont le prix excède la dette? ou bien le débiteur doit-il attendre que le prix soit payé par l'acheteur, ou se contenter du transport que le créancier est prêt à lui faire de son *actio venditi* contre l'acheteur? Je pense, répond le jurisconsulte, que le débiteur ne peut pas forcer le créancier à lui payer l'excédant du prix, mais qu'il doit attendre ou prendre le parti de se faire céder l'*actio venditi* aux risques du créancier vendeur; mais si le créancier a déjà reçu le prix, il doit restituer le *superfluum* au débiteur. Ce texte est en harmonie avec la loi 26, Dig., 46, 3, que nous citions tout à l'heure pour la rapprocher de la loi 10, Dig., 18, 2 : la solvabilité du tiers-acheteur est aux risques du créancier vendeur; mais cette loi 10, Dig., 18, 2 et notre loi 24, § 2, Dig., 13, 7, nous montrent que dans la fiducie qui présente au plus haut degré le caractère de bonne foi les jurisconsultes Romains ont donné des solutions de nature à concilier à la fois tous les intérêts en jeu.

A côté du *superfluum* qui doit être rendu par le créancier, il y a les fruits de la *res fiduciaria* dont le créancier ne peut plus jouir en principe dès qu'il a été satisfait par la vente du bien, à moins toutefois qu'il ait prêté sans intérêts : c'est ainsi du moins que nous avons cru devoir interpréter un passage de Paul (II, 13, § 1. b, édit. Krueger). C'est donc seulement à partir du moment où le créancier a reçu satisfaction qu'il cesserait d'avoir droit aux fruits de la *res fiduciaria* : en ce sens se trouverait la loi 22, § 2, Dig., 13, 7. *De pign. act.* qui est extraite du livre 30 d'Ulpien *ad*

Edictum (1), et qui se rapporte à la *fiducia cum credi-*
tore : au contraire, tant que la dette n'est pas éteinte,
le créancier à notre avis a la jouissance des fruits.
Cependant les auteurs qui ont étudié la fiducie ensei-
gnent le contraire : M. Dernburg (2) notamment pense
qu'il n'est pas invraisemblable qu'à l'origine on ait vu
dans l'acquisition par le créancier des fruits du bien
mancipé *cum fiducia* l'équivalent de la jouissance du
capital et des revenus qu'il peut produire au profit du débiteur, mais que, quand la *fiducia* fut sanctionnée, les fruits
perçus par le créancier diminuèrent le capital à rendre
par le débiteur ; il y aurait eu du reste une corrélation
dans le droit pour le créancier de se faire indemniser
des dépenses nécessaires et utiles en intentant l'*actio*
fiduciæ contraria ; en un mot, d'après M. Dernburg, ici
encore le but de l'opération fiduciaire aurait influé sur
les conséquences logiques qui auraient dû dériver de sa
nature ; le créancier fiduciaire était propriétaire en même
temps que créancier ; c'est cette dernière qualité qui aurait fini par prédominer ici comme sur beaucoup d'autres points. L'auteur entend citer à l'appui de son opinion
un texte des Sentences de Paul (II, 13, § 2), mais ce
pasage est loin d'être convaincant ; car Paul nous dit
« *Quidquid creditor per fiduciarium servum quæsiit, sor-*
tem debiti minuit » ; la dette se trouve diminuée par les
acquisitions de l'esclave, mais il n'y a là rien qui doive

---

1. Cf. Table des textes interpolés de M. Lenel; Table A, n. 52.
2. *L. c.*, n. 1, p. 180.

nous étonner, nous voyons ici quelque chose d'analogue
à ce qui se passe dans la *noxæ deditio* (*Collatio legum
Romanarum et Mosaïcarum,* tit. 2, chap. 3) ; mais cette
décision ne saurait être étendue aux fruits ; car les
acquisitions de l'esclave donné en fiducie, telles par
exemple qu'une hérédité qu'il recueille, ne sont pas des
fruits, ce sont des produits accidentels et imprévus, non
des produits périodiques et conformes à la destination
de la chose. Le créancier fiduciaire est propriétaire : à ce
titre il a droit aux fruits aussi longtemps qu'il a droit à
la propriété ; pour qu'il en fût autrement il faudrait un
texte formel qui dît le contraire. M. Voigt (1) croit sans
doute le trouver dans une constitution d'Alexandre Sévère de l'année 222, la loi 3, Code 4. 24 *De act. pignerat.*
qu'il considère comme interpolée, et qui en effet serait
tout à fait favorable à l'opinion que nous combattons ;
mais cet auteur ne fait aucune espèce de tentative
pour démontrer ou même pour expliquer cette prétendue interpolation. Il se borne à une pure affirmation,
et sa doctrine est restée complètement isolée. Ainsi
le débiteur par l'*actio fiduciæ directa* ne peut réclamer que les fruits que le créancier a perçus depuis
qu'il a été satisfait ; quant à ceux dont il a joui auparavant ils ne diminuent en aucune façon le capital de sa
créance, et ils lui restent acquis définitivement. Indépendamment de la logique des principes et de l'absence

1. *L. c.*, n. 5. Table de concordance Lenel-Voigt., Table B, β.
n. 11.

de tout document en faveur de la doctrine adverse, nous pouvons dans le sens de la nôtre invoquer des textes aussi formels qu'irrécusables. Ulpien 34 *ad Sabinum*, dans la loi 4, § 1, Dig., 12. 1. *De rebus creditis*, dont l'interpolation et l'application à la fiducie sont reconnues depuis M. de Savigny, et en tous cas Isidore de Séville, dans un texte non contesté qui est d'une clarté parfaite (Orig. V, ch. 25, § 17) nous disent que le débiteur n'a droit aux fruits que si un *precarium* ou une *locatio* lui a été consentie par le créancier ; c'est donc que sans cela, de droit commun, la jouissance de la *res fiduciaria* est réservée à ce dernier ; cette conclusion nous paraît inévitable.

b). De l'actio fiduciæ contraria.

α. Sa nature.

Nous ne trouvons ici aucune discussion analogue à celle que nous avons rencontrée à propos de la nature de l'*actio fiduciæ directa*. L'*actio fiduciæ contraria* est à coup sûr transmissible aux héritiers aussi bien au point de vue actif qu'au point de vue passif. C'est le principe commun à toutes les actions de bonne foi (Loi 7, § 1, Dig., 16, 3. *Depositi vel contra ;* loi 49, Dig., 44, 7. *De obligationibus et action.*). Du reste l'*actio fiduciæ contraria* est essentiellement contractuelle ; jamais elle n'a présenté le caractère délictuel.

β. Ses effets.

Effets dérivant du but de la fiducie dans le droit des choses, appliqués à la *fiducia cum creditore.* — Comme la fiducie est fondée sur la bonne foi, celle-

ci doit être observée aussi bien de la part du *fiduciæ dans* que de la part du fiduciaire. De même que celui-
ci est tenu de l'obligation de restitution, de même le *fiduciæ dans* est obligé de transférer la propriété de la *res
fiduciaria* ; et cette translation opérée par le *fiduciæ dans*
pas plus que la retranslation accomplie par le fiduciaire
ne doit intervenir dans des conditions telles qu'elle fasse
subir un préjudice à l'intéressé.

Le créancier a donc le droit de réclamer le montant des
dépenses nécessaires qu'il s'est vu forcé de faire pour la
conservation de la chose, alors même qu'en définitive cette
conservation n'aurait pas été atteinte. C'est ce que nous
dit Pomponius 35 *ad Sabinum* dans la loi 8, Princ., Dig.,
13, 7. *De pig. act.*, que M. Lenel (1) dans sa *Palingenesia
juris* rapporte à la fiducie : si le créancier fait des dépenses
nécessaires pour un esclave ou pour un fonds de terre qu'il
a reçu en fiducie, il a non seulement le droit de les retenir,
mais encore le droit de les réclamer par l'*actio fiduciæ
contraria* (2), par exemple s'il a payé les médecins qui ont
soigné l'esclave dans la maladie dont il est mort ou s'il a
réparé une maison qui par la suite a été brûlée en sorte
qu'il ne puisse plus retenir le montant de ses dépenses
par devers lui.

L'*actio fiduciæ contraria* servira même au créancier à

1. Cf. Table des textes interpolés de M. Lenel ; Table Λ,
n. 39.

2. Dans le même sens se trouve une constitution de Gordien de
l'année 241, la loi 7, Code, 4, 24. *De act. pig.* D'après M. Girard,

recouvrer les dépenses simplement utiles qu'il a faites relativement à la *res fiduciaria*, c'est ce que nous dit Paul d'une façon très claire (II, 13, § 7). — La loi 31, Dig., 13, 7. *De pig. act.*, qui est empruntée au livre 8 des Questions d'Africain et que M. Lenel (1) rapporte à la fiducie est conçue dans le même sens : l'esclave donné en fiducie commet un *furtum* au détriment du créancier ; il est loisible au débiteur de consentir à son abandon noxal, mais le créancier conserve l'*actio fiduciæ contraria* pour se faire indemniser complètement ; Julien cité par Africain nous dit formellement que cette solution est générale et qu'elle s'applique aussi bien au cas où la fiducie réalise un *commodat* ou un dépôt.

Effets propres à la *fiducia cum creditore*. — Le créancier à la différence du fiduciaire dans la *fiducia cum amico* peut intenter l'*actio fiduciæ contraria* si la *res fiduciaria* appartenait déjà à autrui, à moins qu'il n'ait eu lui-même connaissance de ce vice juridique. C'est ce que nous apprend Marcellus au livre 6 de ses Digestes, qui est cité par Paul dans la loi 16, § 1, Dig. 13, 7 *de pign. act.* qui,

ce texte doit être considéré comme interpolé; en effet il parle des « *res pigneraticias* » ; or, cette expression ne se rencontre nulle part ailleurs que dans les textes extraits du livre 35 de Pomponius *ad Sabinum* qui précisément sont interpolés et se rapportent à la fiducie. — C'est là du reste à notre avis le seul texte du Code que l'on puisse légitimement appliquer à la fiducie, par suite d'une interpolation. — *Contrà* M. Oertmann, *l. c.*, n. 26, p. 50 et 51; et M. Voigt, *l. c.*, n. 5.

1. Cf. Table des textes interpolés de M. Lenel; Table A, n. 2.

nous l'avons vu tout à l'heure, est interpolée. Les conditions dans lesquelles le créancier non payé à l'échéance
opère la vente de la *res fiduciaria* peuvent aussi donner
lieu à l'excercice de l'*actio fiduciæ contraria :* à ce sujet
se rattachent la loi 22, § 4, dig. 13. 7 *De pign. act.* et la
loi 8, § 1, dig. 13, 7 *eod. tit.* deux fragments qui sont interpolés, puisqu'ils sont extraits du livre 30 d'Ulpien *ad Edictum* et du livre 35 de Pomponius *ad Sabinum :* si un créancier en vendant la *res fiduciaria,* nous est-il dit dans le
premier de ces textes, s'est soumis à rendre le double du
prix en cas d'éviction, et qu'il ait été actionné et con-
damné en vertu de cette clause, pourra-t-il intenter contre
le débiteur l'*actio fiduciæ contraria*? il le pourra, répond
Ulpien, s'il a inséré cette clause dans la vente sans mauvaise foi et sans faute, et s'il s'est conduit à cet égard
comme un bon père de famille ; mais si cette clause n'a pas
rendu la vente plus avantageuse et qu'il eût pu vendre
la chose aussi cher et sans cette garantie, il n'aura aucun
recours. Ainsi avant de délivrer l'*actio fiduciæ contraria* au
créancier dans ce cas le magistrat se livrera à une appréciation minutieuse de sa conduite suivant les circonstances : telle aussi sera la mission du juge de l'*actio fiduciæ contraria* avant de condamner le débiteur. Quant à
Pomponius, il s'exprime ainsi dans le second passage :
si l'on a donné plusieurs esclaves en fiducie et que le
créancier en ait vendu quelques-uns un certain prix avec
la clause de garantie en cas d'éviction, et qu'il soit ainsi
payé de sa dette, le créancier peut néanmoins se refuser
à restituer les autres esclaves au débiteur jusqu'à ce que

celui-ci lui donne caution de l'indemniser de l'obligation qu'il a contractée par la clause de garantie. Ce dernier texte, la loi 8, § 1, Dig. 13, 7, montre qu'au II° siècle après J.-C. la non garantie du créancier vendeur était déjà devenue de droit, puisqu'il n'est soumis à cette garantie que s'il y est engagé par une clause spéciale. Ce résultat nous est encore attesté dans la loi 7, Dig., 21, 2. *De eviction. et duplœ stipulat.* qui se réfère à la fiducie parce qu'elle émane du liv. 13 des Digestes de Julien (1).

Dans un ordre d'idées différent, la loi 24, Princ., Dig., 13, 7. *De pign. act.*, tirée du livre 30 d'Ulpien *Ad Edictum*, nous donne une solution intéressante. Le créancier a fait *l'impetratio possessionis*, et sa demande a été favorablement accueillie, puis il a été évincé, aura-t-il *l'actio fiduciœ contraria?* à la vérité, remarque Ulpien, du moment que le créancier a ainsi obtenu une propriété incommutable, l'obligation est éteinte, et tout rapport a cessé d'exister entre les parties « *a contractu recessum* » ; mais on a décidé que le créancier aurait dans ce cas une *actio ex empto utilis,* comme si le bien engagé lui avait été donné en paiement par son débiteur ; et si le débiteur actionne le créancier par *l'actio fiduciœ directa* ou à l'occasion de quelque autre obligation ce dernier pourra demander la compensation.

Tels sont les effets propres à la *fiducia cum creditore,* sanctionnée par *l'actio fiduciœ contraria,* lorsque le droit commun s'applique, à défaut de conventions

1. Cf. Table des textes interposés de M. Lenel. Table A, n. 17.

accessoires. Les rapports engendrés par celles-ci peuvent aussi occasionner l'cxercice de l'*actio fiduciæ contraria*. Ce fait nous est attesté par Ulpien, 30, *Ad Edictum*, dans la loi 22, § 3, Dig., 13, 7. *De pign. act*.
Si après la vente de la *res fiduciaria* par le créancier non
payé à l'échéance, le débiteur à qui un *precarium* ou une
locatio a été consentie se refuse à restituer le bien qu'il
détient, il peut y être contraint par l'*actio fiduciæ contraria*.

III

LA FIDUCIA CUM CREDITORE ENVISAGÉE DANS DEUX EXEMPLES

1. *Introduction*. — Ces deux exemples pratiques sont
relatés par des documents épigraphiques, que nous avons
déjà mentionnés : une table de bronze trouvée en Espagne dans la province de Bétique en 1867 ou 1868 (Hübner, *Corpus inscriptionum latinarum*, tome 2, page 700,
n° 5042 ; Bruns, *Fontes juris romani antiqui*, page 251 ;
Giraud, *Novum enchiridion*, pages 655 et 656; Girard,
Textes de droit romain, pages 706 à 707), et des tablettes
de cire trouvées en Italie à Pompéi en 1887 (*de Petra,
Scialoja, Alibrandi, Tardif, Eck, Gradenwitz* (1); Girard,

1. *L. c.* n. 17, 18, 19, 10, 11 et 25

Textes de droit romain, pages 704 à 706).Ces sources nous sont déjà en partie connues:en effet,chacune de ces inscriptions se décompose en deux sections, dans la première desquelles se trouve relaté l'accomplissement de la dation fiduciaire, tandis que c'est la seconde qui contient la mention du *pactum fiduciæ* et de ses clauses accessoires ; nous avons donc eu l'occasion de nous en occuper soit à propos de la nature et des effets de la fiducie, soit à propos de la *fiducia cum creditore*. Les différents et assez nombreux auteurs (1) qui ont étudié ces inscriptions ont usé de l'une des deux méthodes suivantes : les uns, comme M. Rudorff (2) ont élargi le cercle de leur étude et présenté une théorie générale de la fiducie à propos de la table de Bétique ; les autres, comme MM. Degenkolb, Gide et Eck (3), s'en tenant à l'examen de nos deux inscriptions, ont suivi pour ainsi dire pas à pas chacune de leurs pressions pour les creuser dans tous leurs détails paléographiques historiques et juridiques.Ni l'un ni l'autre de ces procédés ne saurait nous convenir, parce que l'un comme l'autre attribue à l'examen de ces documents et à la *fiducia cum creditore* une importance hors de proportions avec l'ensemble d'une étude générale de la fiducie. Les questions qui doivent nous occuper sont de deux sortes : les unes sont des questions générales, telles par exemple que celles qui concernent la nature de l'inscrip-

---

1. *L. c.*, n. 7, 8, 9, 10, 11, 17, 18, 19.
2. *L. c.*, n. 8.
3. *L. c.*, n. 7, 9 et 11.

tion ; les autres sont relatives à la reconstitution exacte
et complète du texte du document ; c'est à ce sujet que
nous aurons à toucher à quelques points spéciaux. Ces
deux ordres de questions se présentent également pour
les deux inscriptions : mais tandis que c'est le premier
qui domine dans l'étude de la table de Bétique, parce que,
le bronze ayant résisté à l'action du temps, cette table
nous est parvenue à peu près intacte, au contraire c'est
le second ordre d'idées qui est de beaucoup le plus important en ce qui touche les tablettes de cire de Pompéi
parce que dans leur état matériel elles sont très muti-
lées.

2. *La table de Bétique.* — Il convient avant tout de présenter une reproduction de l'inscription fiduciaire espagnole telle qu'elle nous a été conservée, en mettant en regard la reconstitution exacte du texte du document telle
qu'elle est adoptée par la plupart des auteurs à quelques
détails près que nous aurons à examiner.

L'INSCRIPTION TRANSMISE

Dama L. Titi ser fundum Baianum (1) qui est in agro qui
Vereniensis vocatur pago Olbensi uti optimus maximusq
esset HS n I et hominem Midam HS n I fidi fiduciæ causa man
cipio accepit ab L. Baianio (2) libripendi antest ad fines eundo
5. dixit L. Baianius (2) L. Titium et C. Seium et populum et siquos di-
[cere oportet

1. A notre avis il faut lire Baia*nius* au lieu de Baia*nus*.
2. A notre avis il faut lire Baia*nus* au lieu de Baia*nius*.

pactum conventum factum est inter Damam L. Titi ser et L. Baian
quam pecuniam L. Baiano dedit dederit credidit crediderit ex
pensumve tulit tulerit sive quid pro eo promisit promiserit
spopondit fideve quid sua esse jussit jusserit usque eo is fundus
10. eaque mancipia fiduciæ essent donec ea omnis pecunia fides
ve persoluta L. Titi soluta liberataque esset si pecunia sua qua
que die L. Titio h ve ejus data soluta non esset tum uti eum
fundum eaque mancipia sive quæ mancipia ex is vellet L. Titi
us h ve ejus vellet ubi et quo die vellet pecunia præsenti
15. venderet mancipio pluris HS n I invitus ne daret neve satis secundum mancipium daret neve ut in ea verba quæ in verba satis s m dare solet repromitteret neve simplam neve...

RECONSTITUTION DE L'INSCRIPTION.

Dama L. Titii servus fundum Baianum qui est in agro qui
Vereniensis vocatur, pago Olbensi, uti optimus maximusq(ue)
esset, sestercio nummo uno, et hominem Midam, s. n. uno, fidi
[fiduciæ causa man-
cipio accepit ab L. Baianio libripend(e) antest (ato) adfines(f) undo
5. dixit L. Baianius L. Titium et C Seium et populum, et si quos
[dicere oportet.
Pactum conventum factum est inter Damam L. Titi(i) servum et
[L. Baian(ium) :
quam pecuniam L. (Titius) L. Baiano dedit dederit, credidit cre-
[diderit, ex-
pensumve tulit tulerit, sive quid pro eo promisit promiserit,
spopondit (spoponderit), fide quid sua esse jussit jusserit, usque
[eo is fundus
10. eaque mancipia fiduci(æ) essent, donec ea omnis pecunia (per-
[soluta) fides-
ve L. Titi soluta liberataque esset. Si pecunia sua quaque die L. Titio h(eredi)ve ejus data soluta non esset, tum uti eum

fundum eaque mancipia, sive quæ mancipia ex is vellet L. Titius h(eres)sve ejus vellet, ubi et quo die vellet, pecunia præsenti
15. venderet, mancipio pluris sestercio nummo uno invitus ne daret,
                                    [neve sa-
tis secundum mancipium daret, neve ut in ea verba quæ in verba satis (secundum mancipium) dari solet repromitteret, neve
                                [simplam neve duplam...

α. *Questions générales.* — Tous les auteurs sont d'accord sur les points suivants : tout d'abord la table de
bronze qui nous a été conservée faisait partie d'un diptyque dont elle formait la première table ; les mots « *neve
simplam, neve duplam...* » qui commencent une autre
phrase ainsi que nous le verrons en font foi; complète
en elle-même la table de Bétique ne nous relate qu'une
inscription incomplète, dont la seconde table a été perdue. En outre, il est certain que notre inscription mentionne une opération fiduciaire, les mots « *fidi fiduciæ
causa* » (ligne 3) et « *usque... fiduciæ essent* » (lignes 9
et 10) en témoignent suffisamment : c'est un exemple de
fiducia cum creditore, et une application de la *fiducia cum
servo contracta ;* c'est Dama, l'esclave de Titius, qui reçoit
en fiducie des esclaves et un fonds de terre de Baianus (1), pour garantie des créances dont son maître est
titulaire envers ce dernier. Mais quelle est la nature
exacte de notre document? Les auteurs sont ent désac-

1. Et non pas Baianius; c'est un point que nous examinerons
plus loin.

cord sur ce point : pour M. Mommsen (*Corpus inscriptionum latinarum de Hübner*, tome 2, page 700, n° 5042, note), dont l'opinion a été adoptée par M. Girard (1), l'inscription espagnole contient un modèle envoyé à un esclave par son maître en province pour y passer des contrats garantis par une mancipation fiduciaire ; d'après M. Rudorff (2), il s'agit d'un modèle général de *fiducia cum creditore* servant à un praticien ; M. Jourdan (3) pense qu'il s'agit d'un modèle général de *fiducia cum creditore* à l'usage des habitants d'une ville ou d'une colonie ; au contraire, M. Degenkolb (4) émet l'opinion que la table de Bétique est un document analogue à l'ὅρος οἰκίας πεπραμένης ἐπὶ λύσει connu des Grecs, et destiné à constater la constitution d'une sûreté réelle sur un immeuble, et M. Gide (5) incline aussi à croire que notre inscription relate une mancipation fiduciaire déjà réellement acccomplie.

En somme, ces différentes doctrines se ramènent à deux : pour les uns l'inscription Espagnole contient un modèle en vue d'une mancipation fiduciaire à accomplir ultérieurement ; pour les autres elle mentionne une opération préexistante et déjà accomplie. Quels sont les arguments invoqués de part et d'autre ? Des deux côtés l'on a mis des motifs qui sont légèrement futiles, ou qui

1. *L. c.*, n. 20.
2. *L. c.*, n.8 , pages 76 à 82.
3. *L. c.*, n. 21.
4. *L. c.*, n. 7, pages 120 et 124.
5. *L. c.*, n. 9, pages 77 et 78.

21

sont même de nature à compromettre l'opinion soutenue parce qu'ils peuvent être avancés dans les deux sens (1) ; plutôt que de reproduire toutes les raisons alléguées, nous nous en tiendrons donc seulement à celles qui nous paraissent concluantes. Dans le sens de la première opinion qui voit dans notre inscription un modèle on se prévaut par dessus tout de l'emploi de noms purement fictifs et conventionnels, tels que Dama, Seius, Titius (Dirksen, *Manuale Latinitatis*, pages 240, 873 et 958) ; on invoque en outre ce fait que les noms du *libripens* et de l'*antestatus* qui ont figuré à la mancipation ont été laissés en blanc ; enfin on fait remarquer que les nombreuses incorrections et que le défaut de symétrie qui caractérisent notre document eussent rendu inintelligible un *instrumentum* réel ; c'est ainsi que la partie de la table qui relate l'accomplissement de la mancipation ne parle que d'un esclave donné en fiducie « *hominem Midam* » tandis que la partie qui contient les clauses du *pactum fiduciæ* en suppose plusieurs « *eaque mancipia* » (lignes 3, 10 et 13) ; c'est de même que les lignes 10 et 11 de la table contiennent la rédaction vicieuse « *donec ea omnis pecunia fidesve persoluta L. Titi soluta liberataque esset* » au lieu de « *donec ea omnis pecunia persoluta fidesve L. Titi soluta liberataque esset* » ; c'est encore de même que dans la ligne 7 l'omission des mots « *L. Titius* », indispensables pour le sens, est le résultat d'une inadvertance. En sens opposé dans l'opinion qui voit dans la table de Bétique la

1. Geny. *L. c.*, n. 2, page 89.

relation d'un acte effectivement accompli, le seul argument sérieux, c'est que les désignations « *ager Vereniensis, pago Olbensi* » ne ressemblent en rien à des désignations imaginaires ; mais cet argument, s'il est seul, a néanmoins une force considérable, car ce sont ces désignations qui ont permis surtout à M. Hübner de placer cet *ager Vereniensis pago Olbensi* dans le territoire d'Hasta, une colonie Romaine (aujourd'hui San Lucar de Barrameda), située non loin de Gabès (aujourd'hui Cadix), et dans les environs de laquelle la table de bronze a été trouvée (Carte géographique de la Bætica, *Corpus inscriptionum latinarum*, tome 2, *in fine*).

Nous sommes donc ici en présence de deux doctrines contraires qui l'une et l'autre s'appuient sur des arguments également solides ; pour laquelle convient-il donc d'opter ? A notre avis, c'est l'opinion de M. Mommsen qui doit l'emporter en principe, elle nous paraît incontestable dans son ensemble ; cependant l'opinion de MM. Degenkolb et Gide contient certainement une part de vérité car il est impossible de voir des noms purement fictifs dans les noms de Baianus, d'*ager Vereniensis* et de *pagus Olbensis* ; à ce propos pour le dire en passant parce que cette digression est indispensable pour la suite de notre raisonnement, il est permis de croire que le scribe chargé de graver la table de bronze a commis une nouvelle incorrection lorsqu'il a désigné le débiteur par Baianius et le fonds donné en fiducie par *fundus Baianus* ; c'est le contaaire qu'il aurait dû écrire, et nous sommes d'autant plus autorisés à le penser, ainsi que nous remar-

quons dans l'inscription elle-même une trace très visible
de cette erreur du scribe ; en effet, dans la ligne 7 de la
table le débiteur se trouve bien réellement désigné sous
le nom de *Baianus* et non pas de *Baianius* ; il faut donc
dans tout le cours de l'inscription, sauf dans cette ligne 7
lire *Baianus* au lieu de *Baianius* et inversement ; dès lors
le *fundus Baianius* serait tout simplement le fonds de
Baianus, ce fonds dont *Baianus* est propriétaire est l'*ager
Vereniensis*, situé dans le *pagus Olbensis*; nous le répétons,
ces dénominations ne sauraient être purement fictives.
Mais comment est-il possible de concilier deux opinions,
absolument contraires, qui présentent pourtant l'une et
l'autre un degré de vérité?

A notre avis cette conciliation peut se trouver dans notre
inscription elle-même : il est remarquable, en effet, que
dans l'énumération qui est faite des diverses créances
garanties, le futur soit constamment employé à côté du
passé « *dedit dederit, credidit crediderit, expensum tulit
tulerit*, etc. » ; les créances garanties seraient donc des
créances à naître aussi bien que des créances déjà nées ;
cette énumération de créances futures à côté de créances
dé,à existantes nous indique donc qu'il s'agissait de relations d'affaires entre le débiteur et le créancier ; c'est ce
que remarquent la plupart des commentateurs de la table
de Bétique, et notamment M. Gide (1) ; mais il y a plus,
toutes les créances énumérées sont des créances pécuniaires et déterminées, ce sont des créances *certæ pecu-*

1. *L. c.*, n., 9, p. 85.

niæ : ce fait ne nous conduit-il pas à décider que nous nous trouvons en face des relations d'affaires entre un banquier et son client engendrées par une ouverture de crédit consentie par le premier au second, et réalisées par la tenue d'un compte courant? Une fois admise cette donnée, il n'est pas impossible de reconstituer la série des opérations qui ont dû intervenir de la manière suivante : un banquier, Titius, est en compte-courant avec un de ses clients, Baianus, qui possède dans la colonie d'Hasta un fonds de terre, l'*ager Vereniensis pago Olbensi ;* le banquier est déjà creancier de ce Baianus et il pourra par la suite acquérir contre lui de nouvelles créances, il donne donc à l'un de ses esclaves, Dama, un modèle de *mancipatio cum fiducia* grâce auquel l'esclave pourra accepter du client la mancipation fiduciaire du fonds de terre et d'esclaves comme sûreté des créances dont son maître est déjà ou pourra par la suite être titulaire. Mais Titius, maître de l'esclave, Dama l'esclave, et Seius, voisin limitrophe du fonds de Baianus, sont des noms fictifs ; ce fait ne va-t-il pas à l'encontre de notre opinion ? En aucune façon : quant à Seius indiqué comme voisin du *fundus Baianius,* il est mis là comme serait mis un mot quelconque ; le banquier n'est pas bien au courant des voisins du fonds de Baianus, ce qui le prouve c'est qu'après avoir dit « *et populum* » ce qui marque que le fonds borde la voie publique, il ajoute « *et si quos dicere oportet* » expressions qui indiquent que dans sa pensée il faudra vérifier, au moment où la mancipation sera effectivement accomplie, quels sont les véritables voisins limi-

trophes du *fundus Baianius*. Mais Titius lui aussi est un
nom fictif ; comment expliquer ce fait d'autant plus surprenant que, quelque opinion que l'on adopte, on est bien
forcé de reconnaître que quelqu'un a dû remettre l'inscription à l'esclave en question ? Nous pensons qu'il s'a-
gissait non d'un banquier, mais d'une société de banquier, qui était propriétaire en Espagne, non pas d'un
esclave, mais de plusieurs esclaves ; dès lors on s'est
servi de ces noms fictifs, Titius, Dama, comme de noms
d'attente, sauf à les remplacer, au moment de l'accomplissement effectif de la mancipation fiduciaire, par les noms
véritables de l'esclave et du banquier, membre de la
société, qui lui donnera l'ordre de jouer pour son compte
le rôle d'*accipiens* dans cette mancipation.

Ainsi d'après nous la table de Bétique suppose des
relations d'affaires préexistantes et réelles entre une
société de banquier et un de ses clients Baianus propriétaire d'un fonds situé dans l'*ager Vereniensis, pago Olbensi ;*
telle est la part de vérité contenue dans l'opinion de
MM. Degenkolb et Gide ; mais elle ne relate pas une
mancipation fiduciaire déjà accomplie ; elle mentionne
seulement un modèle de mancipation fiduciaire à l'usage
d'un esclave appartenant à cette société de banquiers en
vue d'une opération de cette nature à intervenir ultérieurement ; c'est la reproduction dans son principe de la
doctrine de M. Mommsen.

β. *Questions relatives à la reconstitution du document.* —
Il y a certaines corrections que tous les auteurs s'accordent à faire subir à l'inscription : nous en avons déjà

signalé deux dans la ligne 7, et dans les lignes 10 et
11; il s'en trouve d'autres analogues dans cette même
ligne 10 et dans la ligne 4 ; c'est de même que nous
avons proposé de convertir Baia*nius* en Baianus, et *vice-
versa*, en nous inspirant de la ligne 7, qui porte « Baia-
no » pour désigner le débiteur, alors qu'au contraire les
auteurs sont d'accord pour corriger ce « Baia*no* » en
« Baia*nio* » pour le mettre en harmonie avec le Baia*nio*
et le Baianius des lignes 4 et 5 ; nous pensons au contraire, qu'il est plus conforme à la vraisemblance juridique
et philologique d'adapter ces lignes 4 et 5 à la ligne 7, et
par voie de conséquence de lire Baia*nius* au lieu de Baianus dans la ligne 1. Les derniers mots de la table de
Bétique qui nous a été conservée « *neve simplam neve duplam* » suscitent une question discutée : celle-ci, on peut
le dire, repose tout entière sur une virgule.

Le document relate les diverses conditions auxquelles
le *pactum de vendendo* subordonne la faculté pour le créancier non payé de vendre la *res fiduciaria* à l'échéance. « *Titius heresve ejus vellet* »; la désignation formelle de l'héritier
du créancier comme profitant du *pactum de vendendo* indique qu'à l'époque à laquelle la table a été gravée, au
temps d'Auguste, ce *pactum de vendendo* était attaché à
la personne du créancier. « *Ubi et quo die vellet* » : voilà
une clause en faveur du créancier. « *Pecunia præsenti* » :
comme le remarque M. Gide (1), cette clause peut s'interpréter en faveur du créancier qui a intérêt à vendre au

1. *L. c.*, n. 9, page 87.

comptant, ou en faveur du débiteur qui a intérêt à inter-
dire au créancier la vente à crédit comme lui étant plus
onéreuse, puisqu'elle le priverait « de l'espoir de rentrer
dans son bien sans le libérer de sa dette».M.Geny(1) admet
même cette dernière interprétation. Elle doit être repoussée à notre avis, non seulement parce que, comme le dit
M. Gide, notre clause « *pecunia præsenti* » fait partie d'un
ensemble de clauses qui sont toutes en faveur du créancier, mais encore parce que cette interprétation de
M. Geny, signalée déjà comme possible par M. Gide, nous
semble reposer sur une erreur juridique : du moment que
le créancier vend, même à crédit, la *res fiduciaria* à un
prix au moins égal à sa créance, le débiteur est libéré ;
c'est le créancier vendeur, en effet, qui supporte les risques
de l'insolvabilité du tiers-acheteur ; c'est ce que nous a
appris la loi 26, dig., 46, 3. *De solution. et liberation.*
qui émane de Pomponius 35 *ad Sabinum.* A la suite de
ces clauses notre inscription en relate une autre qui est
encore en faveur du créancier : elle l'autorise à vendre
la *res fiduciaria* en cas de non-paiement à l'échéance en
insérant dans la vente une clause de non-garantie ; nous
· sommes toujours ici sous l'empire de la législation applicable au premier siècle ap. J.-C. Sans cette clause de non
garantie insérée dans la vente, le créancier eut été garant
envers le tiers acheteur non seulement de son titre de
créancier, mais même de son titre de propriétaire ; mais
cette question de garantie ou de non garantie ne se pose que
dans les rapports du créancier avec le tiers acheteur, elle

1. *L c.*, n. 2, page 94.

est étrangère à ses rapports avec le débiteur, comment donc se fait-il qu'elle trouve sa place dans le *pactum fiduciæ?* C'est que de même qu'à l'époque où la non garantie devint de droit pour le créancier vendeur, une clause spéciale de garantie devait être convenue dans le *pactum fiduciæ* lui-même pour écarter la responsabilité du créancier envers son débiteur, ainsi que nous l'a fait voir notamment la loi 22, § 4, Dig., 13, 7. *De pign. act.*; de même et en sens inverse à l'époque où la garantie du créancier vendeur était de droit, le *pactum de vendendo* devait nécessairement contenir une clause spéciale de non garantie pour mettre d'une façon certaine le créancier hors d'atteinte de l'*actio fiduciæ directa*; à l'époque d'Auguste, le créancier vendant sans garantie pouvait nuire aux intérêts du débiteur et manquer à la bonne foi, parce qu'alors il vendait moins cher; dès le Ire siècle au contraire, le créancier vendant avec garantie se soumettait par là de lui-même aux conséquences de l'*actio fiduciæ directa* si cette clause formelle de garantie était inopportune et si sans elle il eût vendu la *res fiduciaria* à un prix aussi avantageux.

Quelles sont les clauses de non garantie prévues par l'inscription ? « *Mancipio pluris sestercio nummo uno invitus ne daret* » : le créancier ne sera pas tenu à manciper à plus d'un sesterce; dès lors il se placera hors d'atteinte de l'*actio auctoritatis* qui tend au double du prix (Paul, II, 17, § 3). Telle est l'interprétation donnée par M. Gide (1) et par M. Rudorff (2). M. Degen-

1. *L. c.*, n., 9 p. 88.
2. *L. c.*, n. 8, pages 87 à 94.

kolb (1) donne, non cependant sans quelque hésitation, une explication différente : d'après lui la faculté
pour le créancier de manciper à un seul sesterce se rap-
porterait uniquement aux rapports de ce créancier avec
son débiteur ; elle aurait en vue de mettre obstacle aux
réclamations que pourrait faire valoir le débiteur en re-
prochant au créancier la disproportion considérable entre
la valeur réelle de la *res fiduciaria* et le montant de la
vente opérée par le créancier, à moins toutefois que cette
disproportion ne provienne du dol et du mauvais vouloir
du créancier ; ainsi cette clause « *mancipio pluris sestercio nummo uno invitus ne daret* » serait complètement
étrangère aux rapports du créancier vendeur avec le tiers
acheteur. Mais cette opinion est restée isolée, et il devait
en être ainsi ; car les clauses suivantes qui, elles, ont certainement en vue la non garantie du créancier, montrent
qu'il doit en être de même de notre clause : aussi M. Girard (2) a admis sans aucune hésitation la doctrine de
M. Gide. — « *Neve satis secundum mancipium daret* » : c'est
la seconde clause de non garantie mentionnée par notre
inscription ; le créancier en opérant la mancipation qui
est la conséquence de la vente ne sera pas tenu à *satis-
dare secundum mancipium.*— « *Neve ut ni ea verba quæ in
verba satis secundum mancipium dare solet repromitteret* » :
il ne sera pas obligé non plus à *repromittere* dans la formule dans laquelle a coutume de s'opérer la *satisdatio*

1. *L. c.*, n. 7, pages 149 à 152.
2. *L. c.*, n. 21.

secundum mancipium. — « *Neve simplam, neve duplam* (*promitteret*) » : enfin le créancier ne sera pas tenu de s'engager
par la *stipulatio duplœ vel simplœ.* C'est ainsi que nous
semblent devoir être complétées ces derniers mots
de la table « *neve simplam neve duplam...* » ; ils sont
le commencement d'une autre phrase, et le mot « *promitteret* » devait sans doute se trouver le premier inscrit sur la seconde table qui a été perdue. Telle est
la doctrine admise et défendue par MM. Girard (1),
Bechmann (2), et Bruns (*Fontes juris Romani antiqui,*
5ᵉ édit., 1887, page 251) : car ce dernier auteur qui ne
fait que reproduire le texte de notre inscription en le
reconstituant, place une virgule après le mot « *repromit.
teret* », et avant les mots « *neve simplam...* », ce qui dans
sa pensée indique que ces derniers commencent une
autre phrase (3). Mais une opinion contraire est soutenue par M. Degenkolb (4), qui dans sa reconstitution de
l'inscription place la virgule après « *solet* » et avant
« *repromitteret* », et fait ainsi des mots « *neve simplam
neve duplam* » le complément direct de « *repromitteret* » ;
par M. Rudorff (5), et par M. Gide (6) : à la vérité, cet
auteur dans la reconstitution du document (p. 76) place,
comme M. Bruns, la virgule à la suite de « *repromitteret* »

1. *L. c.*, n. 21.
2. *L. c.*, n. 23.
3. M. Girard, Textes de droit romain, p. 707.
4. *L. c.*, n. 7, p. 119, 156 à 163.
5. *L. c.*, n. 8, p. 36, 97 à 104.
6. *L. c.*, n. 9, p. 76, et 90, 91.

et avant « *neve simplam neve duplam* », ce qui semblerait repousser la doctrine de M. Degenkolb ; mais l'auteur
met un point après « *neve duplam* », ce qui rend absolument incompréhensibles les quatre derniers mots de
notre table ; du reste dans ses développements (1) M. Gide
adopte nettement la théorie de M. Degenkolb, d'après
laquelle les mots « *neve duplam, neve simplam* » seraient
le complément direct de « *repromitteret* ». Cette opinion
doit être repoussée : s'il fallait l'admettre, on serait en
présence d'une grossière incorrection de langage, puisqu'on aurait deux négations dans le même membre de
phrase : « *neve... repromitteret neve simplam neve duplam* » ;
cette observation, qui émane de M. Girard, semblera
peut-être peu concluante au premier abord si l'on se
rappelle les nombreuses incorrections de l'inscription
déjà signalées ; il n'y en aurait qu'une de plus ici ; mais
ces incorrections diffèrent profondément de celle que
M. Girard signale ici, elles consistent presque toutes dans
un mot mal écrit ou omis, « *fiducia* » au lieu de « *fiduciæ* » (ligne 10), « *eundo* » au lieu de « *fundo* » (ligne 4),
« *Baianus* » au lieu de « *Baianius* » et *vice-versa* (lignes
1, 4, 5 et 7), « *Titius* » omis dans la ligne 7 ; mais jamais
elles ne constituent un solécisme ; l'observation de M. Girard conserve donc toute sa force. Le même auteur remarque que la leçon que nous combattons va contre l'harmonie naturelle de l'inscription elle-même :

1. *L. c.*, n. 9, p. 90 et 91.

1. « *Mancipio pluris sestercio nummo uno invitus ne daret,*
2. *Neve satis secundum mancipium daret,*
3. *Neve ut in ea verba, quæ in verba s.s. m. dari solet, repromitteret,*
4. *Neve simplam neve duplam (promitteret)* ».

A ces arguments philologiques et paléographiques, il faut ajouter un motif juridique indiqué par M. Bechmann (1), et qui nous paraît décisif : la *repromissio secundum mancipium* a toujours pour objet le double; dès lors les mots « *neve simplam neve duplam* » ne sauraient être applicables. Ainsi la virgule doit être placée après « *repromitteret* » et avant « *neve simplam neve duplam* » ; ces derniers mots étaient gouvernés par « *promitteret* », un autre mot qui devait être le premier inscrit sur la seconde table.

On peut encore se demander ce que devait contenir cette dernière. Comme le remarque M. Gide (2) nous ne trouvons relaté complètement dans l'inscription espagnole que l'accomplissement de la mancipation ; au contraire, le *pactum fiduciæ* devait comprendre trois chefs distincts, d'abord l'objet de la convention est l'énumération, des créances garanties, ensuite l'indication des droits conférés au créancier, tels que le droit de vendre en cas de non paiement à l'échéance, enfin l'indication des droits du débiteur soit pendant la période intérimaire, soit après le paiement de la dette. Les deux premières parties du *pactum fiduciæ* sont mentionnées dans la table de Bétique, qui nous

1. *L. c.*, n. 23.
2. *L. c.*, n. 9, p. 82 et 83.

reste, sauf peut-être, selon l'opinion de M. Degenkolb (1)
dans la seconde partie l'exemption du créancier vendeur
de la garantie pour vices cachés; au contraire, la troisième partie du *pactum fiduciæ* nous fait entièrement
défaut; c'est elle que devait mentionner la seconde table
qui a été perdue : comme le pense M. Degenkolb (2),
celle-ci devait constater la concession d'un *precarium* ou
d'une *locatio* au profit du débiteur pendant la période
intérimaire; car la partie de la table de Bétique qui relate
l'accomplissement de la *mancipatio* ne fait pas mention
d'une *vacuæ possessionis traditio*; la seconde table devait en
outre imposer formellement au créancier l'obligation *de
remancipare* en cas de paiement à l'échéance.

3. *Les tablettes de Pompéi.* — Comme pour la table de
Bétique, il importe avant tout de donner une reproduction
des inscriptions relatées sur ces tablettes en mettant en
regard leur reconstitution. Celle-ci a été l'objet de deux
essais principaux : l'un est un essai Italien, l'autre est un
essai Allemand; le premier qui émane de M. de Petra (3)
a été adopté, à quelques modifications près qui sont sans
grande importance, par MM. Scialoja et Alibrandi (4) et
par M. Tardif (5); le second est dû à M. Eck (6) et a été
adopté, en principe tout au moins, par M. Girard (Textes
de droit Romain, pages 705 et 706).

1. *L. c.*, n. 7, p. 170.
2. *L. c.*, n. 7, p. 133 et 169 à 171.
3. *L. c.*, n. 17.
4. *L. c.*, n. 18 et 19.
5. *L. c.*, n. 10.
6. *L. c.* n. 11.

Le triptyque de Pompéi,
d'après la lecture de M. de Petra (*l. c.*, n° 17), adoptée par tous
les interprètes.

TAB. I.   TAB. II.

HS. n. ∞ LD argentum   Actum Pompeis VIII...
probum recte dari   L. Junio Cæsennio Pœto
stipulata est Dicidia   P. Calvisio Rusone Cos.
Margaris spopondit Poppæa
Prisci liberta Note.

TAB. III.

. . . . m . . . .
. . . . . . r . . . .
. . . . . . Actum Pompeis . . . .

Le diptyque de Pompéi. — L'inscription transmise.

TAB. I.

Poppæa Prisci liberta Note juravit pueros Simplicem
et Petrinum sive ea mancipia alis nominib . . . . .
sunt sua esse seque possidere neque ea mancipia
ali ulli obligata esse neque sibi cum ullo com . . . .
5. esse eaque mancipia singula sestertis nu. . . . . . .
gulis Dicidia Margaris emit ob sester . . . .
mancipio accepit de Poppæa Prisc . . . .
tutore auctore D. Caprasio A . . . .
libripende in singula P. C . . . .
10. testata est in sin . . . .
Poppæa Prisci li . . . .
uti ea mancipia. . . . .

TAB. II.

did . . . .
mi ea pro duobus . . . .

mnis mihi eredi. . . . .

atisve p. at si ea pecunia . . . .

5. K. novem. primis soluta . . . .

ea mancip. d. bus D. . . . .

Pompeis i. foro luce pala . . . .

tibi eg. neve heres me . . . .

a si m. de dolo malo ea ve . . . .

10. tatur.

Si quo minoris ea mancipia d d venier. . . . . . .

cem d. bebun . ur mihi erediv. . . . .

. . . . ea mancipia ad a venier . . . . . .

. . . . ered. . . . .

. . . .

15. ea pecunia.

utique ea mancipia sumtu imp. . . . .

id mihi tecum convenit . . . .

a Margaris Poppæa risci lib. Note tuto. . . . .

Supra hæc inter eas convenerunt . . . .

20. inter se sunt. Ac. Pompeis . X. K . . . .

L. Junio Cæsennio P. Calvisio Rusone Cos.

Le diptyque de Pompéi.
Sa reconstitution : l'essai italien.

TAB. I

Poppæa Prisci liberta Note juravit pueros Simplicem
et Petrinum, sive ea mancipia alis nominibus
sunt, sua esse seque possidere, neque ea mancipia
ali ulli obligata esse, neque sibi cum ullo com(munia

5. esse; eaque mancipia singula sestertis nu(mmis sin-)
gulis Dicidia Margaris emit, ob sester(tios DL)
mancipio accepit de Poppæa Prisc(i liberta Note,)
tutore auctore D. Caprasio A. . . . .
libripende in singula P. C. . . . . (an-)

10. testata est in sin(gula). . . . .
Poppæa Prisci lib. (Note dixit eos pueros ita se mancipio dare)
uti ea mancipia (tradidit venditione quæ infra scripta est.

L. Junio Cæsemnio Pæto, P. Calvisio Rusone Cos.
Pueros Simplicem et Petrinum, sive ea mancipia alis

TAB. II.

nominibus sunt, Poppæa Prisci liberta Note ven-)
didi (et tradidi Dicidiæ Margaridi, et Dicidia Margaris e-)
mi)t ea pro duobus (millibus sestertiis, cujus pecuniæ o-)
mnis mihi heredi(ve meo fenora debentur, donec solvatur s-)
atisve (fi)at. Si ea pecunia (omnis mihi heredive meo)
5. K. novem(b) primis soluta (non erit, mihi heredive meo liceat)
ea mancipia (id)ibus D(ecem. primis sub præcone vendere)
Pompeis i(n) foro, luce, pala(m, neve quid ob eam rem præstare)
tibi eg(o) neve heres me(us teneamur, nec ulla sit controversi-)
a si m(ihi) de dolo malo eave (de re invicem tibi non repromit-)
10. tatur.
Si quo minoris ea mancipia d. d. venier(int, sestertii de-)
cem d(e)bebun(t)ur mihi herediv(e meo, præter id quo
minoris ea) mancipia ad a. venier(int.
Si vero ante K. Novem. primas mihi h)ered(ive meo omnis)
15. ea pecunia (solvetur, ea mancipia tibi mancipio dabuntur.)
Utique ea mancipia sumtu, imp(ensa, periculo tuo exhinc sint,)
id mihi tecum convenit. (Act. Pompeis. . . . . Dicidi-)
a Margaris Poppæa (P)risci lib. Note, tutor(e auctore. . . .)
Supra hæc inter eas convenerunt, (et stipulatæ)
20. inter se sunt. Act. Pompeis IX. K(al. Novembr.)
L. Junio Cæsennio (Pœto), P. Calvisio Rusone Cos.

Le diptyque de Pompéi.
Sa reconstitution : l'essai allemand.

TAB I.

Poppæa Prisci liberta Note juravit pueros Simplicem
et Petrinum, sive ea mancipia alis nominibus
sunt, sua esse seque possidere, neque ea mancipia
ali ulli obligata esse, neque sibi cum ullo com(munia)
5. esse, eaque mancipia singulis sestertis nu(mmis sin-)

22

gulis Dicidia Margaris emit ob sester(tios n. ∞ LD et)
mancipio accepit de Poppæa Prisc(i liberta Note,)
tutore auctore, A. Caprasio A. . . . .
libripende in singula P. C.. . . . .(an-)

10. testata est in sin(gula . . . . et Dicidia Margaris cum)
Poppæa Prisci li(berta Note pactum fecit in hunc modum :)
uti ea mancipia (apud me heredemve meum, usque eo)

Tab. II.

(f)id(uciæ sint, pecunia suprascripta ob quam e-)
mi, ea(dem) pro duobus (mancipiis probis nummis o-)
mnis mihi heredi(ve meo soluta et puer uterque redemptus liber-)
atus (erit.) Si ea pecunia (omnis mihi heredive meo)

5. K Novem(br. primis soluta (non erit, ut mihi heredive meo liceat)
ea mancipia (i)d(ibus) D(ecembr. primis pecunia præsenti)
Pompeis, i(n) foro, luce, pa(ganis præsentibus vendere, neve)
tibi eg(o), neve heres me(us teneamur proptere-)
a si m(ecum) de dolo malo ea ve(nditione commisso lis contes-)

10. tatur.
Si quo minoris ea mancipia d(i)d. venier(int id deducetur de sorte,
[invi-)
cem d(e)bebun(t)ur mihi (h)erediv(e meo quæ reliqua erunt.
Quod si pluris) ea mancipiada venier(int, id quod superfluum erit reddetur tibi h)ered(ive tuo) . . . .

15. ea pecunia
Utique ea mancipia sumtu imp(utato in debitum luantur
id mihi tecum convenit (u. . . . . Præsentes fuerunt Dicidi-)
a Margaris, Poppæa (Prisci lib. Note, tuto(r A. Caprasius Aper.)
Supra hæc inter eas convenerunt, (quæ separatim pactæ)

20. inter se sunt. Act. Pompeis IX K. (Cos.).
L. Junio Cæsennio (Pœto) P. Calvisio Rusone.

α. *Questions générales*. — Comme la table de Bétique,
les tablettes de Pompéi relatent des inscriptions qui datent du premier siècle de l'ère chrétienne, la date est

même connue d'une façon précise : elle est du consulat de L. Junius Cœsennius Pœtus et de P. Calvisius Ruso, c'est-à-dire de l'an 61 après J.-C.

A la différence de la table de Bétique, ces tablettes relatent des actes juridiques qui se sont réellement accomplis ; aucun des arguments que l'on fait valoir pour montrer que l'inscription de la table Espagnole n'est qu'un modèle ne peut être avancé ici : les noms des parties en cause, et ceux des esclaves, Dicidia Margaris, Poppœa Note affranchie de Priscus, Simplex et Petrinus, ne sont nullement des noms fictifs ; le nom du *libripens* n'est pas non plus laissé en blanc, il est désigné par les lettres P. C., enfin la désignation exacte des noms des consuls, et de Pompéi lieu de la rédaction des inscriptions, tout indique que nous sommes ici en présence d'un acte effectivement accompli.

Mais quelle est l'opération juridique qui se trouve mentionnée dans nos documents ? L'interprétation du triptyque ne présente aucune difficulté : Dicidia Margaris a stipulé une somme de 1450 *sesterces* de Poppœa Note affranchie de Priscus. Mais il en est tout autrement de l'explication du dyptique ; elle a divisé les interprètes : tous étaient d'accord pour admettre qu'il mentionnait l'accomplissement d'une vente consentie à Dicidia Margaris par Poppœa Note affranchie de Priscus, avec l'assistance de son tuteur ; mais ils se séparaient sur le point de savoir comment cette vente s'était réalisée ; pour les uns la vente aurait été immédiatement convertie en un prêt par suite de la stipulation in-

tégrale du prix, pour d'autres c'est au contraire le prêt
qui aurait précédé la vente ; et chacune de ces deux
opinions principales se subdivisait en plusieurs branches. Il nous semble inutile d'examiner ces différentes
doctrines parce que toutes prennent pour point de départ
un faux point de vue : aucun auteur n'avait encore songé
à rapporter les tablettes de Pompéi à une mancipation
fiduciaire ; cette manière de voir a été aperçue par
M. Tardif (1) en France, en même temps que par
M. Eck (2) en Allemagne ; mais c'est ce dernier auteur
qui l'a développée en apportant une démonstration complète. Tout d'abord le diptyque de Pompéi présente dans
la suite des idées une grande analogie avec la table de
Bétique ; dans les deux cas il s'agit d'une *mancipatio
nummo uno* (table I, lignes 5 à 7) signe caractéristique
d'une mancipation fiduciaire ; l'emploi de la locution
« *ob sestercios* » paraît en outre être une expression technique surtout usitée en matière de sûreté réelle ; la loi
8, § 5, Dig., 13, 7, extraite du livre 35 de *Pomponius ad
Sabinum*, nous a montré cette expression employée à
propos de la *fiducia cum creditore ;* au contraire, s'il s'é-
tait agi d'une vente comme l'avaient cru jusque-là les
différents commentateurs du diptyque de Pompéi, l'inscription aurait dû contenir la simple énonciation du prix
à l'ablatif ; enfin l'expression « *si qua pecunia sua die
soluta non erit* » était fréquemment insérée dans le *pactum de vendendo ex fiducia,* c'est ce que nous a appris

1. *L. c.*, n. 10, page 477.
2. *L. c.*, n. 11.

Pomponius 35 *ad Sabinum* dans la loi 8, § 3, Dig., 13,
7. *De pign. actione ;* c'est cette même expression que nous
avons rencontrée dans la table de Bétique (lignes 11 et
12), « *si pecunia sua quaque die L. Titio heredive ejus data
soluta non esset* », et c'est encore elle que nous trouvons
dans la table II (lignes 4 et 5), du diptyque de Pompéi ;
car les auteurs tant Italiens qu'Allemands sont ici d'accord pour restituer le texte de cette façon : « *Si ea pecunia omnis mihi heredive meo K. Novembr. primis soluta
non erit* ». Une seule objection milite contre ce système,
et plaide en faveur de la thèse d'après laquelle l'opération
juridique relatée par notre inscription serait en réalité
une vente et non une mancipation fiduciaire : c'est l'emploi du verbe « *emere* » dans deux passages du diptyque
(table I, ligne 6 ; et table II, lignes 1 et 2) ; mais, comme
le remarque encore M. Eck, s'il s'agissait d'une vente, il
serait difficile de comprendre le rôle effacé que joue dans
l'acte Poppœa Note, la prétendue venderesse, tandis que
Dicidia Margaris parle à la première personne, « *ego* »
(table II, ligne 8) ; en outre, le terme « *emere* » était pris
non seulement dans le sens étroit d'acheter, mais encore
dans le sens large d'acquérir ; « *nam antiquitus emere
pro accipere* », nous dit Festus (v. *Redemptores ;* Bruns,
Fontes juris Romani antiqui, 5e édit. 1887, page 360) ;
« *quoniam lex duodecim tabularum emptionis verbo om-
nem alienationem complexa videretur* », nous dit Pomponius dans la loi 29, § 1, Dig., 40, 7. *De statuliberis ;*
enfin la preuve qu'il n'est pas question d'une vente, c'est
que les tablettes de Pompéi ne mentionnent même au-

cune des clauses usuelles en matière de vente et relatives
à la garantie, telles par exemple que la *stipulatio duplæ;*
à la place de ces clauses ils renferment un serment pro-
missoire par lequel Poppœa Note, affranchie de Priscus,
qui engage ses esclaves à Dicidia Margaris, jure à celle-
ci que ces esclaves ne sont ni déjà engagés à aucune
autre personne ni possédés par indivis (table I, lignes 1
à 5). La démonstration de M. Eck est donc complète :
l'opération juridique relatée par les tablettes de Pompéi
est bien une mancipation fiduciaire.

   β. *Questions relatives à la reconstitution du document.* —
Comme c'est à M. Eck que revient le mérite d'avoir démontré d'une façon certaine la référence de notre inscription à la *fiducia cum creditore,* c'est son essai de reconstitution qui doit sans hésitation être préféré en principe à
l'essai Italien. C'est ainsi que nous admettons sans difficulté la restitution des mots suivants dans la table II : du
groupe de lettres : « did » (ligne 1) M. Eck a fait « *fiduciæ* » ; déjà avant lui M. Mommsen (1) avait lu « *didu* »
et non pas « *didi* » ou « *did* », selon la leçon des auteurs
italiens ; d'ailleurs M. Girard (*Textes de droit Romain,*
page 705) émet une conjecture très vraisemblable qui
serait de nature à tout concilier, c'est que le scribe qui
a gravé les tablettes a pu écrire « *fidi fiduciæ* », c'est
le premier de ces deux mots dont la trace nous aurait été
conservée ; en tous cas la restitution du mot « *fiduciæ* »
proposée par M. Eck doit être admise sans aucune dif-

1. *L. c.,* n. 24.

ficulté, si l'on adopte la lecture que M. Gradenwitz (1) a donnée de la rubrique qui se trouve en tête de notre inscription ; en effet cet auteur la restitue de cette façon « *Fiducia et fœnorum cautio* » : à la vérité cette restitution est repoussée par les auteurs italiens qui lisent au contraire « *firmata fœnorum cautio* », et c'est cette dernière leçon qui a été admise par M. Girard (2). Comme nous nous trouvons en présence de deux affirmations en sens opposé émanées de savants qui prétendent avoir lu un mot différent, nous devons, croyons-nous, nous décider uniquement d'après la vraisemblance juridique ; or, la leçon de M. Gradenwitz à ce point de vue est certainement préférable, étant donné que l'on ne fait aucune difficulté, comme M. Girard, à voir dans notre diptyque un exemple de mancipation fiduciaire, non plus qu'à restituer le mot « *fiduciæ* », dans la ligne 1 de la table II ; la restitution « *Fiducia et fœnorum cautio* » nous paraît donc pouvoir être adoptée. Ainsi voilà un premier point sur lequel l'essai de M. Eck doit être préféré à l'essai Italien.

De même dans la ligne 2 de la table II la restitution des mots « *pro duobus mancipiis probis nummis* » nous paraît, parce qu'elle est en harmonie avec les principes déjà connus de nous (Loi 24, § 1, Dig., 13, 7, *De pign. act ;* Ulpien, 30, *ad Edictum*), de beaucoup préférable à la restitution Italienne « *pro duobus millibus sestertiis* »

1. *L. c.*, n. 25.
2. *L. c. Supra.*

qui suppose sans aucune utilité dans cette ligne 2 de la table II une somme de 2000 *sesterces* alors que la ligne 1 de la table I du triptyque ne parle que d'une somme de 1450 *sesterces;* la même erreur nous semble avoir été commise dans cet essai Italien à propos de la ligne 6 de la table I du diptyque.

C'est de la même façon et toujours en nous plaçant au point de vue des principes juridiques que nous devons adopter les propositions suivantes de M. Eck: l'expression « *pecunia præsenti* » clause du *pactum de vendendo ex fiducia* doit figurer dans la ligne 6 de la table II du diptyque; nous avons dès lors ici une nouvelle analogie avec la table de Bétique (ligne 14). La mention de l'obligation pour *Dicidia Margaris*, la créancière qui a vendu les esclaves donnés en fiducie parce qu'elle n'est pas payée à l'échéance, de restituer le *superfluum* à la débitrice *Poppæa Note* (table II, lignes, 13 et 14) est encore d'accord avec les règles générales de la *fiducia cum creditore* (Paul, II, 13, § 1). Enfin le mot « *stipulatæ* » (table II, ligne 19) proposé par M. de Petra doit être absolument repoussé, seul le mot « *pactæ* » proposé par M. Eck peut convenir en vue de constater la conclusion d'un *pactum fiduciæ*.

Cependant sur quelques points de détail, c'est la reconstitution Italienne qui nous semble devoir être admise: tout d'abord dans la ligne 5 de la table I, M. Eck restitue « *eaque mancipia singulis sestertiis nummis singulis* », le même adjectif « *singulis* » serait donc répété deux fois comme qualificatif de « *sestertiis nummis* »; n'est-il pas mieux de lire comme M. de Petra « *eaque*

mancipia singula sestertiis nummis singulis » *?* nous avons
ainsi une application de la règle de la spécialité, applicable à la *mancipatio,* qui se retrouve encore dans les
lignes 9 et 10 de la même table (Ulpien, 19, § 6).

De même à notre avis la restitution des mots « *paga-
nis præsentibus* » proposée par M. Eck dans la ligne
7 de la table II doit être rejetée ; comme le dit en
effet M. Tardif (1) « quelle qu'ait pu être l'importance
des *pagani* à Pompéi, leur intervention n'était vraisemblablement pas nécessaire dans une question de droit
privé, où certaines conditions de publicité seulement
étaient exigées » ; en outre la leçon de M. de Petra est
très probable, car les mots « *foro, luce, palam* » semblent
dépendre d'une formule consacrée, ainsi que nous l'atteste la *Lex latina tabulæ Bantinæ* (lignes 17 et 24 ; Bruns.
Fontes juris Romani antiqui, pages 52 et 53).

De même encore c'est la leçon Italienne qui doit être pré-
ferée dans les lignes 14, *in fine*, et 15 de la table II ; car elle
nous semble conforme aux principes, et M. Eck au contraire a laissé ce passage en blanc, semblant ainsi reconnaître son impuissance à le reconstituer.

C'est encore ainsi qu'il faut, avec M. Girard (2), à la
restitution de M. Eck dans la ligne 16 de cette même table
« *Utique ea mancipia sumptu imputato in debitum luantur* » préférer la restitution Italienne « *Utique ea mancipia sumptu impensa periculo...* » par ce motif que ces
mots ont été lus d'une façon certaine.

1. *L. c.*, n. 10, p. 833.
2. *L. c., Supra.*

Enfin dans la ligne 10 de la table II M. Eck propose le groupe de lettres « *did.* » tandis que M. de Petra écrit « *d. d.* » ; mais il n'y a ici aucun intérêt à choisir entre les deux leçons, car dans les deux cas le sens reste le même, ces lettres sont l'abrégé des mots « *dicta die* ». C'est aussi parce que l'intérêt juridique fait complètement défaut que nous laisserons de côté la question fort discutée de savoir s'il est possible de retrouver le nom d'Aper comme désignant le tuteur de *Poppæa Note* ainsi que le veulent MM. Mommsen et Eck (1).

Nous sommes ainsi amenés à corriger l'essai de restitution de M. Eck par celui de M. de Petra, et en combinant l'un et l'autre à en proposer nous-mêmes un nouveau : de cette façon nous ne craignons pas d'encourir le reproche de témérité au point de vue paléographique, puisque nous ne faisons rien autre chose qu'emprunter à des savants, qui, comme le dit M. Tardif (2), sont tous deux de grand mérite, ce qui nous paraît le plus conforme à la vraisemblance juridique.

Le diptyque de Pompéi.
Essai de restitution, basé sur une combinaison de l'essai italien et de l'essai allemand.

Tab. I

Fiducia et fœnorum cautio.

Poppæa Prisci liberta Note juravit pueros Simplicem
et Petrinum, sive ea mancipia alis nomini(bus)
sunt, sua esse seque possidere, neque ea mancipia

1. *L. c.*, n. 24 et 11.
2. *L. c.*, n. 10, page 835.

ali ulli obligata esse, neque sibi cum ullo com(munia)

+deP. 5. esse, eaque mancipia singula sestertiis nu(mmis sin-)
      gulis. Dicidia Margaris emit ob seste(rtios nummos ∞ I.D, et)
      mancipio accepit de Poppæa Prisc(i liberta Note,)
      tutore auctore A. Caprasio A. . . . .
      libripende in singula P. C . . . .(an-)
   10. testa est in sin(gula. . . . . et Dicidia Margaris cum)
      Poppæa Prisci li(berta Note pactum fecit in hunc modum :)
      uti ea mancipia (apud me heredemve meum usque eo)

TAB. II.

(f)id(uciæ sint pecunia suprascripta ob quam e-)
mi, ea(dem) pro duobus (mancipiis probis nummis o-)
mnis mihi (h)eredive (meo soluta, et puer uterque redemptus
[liber-)
atusve (erit.) Si ea pecunia (omnis mihi heredive meo)

   5. K. Novembr. primis soluta(non erit, ut mihi heredive meo
[liceat)
ea mancipia(i)d(ibus) D(ecembr. primis, pecunia præsenti,)

+deP.   Pompeis in foro, luce, pa(lam vendere, neve quid ob eam rem
[præstare)
tibi eg(o) neve heres me(us teneamur, proptere-)
a si m(ecum) de dolo malo ea ve(nditione commisso lis contes-)

  10. tatur.
Si quo minoris ea mancipia d. d. venier(int, id deducetur de
[sorte ; invi-)
cem d(e)bebun(t)ur mihi (h)erediv(e meo quæ reliqua erunt.
Quod si pluris) ea mancipia ad a venier(int, id quo super-)

+deP.   fluum erit reddetur tibi heredive tuo. Si vero ante K. N.)

+deP. 15. ea pecunia(solvetur, eam ancipia tibi mancipio debuntur.)

+deP.   Utique ea mancipia sumptu imp(ensa periculo.) . . . . . .
id mihi tecum convenit. . . . . . .(Præsentes fuerunt Dicidi-)
a Margaris, Poppæa (P)risci lib. Note, tut(or A. Caprasius A
[per.)
Supra hæc inter eas convenerunt, (quæ separatim pactæ)

  20. inter se sunt. Act. Pompeis IX K.
L. Junio Cæsennio Pœto, P. Calvisio Rusone Cos.

CHAPITRE III

FICUCIA CUM AMICO

I. Notions préliminaires. — II. Applications normales de la *fiducia cum amico*. — III. Applications anormales de la *fiducia cum amico*. — IV. La doctrine de M. Heck.

BIBLIOGRAPHIE

1. Lenel. Zeitsch. der Sav. Stift., tome 3, Quellenforschungen in den Edictcommentaren ; Zur actio fiduciæ, pag. 177 et 178.
2. Lenel. Zeitschr. der Sav. Stift., tome 8, Kritisches und Exegetisches ; Zu Fr. Vatic.. § 334, p. 205 et 206.
3. Keller. Zeitsch. für geschichtliche Rechtswissenschaft, tome 12, p. 400 et suiv.
4. Pellat. Textes choisis des Pandectes, pag. 141 à 160.
5. Gradenwitz. Interpolationen in den Pandekten ; das Reurecht, § 18, pag. 146 à 169.
6. Dernburg. Das Pfandrecht, tome 1, p. 10, note 10.
7. Geny. Etude sur la fiducie, thèse de Nancy, 1885 ; p. 49.
8. Ihering. L'esprit du droit romain, trad. de Meulenaere ; t. 4, § 67, p. 265 et note 414.
9. Voigt. Die XII Tafeln, tome 2, § 86, die lex fiduciæ, p. 178 à 180.
10. De Savigny. Droit des obligations. Trad. Gérardin et Jozon, tome 2, § 52, pag. 145 et 146.
11. Heck. Zeitsch. der Sav. Stift., tome 10 ; die fiducia cum amico contracta, ein Pfandgeschäft mit Salmann, pag. 82 à 138.

12. Gradenwitz. Zeitsch. der Sav. Stift., tome 9 ; das neue aufgefundene Fragment ueber die Formula Fabiana, p. 402.

13. Oertmann. Die Fiducia im römischen Privatrecht, pag, 146
à 152.

I

NOTIONS PRÉLIMINAIRES.

1. *Définition de la fiducia cum amico.* — A la différence
de la *fiducia cum creditore*, qui n'a qu'une fonction économique, celle de procurer une sûreté réelle au créancier
fiduciaire, la *fiducia cum amico* a des rôles multiples ; car
la découverte de certains textes interpolés due à plusieurs
savants modernes démontre que le rôle assigné par Gaïus
(II, § 60) à la *fiducia cum amico*, à savoir le rôle de dépôt,
n'est pas le seul qu'aient connu les Romains. Il convient
donc de définir la *fiducia cum amico :* c'est l'opération
fiduciaire qui, supposant entre les parties des relations
d'affection, a pour objet de procurer un service d'ami, soit
au *fiduciæ dans*, soit au fiduciaire, que cette opération
fiduciaire intervienne elle-même à titre principal dans une
intention libérale, ou qu'elle intervienne seulement à titre
accessoire dans l'exécution d'une libéralité.

2. *Division des applications de la fiducia cum amico.* —
Tous les cas de *fiducia cum amico* ne présentent pas le
même caractère, tant au point de vue juridique qu'au point
de vue économique. Il.y a ce qu'il est permis d'appeler
le droit commun de la *fiducia cum amico*, à côté duquel

se rencontrent des applications qui s'en écartent. Les applications normales de la *fiducia cum amico* se subdivisent elles-mêmes, par ce fait qu'elles n'interviennent pas toujours dans le même but ; les unes ont en effet pour but de suppléer à l'insuffisance de la loi, tandis que les autres tendent à éluder ses prohibitions. Quant aux applications anormales, elles se séparent des premières en ce qu'elles ne sont pas soumises aux mêmes principes juridiques, ce phénomène tient à ce qu'elles sont plus ou moins voisines par leur nature du domaine de la *fiducia cum creditore*, bien que par leur essence elles rentrent dans le domaine de la *fiducia cum amico* ; d'ailleurs, tandis que l'une de ces applications anormales forme à elle seule une classe à part, parce que, comme les applications normales, elle intervient encore à titre principal, les autres doivent être rangées dans une autre catégorie parce qu'elles n'interviennent qu'à titre d'opérations fiduciaires accessoires dans l'exécution de libéralités préexistantes ; du reste, nous aurons à nous demander si ces dernières doivent être admises, car leur authenticité ne nous paraît pas incontestable. Enfin nous aurons à apprécier une doctrine récente qui nie l'existence même de la *fiducia cum amico*, en entendant en faire une variété de la *fiducia cum creditore*.

II

APPLICATIONS NORMALES DE LA FIDUCIA CUM AMICO.

α. Applications ayant pour but de suppléer à l'insuffisance de la loi. — 1. Les deux premières fonctions de la *fiducia cum amico* qui se présentent à nous avec ce caractère nous sont déjà en partie connues : ce sont le dépôt et le commodat. Le droit ancien, qui se maintint sur ce point pendant de longs siècles, n'admettait pas que la propriété pût être transférée *ad tempus* (*Frag. Vat.*, § 283 ; loi 2, Code, 8, 55. *De donat quæ sub modo*) : c'est cette insuffisance de la législation en vue de satisfaire les besoins pratiques qui avait engendré l'idée de la *fiducia cum creditore* ; c'est elle encore qui suscita l'idée de la *fiducia cum amico* dans son rôle de commodat ; avant que ce contrat réel de bonne foi fût connu comme tel, celui qui voulait prêter à usage l'un de ses biens à son ami n'avait qu'une ressource, c'était de recourir à la *fiducia cum amico*. Ce fait, nous l'avons déjà vu, n'est pas admis par tous les auteurs, pour ce motif que les textes ne font pas mention de la *fiducia cum amico* dans ce rôle : toutefois les auteurs principaux qui ont recherché les textes du Digeste interpolés et relatifs à la fiducie, M. Voigt (1), et M. Lenel dans sa *Palingenesia juris* (2), sont d'accord pour reconnaître l'interpolation de la loi 6, Dig., 45, 3. *De stipul. servor.* ; dès lors la substitution par les commissaires de Justinien des mots « *deponendo commodandoque* » aux mots « *fiduciæ causa mancipio dando* » ou autres analogues, qu'avait dû écrire Pomponius de qui émane ce fragment, prouverait clairement que la *fiducia*

1. *L. c.*, n. 9.
2. Cf. Table des textes interpolés de M. Lenel ; table A ; n. 4 et 35. Cf. Table de concordance Lenel-Voigt ; Table B. α. n. 1.

cum amico en même temps qu'elle pouvait réaliser un dépôt pouvait aussi remplir le rôle de prêt à usage.

La *fiducia cum amico* réalisant un commodat avait en vue de rendre un service d'ami au fiduciaire ; au contraire la *fiducia cum amico* dans son rôle de dépôt visait à un service à rendre au *fiduciæ dans*. Ce rôle nous est attesté non seulement par la loi 6, Dig, 45. 3, mais encore par des textes irrécusables. C'est d'abord un passage de Boëce (*In Ciceronis Topica ex.* l. 4, c. 10, 41 ; § 340) ; « *velut si quis tempus dubium timens amico potentiori fundum mancipet ut ei, cum tempus quod suspectum est præterierit, reddat* » : M. Voigt (1) se refuse à considérer ce texte comme visant la *fiducia cum amico* dans son rôle de dépôt par ce motif que celui-ci se limite aux meubles et qu'il est question d'un immeuble dans Boëce : mais l'auteur commet ici une erreur certaine ; car s'il est vrai que le contrat réel de *depositum* ne s'appliquait qu'aux meubles, il n'est pas moins exact que la mancipation fiduciaire qui a satisfait aux mêmes besoins économiques que ce contrat avant qu'il fût connu pouvait avoir pour objet des immeubles aussi bien que les meubles. Un autre texte atteste encore ce rôle de la *fiducia cum amico* : c'est le § 60 du Commentaire II de Gaïus, « *cum amico quo tutius nostræ res apud eum sint* ». Sous l'empire de quelles nécesités pratiques naquit l'idée d'employer la *fiducia cum amico* dans cette fonction ? Le droit ancien admettait une règle qui alla toujours en s'atténuant de

1. *L. c.*, n. 9.

plus en plus, mais qui ne disparut jamais complètement du droit Romain, c'est la règle de la non représentation ; la *fiducia cum amico* servit à la tourner ; c'est en ce sens que M. Voigt (1) entend le passage de Boëce ci-dessus examiné ; d'après lui, ce texte ferait allusion non au rôle de dépôt de la *fiducia cum amico*, mais à son rôle de mandat ; nous avons vu sur quel fondement repose cette méprise. Aucun texte ne nous dit donc formellement que la *fiducia cum amico* avait pour but de tourner la règle de la non représentation, cependant tous les auteurs admettent ce fait, c'est qu'en effet il est extrêmement probable, et il faut même à notre avis penser que la *fiducia cum amico* était employée non seulement en vue de tourner la règle de la non représentation judiciaire (Gaïus, IV, § 82; loi 123, Dig., 50. 17. *De reg. juris*), comme le disent tous les auteurs, mais encore en vue de tourner la règle de la non représentation contractuelle, qui subsista plus longtemps intacte que la précédente (Loi 126, § 2, Dig., 45. 1. *De verbor. obligationibus*).

Cependant ce détour en vue de remédier à l'insuffisance de la loi semble n'avoir été employé que dans les cas extrêmes ; il semble que dans les temps ordinaires la pratique trouvait, soit dans le droit civil lui-même, soit dans le droit prétorien, d'autres ressources en vue de donner satisfaction aux besoins qu'elle engendrait : en effet, les textes de Boëce et de Gaïus supposent des époques de troubles intérieurs ; sans doute c'est à l'époque des guer-

---

1. *L. c.*, n. 9

res civiles et lorsque des listes de proscriptions forçaient
les vaincus d'un parti à prendre la fuite, que la *fiducia
cum amico* dut apparaître comme un procédé précieux en
vue de mettre à l'abri tout son bien en le confiant pour
un temps à un ami puissant à qui l'on ne craignait pas
de transférer la propriété de tout son patrimoine ; le passage de Boëce surtout paraît tout à fait conforme à cette
manière de voir. De là résulte une conclusion sur laquelle,
selon nous, l'on n'a pas encore insisté jusqu'ici ; c'est que
dans cette fonction économique de dépôt la *fiducia cum
amico*, bien qu'ayant présenté une utilité incontestable à
certaines époques, n'a pas dû tenir une très grande place
dans la pratique romaine ; car bien que très importante
dans ses effets, elle a été tout à fait éphémère dans son
application.

2. C'est encore pour remédier aux lacunes de la législation que la *fiducia cum amico* était employée en vue de
réaliser une *donatio mortis causa*, subordonnée à une
condition résolutoire.

Cette modalité ne pouvait pas affecter la donation,
quand celle-ci consistait en un transfert de propriété ;
c'est même à propos de la *donatio mortis causa*, que le
principe, qui subsista jusqu'à Justinien, et d'après lequel
la propriété ne pouvait pas être transférée *ad tempus*, est
énoncé par les textes (*Frag. Vatic.*, § 283 ; loi 2, Code 8,
55. *De donationis*). Cette rigueur du droit civil avait
engendré la *fiducia cum creditore* et la *fiducia cum amico*
réalisant un prêt à usage ; elle engendra aussi l'application qui nous occupe. Celle-ci résulte de la loi 42, (Pr.

Dig., 39, 6. *De mortis causa donationib.*),et elle a été démontrée par M. Keller (1), qui a donné de ce texte une interprétation, admise à l'heure actuelle par beaucoup d'auteurs, parmi lesquels se trouvent MM. Voigt (2) et
Lenel dans la *Palingenesia juris* (2) ; le texte emprunté
au livre 13 des Réponses de Papinien a d'ailleurs subi de
la part des commissaires de Justinien des remaniements
de nature diverse, des interpolations et des suppressions :
Séïa ayant cédé *in jure* (deux mots supprimés dans le
texte), et mancipés (*traditionibus factis* dans le texte),
tous ses biens pour cause de donation à Titius son *cognat*,
s'est réservé l'usufruit, et il a été convenu « *convenit* »
que si Titius mourrait avant elle, la propriété lui revien-
drait à elle, et que si ensuite elle mourait, les enfants de
Titius lui survivant alors, les biens leur appartiendraient ;
Titius est mort, et les héritiers intentent la *rei vindicatio*, Seïa pourra les écarter de cette prétention, par une
exceptio doli, et l'instance étant constituée de bonne foi,
« *bonæ fidei autem judicio constituto* », on demandait si
Seïa devait promettre qu'elle restituerait les biens aux
héritiers de Titius à sa mort ; Papinien a répondu qu'elle
n'y était pas obligée. Dans ce fragment, un mot important a été supprimé par Tribonien, c'est le mot « *fiduciæ* » ;
le texte doit être reconstitué, « *bonæ fidei autem fiduciæ
judicio constituto* » ; à la revendication intentée par les

1. *L. c.*, n. 3.
2. *L. c.*, n. 9. Cf. Table des textes interpolés de M. Lenel;
Table A, n. 27. Cf. Table de concordance Lenel-Voigt, Table B, β.
n. 18.

héritiers de Titius, Seïa oppose l'*actio fiduciæ* qu'elle
intente elle-même contre eux, en vertu du *pactum fiduciæ* qu'elle avait conclu avec leur auteur ; c'est cette interprétation et cette restitution du texte qui sont seules
capables d'expliquer les mots « *bonæ fidei autem judicio
constituto* » ; car il est impossible d'admettre que la *rei
vindicatio* intentée par les héritiers de Titius a été revêtue
du caractère d'action de bonne foi uniquement par l'insertion de l'*exceptio doli* dans sa formule ; telle n'est pas
en effet la conséquence produite par l'insertion d'une
exceptio doli dans la formule d'une action de droit strict,
et d'ailleurs la *rei vindicatio*, par sa nature d'action
réelle, échappe même à la division des actions en actions
de droit strict et en actions de bonne foi; en outre, l'expression « *convenit* » ne fait-elle pas clairement allusion
au *pactum conventum*, à la fiducie? Enfin il est certain que
le *pactum fiduciæ* intervenait dans la pratique romaine en
vue de remédier à la règle du droit civil d'après laquelle
la condition résolutoire ne pouvait pas affecter un transfert de propriété; c'est ce qui résulte des *Fragmenta Vaticana*, § 252; car bien que fort endommagé, ce passage
contient encore intact le mot « *fiduciæ* » ; dès lors le rapprochement de ce § 252 *Frag. Vatic.* avec notre loi 42,
Princ.; Dig., 39, 6 n'est-il pas tout à fait décisif? Quant
à nous, la démonstration nous paraît complète. Telle n'est
pas cependant l'opinion de tous les auteurs ; cette référence de la loi 49, Pr. Dig., 39, 6 à la fiducie, est notamment repoussée par M. Pellat (1). L'auteur semble s'é-

1. *L. c.*, n. 4.

tonner de ne pas trouver les mots « *fiduciæ judicio* »
dans le texte, en admettant pour un instant comme vraie
l'interprétation de M. Keller ; mais il est facile de comprendre pourquoi les commissaires de Justinien ont supprimé ce mot ; de leur temps la fiducie avait disparu, ils
tenaient donc à mettre les fragments des classiques en
harmonie avec le droit de leur époque ; M. Pellat objecte
encore que l'interprétation que nous adoptons fait violence au sens naturel de la phrase en supposant que c'est
Seïa qui intente elle-même une action alors que le jurisconsulte nous dit que ce sont les héritiers de Titius qui
intentent la *rei vindicatio;* aussi à son avis est-ce à cette
dernière qu'il faut rapporter les mots « *bonæ fidei autem
judicio constituto* », et il cite à l'appui une scholie des Basiliques (livre 47, tit. 3, ch. 42; Schol. q. édit. Fabrot, VI,
p. 258) ; mais celles-ci ne peuvent manifestement rien
prouver pour ce qui concerne le droit classique, de même
que les compilations de Justinien, les Basiliques s'adap-
taient à la législation de leur époque ; et, en définitive,
l'auteur pour expliquer notre membre de phrase, aboutit à
imprimer, sinon dans toute son étendue habituelle, du moins
dans une certaine mesure, le caractère de bonne foi à la *rei
vindicatio*, ce qui est absolument inadmissible; enfin il
ne paraît pas se préoccuper d'une possibilité quelconque
de rapprochement entre notre loi 42, Pr., Dig., 39, 6, et
le § 252 des *Fragmenta Vaticana*.

β. *Applications ayant pour but d'éluder les prohibitions
de la loi*.

1. De même que la *fiducia cum amico* pouvait réaliser une

donatio mortis causa sous condition résolutoire, de même elle pouvait aussi remplir le rôle de *donatio mortis causa sub modo*, en vue d'éluder la prohibition des donations entre époux. C'est ce que nous montre Marcellus au livre 7 de ses Digestes, dans la loi 49, Dig., 24. 1. *De donat. int. vir. et uxor.* que M. Voigt (1) considère comme interpolée et comme se référant à la fiducie. Il est vrai que M. Lenel dans sa *Palingenesia juris* repousse cette donnée (2) ; mais celle-ci nous paraît tout au moins très vraisemblable : la coutume prohibitive des donations entre époux comportait certaines exceptions, notamment les donations à cause de mort étaient permises entre époux (Loi 9, § 2, Dig., 24, 1, *eod. tit.*) par ce motif que leur perfection suppose le mariage dissous « *quia in hoc tempus excurrit donationis eventus, quo vir et uxor esse desinunt* » (Loi 10, Dig., 24, 1, *eod. tit.*) ; dès lors la *donatio mortis causa* ne pouvait jamais produire son effet et le transfert de propriété ne pouvait jamais avoir lieu du vivant de l'époux donateur (Loi 52, § 1, Dig., 24. 1, *eod. tit.*), de pareilles donations restaient sous le coup de la prohibition ; une femme cependant a le désir de gratifier son mari non après sa mort, mais de son vivant ; à quel procédé va-t-elle recourir à cet effet ? C'est dans cet esprit qu'est conçue la loi 49, Dig , 24, 1 : la femme donne un de ses fonds de terre en fiducie à son mari à la charge fiduciaire de le rendre après sa mort à leur fils commun ; de cette façon la femme paraît ne s'être servi de

1. *L. c.*, n. 9.
2. Cf. Table de concordance Lenel-Voigt, Table B, β. n. 16.

son mari que comme d'un exécuteur de ses volontés ; grâce
à ce prétexte « *color* », l'opération sera valable et le mari
aura en fait joui pendant sa vie du bien dont sa femme
a voulu le gratifier ; telle est en définitive la solution à
laquelle aboutit le jurisconsulte ; à la vérité cependant, il
nous dit que s'il apparaît que la femme a voulu prendre
en considération non pas l'avantage de son fils, mais
celui de son mari, et qu'elle ait ainsi cherché à éluder la
coutume qui prohibe les donations entre époux (Lois 1, et
23 Pr., Dig., 24, 1), l'opération sera nulle « *nihil valebit
(traditio) mancipatio* », mais c'est là une question fort
délicate d'intention à approfondir ; les apparences sont
loin d'être défavorables à la femme ; elle paraît n'avoir en
vue que les intérêts de son fils, car si elle mancipe un de
ses biens à son mari à la charge de le restituer à son fils
après sa mort, c'est, semble-t-il, afin de le confier à un
administrateur diligent qui pourra en tirer tout le produit
dont il est susceptible, et de cette façon l'améliorer, chose
que ni elle ni son fils ne seraient capables de faire ; pourquoi dès lors ne pourrait-elle pas valablement conclure
cette opération fiduciaire avec son mari aussi bien qu'elle
pourrait la conclure avec une personne quelconque, avec
un étranger, pourvu qu'il fût doué de grandes connais-
sances en ce qui touche l'administration d'un patrimoine
« *ac si cum extraneo tale negotium contraxisset* » ? Il semble d'après ces apparences que l'opération ne soit qu'une
sorte de dépôt analogue à celui qui est réalisé par la
fiducia cum amico, et tel que l'indique Gaïus « *quo tutius
nostrœ res apud eum sint* » (II, § 60), alors qu'en réalité

elle est une *donatio mortis causa sub modo;* la femme aura donc chance de voir son stratagème réussir, presque toujours il réussira. Ainsi dans notre hypothèse, la remancipation, au lieu d'être imposée au fiduciaire au profit du *fiduciæ dans* lui-même comme dans la *fiducia cum amico* réalisant un dépôt, est imposée au fiduciaire au profit d'une autre personne que le *fiduciæ dans :* mais comme ce fils est l'héritier de ce *fiduciæ dans,* en vertu du sénatus-consulte Orphitien rendu au IIe siècle après J.-C. sous Marc-Aurèle (*Institutes,* III, 4, Princ.) et sous le règne duquel écrivait Marcellus (Loi 3, Dig., 28, 4. *De his qui in testam.*)*,* il recueillera dans la succession de sa mère l'*actio fiduciæ* dont celle-ci était titulaire, et il pourra afin d'obtenir la remancipation l'intenter contre les héritiers du mari, à moins toutefois qu'il ne soit lui-même l'héritier de son père, cas dans lequel toute sanction tirée de l'*actio fiduciæ* serait superflue et même impossible en droit.

2. La *mancipatio servi cum fiducia :* telle est la dernière application dans laquelle la *fiducia cum amico* avait pour but de tourner les restrictions gênantes apportées par la loi ; en vertu des lois *Ælia Sentia* (757 de R.) et *Fuffia Caninia* (761 de R.) le maître d'esclaves se trouvait frappé de certaines incapacités d'affranchir ; en mancipant l'esclave à l'un de ces amis, il parvenait à éluder ces dispositions formelles de la loi ; tel est le sentiment émis par M. d'Ihering (1). Cependant M. Geny (2) sem-

1. *L. c.,* n. 8.
2. *L. c.,* n. 7.

ble nier ce but de l'opération fiduciaire, parce que les textes (loi 66, Dig., 45, 1. *De verborum obligationibus ;* loi 4, Dig., 18, 7. *De servis export.* ; loi 7, § 1, et loi 16, Dig., 40, 9. *Qui et a quibus...*) déclarent cette opération nulle lorsqu'elle a en vue de violer la loi ; mais il y a ici quelque chose d'analogue à ce que nous avons vu dans l'application précédente : le maître essaye de procéder indirectement à un affranchissement pour lequel la loi lui refuse une capacité directe, il espère que la fraude ne sera pas découverte, et en fait elle devait l'être assez rarement, car le maître choisissait précisément en vue de la cacher un ami en qui il avait confiance, c'est donc seulement quand cet ami se refusait à l'affranchissement promis que le maître voyait échouer sa ruse. D'ailleurs les textes qui donnent cette solution ne visent que le cas où c'est un *minor viginti annis* qui a conclu cette opération fiduciaire : la nullité ne s'applique donc qu'à l'opération accomplie en vue d'éluder les dispositions restrictives de la loi *Ælia Sentia* ; au contraire, lorsqu'elle intervenait en vue d'éluder les restrictions édictées par la loi *Fuffia Caninia*, cette nullité était alors inapplicable, et l'opération fiduciaire était toujours valable : cette loi défendait à un maître d'affranchir par testament des esclaves au delà d'un certain nombre qu'elle fixait elle-même proportionnellement au chiffre total des esclaves dont le maître était propriétaire, mais il n'était nullement interdit au maître de procéder de son vivant à la mancipation de l'un de ses esclaves consentie à un ami en lui imposant par *pactum fiduciæ* la charge de

l'affranchir après sa mort « *ut post mortem meam mnu-*
mitteres » ; c'est l'héritier du *fiduciæ dans* qui pourra
exercer l'*actio fiduciæ* contre le fiduciaire qui se refuse à
procéder à l'affranchissement après la mort de l'ancien
maître de l'esclave ; aussi est-ce à ce propos que Julien
dans le livre 13 de ses Digestes examinait la question de
savoir s'il était possible que ces opérations fussent subor-
données à la mort des parties, de manière que l'héritier
eût une action que son auteur n'aurait pas pu exercer ;
c'est ce qui résulte de la loi 84, Dig., 35, 2, *ad legem*
Falcidiam (1) : il y a, nous dit Julien, un cas où l'héritier peut avoir une action que n'avait pas le défunt ; par
exemple, si un tuteur qui paye au nom de son pupille
des legs dont il est chargé n'a pas soin de faire donner
caution aux légataires de restituer ce qu'ils se trouve-
ront avoir reçu au delà de la Falcidie si la substitution
vient à avoir lieu, cette omission ne donne point d'action au pupille contre son tuteur néanmoins ce tuteur
se trouve obligé à cet égard envers l'héritier du pupille.

C'est sans doute en se basant sur les mêmes principes
que les jurisconsultes n'hésitaient pas à déclarer valable
la *mancipatio servi cum fiducia* « *ut post mortem meam*
manumitteres ». Cette application de la *fiducia cum amico*
nous est révélée par un certain nombre de textes, et
notamment par la loi 27, § 1, Dig., 17, 1. *Mandati*, tirée
du livre 10 de Gaïus *ad Edictum provinciale*, et que
M. Lenel dans sa *Palingenesia juris* (2) rapporte à la

1. Cf. Table des textes interpolés de M. Lenel. Table A, n. 18.
2. Cf. Table des textes interpolés de M. Lenel. Table A, n. 8.

fiducie, parce que dans ce livre Gaïus traitait de cette institution à côté du mandat ; telle est aussi l'opinion de M. Gradenwitz (1). Ainsi à la différence de la *fiducia cum amico* dans sa fonction de commodat ou de *donatio mortis causa*, la *mancipatio servi cum fiducia* avait pour objet de rendre un service d'ami au *fiduciæ dans* comme la *fiducia cum amico* réalisant un dépôt. Cependant la *mancipatio servi cum fiducia* réunissait quelquefois les deux caractères et le *fiduciæ dans* pouvait, en y procédant, vouloir gratifier le fiduciaire, tout en entendant recevoir de lui un service d'ami : ce résultat se produisait par exemple quand le maître donnait à l'un de ses amis son esclave en fiducie à la charge de l'affranchir au bout d'un certain nombre d'années ; car dans ce cas l'ami profitait des acquisitions et du travail de l'esclave jusqu'à l'époque convenue pour l'affranchissement ; dans cette hypothèse on pourrait être tenté de dire qu'il s'agit d'une *fiducia cum amico* à double face, mais en réalité et d'après la vérité juridique cette opération se rapproche bien plutôt de la *fiducia cum creditore* que de la *fiducia cum amico* ; car elle est empreinte du caractère onéreux, puisque chacune des parties reçoit quelque chose en retour de la prestation qu'elle fournit ; il y a là une donation mêlée à une obligation, « *mixtum negotium cum donatione* » comme dit Ariston, cité par Ulpien 71 *ad Edictum* dans la loi 18, Pr., Dig., 39, 5. *De donationibus*, un texte que M. Lenel dans sa *Palingenesia juris* (2)

1. *L. c.*, n. 5, p. 168 et 169.
2. Cf. Table des textes interpolés de M. Lenel. Table A, n. 3.

rapporte encore à la fiducie; toutefois Ulpien dans le
§ 1 de cette même loi rapporte que même dans ce cas
où la charge de l'affranchissement n'est imposée au
fiduciaire qu'au bout d'un certain laps de temps Pomponius pensait qu'il se pouvait qu'il n'y eût aucune
donation ; il faudra avant tout consulter l'intention des
parties et les termes du *pactum fiduciæ*. Quoi qu'il en
soit, ce caractère mixte de la *mancipatio servi cum fiducia*,
lorsqu'il existe, doit être soigneusement retenu : c'est lui
qui servira à nous expliquer certaines solutions dérogatoires que les textes donnent à propos du *jus pœnitendi*
qui peut appartenir au *fiduciæ dans*. Ce droit de révocation apparaît dans toutes les applications de la *fiducia cum
amico* examinées jusqu'ici ; c'est surtout à propos de la
mancipatio servi cum fiducia qu'il se trouve accentué dans
les textes. Son étude doit nous retenir quelques instants.

γ. *Le caractère commun aux applications normales de la
fiducia cum amico.* — L'opération fiduciaire étai**t** une
datio ob rem ; dès lors à l'origine elle était sanctionnée
par la *condictio ob rem dati*, que le *fiduciæ dans* pouvait
intenter dès qu'il le voulait, aussitôt après l'accomplissement de la *datio fiduciæ causa*, pourvu que la *res fiduciaria*
subsistât entre les mains du fiduciaire. Lorsque l'*actio
fiduciæ* eut été imaginée, la *condictio* se maintint en vigueur à côté d'elle, et le *fiduciæ dans* put à son choix
intenter l'une ou l'autre de ces deux actions, mais chacune d'elles exerça une influence sur l'autre ; dans la *fiducia cum creditore*, la *condictio* à l'instar de l'*actio fiduciæ*,

ne put désormais être intentée qu'après l'entière satisfaction du créancier (loi 4, § 1, Dig., 12, 1. *De rebus creditis*) ; dans la *fiducia cum amico*, au contraire, la *condictio* conserva son ancien caractère, en l'imprimant même à l'*actio fiduciæ* ; le *fiduciæ dans* put à son gré intenter l'une ou l'autre en vue de recouvrer dès qu'il le désirait la propriété de la *res fiduciaria* qu'il regrettait d'avoir transférée à autrui. En définitive, ce double résultat en sens inverse auquel on avait abouti était pleinement conforme à l'intention commune des parties : c'est même ce qui explique qu'il se soit produit. Tel est le fondement historique et rationnel du *jus pœnitendi* qui appartient au *fidu-ciæ dans* dans la *fiducia cum amico*.

Ce droit de révocation nous est affirmé d'abord par la plupart des textes que nous avons déjà examinés ; dans la *fiducia cum amico* réalisant une *donatio mortis causa*, Marcellus dans la loi 49, Dig., 24, 1, nous dit « *mulieri potestas datur, si noluerit, eum repetere* » et « *revocare sibi liceret* » ; et la loi 42, Dig., 39, 6, est conçue dans le même esprit, car si Papinien décide que Seïa n'est pas obligée de donner aux héritiers de Titius caution de leur restituer les biens à sa mort comme cela avait été convenu originairement avec Titius, c'est par application du droit de révocation qui appartient à Seïa, le *fiduciæ dans*.

S'il en est ainsi dans cette application de la *fiducia cum amico* qui a en vue de procurer un service d'ami au fiduciaire, il doit en être de même dans la *fiducia cum amico* réalisant un commodat qui tend en effet au même but.

C'est surtout dans la *mancipatio servi cum fiducia* que

les textes accentuent et développent le principe du *jus pœnitendi* dont jouit le *fiduciœ dans*. Dans la loi 27, § 1, Dig., 17, 1. *Mandati*, déjà citée, Gaïus nous dit : Si je vous ai mancipé un esclave à la charge fiduciaire de l'affranchir après ma mort l'obligation est valable ; mais je puis même trouver en moi-même la cause génératrice de l'*actio fiduciœ « potest autem et in mea quoque personna agendi causa intervenire »*, je n'ai en effet qu'à changer de volonté et à vouloir recouvrer mon esclave pour pouvoir exercer cette action *« veluti si pœnitentia acta servum reciperare velim »*. Voilà le principe posé.

Il se trouve développé dans la loi 30, Dig., 17, 1. *Mandate* (1), un fragment qui est extrait du livre 13 des Digestes de Julien, et qui dès lors doit être considéré comme interpolé et comme se référant à la fiducie, selon la découverte de M. Lenel (2) : Si je vous ai mancipé un esclave à la charge fiduciaire de l'affranchir, dit Julien, et qu'ensuite mon mandataire vous l'ait défendu, puis-je intenter contre vous l'*actio fiduciœ*, si vous avez procédé à l'affranchissement ? j'ai répondu : si le mandataire a eu de justes raisons pour s'opposer à l'affranchissement de l'esclave qui n'avait été mancipé que sous cette condition, par exemple parce qu'il a a appris depuis la mancipation qu'il avait commis un faux dans les comptes qu'il a rendus ou qu'il avait cherché les moyens d'attenter à la vie de son ancien maître, vous serez obligé envers moi par l'*actio fiduciœ* si vous n'avez pas eu d'égard à la som-

1. Cf. Table des textes interpolés de M. Lenel ; Table A, n. 16.
2. *L. c.*, n. 1.

mation que vous a faite mon mandataire ; mais si ce mandataire n'a eu aucune juste raison de s'opposer à l'affranchissement, et que vous y ayez procédé, vous ne serez point soumis à l'*actio fiduciæ*. Ce passage nous montre que *fiduciæ dans* pouvait faire valoir son *jus pœnitendi*, nonseulement par lui-même, mais encore par un préposé. De cette loi 30, Dig., 17, 1, empruntée à Julien, livre 13 de ses Digestes, il convient de rapprocher le § 334 des *Fragmenta Vaticana* ; c'est M. Lenel (1) qui a eu cette heureuse idée ; ce texte dans le manuscrit ne contient que les lambeaux suivants :

« Julianus et si m. . . . .

« rator denuntiet n. . . . . »

« fiduciæ actionem. »

Après avoir démontré, d'une manière irréfutable à notre avis (2), que la loi 30, Dig., 17, 1, se référait à l'*actio fiduciæ*, M. Lenel a remarqué que le § 334 des *Fragmenta Vaticana* émanait de Julien de même que cette loi 30 ; dès lors il a été amené tout naturellement à reconstituer le § 334 *Frag. Vatic.* de la façon suivante qui est pour ainsi dire certaine :

« *Julianus, et si m*(ancipaverim tibi hominem ut eum »

« manumitteres, et postea ex justa causa procu-)

« *rator denuntiet n*(e manumittas, respondit »

« nisi pareas denuntiationi, competere mihi) »

« *fiduciæ actionem* (3). »

1. *L. c.*, n. 2.
2. *L. c.*, n. 1.
3. La référence du § 334, *Frag. Vatic.* a été admise avec une ré-

Dès lors le § 334 *Frag. Vatic.* n'est qu'une sorte de reproduction de la loi 30, Dig., 17, 1 : comme elle, il vise
l'exercice du *jus pœnitendi* par le *fiduciœ dans* par l'intermédiaire d'un mandataire.

Le droit de révocation est encore l'objet de la loi 18
§ 1, Dig., 39, 5 *De donationibus*, que nous avons déjà
examinée; voici ce que nous dit dans ce texte le jurisconsulte Ulpien, qui combine ici les opinions d'Ariston
et de Pomponius : d'après Ariston si une personne avait
mancipé à son ami un esclave sous la condition qu'il
l'affranchirait dans cinq ans, cette personne ne pouvait
pas agir par l'*actio fiduciœ* pour se faire rendre l'esclave
avant les cinq ans, parce que pour ce temps elle a fait en
quelque sorte donation de l'esclave; mais il n'en serait
pas de même, dit-il, si cette personne avait mancipé
l'esclave à son ami sous la charge de l'affranchir immédiatement « *continuo* », car alors il n'y aurait aucune
donation en faveur de l'ami, et il ne resterait que son obligation ; d'ailleurs même dans le cas précédent il faut suivant Pomponius examiner l'intention des parties, car il se
peut que le terme de cinq ans n'ait pas été apposé en vue
de gratifier le fiduciaire. Ce fragment contient donc deux
solutions : l'une conforme aux principes qui se trouvent
déjà posés dans les lois 27, § 1 et 30, Dig., 17, 1, et dans
le § 334 *Frag. Vatic.*, pour le cas où la mancipation a été
faite à l'ami sous la charge d'affranchir immédiatement
l'esclave ; l'autre contraire, en apparence du moins, à ces

daction quelque peu différente par M. Mommsen dans son édition
des *Frag. Vatic.* (1891).

mêmes principes, pour le cas où l'affranchissement ne doit avoir lieu que cinq ans après la mancipation intervenue. Comment expliquer cette sorte de dérogation? C'est que dans ce cas, la *mancipatio servi cum fiducia* a une nature toute particulière ; ce n'est pas une *fiducia cum amico* ordinaire ; l'opération conclue présente même le caractère onéreux puisqu'elle est intéressée de part et d'autre : si celui qui a reçu l'esclave en fiducie a consenti à s'obliger à l'affranchir, ce n'est pas gratuitement, mais c'est en retour des acquisitions et du travail de l'esclave dont il profitera jusqu'à l'expiration des cinq années fixées par la convention ; dès lors il n'y a rien de surprenant à ce que le *fiduciæ dans* ne puisse pas intenter l'*actio fiduciæ* avant ce délai afin de recouvrer la propriété de l'esclave qui n'a pas été affranchi.

Ces données nous fournissent un argument de plus à ajouter à ceux que M. Gradenwitz (1) a indiqués avec tant de force, pour reconnaître que les mots « *si pœnituerit eum qui tradiderit* » insérés dans la loi 5, § 1 Dig., 12, 4. *De cond. causa data...* sont uniquement dûs à une retouche des commissaires de Justinien : car l'hypothèse visée par ce texte« *si servum quis mancipaverit* (au lieu de *tradiderit) alicui ita, ut ab eo intra certum tempus manumitteretur* » est précisément celle où le *jus pœnitendi* est en principe refusé au *fiduciæ dans ;* à la vérité Pomponius cité par Ulpien dans la loi 18, § 1, Dig., 39, 5, ajoute que même dans cette hypothèse le *jus pœnitendi* pourra appar-

---

1. *L. c.*, n. 5.

tenir au *fiduciæ dans* lorsque telle est l'intention des parties ; mais c'est une exception, et la loi 5, § 1, Dig., 12, 4
formule la règle qu'elle édicte d'une manière générale.

Tels sont les divers textes relatifs au *jus pœnitendi* dans
la *fiducia cum amico*. Le caractère de révocabilité au gré
du *fiduçiæ dans :* tel est le caractère commun que présentent toutes les applications normales de la *fiducia cum
amico*. Qu'advint-il de ce caractère, lorsque par la suite
ces différentes applications furent érigées en contrats ou
en actes juridiques distincts de la *fiducia ?* Il subsista dans
le *depositum ;* lorsque ce contrat réel de bonne foi eut été
imaginé, le déposant conserva le droit d'obtenir la livraison du bien qu'il avait confié au dépositaire, et cela sur
sa première réquisition avant même l'arrivée du terme
fixé par la convention (loi 1, §§ 22, 45 et 46, Dig., 16, 3.
Depositi ; Paul II, 12, § 7) : aussi cette remarque nous
conduit-elle nécessairement à cette conclusion, que ce
droit de repentir devait exister dans la *fiducia cum amico*, réalisant un dépôt bien que les textes n'en fassent pas
mention; à la vérité M. Voigt (1) cite un texte, la loi 13,
§ 1, dig., 16, 3. *Depositi*, comme faisant allusion à l'exercice de ce droit au moyen de la *condictio;* mais cet auteur
est seul à admettre la référence de ce passage à la fiducie,
et il n'avance aucun argument à l'appui de son opinion ;
celle-ci toutefois ne nous paraît pas invraisemblable, car
la loi 13, § 1, Dig., 16, 3 est tirée du livre 31 de Paul *ad
Edictum*, dans lequel ce jurisconsulte traitait à la fois du
depositum et de la *fiducia*, il n'est donc pas impossible

1. *L. c.*, n. 9.

qu'il ait entendu rapporter ce fragment à cette dernière ; cependant M. Lenel dans sa *Palingenesia juris* n'a pas admis cette opinion (1). Le droit de libre révocation existe aussi dans la *donatio mortis causa*, alors même qu'elle n'est pas réalisée par une *mancipatio cum fiducia* (loi 1, Princ., et loi 35, § 2, Dig., 39, 6. *De mort. causa donation...*). Au contraire, dans le *commodatum*, érigé en contrat réel de bonne foi, le commodant n'a pas le droit de changer de volonté, il lui est impossible d'intenter l'*actio commodati directa* contre le commandataire pour reprendre le bien qu'il lui a prêté à usage, avant l'époque fixée par les parties pour la restitution (loi 5, Princ, Dig., 13, 6. *Commodati*). De même dans le contrat innommé par lequel une personne a donné de l'argent à une autre pour que celle-ci procédât à l'affranchissement d'un esclave dans un certain délai, celui qui a donné cet argent ne peut pas le réclamer en se rétractant avant l'expiration du délai fixé pour l'affranchissement : les texte s, il est vrai, nous parlent dans cette hypothèse d'un *jus pœnitendi* (loi 3, §§ 2 et 3 ; et loi 5, Dig., 12, 4. *De cond. causa data...*), mais M. Gradenwitz (2), ainsi que nous l'avons déjà vu, a démontré de la manière la plus concluante l'interpolation de ces fragments ; la *condictio ex penitentia* sur laquelle ils raisonnent n'est qu'une pure invention Tribonienne.

1. Cf. Table de concordance Lenel Voigt. Table B., α n. 4.
2. *L. c.*, n. 5.

III

1. *Opération fiduciaire principale.* — L'application de la *fiducia cum amico* qui a ce caractère a été signalée par un seul auteur, M. Voigt (1), et son opinion est restée isolée ; il rapporte à ce sujet la loi 29, § 1, Dig., 24, 3, *Soluto matrimonio dos...* Dans ce fragment Ulpien s'exprime ainsi : si quelqu'un a constitué une dot à une fille, sous la clause « *conveneritque* » qu'elle lui sera rendue lors de la dissolution du mariage et qu'ensuite le mari paye la dot à sa femme, on décidera avec raison que celui qui a constitué la dot n'en a pas moins le droit de se la faire rendre par le mari. Ainsi un ami de la femme aurait donné quelque bien en dot au mari en procédant à une mancipation fiduciaire ; la mancipation aurait transféré la propriété au mari et le *pactum fiduciæ* aurait été adjoint à la mancipation en vue d'imposer au mari une restitution à laquelle le droit primitif ne l'obligeait pas (Aulu-Gelle, *Nuits Attiques*, IV, ch. 3) ; la loi 29, 1, Dig., 24, 3 montrerait d'ailleurs que la restitution du bien donné en fiducie au mari pouvait lui être imposée non seulement au profit du *fiduciæ dans* lui-même, mais encore au profit d'un tiers ; car ce texte, tout en prévoyant le cas ordinaire, ferait clairement allusion au cas inverse ; si le *fiduciæ dans* peut réclamer le bien au mari, même

1. *L. c.*, n. 9. Cf. Table de concordance Lenel-Voigt. Table B, β n. 17.

lorsque celui-ci l'a déjà restitué à la femme, c'est que le mari ne s'est pas conformé à la convention qui réservait le droit à la restitution au *fiduciæ dans* lui-même, à celui qui a constitué la dot ; la solution eût donc été tout autre, et le *fiduciæ dans* n'aurait pas pu réclamer la restitution du bien au mari qui l'a déjà rendu à la femme, si la convention avait contenu un droit de restitution au profit d'un tiers, au profit de la femme elle-même.

Cependant un grand nombre d'objections se dressent contre cette théorie : tout d'abord M. Voigt ne donne aucun motif à l'appui de son opinion ; en outre, les principes relatifs à la nature de la fiducie paraissent s'opposer, ainsi que nous l'avons vu, à ce que le *pactum fiduciæ* adjoint à une mancipation puisse être remplacé par une *stipulatio*; or, tel est précisément le cas de la *dos receptícia ;* enfin à supposer même que ce principe ait subi un échec en notre matière, il y a lieu, semble-t-il, de s'étonner que le *pactum fiduciæ*, subsiste encore au temps d'Ulpien à côté de la *stipulatio* en vue d'imposer une obligation de restitution de la dot à la charge du mari ; cette coexistence envisagée en elle-même a de quoi surprendre ; car pourquoi deux moyens différents en vue de satisfaire le même besoin pratique ?

Aucune de ces raisons, si elles venaient à être alléguées, ne nous paraîtrait décisive ; la loi 29, § 1, Dig., 24, 3 doit, à notre avis, être considérée comme se rapportant à la fiducie : M. Voigt, il est vrai, se contente d'affirmer ; mais il y a, croyons-nous, un indice contenu dans le texte qui montre que celui-ci visait une *fiducia cum amico* réalisant une *dotis recepticiæ datio* ; c'est l'emploi de l'expression « *convenerit* » ; ce mot ne fait-il pas implicitement, mais très clairement, allusion au *pactum conventum*, à la *fiducia?* Certains auteurs comme de M. de Savigny (1) qui pensent que la fiducie a été reconnue et pourvue d'action par la loi des Douze Tables, pourraient même, en vue de corroborer le langage d'Ulpien dans notre loi 29, § 1, Dig., 24, 3, invoquer le langage de Paul dans la loi 6, Dig., 2, 14. *De pactis : « legitima conventio est quæ lege aliqua confirmatur »*. Mais outre que la fiducie n'a pas son origine dans le principe « *Cum nexum mancipiumve faciet, uti lingua nuncupassit, ita jus esto* » de la loi des Douze Tables, le texte de Paul a une portée entièrement différente de celle que lui attribue M. de Savigny ; quoi qu'ait pu dire cet auteur, ce passage vise les *pacta legitima* qui ont reçu une sanction en vertu de sénatus-consultes ou de constitutions impériales ; ce qui prouve, à l'encontre de l'affirmation émise par M. de Savigny, que Paul a fort bien pu avoir en vue les *pacta legitima*, c'est que c'est ce même jurisconsulte qui pose le principe de la *condictio ex lege*, comme sanction de ces conventions (loi 1, Dig., 13. 2. *De cond. ex lege*), c'est aussi qu'à son époque de pareilles conventions existaient déjà, tel était en effet depuis Antonin le Pieux le caractère que présentait la donation entre ascendants et descendants (*Frag. Vat.* § 314) ; la loi 6, Dig., 2, 14, ne peut donc pas être invoquée en vue d'appuyer notre loi 29, § 1, Dig., 24, 3. Néanmoins

1. *L. c.*, n. 10.

le mot « *convenerit* » employé dans ce passage nous semble suffisamment technique pour ne pouvoir être applicable qu'au *pactum fiduciæ*.

Le *pactum fiduciæ* a donc été adjoint à la *datio dotis* : n'est-il pas dès lors facile de s'expliquer les ressemblances entre l'*actio fiduciæ* et l'*actio rei uxoriæ*, et les rapprochements faits ʼpar les jurisconsultes entre les effets de ces deux actions? Dans les deux cas une formule d'action basée sur la bonne foi, qui pourtant excluait les mots « *ex fide bona* » pour admettre des expressions beaucoup plus archaïques (Cicéron, *Ad familiares*, VII, 12. § 2) ; dans les deux actions, la faute appréciée de la même façon, *in concreto* (*Collatio legum Romanarum et Mosaicarum*, X, 2, § 2 ; loi 18, Princ ; Dig., 13, 6. *Commodati*), l'une et l'autre enfin sanctionnant l'obligation pour le mari de restituer la dot. Mais comment expliquer que nous trouvions ici une dérogation aux principes relatifs à la nature de la fiducie? En réalité, cette dérogation est moins importante qu'elle ne semble l'être au premier abord : en effet, ce n'est pas l'usage de la *stipulatio* adjointe à la *datio dotis* qui a précédé l'usage du *pactum fiduciæ* adjoint à cette *datio* ; tout au contraire, c'est la *datio dotis cum fiducia* qui a dû être la première employée à une époque où l'esprit romain se refusait à admettre l'emploi d'une *stipulatio* solennelle adjointe à une *datio* également solennelle et destinée à en limiter les effets, comme constituant une sorte de *contradictio in adjecto* ; puis avec le temps, les idées finirent par se modifier, les praticiens s'enhardirent et ne craignirent plus d'employer

en notre matière au lieu d'un simple *pactum fiduciæ*,
même pourvu d'action, une *stipulatio* de nature à ren-
forcer l'obligation de restitution qui pesait sur le mari ;
si d'ailleurs cette possibilité de substitution de la *stipulatio*
au *pactum fiduciæ* ne se rencontre que dans notre hypothèse, c'est qu'elle apparut particulièrement nécessaire
ici tandis que dans les autres applications de la fiducie la
pratique sut se satisfaire autrement : dans la *datio dotis
recepticiæ*, la *stipulatio* présentait, à raison de sa nature
de droit strict, des avantages sur le *pactum fiduciæ* ; voilà
déjà une raison pour laquelle son emploi s'introduisit en
droit romain ; mais le motif principal pour lequel il en
fut ainsi, c'est que l'usage du *pactum fiduciæ* dans la
constitution de dot dut paraître nécessairement insuffisant à une certaine époque ; car il n'était possible que
lorsque la dot était constituée au moyen d'une dation, au
contraire la *stipulatio* pouvait intervenir, quel que fût le
mode de constitution de la dot.

Quant à l'usage de la *datio dotis cum fiducia*, s'il se
maintint en vigueur à côté de celui de la *stipulatio* qui
avait pour effet d'imprimer à la dot le caractère de *dos
recepticia*, c'est que l'*actio fiduciæ* présentait dans ses
effets des différences qui constituaient, soit des avantages,
soit des inconvénients, tant avec les effets produits par
l'*actio ex stipulatu* qu'avec ceux produits par l'*actio rei
uxoriæ*. En effet, quand la *dos recepticia* devait ce caractère à l'intervention d'une stipulation, le mari ne pouvait
prétendre à aucune *retentio dotis*, la réforme sur ce point
ne date que de Justinien (Loi unique, § 5, Code, 5, 13.

De rei uxor. act. in ex stip. act. transfusa) ; au contraire dans la *datio dotis cum fiducia*, le mari pouvait sans doute grâce à l'*actio fiduciæ contraria* jouir des *retentiones propter impensas*, *propter res donatas*, et *propter res amotas* (Loi 8, Princ., Dig., 13, 7. *De pig. act.*, Pomponius 35 *ad Sabinum*) ; il est également probable que les autres conséquences que l'*actio ex stipulatu* repoussait à cause de son caractère de droit strict, telles que la faculté pour le mari de jouir d'un délai de restitution des corps certains estimés, et d'un bénéfice de compétence (Ulpien VI, § 8 ; loi unique, § 7, Code, 5, 13), étaient admises dans l'*actio fiduciæ* qui était de bonne foi ; à tous ces points de vue il se peut que l'*actio fiduciæ* n'ait pas été étrangère à la formation même de l'*actio rei uxoriæ*. Mais à d'autres égards, elle se sépara toujours de cette dernière, une fois qu'elle eût été imaginée : l'*actio rei uxoriæ* seule entraînait pour le mari le droit à des *retentiones dotis* fondées sur une cause purement morale, telles que la *retentio propter mores*, et la *retentio propter liberos* (Ulpien VI, §§ 10 et 12) ; en outre, l'*actio rei uxoriæ* ne pouvait appartenir qu'à la femme, à tel point même qu'elle était intransmissible à ses héritiers (Ulpien, VI, § 7). En un mot, le système de sanction, par lequel le mari se trouvait obligé à la restitution de la dot, comprenait des moyens variés qui présentaient tous des avantages et des inconvénients réciproques ; on s'explique dès lors facilement leur coexistence encore au temps d'Ulpien : l'*actio rei uxoriæ* était une action de bonne foi reposant avant tout sur une base morale ; l'*actio ex stipulatu* était une action de droit strict et essentiellement pécuniaire ; entre les deux et dans une place intermédiaire se tenait l'*actio fiduciæ*, action de bonne foi comme la première, action pécuniaire comme la seconde.

M. Voigt (1) cite encore, à propos de la *datio dotis cum fiducia*, deux textes du Code (Loi 6, Code, 5, 12, *De jure dotium* ; loi 7, Code, 5, 14, *De pactis conventis*) qui tendraient à prouver qu'un simple pacte suffisait pour mette une obligation de restitution à la charge du mari ; nous admettons bien qu'en effet ces textes contiennent cette solution, mais ce simple pacte ne saurait être le *pactum fiduciæ* : dans la loi 6, Code, 5, 12, en effet, qui est une constitution d'Alexandre Sévère en date de l'année 236, l'action accordée à l'intéressé, est non pas l'*actio fiduciæ*, mais l'*actio præscriptis verbis* ; quant à la loi 7, Code, 5, 14, outre qu'elle ne mentionne pas formellement non plus l'*actio fiduciæ*, cette constitution de Dioclétien en date de l'année 294 nous semble s'appliquer à une hypothèse beaucoup plus générale que la *datio dotis* proprement dite : elle vise non seulement cette *datio dotis*, le seul mode de constitution qui soit susceptible d'admettre l'adjonction d'un *pactum fiduciæ*, mais encore tout mode quelconque de constitution de la dot, dans lequel un simple pacte de restitution, autre que le *pactum fiduciæ*, pouvait intervenir (Loi 24, Code, 5, 12. *De jure dotium*).

2. *Opérations fiduciaires accessoires.* — M. Lenel dans

1. *L. c.*, n. 9.

sa *Palingenesia juris* (1) rapporte à la fiducie un certain nombre de textes, qui doivent, pensons-nous, être considérés comme rentrant dans une théorie dont la valeur nous laisse beaucoup de doutes. Ces textes sont la loi 47, § 3, Dig., 40, 5 De *fideicom. libertat.*, qui est extraite du livre 42 des Digestes de Julien, la loi 40, Dig., 40, 4 *De manumissis testamento*, empruntée à Pomponius, livre 5 *ex Plautio*, et la loi 58, Digeste, 24, 3. *Soluto matrimonio dos...* extraite du livre des Conseils de Modestin.

Les deux premiers de ces fragments visent la même hypothèse, donnent la même solution et s'expriment en termes identiques : lorsque la liberté est laissée sous condition à un esclave légué, il ne doit être donné au fidéicommissaire qu'à charge pour ce dernier de promettre que, la condition venant à s'accomplir, il le rendra à l'héritier grevé de façon que celui-ci l'affranchissant jouira des *jura patronatus*, ou qu'il l'affranchira lui-même de façon que les *jura patronatus* profiteront à ce fidéicommissaire « *quam ut caveatur existente condicione libertati eum restitutum iri* ». Cette promesse de restitution, d'après M. Lenel, tirera sa force obligatoire d'un *pactum fiduciæ* adjoint à la mancipation que l'héritier a faite de l'esclave au fidéicommissaire.

La loi 58, Dig., 24, 3, vise une hypothèse sensiblement analogue, mais elle s'exprime en des termes un peu différents « *reddendus est a marito servus uxori ea condicione, ut, cum jussu ejus adierit, rursum marito remancipetur* ».

1. Cf. Table des tex s interpolés de M. Lenel, Table A, n. 21 et 24.

Ces applications de la *fiducia cum amico* nous paraissent fort douteuses : tout d'abord l'opération fiduciaire dans ce cas a un but difficile à découvrir puisque la *stipulatio* remplirait entièrement l'attente des parties ; sans doute l'expression « *cavere* » est souvent prise dans un sens très large, mais pourquoi la promesse du fidéicommissaire ne consisterait-elle pas ici dans la *promissio* proprement dite, qui fait partie du contrat solennel de *stipulatio ?* Nous n'en apercevons aucun motif ; en outre, cette sorte d'opération fiduciaire s'écarterait beaucoup de la *fiducia cum amico* ; car envisagée en elle-même elle repousse toute intention libérale, celle-ci ne se rencontre que dans l'opération principale en exécution de laquelle elle intervient ; à vrai dire, ce ne serait donc ni une *fiducia cum creditore*, ni une *fiducia cum amico*, mais une *fiducia* intermédiaire. Il nous paraît donc difficile d'admettre une application de la fiducie avec une nature si particulière sans pouvoir s'appuyer sur des textes plus précis : toutefois nous devons reconnaître que les termes employés par Modestin dans la loi 58, Dig., 24, 3, ne sont pas défavorables à M. Lenel ; car ils semblent viser une restitution qui dérive plutôt d'un *pactum fiduciæ* que d'une *stipulatio*. Voici en effet comment s'exprime le jurisconsulte : si l'esclave dotal est institué héritier par quelqu'un, il ne peut accepter ou répudier la succession que par l'ordre du mari ; mais si le mari ne veut pas s'exposer à tenir compte à sa femme d'une acceptation téméraire ou d'une répudiation inconsidérée, il fera sagement en interrogeant sa femme devant témoins pour lui faire déclarer

si elle entend accepter ou répudier l'hérédité déférée
à l'esclave dotal; si la femme déclare qu'elle entend
répudier, rien de plus simple, l'esclave répudiera l'hérédité sur l'ordre du mari ; si la femme préfère l'accepter,
le mari rendra à la femme l'esclave dotal, pour qu'elle
lui donne elle-même l'ordre d'accepter la succession à la
charge qu'elle retransfèrera à son mari l'esclave après
cette acceptation. Cette *mancipatio servi cum fiducia* se
comprend aisément : elle permet au mari de se décharger de toute responsabilité, tout en laissant à la femme
la faculté de profiter d'une libéralité ; chaque époux trouve
là son avantage ; l'usage du *pactum fiduciæ*, reposant essentiellement sur la bonne foi, était plus conforme dans
ce cas aux rapports juridiques entre mari et femme que
l'usage de la *stipulatio* basée sur le droit strict. Aussi
inclinons-nous à admettre cette dernière application de la
fiducia cum amico, tandis que nous croyons devoir repousser la première.

3. *Caractère commun aux applications anormales de la
fiducia cum amico*. — Ces applications s'écartent du
droit commun de la *fiducia cum amico*, en ce qu'elles ne
présentent pas le caractère de révocabilité au gré du *fiduciæ
dans* : aucun texte en effet ne fait ici allusion à ce caractère ; c'est donc qu'il fait défaut. Ce résultat s'explique
d'ailleurs aisément ; il tient à ce que dans ces applications de la *fiducia cum amico*, comme dans la *mancipatio
servi cum fiducia intra certum tempus*, qui rejette aussi
en principe le caractère de révocabilité (Loi 18, Dig., 39,
5. *De donationibus*), l'intention libérale n'existe pas seule,

elle apparaît liée à un intérêt purement pécuniaire. Dans la *dotis recepticiœ datio*, la dot est constituée moins en vue de gratifier le mari, qu'en vue de subvenir aux charges du mariage ; c'est d'une manière générale que le mari est réputé acquérir la dot à titre onéreux (Frag. Vatic., § 105 ; loi 9, § 1, Dig., 12, 4, *De cond. causa datu...* ; loi 69, § 6, et loi 78, § 5, Dig., 23, 3, *De jure dotium ;* loi 19, Dig., 44, 7, *De obligat. et actionibus*) ; dès lors ce point de vue devait exercer son influence ici comme partout ailleurs. Quant aux opérations fiduciaires que nous avons qualifiées accessoires, si toutefois elles doivent être admises, nous avons vu qu'elles se rapprochent au moins autant de la *fiducia cum creditore* que de la *fiducia cum amico*, et que si elles doivent être rangées dans ce dernier domaine, cela tient non pas au but cherché par les parties, mais surtout à la qualité respective de ces parties elles-mêmes.

IV

LA DOCTRINE DE M. HECK.

1. Ce n'est pas sans de grandes hésitations que nous avons admis l'existence des opérations fiduciaires que nous avons qualifiées d'accessoires : nos doutes proviennent de ce fait que ces opérations participent infiniment moins de la *fiducia cum amico*, qui suppose entre les parties des relations d'affection, que de la *fiducia cum creditore* qui n'implique entre elles que des relations d'affaires.

C'est cette même idée qui domine, à un bien plus haut
degré encore, puisqu'elle y domine presque exclusivement, dans la doctrine que nous allons examiner.
Faisant entièrement fi de la doctrine universellement
admise jusqu'ici, M. Heck (1), s'est proposé d'établir d'a-
bord que la *fiducia cum amico* a servi à réaliser une
sûreté réelle (*ein Pfandgeschaft*), et ensuite qu'elle n'a
jamais eu que cette seule fonction économique : s'il en
était ainsi, le chapitre que nous venons d'écrire devrait
être entièrement biffé ; en un mot, M. Heck aboutit à
nier l'existence de la *fiducia cum amico*, puisque pour
lui celle-ci n'est qu'une variété de la *fiducia cum creditore*. Mais cette doctrine, nous ne craignons pas de le
dire, n'a qu'un mérite, celui de l'originalité.

Et d'abord comment M. Heck cherche-t-il à établir le
premier point de son système ? quels arguments invoque-
t-il pour tenter de démontrer que la *fiducia cum amico* a
servi à réaliser une sûreté réelle ? Dans les sources, dit l'auteur (2), on ne rencontre l'expression *fiducia cum amico*
(*contrahitur*) que dans un seul passage ; c'est Gaïus (II, §§
59, 60) qui l'emploie en mentionnant une *usureceptio ex
fiducia* parmi les cas *d'usureceptio lucrativa ;* d'après l'opinion courante, Gaïus placerait là la *fiducia cum creditore*
en opposition et en contraste avec la *fiducia amicitiæ*, et
des mots « *quo tutius nostræ res apud eum...* » on conclut que cette dernière joue le rôle de *depositum ;* contre
cette conception M. Heck pense qu'il peut faire valoir des

1. *L. c.*, n. 11.
2. *L. c.*, n. 11, p. 84.

objections considérables : la différence dans le but de ces deux opérations n'apparaît en aucune façon, selon lui, dans les mots employés par Gaïus ; c'est ainsi notamment que Gaïus dans les deux cas désigne l'opération par une seule et même expression, *fiducia*; pour M. Heck (1), les mots « *quo tutius* » sont susceptibles d'une interprétation tout autre ; dans la *fiducia cum creditore, la res fiduc'aria* est dans le plus grand danger par suite du droit absolu de disposition qu'a sur elle le créancier ; au contraire, dans la *fiducia cum amico*, elle est dans la plus grande sécurité « *quo tutius* » ; en effet, la *fiducia cum amico* aurait été comme la *fiducia cum creditore* une sûreté réelle, mais la personne rendue propriétaire au lieu d'être le créancier aurait été une personne de confiance, la *mancipatio* aurait été subordonnée au paiement de la dette non pas à l'*amicus* mais à un tiers, *le creditor;* dès lors, continue l'auteur (2), le passage de Gaïus s'explique beaucoup plus facilement ; car il nous présente comme une différence de situation juridique ce fait que contre le créancier l'*usureceptio* ne peut procéder régulièrement qu'après le paiement de la dette, tandis qu'elle peut procéder contre l'*amicus* sans condition et dans tous les cas ; cette condition de faveur faite à l'*usureceptio* dans la *fiducia cum amico* est expliquée dans la doctrine courante par cette remarque que l'ami n'a aucun intérêt propre à conserver la propriété, et que la perte de celle-ci ne lui

1. *L. c.*, n. 11, p. 85.
2. *L. c.*, n. 11, p. 86.

fait subir aucun dommage, tandis qu'il en serait différemment pour le créancier si l'*usureceptio* pouvait procéder contre lui avant qu'il soit payé ; mais M. Heck considère cette explication comme insuffisante parce qu'il y a des cas de *fiducia cum amico* où l'on voit apparaître l'intérêt de l'ami à ne pas être dépouillé de la propriété, comme dans le *commodat*, la *donatio mortis causa*, et la *manumissio servi ex fiducia*, et que cependant même dans ces cas l'*usureceptio* peut procéder immédiatement, Gaïus ne connaissant aucune exception à son principe. Aussi d'après l'auteur le créancier était pourvu d'une sûreté par suite de la protection qu'il trouvait dans la personne même de l'ami qui s'engageait envers lui ; ce n'est pas le créancier, c'est seulement l'ami qui perdait par suite de l'*usureceptio*, et il faut penser que l'*amicus mancipio accipiens* était le plus ordinairement un *argentarius*.

Voilà la première base sur laquelle s'appuye M. Heck ; elle nous paraît aussi fragile que possible : tout d'abord, contrairement à son affirmation, les expressions différentes *fiducia cum amico*, *fiducia cum creditore* employées par Gaïus n'éveillent-elles pas au plus haut degré la notion de la différence dans le but auquel devaient tendre ces deux opérations ? En outre est-il vrai que l'explication que l'auteur donne de la condition de faveur de l'*usureceptio* dans la *fiducia cum amico* soit préférable à l'explication de la théorie traditionnelle ? Nous pensons tout le contraire : si l'*usureceptio* dans la *fiducia cum amico* peut procéder immédiatement contre l'ami, même dans les cas où il semble que celui-ci aurait un intérêt per-

sonnel à conserver la propriété, c'est que ce résultat dérive de la même idée qui nous a servi à expliquer pourquoi dans ces mêmes cas la *condictio ob rem dati* peut elle
aussi procéder immédiatement ; c'est l'idée de révocabilité qui est inhérente aux diverses applications de la *fiducia cum amico*, en principe tout au moins. Et d'ailleurs
comment M. Heck conçoit-il le fonctionnement pratique
de la *fiducia cum amico*, telle qu'il la conçoit, c'est-à-dire
comme une variété de la *fiducia cum creditore* ? Il ne nous
paraît pas très explicite à cet égard : le créancier n'est
pas rendu propriétaire de la *res fiduciaria*, de ce chef, par
conséquent il n'acquiert aucune sûreté ; il faudrait donc
admettre qu'il va en trouver une dans la personne de
l'ami, un *argentarius*, qui s'engagerait envers lui ? Voilà,
certes, ce que ne dit aucunement Gaïus ; et si telle est
bien la pensée de M. Heck, il ajouterait au texte beaucoup plus de choses qu'il n'en dit. Quant à l'ami, à qui
d'après l'auteur est transférée la propriété de la *res fiduciaria*, l'*usureceptio* va pouvoir procéder immédiatement
contre lui, car Gaïus ne connaît pas d'exception au principe qu'il pose pour le cas de *fiducia cum amico*, et pourtant l'ami qui a consenti un pareil arrangement n'a-t-il
pas un intérêt de premier ordre à ne pas être dépouillé
et à conserver la sûreté, moyennant laquelle il a bien
voulu, pour rendre service, s'engager envers autrui ? à
coup sûr, voilà qui est bien plus bizarre que dans la doctrine traditionnelle. Enfin M. Heck, en disant que cet
ami était le plus souvent un banquier, méconnaît une
observation qui est bien générale: c'est que les prêteurs

d'argent sont rares, qui consentent à prêter pour rien.
Au reste M. Heck (1) termine cet examen du passage de
Gaïus, en avouant franchement que cette conception nouvelle de la *fiducia cum amico*, quoique possible, n'est pour
cela pas moins incertaine : et voilà la première base sur
laquelle toute sa théorie est étayée !

Mais l'auteur prétend invoquer d'autres arguments : il
en veut trouver d'abord dans deux textes du Digeste à
propos desquels il admet une interpolation et ensuite
dans la table fiduciaire Espagnole. Qu'il nous soit permis,
de n'examiner que le premier de ces deux arguments :
nous y sommes d'autant plus autorisés que M. Heck lui-
même (2) n'entend attacher au second qu'une moindre
importance. Les deux textes du Digeste sur lesquels il
raisonne, et dans lesquels il voit une interpolation relative,
à sa *fiducia cum amico*, sont les lois 34 et 39, Dig. 13, 7.
De pign. act., émanée la première de *Marcellus, liber singularis Responsorum*, et la seconde de *Modestin, 4 Responsor.* Nous avons tout d'abord à écarter cette dernière par
ce motif que nous ne reconnaissons dans ce texte ni interpolation, ni par suite aucune référence à la fiducie :
M. Eck dans son étude sur les tablettes de Pompéï a pensé
le contraire, mais M. Lenel dans sa *Palingenesia juris* (3)
a repoussé cette opinion (4) ; quant à nous, nous pensons

1. *L. c.*, n. 11, p. 87.
2. *L. c.*, n. 11, p. 84.
3. Cf. Lenel *Palingenesia juris.* Tome 1, n. 294, page 743.
4. Ces deux interpolations ont été admises par M. Gradenwitz,
Zeitschrift de Grünhut, 1891 (*Emptio ob nummos und lex com-*

qu'il y a une raison décisive pour se prononcer dans ce sens ; en effet, M. Heck qui considère comme suspecte l'expression « *contractui pignoris non obesse* » veut la remplacer par l'expression « *contractui fiduciæ non obesse* » (1): or, nous savons que la fiducie n'a jamais été un contrat, et en effet aucun texte ne prononce les mots *contractus fiduciæ*.

Nous n'avons donc à discuter que sur la loi 34, Dig., 13, 7, que nous avons reconnue comme étant interpolée, et qui l'est certainement puisque les commissaires de Justinien y ont laissé subsister un féminin « *eam* » qui ne peut s'expliquer que si on le rapporte à la *fiducia*, et non au neutre « *pignus* ». Dans ce texte Marcellus nous présente la même personne, Titius, à la fois comme créancier et comme acheteur de la *res fiduciaria* ; c'est ce fait qui empêche M. Heck (2) de rapporter notre fragment à un exemple de *fiducia cum creditore :* car le texte paraît contraire à ce principe qui nous est attesté par Paul (II, 13, § 3) et d'après lequel on ne peut pas acquérir sa propre chose ; et c'est ce même fait qui pousse M. Heck à rapporter notre loi 34 à la *fiducia cum amico* telle qu'il la conçoit. Dans la loi 34, dit-il, Marcellus nous parle de l'achat de la *res fiduciaria* ; l'*amicus* négocie de sa propre initiative l'acquisition par le créancier, et en fait part au débiteur : Marcellus se posant la question de savoir si ce dernier

---

missoria), p. 13, note 24. — Toute la théorie de M. Heck a au contraire été combattue par M. Oertmann, *l. c.* n. 13.

1. *L. c.*, n. 11, p. 94.

2. *L. c.*, n. 11, p. 88, 89, 92 et 93.

peut faire annuler la vente, il la résout négativement. Le créancier, continue l'auteur (1), bien que n'étant pas propriétaire, ne pouvait pas acheter, même résultat que dans le *pignus* et l'hypothèque ; mais l'*amicus* était comme propriétaire autorisé à manciper la *res fiduciaria* et par suite à réaliser une vente ; d'après Paul (II, 13, § 3), le débiteur avait le droit de faire annuler la vente, si le créancier se rendait acquéreur *per interpositam personam* ; par la suite, quand la *fiducia amicitiæ* devint plus rare, on se demanda s'il fallait considérer l'ami comme une *interposita persona* ; c'est ainsi que se comprend la réponse négative que Marcellus donne à cette question. La jurisprudence romaine distingua avec soin suivant l'intermédiaire ; il eût été par trop inconvenant de protéger le débiteur contre les actes de son propre homme de confiance.

Voilà de quelle façon fantaisiste M. Heck explique les textes : le point de départ de ce second argument est tout à fait faux ; nous avons vu que la loi 34, Dig., 13, 7, se réfère tout naturellement à la *fiducia cum creditore*, et qu'ainsi rapportée à cette institution elle est susceptible d'une explication (2) ; toute interprétation en ce sens fut-elle impossible, nous ne pourrions pas davantage admettre le système de M. Heck ; car pour faire cadrer la loi 34 avec son opinion, l'auteur est obligé de faire subir à ce texte le remaniement suivant:

1. *L. c.*, n. 11, p. 93.
2. Cf. Première partie Chapitre III ; IV. Effets des deux éléments combinés de l'opération fiduciaire.

« *Titius, cum ob eam pecuniam, quam Sempronius cre-*
« *didit, fiduciam accepisset, futurumque esset ut eam dis-*
« *traheret creditor* ».

Mais ici il se contente d'affirmer sans même essayer
de prouver; tout ce qu'il dit à ce propos (1) c'est que puisque le mot *fiducia* a été de l'avis de tous remplacé par
le mot *pignus*, la corruption du texte peut bien aussi
consister dans la suppression d'autres mots; en somme,
il conclut d'un incorrection à une autre ; ce procédé nous
paraît absolument insuffisant, il n'est pas scientifique.

Ainsi les bases mêmes sur lesquelles M. Heck prétend
appuyer sa doctrine font entièrement défaut. Le premier
point qu'il voulait établir n'est donc nullement établi ;
dès lors nous pourrions nous dispenser d'examiner le
second point de sa doctrine, puisque le point de départ
est inexact ; en effet, il est évident que puisque la *fiducia
cum amico* n'a jamais été une variété de la *fiducia cum
creditore*, il n'y a même pas lieu de se demander si la
fiducia cum amico n'a pu avoir que cette unique application, comme le veut M. Heck. Nous allons pourtant
examiner rapidement ce second point ; de cette façon
nous pourrons mieux encore nous rendre compte de la
fausseté du système envisagé dans son ensemble.

2. Croyant donc avoir établi d'une façon irréfutable
que la *fiducia cum amico* a été une variété de la *fiducia
cum creditore*, M. Heck cherche à prouver qu'elle n'a pu
avoir aucune autre application (2).

1. *L. c.*, n. 11, p. 92.
2. *L. c.*, n. 11, p. 101 à 138.

L'auteur commence par se mettre en face des arguments invoqués par ses adversaires, et il range ceux-ci en trois catégories : α. L'emploi large du mot *fiducia*, β. le passage de Boëce relatif à la *fiducia cum amico*, γ. L'existence prétendue de seize fragments du Digeste interpolés et relatifs à des applications de la *fiducia cum amico* autres que la *fiducia cum amico*, variété de la *fiducia cum creditore*.

α. *L'emploi large du mot fiducia.* — Ce mot se rencontre dans le droit familial : *coemptio fiduciæ causa* ou *fiduciaria* (Gaïus, I, §§ 114 et 115) ; *tutela fiduciaria* et *tutor fiduciarius* (Gaïus, I, §§ 115 et 195*b*) ; *fiduciam contraxerint* (Ulpien 13 *ad Sabinum*, loi 1, § 15, Dig., 38. 17, *Ad sn. co. Tertull. et Orphit.*) ; il se trouve aussi dans le droit successoral : *heres fiduciarius, hereditas fiduciaria* (loi 46 et loi 49 pr. Dig., 36, 1. *Ad. sn. cons. Trebell.* ; loi 9, § 1, Dig., 12, 1. *De rebus creditis*). M. Heck croit trouver la nécessité de reconnaître que la *fiducia cum amico* a été inapplicable dans toutes ces hypothèses dans les considérations suivantes : d'abord la terminologie employée dans le droit familial et dans le droit successoral conduit à repousser la sanction de l'*actio fiduciæ* ; en effet dit l'auteur d'après l'opinion dominante elle-même, la femme pour sortir de la *manus* de son *coemptionator* n'avait pas un *judicium civile* ; en outre, l'*actio fiduciæ* est refusée par Papinien pour le cas de la *mancipatio* d'un homme libre (*Collatio legum. Mos. et Rom.*, II, ch. 3, § 1) ; enfin il est également hors de doute que jamais l'*heres fiduciarius* n'a pu être actionné que par l'*actio fiduciæ* ; ensuite, dit

M. Heck, Gaïus (II, §§ 59, 60) rapproche pour les mettre en opposition la *fiducia cum creditore* et la *fiducia cum amico* ; si deux modes essentiellement différents de *fiducia cum amico* existaient, Gaïus n'aurait pas pu les réunir sous une seule dénomination pour opposer celle-ci à la *fiducia cum creditore.*

Cet essai de réfutation nous paraît bien faible : en premier lieu, ce fait qui est du reste exact à notre avis, que la fiducie dans le droit des personnes n'a jamais eu pour sanction l'*actio fiduciæ* est tout à fait impuissant à prouver que la fiducie elle-même n'a jamais pu être employée dans cette branche du droit ; il peut seulement servir à établir que là la seule sanction consistait dans une *cognitio extra ordinem*, c'est ce que nous avons admis; il faut en dire autant en ce qui touche l'*hereditas fiduciaria*, c'est un point que nous aurons à établir dans le chapitre suivant ; en second lieu, la conclusion que M. Heck veut tirer de l'opposition qui est faite par Gaïus entre la *fiducia cum amico* et la. *fiducia cum creditore* n'est pas moins fausse : en effet cette argumentation a sa base dans ce point de départ que la *fiducia cum amico* a été une variété de la *fiducia creditore ;* ce raisonnement contient donc en réalité une pétition de principe ; en outre nous pouvons nous servir du raisonnement de M. Heck pour le réfuter lui-même; il n'y a qu'une seule application de *fiducia cum amico*, soit ; mais c'est précisément pour cette raison, ou du moins c'est un motif de plus pour nous, pour repousser la doctrine de M. Heck, et pour n'admettre que l'existence de la *fiducia cum amico* qui suppose entre les parties des relations d'affection, sans jamais croire à l'existence de cette sorte de *fiducia cum amico* qui n'aurait été qu'une variété de la *fiducia cum creditore*; en un mot, le raisonnement de M. Heck se retourne contre lui-même ; Gaïus (II, §§ 59, 60) rapproche et met en opposition la *fiducia cum amico* et la *fiducia cum creditore* ; si deux modes essentiellement différents de *fiducia cum amico* existaient Gaïus n'aurait pas pu les réunir sous une seule dénomination pour opposer celle-ci à la *fiducia cum creditore* ; c'est pour cela, dit M. Heck, qu'il faut admettre l'existence de la *fiducia cum amico*, sorte de sureté réelle, et repousser l'existence de toute autre application de la *fiducia cum amico* ; c'est pour cela, disons-nous aussi, qu'il faut admettre l'existence de la *fiducia cum amico* qui suppose entre les parties des relations d'affection, et repousser l'existence de cette *fiducia cum amico* variété de la *fiducia cum creditore*.

β. *Le passage de Boëce, in Ciceronis Topica, c.* 10. — Ce texte va absolument à l'encontre du système de M. Heck ; car il est formel pour affirmer le rôle de la *fiducia cum amico* dans sa fonction économique de dépôt. Mais M. Heck nous dit que Boëce n'était qu'un interprète ; dès lors il n'hésite pas à préférer sa propre autorité à celle de Boëce ; c'est à cela en somme que se réduit son essai de réfutation ; quant à nous, nous n'hésitons pas non plus, mais nous préférons en sens inverse l'autorité de Boëce.

γ. L'existence prétendue de seize fragments du Digeste

interpolés et relatifs à la *fiducia cum amico*. — M. Heck use ici de nouvelles subdivisions dans lesquelles l'exposé sommaire que nous faisons de sa doctrine ne nous permet pas de le suivre. Parmi les textes qu'il essaye de réfuter, il importe avant tout de faire une séparation : en effet, il en est quelques-uns, parmi eux, dont l'interpolation et la référence à la fiducie ne sont admis que par M. Voigt (1) et ont été repoussées par M. Lenel dans sa *Palingenesia juris*, dès lors nous ne les rapportons pas à la fiducie, et par suite nous n'avons pas à propos d'eux à discuter la doctrine de M. Heck ; ils doivent être mis purement et simplement hors du débat. Il faut en dire autant de deux textes, la loi 12, Dig. 38, 5 émanée de *Javolenus* 3 *Epistolarum*, et la loi 14, Dig. 42, 8 extraite d'Ulpien, 6 *Disputat.*, dont l'interpolation a été admise par M. Gradenwitz (2), mais repoussée par M. Lenel dans sa *Palingenesia juris* (3).

Nous restons donc en présence de textes dont l'interpolation et la référence à la fiducie ont été découvertes par M. Lenel, ou découvertes par d'autres, tels que MM. Keller et Gradenwitz et admises par M. Lenel. Plusieurs de ces fragments se rapportent à la *mancipatio servi cum fiducia* (Julianus, 13 Digest.,—loi 30, Dig., 17, 1. *Mandati*; Gaïus, 9, *ad Edict.*, *provinc.*, —loi 27, § 1, Dig., 17, 1. *Mandati ;*

1. *L. c.*, n. 9.
2. *L. c.*, n. 12.
3. Cf. Table de concordance Lenel Gradenwitz. Table C, n. 7 et 8.

Ulpianus, 2 *Disputat.* — loi 5, § 1, Dig., 12, 4. *De cond. causa
data ;* Ulpianus, 71 *ad Edictum,* — loi 18, § 1, Dig., 39, 5.
De donationibus) ; d'autres se rapportent à la *fiducia cum
amico* dans son rôle de *depositum* ou de *commodatum*
(Africanus, 8 Quœstion. — loi 31, Dig., 13, 7. *De pign. act.* ;
Pomponius, 26 *ad Sabinum,* — loi 6, Dig., 45, 3, *De stipulat. servorum*) ; un autre enfin est relatif à la *fiducia cum
amico* réalisant une *donatio mortis causa* (Papinianus, 13
Respons. — loi 42, Dig., 39, 6. *De mortis causa donat.*) Comment M. Heck cherche-t-il à nier toutes ces découvertes ?
Quant aux textes relatifs à la *mancipatio servi cum fiducia*,
il rapporte les trois premiers au mandat et non à la fiducie, et il pense que le quatrième entendait parler non pas
d'un *pactum fiduciœ*, mais d'une stipulation pénale. Mais
le texte qui est de beaucoup le plus embarrassant pour
sa théorie, c'est la loi 30, Dig., 17, 1 ; M. Lenel, dit
M. Heck, a démontré que Julien dans son livre 13, duquel
est extrait notre fragment, traitait de la fiducie à côté du
dépôt, et que dans son livre 14 il traitait du mandat ;
aussi l'auteur que nous combattons, voulant à tout prix
rapporter notre loi 30 au mandat et non à la fiducie, cherche à établir que Julien avait commencé à traiter du mandat dans son livre 13, de sorte que dans ce livre il aurait
traité de trois institutions différentes, dépôt, fiducie et
mandat ; de cette façon M. Heck finit par nier la découverte de M. Lenel qu'il avait commencé par reconnaître ;
entre la méthode si sûre de M. Lenel et la méthode si
conjecturale de M. Heck, l'interprète a à opter ; pour nous
notre choix est tout fait en faveur de la théorie de M. Lenel .

En ce qui touche les textes relatifs au rôle de la *fiducia cum amico* réalisant un dépôt ou un prêt à usage, M. Heck cherche à établir qu'ils doivent être rapportés non à la fiducie, mais à une autre institution, le *receptum*; cette nouvelle conjecture ne nous paraît pas plus vraisemblable que les précédentes ; ainsi on ne comprendrait guère que dans la loi 31, Dig., 13, 7, Africain ait rapproché le *receptum* du *pignus* pour donner une solution commune à ces deux institutions, tandis que ce même fait se comprend à merveille si l'on pense que dans ce fragment le jurisconsulte rapprochait la *fiducia cum creditore* réalisant un *pignus* de la *fiducia cum amico* réalisant un *depositum* ou un *commodatum*. Enfin quant à la loi 42, Dig.,39, 6, que M. Keller et à sa suite beaucoup d'auteurs rapportent à la *fiducia cum amico* dans son rôle de *donatio mortis causa*, M. Heck pense qu'elle faisait allusion non à l'*actio fiduciæ*, mais à l'*actio præscriptis verbis* ; cette opinion doit tomber devant cette observation que les jurisconsultes romains ne désignent jamais cette action sous l'expression « *bonæ fidei judicium* » pas plus que sous l'expression « *actio præscriptis verbis* », mais uniquement sous l'expression « *actio civilis, actio incerti* »; sans doute cette dénomination était très générale et elle pouvait entraîner la confusion avec la *condictio* et l'*actio ex stipulatu* ; mais le fait n'est pas moins certain ; il n'y a non plus aucun argument à tirer, comme le fait M. Heck, de ce fait qu'en général le mot « *judicium* » et particulièrement les mots « *judicium bonæ fidei* » n'ont pas été maintenus dans le Digeste par les compilateurs, ainsi que l'a montré M. Graden-

witz (1); il n'y a pas à dire comme Heck que s'il
s'était agi de l'*actio fiduciæ*, les commissaires de Justi‑
nien auraient écrit « *bonæ fidei actio* », car cette re‑
marque pourrait s'appliquer aussi bien à l'*actio ræs‑
criptis verbis* désignée par l'expression « *bonæ fidei judi‑
cium* » qu'à l'*actio fiduciæ* désignée par cette même
expression ; la vérité c'est que la loi 42, Dig., 39, 6, est
l'un des rares textes dans lesquels les compilateurs ont
oublié de faire la correction.

Ainsi la doctrine de M. Heck échoue sur tous les points ;
elle doit donc être repoussée entièrement et sans hésitation :
il peut même paraître surprenant qu'un auteur n'ait pas
craint de nier l'existence de découvertes qui a été si solide‑
ment assise par des jurisconsultes d'une autorité consi‑
dérable ; sans doute M. Heck ont été fortement frappé de la
difficulté d'interprétation que présente la loi 34, Dig.,
13, 7 ; son système nous semble avoir été conçu *a priori*
en vue de trouver une explication de ce texte, et les
arguments donnés à l'appui ne nous apparaissent en
quelque sorte que comme des prétextes trouvés après
coup.

1. *L. c.*, n. 5, p. 104, 105, 107.

CHAPITRE IV

MANCIPATIO FAMILIÆ CUM FIDUCIA.

1. Notions préliminaires. — II. Exposé de notre théorie dans son
ensemble. — III. Justification de notre théorie. — IV. Conclusion sur ce sujet.

BIBLIOGRAPHIE

1. Lange, Römische Alterthümer, tome 1, § 36. Jus testamenti
   factionis et hereditatum, pag. 137 et 138.
2. Geny. Étude sur la fiducie, thèse de Nancy, 1885, **page 19**,
   note 25, page 48, et page 113, notes 206 et 207.
3. Bechmann. Der Kauf, tome 1, § 35, page 297.
4. Voigt. Die XII Tafeln, tome 2, § 86, page 179, note 33.
5. Accarias. Précis de droit romain, tome 1,
   α. § 321, page 850,
   β. § 321 *bis a.*, pag. 854 et 855,
   γ. § 62, page 150, note 1.
6. Ihering. L'esprit du droit romain, trad. de Meulenaere,
   α. tome 3, § 52, page 223, note 244,
   β. tome 4, § 62, page 113, note 166 ; et § 67, page 265.
7. Cuq. Nouvelle revue historique, tome 10. Recherches historiques sur le testament per æs et libram, pag. 557 à
   563 et surtout page 561, note 2.
8. Greif. De l'origine du testament romain, thèse de Paris,
   1888, pag. 140 à 144.

9. Gide. Revue de législation, tome 1, Un pactum fiduciæ, page 86.

10. Rudorff. Zeitsch. für Rechtsgeschichte, tome 11, Ueber die bætische Fiduciartafel, page 75.

11. Ubbelohde. Zur Geschichte der benannten Realcontracte, § 24, page 55.

12. Hâlder. Beiträge zur Geschichte des römischen Erbrechtes' pag. 58 et 59.

I

NOTIONS PRÉLIMINAIRES.

1. L'application de la fiducie qui va nous occuper est encore un cas de *fiducia cum amico ;* mais elle mérite une étude séparée et plus approfondie que les autres ; car on peut dire sans exagérer que le silence des auteurs sur cette question est à peu près complet. Toutefois, à propos d'un point différent du fidéicommis il est vrai, M. Lange (1) a émis sur la *mancipatio familiæ cum fiducia* une opinion qui n'a été admise dans son entier par aucun auteur, et qui cependant à notre avis contient une part de vérité, que M. Cuq (2) est à peu près seul à avoir aperçu. Seul entre tous, M. Geny (3) paraît avoir entrevu la véritable question ; mais il n'a fait que l'entrevoir, il s'est gardé d'entrer dans aucun développement à cet égard.

1. *L. c.*, n. 1.
2. *L. c.*, n. 7.
3. *L. c.*, n. 2.

2. Ce sont les deux idées suivantes, combinées entre elles, qui dominent toute cette matière : d'une part, la forme du testament et celle du fidéicommis ont exercé l'une sur l'autre une action réciproque ; et d'autre part, tandis que la forme primitive du testament continua à entraîner des conséquences importantes pour l'ensemble des règles du droit testamentaire, même après qu'elle eut été transformée, au contraire la disparition de la forme originaire du fidéicommis, qui était basée sur la bonne foi, permit d'adopter sous certains rapports des règles plus conformes à cette base elle-même.

II

EXPOSÉ DE NOTRE THÉORIE DANS SON ENSEMBLE.

A. *Première période.* — 1. Lorsque le testament *per œs et libram* s'implanta à côté du testament *calatis comitiis* et du testament *in procinctû*, pour la plus grande commodité du testateur, il revêtit la forme d'une vente fictive du patrimoine faite par le testateur à l'héritier lui-même : c'est la *mancipatio familiæ* (Gaïus, II, § 102).

2. Le *familiæ emptor* ainsi constitué héritier, recevait du testateur l'injonction d'acquitter les charges de l'hérédité « *namque olim familiæ emptor, id est qui a testatore familiam accipiebat mancipio, heredis locum obtinebat et ob id ei mandabat testator, quid cuique post mortem suam dari vellet* » (Gaïus, II, § 103 *in medio*). Cette obli-

gation pesait sur le *familiæ emptor*, non pas comme l'a dit M. Accarias (1) en vertu d'une sorte de pacte adjoint à la *mancipatio familiæ* qu'aurait sanctionné le fragment de la table VI des Douze Tables « *Cum nexum mancipiumve faciet, uti lingua nuncupassit, ita jus esto* », mais en vertu d'une autre disposition impérative de la loi des Douze Tables, écrite dans un fragment de la Table V « *Uti legassit super pecunia tutelave suæ rei, ita jus esto* ». Nous avons déjà réfuté l'opinion qui croit voir dans la loi des Douze Tables une sanction légale donnée aux conventions accessoires à une *datio ;* mais cette opinion fut-elle vraie, elle serait à coup sûr inacceptable ici : la table VI en effet n'est relative qu'à des actes tout à fait différents du testament primitif, *nexum, mancipatio, coemptio*, etc., le fragment de la table VI « *Cum nexum mancipiumve faciet...* » ne concerne donc pas le testament ; au contraire, la table V est presque tout entière consacrée à la matière des hérédités, et sans nul doute c'est le fragment de la table V « *Uti legassit...* » qui sanctionne les legs.

B. — *Seconde période*. — Mais cette forme primitive devait peu à peu devenir de plus en plus gênante : elle était orale, et à ce titre présentait mille dangers ; la vie du testateur elle-même était mise en péril, parce que la *familiæ emptor* était l'héritier lui-même ; le testament devint donc écrit, d'oral qu'il était ; il subsista néanmoins sous la forme d'une *mancipatio familiæ*, mais désormais

1 *L. c.*, n. 5, β.

la *familiæ emptor* et l'héritier institué furent toujours distincts l'un de l'autre ; comme nous l'apprend Gaïus (II, § 103), l'acheteur fictif de l'hérédité ne fut plus qu'un « *familiæ emptor dicis gratia, propter veteris juris imitationem.* »

2. Si maintenant l'on se demande quel rôle il convient d'assigner à un *pactum fiduciæ* adjoint à la *mancipatio familiæ*, vers quelle solution devra-t-on pencher ? D'après M. Lange (1), un *pactum fiduciæ* accompagnait la *mancipatio familiæ*, et faisait aussi peser sur le *familiæ emptor* la charge des legs ; plus tard quand l'*emptor familiæ* devint un simple *emptor familiæ dicis gratia*, le même usage se maintint tout naturellement pour imposer à cet acheteur doublement fictif de l'hérédité l'obligation morale de restituer cette hérédité au véritable héritier institué dans le testament écrit. Cette doctrine est repoussée par presque tous les auteurs qui se sont occupés de la question, par MM. Bechmann (2), Voigt (3) et Geny (4) : d'après eux, la propriété immédiatement après la mort du testateur passait de plein droit de la tête du *familiæ emptor dicis gratia* sur celle de l'héritier institué. Quelles raisons donnent-ils à l'appui de leur opinion ? C'est d'abord que nulle part les textes ne désignent la *mancipatio familiæ* comme une mancipation fiduciaire ; c'est ensuite que la charge des legs pesait sur le *familiæ emptor* en

1. *L. c.*, n. 1.
2. *L. c.*, n. 3.
3. *L. c.*, n. 4.
4. *L. c.*, n. 2, page 48.

vertu du fragment de la loi des Douze Tables « *Uti legas-sit...* », et non en vertu d'un pacte de fiducie ou d'un pacte quelconque adjoint à la mancipation. Ces raisons nous semblent insuffisantes pour détruire dans son entier la théorie de M. Lange : quant à la première, elle repose sur une remarque toute négative, et par suite elle est dénuée de force, d'autant plus que les termes employés par Gaïus (II, § 102, *in fine*, et § 103, *in medio*), sont plutôt, quoi qu'on ait pu dire, favorables à l'opinion de M. Lange (1), du reste n'avons-nous pas déjà remarqué que Gaïus (I, § 134) s'abstient de mentionner le *pactum fiduciæ* dans des cas où il intervient certainement dans le droit des personnes, c'est une observation sur laquelle M. d'Ihering (2) a insisté; quant à l'autre motif, il ne parvient, croyons-nous, qu'à détruire en partie cette doctrine.

La seule erreur de M. Lange à notre avis a été de faire remonter trop haut dans l'histoire une idée qui est juste pour une période postérieure ; voici quelle a dû être la marche des institutions juridiques : la *mancipatio familiæ*, lorsqu'elle était faite à l'héritier lui-même, alors que le testament était purement oral, n'eut jamais lieu *cum fidu-*

---

1. C'est la remarque de M. Hölder (*l. c.*, n. 12) qui a admis la théorie de M. Lange; d'après M. Hölder, il résulte d'un passage de Gaïus que la *mancipatio familiæ* ne créait aucune obligation juridique ; ... c'était une sorte de *fideicommissum* qui ne trouva pendant longtemps sa protection que dans un *pactum fiduciæ*.

2. *L. c.*, n. 6, α .

cia en vue de sanctionner l'obligation de l'héritier d'acquitter les legs ; pourquoi, en effet, le testateur aurait-il
employé un procédé consistant à n'imposer au *familiæ
emptor* qu'un pur devoir de conscience, alors qu'il puisait
dans la loi elle-même, en vertu du principe « *Uti legassit...* » le droit de lui imposer une obligation juridique ?
Sur ce point, la critique des auteurs contraires à M. Lange
porte tout à fait juste ; mais la *mancipatio familiæ cum
fiducia* dut s'introduire lorsque le *familiæ emptor* ne fut
plus qu'un *familiæ emptor dicis gratia;* lorsque le testateur voulut empêcher son héritier de connaître son institution, et qu'il désira faire un testament écrit, visant
ainsi un but que la loi à elle seule ne lui permettait pas
d'atteindre, il dut employer un moyen détourné pour y
parvenir ; un moyen détourné pour remédier aux lacunes
de la loi, n'est-ce pas là l'un des caractères juridiques
fondamentaux de la fiducie? et d'ailleurs par quel autre
moyen qu'un *pactum fiduciæ*, le testateur aurait-il pu
atteindre son but ? Admettre que l'obligation du *familiæ
emptor dicis gratia* de restituer l'hérédité à l'héritier institué par écrit tire sa source de la *nuncupatio* solennelle
prononcée par le testateur, et de la réponse solennelle de
ce *familiæ emptor* (Gaïus, II, § 104), cela serait tout à fait
contradictoire, étant donné que l'on se refuse comme nous,
à voir la sanction des dernières volontés du défunt dans
le fragment. « *Cum nexum mancipiumve faciet...* » et
qu'on la trouve uniquement dans le fragment « *Uti legassit...* » ; dans le cas présent, l'un comme l'autre de ces
deux principes étaient inapplicables ; la pratique dut cher-

cher ailleurs sa satisfaction ; elle la trouva dans l'adjonction d'un *pactum fiduciœ* à la *mancipatio familiœ*. Cette
opinion est repoussée par presque tous les auteurs, notamment par M. Greif (1) ; elle a été admise par un seul auteur, M. Cuq (2), qui toutefois ne donne aucun motif à
l'appui. Comment donc la pratique eut-elle l'idée d'utiliser ce procédé? C'est ce que nous allons voir.

3. Quant au fidéicommis, existait-il déjà depuis longtemps sous cette même forme? Un *pactum fiduciœ* adjoint
à la *mancipatio familiœ* n'aurait joui, ici comme dans le
cas précédent, d'aucune sanction légale ; il n'eût entraîné
qu'un pur devoir de conscience, garanti à la vérité par le
sentiment vivace à cette époque de piété respectueuse
pour les dernières volontés du défunt; mais, même avec
ce caractère imparfait, ce n'est pas à une époque très
reculée que la *mancipatio familiœ cum fiducia* dut s'introduire en vue de sanctionner le fidéicommis. C'est
qu'en effet les besoins pratiques ne s'en faisaient aucunement sentir : le principe de la loi des Douze Tables
« *Uti legassit...* » était absolu et général; le testateur
avait dans son libre droit de disposer à titre de legs un
moyen amplement suffisant de faire respecter ses diverses
combinaisons et de donner le cours le plus large à ses
affections. Aussi bien est-il à peu près certain que le
fidéicommis ne date pas de cette époque.

4. Il est plus récent, et il fut vraisemblablement ima-

1. *L. c.*, n. 8.
2. *L. c.*, n. 7.

giné en vue de tourner les restrictions gênantes édictées par les lois *Furia testamentaria* (571 de R. ?) et *Voconia* (585 de R.) ; telle est du moins l'origine que lui assigne M. d'Ihering (1) ; c'est alors, croyons-nous, qu'un *pactum fiduciæ* dut être adjoint à la *mancipatio familiæ* pour imposer au *familiæ emptor* un devoir de conscience, et pour lui faire une sorte de point d'honneur de mettre à exécution les volontés du testateur qui voulait s'insurger contre les lois restrictives du droit de disposer par voie de legs : c'est là le fideicommis dans sa forme originaire. C'est là aussi la *mancipatio familiæ cum fiducia* dans sa première application ; le fidéicommis sous cette forme a dû précéder le testament écrit, et c'est la forme du fideicommis qui a dû influer sur la forme même du testament : c'est elle qui donna l'idée au testateur de choisir comme *familiæ emptor* un autre que son propre héritier ; le testament sous la forme d'une *mancipatio familiæ cum fiducia* telle que nous l'avons décrite n'éveille-t-elle pas en effet d'un fidéicommis, puisque le *familiæ emptor* est tenu dans sa conscience de restituer immédiatement après la mort du testateur l'hérédité dont il était le titulaire apparent en vertu de la *mancipatio* à celui qui en était le titulaire véritable en vertu des tablettes du testament ? c'est là ce dont convient M. Voigt (2) lui-même, bien qu'il repousse notre opinion. Cette pratique consistant à choisir un *familiæ emptor dicis gratia* ne semble pas en effet très

1. *L. c.*, n. 6 β.

  L. c., n. 4.

ancienne, et pourtant elle paraît remonter au delà de l'époque classique ; c'est là du moins ce dont convient M. Accarias (1). Notre affirmation sur ce point paraitra sans doute plus vraisemblable, lorsque nous aurons justifié la théorie que nous nous bornons à exposer en ce moment.

C. — *Troisième période.* — 1. La *mancipatio familiæ,* qui était une vente fictive, et qui comme telle avait le caractère bilatéral, entraîna jusqu'à la fin du droit romain par suite de ce caractère des conséquences considérables : c'est notamment de cette idée que découle la règle d'après laquelle c'est à l'époque de la confection du testament qu'il faut se placer pour apprécier la validité du testament et la capacité impliquée dans la *testamentifactio,* (2). Néanmoins la forme du testament avait changé : dès le moment où la pratique consistant à choisir un *familiæ emptor dicis gratia* s'introduisit, de sorte que la *mancipatio familiæ* ne fut plus sérieuse, il devint facile de voir que toute la force du testament résidait dans l'écrit, c'est-à-dire dans la seule volonté du testateur ; dès lors le testament prétorien fut imaginé ; le testament devint un acte unilatéral. La forme du fidéicommis avait exercé son influence sur celle du testament ; à son tour la forme du testament réagit sur celle du fidéicommis.

2. C'est en effet cette évolution historique qui explique

1. *L. c.,* n. 5 β
2. Accarias, *L. c.,* n. 5 β.

comment la forme du fidéicommis fut, elle aussi, amenée à se modifier : autrefois le fidéicommis découlait du *pactum fiduciæ*, de la convention des parties ; maintenant il réside uniquement dans la volonté du testateur : « *Peto, rogo, volo, fideicommitto* », telles sont les formules qu'il emploie (Gaïus, II, § 249).

3. Dès lors à divers points de vue le fidéicommis se rapprochait du legs : comme lui il réside uniquement dans la volonté du défunt ; le legs tire sa force obligatoire d'une disposition de la loi « *Uti legassit...* », le fidéicommis d'une décision impérative de l'Empereur Auguste qui a valeur légale (Gaïus, I, § 6).

Voilà notre théorie : elle peut, pensons-nous, se justifier par l'examen des textes, et par celui des nombreuses ressemblances qui existent entre le fidéicommis et la fiducie ; elle peut expliquer les différences qui séparent ces deux institutions ; elle est enfin capable de rendre compte de certaines particularités propres au fidéicommis du droit nouveau.

III

JUSTIFICATION DE NOTRE THÉORIE.

A. — *Examen des textes.* — 1. Tout d'abord certains textes viennent à l'appui de notre opinion : les fragments suivants en effet donnent à l'héritier grevé le nom d'*heres fiduciarius*, et à l'hérédité grevée l'appellation d'*hereditas fiduciaria*. C'est la remarque qu'ont déjà faite

M. Ubbelohde (1) et M. Geny (2), mais sans en tirer aucun profit :

α. Loi 46 (édit. Freiesleben), loi 48 (édit. Mommsen), Dig., 36, 1, *Ad sn . co Trebellianum.*

β. Loi 67 ou 69, (suivant les édit.) § 3, *eod. loc.*

γ. Loi 9, § 1, Dig., 12, 1. *De rebus creditis.*

2. Comment donc comprendre ces expressions « *heres fiduciarius* », « *hereditas fiduciaria* », si l'on se refuse à leur assigner pour origine un *pactum fiduciæ*? Dans notre opinion au contraire ces termes s'expliquent d'eux-mêmes et il n'y a pas lieu de s'étonner de les trouver dans la bouche de jurisconsultes du IIIᵉ siècle après J.-C., c'est-à-dire d'une époque où depuis longtemps l'usage de la *mancipatio familiæ cum fiducia* avait disparu, l'expression existait parce qu'elle se rapportait à un état antérieur de la législation, elle fut conservée bien que ne correspondant plus à rien de réel ; les phénomènes de ce genre ne sont pas rares en droit romain, il suffira peut être de citer à ce propos l'exemple de l'*adrogatio* qui d'après Gaïus (I. §§§ 98, 99 et 102) se fait encore *per populum*, quoique les comices aient bien avant l'époque à laquelle vivait ce jurisconsulte été remplacés par trente licteurs.

C'est à notre avis une erreur manifeste et bien singulière, de se figurer, comme semble le faire M. Geny (3),

1. *L. c.*, n. 11.
2. *L. c.*; n. 2.
3. *L. c.*, n. 2.

que le fidéicommis a pu trouver naissance dans la fiducie, en dehors d'un pacte de fiducie adjoint à une *datio*.
En examinant la nature juridique de la fiducie, nous
avons insisté à dessein sur ce fait que la fiducie ne se
conçoit pas en dehors d'un *pactum fiduciæ* adjoint à une
datio ; ce n'est pas une convention indépendante de tous
points et se suffisant à elle-même, c'est une convention
accessoire à un acte solennel, et dépendante de cet acte
dans son existence même ; le fidéicommis serait donc la
seule exception à cette règle générale ; cela est-il croya-
ble ? Ne sommes-nous pas maintenant à notre tour en
droit de demander des preuves ? Jusqu'à ce que ces preuves soient fournies, l'argument que nous tirons de ces
textes nous paraîtra solide.

B. — *Ressemblances entre le fidéicommis et la fiducie.* —
Les textes viennent de nous montrer que le fidéicommis
avait la même nature que la fiducie ; l'examen qui va suivre va nous faire voir que ces deux institutions présentent dans leurs caractères juridiques des ressemblances
saillantes dont on ne peut s'empêcher d'être frappé.

1. Le but commun de la fiducie et du fidéicommis,
c'est d'atteindre un résultat extra-légal, c'est de tourner
la loi. L'étude des différentes applications de la fiducie
nous a dévoilé ce caractère fondamental ; pour ne rappeler que les applications de la fiducie dans le droit des choses, la *fiducia cum amico* et la *fiducia cum creditore*
avaient pour objet de remédier à plusieurs règles du droit
civil en les tournant, à la règle de la non-représentation,
et à la règle d'après laquelle la propriété ne pouvait pas

être transférée *ad tempus*. Mais l'application de la fiducie qui mérite le plus d'être rapprochée ici, c'est la mancipation fiduciaire d'un esclave en vue de son affranchissement: elle ne fut sans doute imaginée que pour éluder les restrictions apportées au libre droit d'affranchir par les lois Ælia Sentia (757 de R.) et Fuffia Caninia (761 de R.) ; comment fût-on amené à employer ce procédé ? c'est qu'on le voyait déjà en usage depuis quelque temps : la *mancipatio familiæ cum fiducia*, première forme du fidéicommis, avait en vue elle aussi d'éluder les restrictions apportées au libre droit de léguer par les lois *Furia testamenria* (571 de R ?) et Voconia (585 de R.) ; et la *mancipatio servi cum fiducia* dut avoir d'autant moins de peine à s'introduire dans la pratique que déjà auparavant sans doute la liberté était conférée par fidéicommis (Institutes, II, 24, § 2).

2. La base du fidéicommis comme celle de la fiducie, c'est à l'origine un pur devoir d'honneur imposé au fiduciaire ; aucun moyen de droit ne vient le sanctionner. Toutefois il peut paraître, à première vue tout au moins, bien surprenant que le fidéicommis ait conservé ce caractère de pur devoir de conscience pour le fiduciaire plus longtemps que la fiducie elle-même ; car c'est seulement Auguste qui donna force obligatoire au fidéicommis, alors que nous trouvons l'*actio fiduciæ* dès l'époque de Plaute. C'est là certainement un de ces faits de nature à frapper l'esprit et à mettre en garde contre notre théorie ; mais nous verrons qu'il n'y a là qu'une anomalie apparente, et non une réelle différence.

3. Le résultat de nos deux institutions est identique ; dans les deux cas, c'est l'idée d'une restitution à opérer ; c'est l'idée d'un dessaisissement volontaire de la part de celui qui est le titulaire du droit en vertu des règles rigoureusement juridiques au profit de celui qui n'en est pas le titulaire d'après ces mêmes règles, mais qui en est le titulaire véritable d'après la loyale et commune intention des parties. Comme le dit M. Gide (1), « tout pacte de fiducie impose à l'acquéreur l'obligation de conserver et de rendre, par conséquent de ne point aliéner » ; n'est-ce pas là aussi le caractère propre de tout fidéicommis ?

4. Enfin les moyens, grâce auxquels ce résultat est atteint, sont les mêmes dans les deux cas : la fiducie connaît deux moyens d'exécution, l'un direct, l'autre indirect ; nous les retrouvons aussi dans le fidéicommis. C'est ici surtout que nous allons avoir à insister, parce que c'est surtout sur ce terrain que les rapprochements sont de nature à éclairer la question dans tout son jour.

α. Du moyen direct. — Le moyen direct en vue d'exécuter le pacte de fiducie, c'est l'accomplissement d'un acte juridique inverse du premier dont les effets seront ainsi détruits ; dans la fiducie, à la *mancipatio sestercio nummo uno* opérée par le débiteur au profit du créancier, pour raisonner sur le cas de la *fiducia cum creditore*, correspond une *mancipatio sestercio nummo uno* opérée en sens inverse par le créancier au profit du débiteur ; de même c'est une *venditio nummo uno* effectuée par le fiduciaire au

1. *L. c.*, n. 9.

profit du fidéicommissaire qui vient anéantir les effets de
la *mancipatio familiæ sestercio nummo uno* que le testateur avait accompli pour conférer les droits d'héritier au
fiduciaire (Gaius, II, § 252). M. Rudorff (1) a déjà signalé
cette ressemblance ; et il a expliqué pourquoi le fidéicommis est réalisé au moyen d'une *venditio* et non d'une *remancipatio* : « quand l'héritier fiduciaire est prié de rendre l'hérédité à un tiers, dit M. Rudorff, cette disposition présente quelque analogie avec la *fiducia cum amico* ;
une *remancipatio* est impossible parce que l'hérédité est
une *res nec mancipi ;* l'*in jure cessio* d'une hérédité acceptée
ne transfère que la propriété, mais ne transfère ni les
créances ni les dettes ; quant à la *traditio* il n'y avait pas
non plus à y songer parce qu'un tout incorporel ne peut
pas faire l'objet d'une possession ; on eut donc recours
à une vente de l'hérédité, et à des stipulations réciproques ».

β. *Du moyen indirect.* — Une similitude presque complète
éclate encore ici. Le débiteur qui a mancipé son bien
cum fiducia a contre le créancier qui se refuse à remanciper l'avantage de pouvoir redevenir propriétaire grâce
à l'*usureceptio ;* le fidéicommissaire a contre l'héritier
l'*usucapio pro herede :* à la vérité aucun texte ne nous
dit que le fidéicommissaire pouvait *usacapere pro herede ;*
mais comme il est hors de doute qu'une personne quelconque put jouir de cette usucapion tant qu'elle fut per-
mise (Gaius, II, § 52 ; loi 4, Dig., 41. 5. *Pro herede*), il

1. *L. c.*, n. 10.

est naturel de penser que le fidéicommissaire dut, lui
aussi, pouvoir en profiter; il faut même croire qu'il en
profitait souvent: en effet, l'*usucapio pro herede* avait été
imaginée, nous dit Gaius (II, § 55), en vue d'une part
d'assurer la continuation des *sacra privata*, et d'autre
part de donner à la personne du défunt un continuateur
de ses obligations; mais, après que les traditions religieuses s'effaçant, les *sacra* eurent parus inutiles et gê-
nants, et que le préteur eut permis aux créanciers de
vendre le patrimoine de leur débiteur mort sans héritier,
les deux motifs de l'*usucapio pro herede*, que nous indique
Gaius, avaient disparu; néanmoins l'*usucapio pro herede*
subsista; dans quel intérêt dès lors ce maintien, sinon
dans l'intérêt du fidéicommissaire? Ce qui vient confirmer cette opinion, c'est que les analogies entre ces
deux moyens indirects de faire sortir effet à l'obligation
du fiduciaire, l'*usureceptio* et l'*usucapio pro herede*, nous
apparaissent très considérables, tant au point de vue de
leur destinée historique, qu'au point de vue des règles
juridiques qui les gouvernent, et qu'au point de vue enfin
de l'ordre même qui se trouve suivi par les textes.

a. *Au point de vue de leur destinée historique.* — *L'usureceptio* qui était apparuc comme un moyen détourné,
mais commode, de faire respecter la bonne foi avant la
création de l'*actio fiduciæ*, se maintint en vigueur même
après que cette action eût été imaginée. L'*usucapio pro
herede* eut un sort analogue : à la vérité, Auguste qui
avait sanctionné énergiquement le fidéicommis au moyen
de la *cognitio extra ordinem* avait fait voter la loi *Julia*

Caducaria qui déférait au peuple les biens vacants (Ulpien, XXVIII, § 7 ; Gaïus II, § 450) ; il avait cru pouvoir de la sorte supprimer cette institution qu'il considérait comme inutile désormais ; mais elle était trop profondément enracinée dans les mœurs pour qu'elle disparut en un seul jour ; aussi Gaïus (II, § 57), nous dit-il qu'un sénatus-consulte voté sous Adrien, et qui n'est autre probablement que le sénatus-consulte Juventien, mettait obstacle à cette sorte d'*usucapio ;* et Marc-Aurèle fut contraint d'instituer contre celui qui usucape *pro hedere* le *crimen expilatœ hereditatis* (Lois 1 et 2, Dig., 47, 19 *Expil. hereditatis*) ; la crainte de l'action répressive qu'il engendrait ne fît même pas disparaître aussitôt la pratique de l'*usucapio pro herede*, car Gaïus qui vivait à cette époque nous en parle encore pour la qualifier d'*improba* (II, § 55), et des textes du Digeste émanés des jurisconsultes Julien et Javolenus la mentionnent en la qualifiant d'*usucapio lucri faciendi gratia* (Loi 2, § 1, Dig., 41, 5. *Pro herede ;* loi 71, § 1, Dig. 47, 2. *De furtis*). Ainsi la force de la tradition l'emporta sur celle de la loi : le fidéicommissaire, même après que la voie de la *cognitio extra ordinem* lui fut ouverte, continua à pouvoir *usucapere pro herede*, de même que celui qui a mancipé son bien *cum fiducia* put encore *usurecipere* au lieu de faire valoir son droit par l'*actio fiduciœ.*

b. *Au point de vue des règles juridiques qui les gouvernent.* — Voici les plus importantes : l'*usucapio pro herede* et l'*usureceptio* sont l'une et l'autre soumises à des règles favorables ; elles sont *lucrativœ* ; elles constituent

toutes deux en une usucapion qui s'accomplit sans juste
titre ni bonne foi, et par un an, alors même qu'il s'agit
d'un immeuble (Gaïus, II, §§ 53 et 54; §§ 59 et 60); l'une
comme l'autre n'est possible qu'autant que la règle
« *Nemo ipse sibi causam possessionis mutare potest* » ne
vient pas y mettre obstacle (loi 2, § 1, Dig., 41. 5. *Pro
herede ;* Gaïus II, § 60 ; loi 16, Dig., 44, 7. *De oblig., et
act.*); enfin celui qui usucape *pro herede*, pas plus que
celui qui profite de l'*usureceptio*, ne commet un *furtum*
(Gaïus III, § 201).

   c. Au point de vue de l'ordre même suivi par les textes. —
Ce sont les mêmes textes, qui rapprochant les deux sortes d'usucapions favorables, nous indiquent ces règles
identiques pour l'une et pour l'autre. Dans le Commentaire II de Gaïus, l'*usureceptio ex fiducia* se trouve expo-
sée dans les §§ 59 et 60 qui suivent immédiatement les
§§ 52 à 59 relatifs à l'*usucapio pro herede* ; et c'est dans
le même § de son Commentaire III, le § 201, que Gaïus nous
dit que l'*usucapio pro herede*, pas plus que l'*usureceptio*,
ne constitue un *furtum*. Ces rapprochements ne sont-
ils pas de nature à nous dévoiler l'idée même du jurisconsulte ; et n'est-ce pas là un argument de plus à l'appui
de notre opinion ?

   Dès lors, s'il est vrai qu'entre la fiducie et le fidéicommis, l'analogie soit si grande, tant sous le rapport de leur
nature, que sous le rapport de leurs caractères juridiques,
n'est-on pas tout naturellement amené à conclure que ces
deux institutions dérivent du même acte ?

   C. — *Différences entre les deux expliquées.* —Cependant,

il existe entre elles certaines différences ; mais à notre
sens elles ne sauraient constituer des caractères distinctifs
de l'une et de l'autre, et il nous paraît facile de les expliquer. Avant tout, il importe de ranger ces différences en
deux catégories bien distinctes : les unes sont des différences véritables, mais elles sont toutes de détail ; les autres
qui constitueraient une séparation nettement tranchée
entre la fiducie et le fidéicommis, si elles étaient des différences véritables, ne sont telles qu'en apparence, soit
parce que envisagées en elles-mêmes elles ressemblent
au contraire à la fiducie considérée dans certaines de
ses applications, soit parce qu'elles ne sont que la conséquence forcée de ces traits communs.

   α. *Différences de la première catégorie.* — 1. L'obligation morale qui pèse sur le créancier en vertu du *pactum
fiduciæ* adjoint à la mancipation d'opérer une mancipation en sens inverse n'est jamais imposée qu'à celui qui
a reçu le bien en vertu de la première mancipation ; au
contraire, le fidéicommis peut être mis à la charge non
seulement du *familiæ emptor*, mais encore du bénéfi-
ciaire de la succession quel qu'il soit, du légataire, ou
même d'un autre fidéicommissaire, ou de l'héritier *ab
intestat*, toutes personnes qui ne jouent aucunement le
rôle de *familiæ emptor* (Gaïus, II, § 261 ; loi 47, § 4, Dig.,
40, 5. *De fideicom. libertat.; Institutes*, II, 24, Pr. et § 1).
Mais rien absolument ne prouve qu'il en ait été ainsi
dès l'origine, et nous pensons au contraire que ce résultat n'a pu être atteint que lorsque le fidéicommis, comme
le testament lui-même, fut devenu un acte unilatéral de

27

volonté. Seulement tandis que la forme ancienne du testament, la *mancipatio familiœ*, même après sa disparition, entraîna encore cette conséquence que le testament supposait toujours nécessairement pour être valable une institution d'héritier, en sens inverse la forme primitive du fidéicommis, forme bilatérale issue du *pactum fiduciœ*, ne laissa aucune trace lorsqu'elle eut disparu, et ne vint pas mettre obstacle au respect plus complet des volontés du défunt, respect sur lequel elle était elle-même fondée.

2. Une observation du même genre peut expliquer la différence suivante : dans la fiducie, celui qui opère la *mancipatio* à la condition d'une *remancipatio* ne peut manciper que la chose dont il est propriétaire *ex jure Quiritium;* dans le fidéicommis en sens inverse, la chose d'autrui elle-même peut être grevée (Gaïus, II, § 261 ; *Institutes*, II, 24, § 1) : c'est encore là un résultat de date récente ; il ne peut être attribué qu'au fidéicommis du droit nouveau.

β. *Différences de la seconde catégorie.* — 1. Tandis que l'obligation de *remancipare*, en vertu de la fiducie, existe en général au profit de celui qui a accompli la *mancipatio*, l'obligation de restituer est imposée à l'héritier fiduciaire non pas au profit de celui qui a effectué la *mancipatio familiœ*, mais toujours au profit d'un tiers, le fidéicommissaire. Mais est-ce là une véritable différence ? cette question recevra à coup sûr une solution affirmative de la part de celui qui se contentera d'un examen superficiel, en n'envisageant la fiducie que dans ses applications les plus générales et les plus connues; mais grâce à un examen plus attentif on peut voir que ce caractère du fidéicommis constitue au contraire un trait de ressemblance avec la fiducie considérée dans certaines de ses applications ; n'avons-nous pas vu en effet qu'il y a des cas dans lesquels le fiduciaire est tenu en vertu du *pactum fiduciæ* de *remancipare* non pas celui qui a opéré le *mancipatio*, mais à un autre ou même à un véritable tiers? n'est-ce pas ce qui se produit dans la *donatio mortis causa sub modo* et dans la *dotis recepticiæ datio*, applications de la fiducie dans le droit des choses, et d'un autre côté dans l'adoption et dans la *coemptio fiduciæ causa*, applications de la fiducie dans le droit des personnes ? On peut au point de vue qui nous occupe distinguer trois classes d'applications de la fiducie : *a*) le cas où le *pactum fiduciæ* impose l'obligation non pas de *remancipare* le bien à celui qui a opéré la première mancipation, ni même à un tiers, mais d'effectuer le dessaisissement du bien mancipé ; rentre dans ce cas la *mancipatio servi cum fiducia ; b*) le cas ou le *pactum fiduciæ* impose l'obligation de *remancipare* a celui qui a opéré la première mancipation ; c'est le cas de la plupart des applications de la fiducie ; *c*) le cas enfin où le *pactum fiduciæ* impose l'obligation de *remancipare* au profit d'un tiers ; rentrent dans ce cas d'une part les applications de la fiducie que nous rappellions tout à l'heure, et d'autre part le fidéicommis. Il faut donc voir là non pas une différence, mais un trait commun entre nos deux institutions. Cela est très important à constater, parce que le point suivant qui, lui, apparaît

bien comme une différence, n'est au fond que la conséquence forcée de ce trait commun.

2. On peut en effet être surpris, à première vue tout
au moins, de ce fait que la réforme d'Auguste qui
donne force obligatoire au fidéicommis soit très postérieure à la création de l'*actio fiduciæ* ; il peut sembler que
étant donné surtout la tendance générale des Romains
à favoriser dans la plus large mesure possible le respect
des dernières volontés du testateur, c'est la marche inverse qui aurait dû se réaliser. Mais il était impossible
qu'il en fût ainsi , par la force même des choses et des
règles générales du droit.

α. En effet, l'usage du fidéicommis est sans doute de
beaucoup postérieur à celui de la fiducie : cette dernière
remonte à une époque très ancienne ; car elle avait notamment pour but de remédier dans une certaine mesure
aux inconvénients de la règle d'après laquelle la propriété
ne pouvait pas être transférée sous condition résolutoire ;
le fidéicommis au contraire ne doit pas être antérieur aux
lois Furia testamentaria (571 de R ?) et Voconia (585 de R.),
car auparavant il était inutile. On comprend donc que
l'*actio fiduciæ* soit née la première pour sanctionner le *pactum fiduciæ* adjoint à une *datio ;* mais cette remarque ne
suffit pas à expliquer pourquoi l'*actio fiduciæ*, une fois
créée, ne fut pas ensuite étendue au fidéicommis.

β. C'est que ce résultat était impossible à atteindre : le
fidéicommissaire était un tiers qui n'avait pas figuré
à la *mancipatio familiæ cum fiducia ;* dès lors l'*actio
fiduciæ* ne pouvait pas naître en sa personne ; la règle de

la non-représentation contractuelle, qui se maintint dans son ensemble jusque dans le dernier état du droit, y mettait un obstacle formel ; l'application des principes généraux n'aurait pu conduire qu'à ce résultat d'accorder l'*actio fiduciæ* à celui qui avait fait la *mancipatio familiæ* ou à son héritier ; c'était le résultat qui était atteint en cas de *donatio mortis causa sub modo* (Loi 54, Dig., 17, 1 *mandati* ; loi 49, Dig., 24, 1. *De donat. inter virum et uxorem*) ; mais ici le testateur ne disposait que pour une époque postérieure à sa mort, et d'autre part dans son intention c'était précisément son héritier, le *familiæ emptor*, qui devait être grevé ; ici donc la force même des choses, la rigueur des principes et l'intention du testateur se confondaient dans un commun accord pour écarter toute *actio fiduciæ* soit au profit du testateur lui-même, soit au profit de son héritier, soit au profit du fidéicommissaire. Ainsi la pratique qui avait été assez puissante pour éluder les lois restrictives de la liberté du droit de disposer à titre de legs en imposant à l'héritier un devoir de morale, se montra sans force pour aller plus loin en grevant l'héritier d'une obligation juridique : sur ce point elle fut tenue en échec par une règle de droit générale et absolue.

D. — *Explication de certaines particularités propres au fidéicommis*. — C'est précisément ce fait que nous venons de constater qui peut rendre compte de cette double particularité, d'une part que le fidéicommis n'ait reçu force obligatoire qu'en vertu d'une décision arbitraire d'Auguste (*Institutes*, II, 25, Pr.) de même qu'autrefois le legs n'avait été exécutoire qu'en vertu d'une décision formelle de la loi (Loi des Douze Tables; Table V, 3); et d'autre part que le fidéicommis relève toujours de la *cognitio extra ordinem*.

1. Si du reste le fidéicommis n'a pas été sanctionné plus tôt, cela tient d'abord à ce que, comme il avait à sa naissance un but caché et contraire à la loi, celle-ci ne pouvait pas donner des armes contre elle-même; cela tient ensuite et surtout à ce que le besoin d'une sanction légale ne s'était pas fait sentir, parce que les héritiers se soumettaient presque toujours d'une façon volontaire et spontanée aux derniers désirs du défunt, et parce que dans le cas contraire l'*usucapio pro herede* apparaissait comme une sanction suffisante : ce sont des raisons analogues qui nous ont expliqué pourquoi l'usage de la fiducie précéda de beaucoup la création de l'*actio fiduciæ*. Mais le fidéicommis sortit peu à peu de son but primitif pour s'étendre à des applications plus variées et moins contraires à la loi; d'un autre côté le culte des volontés du testateur alla peu à peu s'éteignant : c'est alors que l'*usucapio pro herede* parut insuffisante, et que la réforme devint à la fois nécessaire et possible.

2. La sanction légale cherchée dans la *cognitio extra ordinem* n'a rien qui doive nous surprendre : en d'autres hypothèses par la suite ce fut le même procédé qui fut utilisé pour déroger à la règle de la non-représentation contractuelle (Loi 1, § 18, Dig., 14, 1. *De exercitoria act.*); en outre en notre matière n'y avait-il pas déjà l'exemple d'une *cognitio extra ordinem* sanctionnant le *pactum fidu-*

ciæ dans ses applications diverses dans le droit des personnes et notamment dans l'adoption et dans la *coemtio fiduciæ causa*, deux cas où la restitution imposée par le *pactum fiduciæ* pouvait avoir lieu au profit d'un tiers ? Si maintenant l'on s'arrête à cette idée de la *cognitio extra ordinem*, pour la combiner avec l'idée que la forme du fidéicommis se transforma pour devenir unilatérale, de bilatérale qu'elle était d'abord, on conçoit sans peine que le fidéicommis ait pu être imposé à d'autres qu'à l'héritier, et qu'il ait pu porter même sur des biens n'appartenant pas au testateur, résultat qu'à l'origine il était sans doute impossible d'atteindre.

IV

CONCLUSION SUR CE SUJET.

1. Ainsi les ressemblances entre la fiducie et le fidéicommis sont nombreuses et palpables, on les retrouve jusque dans des points qui, au premier abord, n'apparaissent que comme des différences ; quant à celles-ci, elles sont presque insignifiantes, et elles peuvent du reste être facilement expliquées par l'histoire. Le fidéicommis naquit donc de la *mancipatio familiæ cum fiducia ;* mais sous cette forme il resta toujours un pur devoir d'honneur laissé à la conscience de l'héritier ; c'est seulement plus tard qu'ayant revêtu une autre forme extérieure sous l'influence de la réforme générale apportée à la forme du testament

lui-même, il put être sanctionné légalement par l'autorité du magistrat, lorsque les idées de respect familial se furent affaiblies.

2. C'est sur cette action réciproque de la forme du testament et de la forme du fidéicommis l'une sur l'autre qu'il nous faut maintenant revenir en peu de mots ; car ce point a pu paraître quelque peu obscur dans l'exposé de notre théorie ; ce n'est qu'après la justification de cette dernière qu'il peut être mis dans son plein jour.

α. Dès que le testament devint unilatéral, et même dès que la *mancipatio familiæ* fut faite à un *familiæ emptor dicis gratia*, le fidéicommis dut nécessairement dépouiller la forme bilatérale qu'il revêtait dans la *mancipatio familiæ cum fiducia ;* en effet, on n'aurait pas compris une obligation fiduciaire d'acquitter le fidéicommis imposée au *familiæ emptor dicis gratia* qui n'était pas l'héritier véritable ; ce *familiæ emptor dicis gratia* était déjà grevé de la charge fiduciaire de restituer l'hérédité à l'héritier institué par écrit ; dès lors cette obligation une fois exécutée, il ne pouvait pas en outre être grevé fiduciairement du fidéicommis. La *mancipatio familiæ cum fiducia,* une fois admise comme forme du testament, ne pouvait plus s'adapter au fidéicommis ; celui-ci dès cette époque dut changer de forme et figurer dans les tablettes écrites à la suite de l'institution d'héritier, en se manifestant par l'une des formules *fideicommito, rogo, peto, volo ;* de la sorte, c'est sur l'héritier institué et non sur le *familiæ emptor dicis gratia* qu'il pesait.

β. Mais d'un autre côté, si, comme nous l'espérons, nous

avons réussi à démontrer que le fidéicommis à une certaine époque, d'assez courte durée il est vrai, a revêtu la
forme de la *mancipatio familiæ cum fiducia*, il faut admettre nécessairement qu'il a dû précéder la *mancipatio
familiæ dicis gratia* employée comme forme du testament,
et que c'est même lui qui l'a fait surgir dans la pratique.
Cette conclusion ne présente rien d'exorbitant, si l'on
remarque, comme nous l'avons déjà fait, que cette *mancipatio familiæ dicis gratia* n'est en somme qu'une espèce
de fidéicommis universel ; en parlant ainsi, nous ne faisons, du reste, que répéter l'observation déjà faite par
M. Hölder (1).

1. *L. c.*, n. 12.

CONCLUSION

I. Notions préliminaires. — II. Disparition de la fiducie. 1. Dans le droit des personnes. 2. Dans le droit des choses. 3. Date à assigner à la disparition de la *fiducia cum creditore*. — III. Les derniers vestiges de la fiducie au moyen-âge et dans les temps modernes. 1. Le mort-gage, et le contrat pignoratif. 2. La fiducie, sorte de fidéicommis. — IV. L'idée-mère de la fiducie, sa destinée.

BIBLIOGRAPHIE

1. Ubbelohde. Zur Geschichte der benannten Realcontracte, § 28, pag. 87 à 95.
2. Gradenwitz. Zeitsch. der Sav. Stift., tome 7, Interpolationen in den Pandekten, p. 45 et suiv.
3. Accarias. Précis de droit romain, tome 1, 285 bis in fine, pag. 734.
4. Geib. Zeitsch. der Sav. Stift., tome 8, Actio fiduciæ und Realvertrag, pag. 148, texte et note 1.
5. Geny. Etude sur la fiducie, thèse de Nancy, 1885 ; pag. 105 à 115.
6. Rudorff. Zeitsch. für Rechtsgeschichte, tome 11, Ueber die bætische Fiduciartafel, page 65, texte et note 7.
7. Lehr. Eléments de droit civil anglais, pag. 352 à 384.
8. Ihering. L'esprit du droit romain, trad. de Meulenaere; tome 4, § 67, p. 262.
9. Boniface. Arrêts notables de la Cour du Parlement de Provence, tome 5, pag. 86 à 93.

10. Merlin. Répertoire universel et raisonné de jurisprudence,
    vº Fiduciaire.

11. Laurent. Principes de droit civil français, tome 1, n. 32, et
    tome 14, n. 402 à 405.

12. Aubry et Rau. Cours de droit civil français, tome 7, § 694,
    pag. 304.

13. Demolombe. Cours de Code Napoléon, tome 18, n. 105.

14. Cour de Nîmes, 17 août 1808. Devilleneuve et Carette, 1791-
    1830, tome 2, p. 428.

15. Cour de Nîmes, 16 décembre 1833, Sirey, 1835, 2, 333.

16. Ducange. Glossarium ad scriptores mediæ et infimæ latini-
    tatis, tome 3, pag. 486 et 1421.

17. Marini. I papiri diplomatici raccolti ed illustrati, p. 336.

18. Savigny. Geschichte des römischen Rechts im Mittelalter ;
    tome 2, page 187, texte et note h.

19. Oertmann. Die Fiducia im römischen Privatrecht, pag. 68 à
    72, et 115.

1

NOTIONS PRÉLIMINAIRES.

La disparition de la fiducie tient à deux causes différentes. Dans un certain nombre de ses applications, la
fiducie devait tendre à être d'un usage de moins en
moins fréquent dès que le résultat, qu'elle avait en vue
d'atteindre indirectement, put être atteint directement
grâce à la création de contrats nouveaux et à des réformes encore plus générales de la législation : issue des
nécessités du commerce, la fiducie tomba en désuétude
lorsqu'elle ne répondit plus à aucun besoin pratique.

Dans certaines autres applications, la fiducie aurait
pu-se maintenir en vigueur, parce qu'elle seule conti-
nuait à pouvoir donner une complète satisfaction aux
relations juridiques ; néanmoins même dans ces cas la
fiducie devait nécessairement disparaître, parce que la
législation finit par repousser tout mode solennel de
transfert de la propriété, une partie essentielle de l'opération fiduciaire.

II

DISPARITION DE LA FIDUCIE.

1. *Dans le droit des personnes.* — α. Le *mancipium cum
fiducia*, employé en vue d'acquérir la cité, ne présenta
plus aucune utilité dès que les concessions du *jus civitatis*
se furent multipliées sous les empereurs ; il n'eut plus
aucune raison d'être, lorsqu'Antonin Caracalla eut con-
féré en l'an 212 le *jus civitatis* à tous les sujets de l'Empire (Loi 17, Dig., 1, 5. *De statu hominum ;* Dion Cassius,
77, 8, 5).

β. La *noxœ deditio cum fiducia*, envisagée comme application de la fiducie dans le droit des personnes, cessa
d'exister dès le temps de Paul, au IIIᵉ siècle après J.-C. ;
ce jurisconsulte nous dit en effet : « *Homo enim liber
nullo pretio œstimatur ; idem nec pignori ab his aut fiduciœ
dari possunt* » (Paul, V, 1, § 1).

γ. C'est dans l'émancipation et surtout dans l'adoption
que l'usage du *pactum fiduciœ* se maintint le plus long-

temps en vigueur : mais Justinien décida que l'émancipation résulterait à l'avenir, non plus de mancipations fiduciaires et de manumissions successives, mais d'un rescrit
impérial inséré *apud acta* (Institutes, I, 12, § 6) ; il opéra
une réforme analogue en ce qui concerne l'adoption (Institutes, I, 12, § 8). Cependant les Institutes à propos de la
succession et de la tutelle qui appartiennent à l'émancipa-
teur prononcent encore le mot *fiducia* (1) (I, 19 ; III, 2, § 8).
Mais c'est une expression qui ne correspond plus à rien de
réel ; Justinien dans ces passages veut simplement dire
que l'émancipation produira le même effet que produisait
auparavant l'émancipation *contracta fiducia ;* les *jura patronatus* appartiendront non au *manumissor extraneus*,
qui en effet a disparu dans le dernier état du droit, mais
au *parens emancipator* (Loi 6, Code 8, 49. *De emancip.
liberor* ; loi 11, Code, 8, 48. *De adoptionibus*).

2. *Dans le droit des choses.* — *La fiducia cum amico* disparut la première : la plupart des auteurs, M. Ubbelohde (2),
par exemple, appuyent cette affirmation sur ce que, une
fois reconnu le principe de la représentation en justice, cette
application de la fiducie n'offrit plus aucun intérêt. Mais
cette doctrine est beaucoup trop restreinte : elle ne vise
pas tous les cas de *fiducia cum amico*, mais uniquement
la *fiducia cum amico* dans sa fonction de dépôt ; en outre
même pour cette dernière il nous semble qu'elle continua
à être en usage même après qu'il fut possible de se faire
représenter en justice par un *cognitor* ; car elle avait

---

1. Cf. aussi Loi 2, § 15, Dig., 38, 17. Ad sn. c. Tertull. et Orphit.
2. *L. c.*, n. 1.

aussi pour but de tourner la règle de la non-représentation contractuelle, et elle dut même être d'un emploi beaucoup plus fréquent à une époque postérieure à la reconnaissance du principe de la représentation judiciaire, à
l'époque des guerres civiles qui sévirent dans les derniers
temps de la République.

Mais M. Gradenwitz (1) nous semble avoir démontré,
par l'examen même des textes, que la *fiducia cum amico*
avait, sinon entièrement, comme le dit l'auteur, du
moins commencé à tomber en désuétude dès le IIIᵉ siècle
après J.-C. ; en effet, au IIᵉ siècle la formule encore
usitée pour désigner une dation fiduciaire était « *Fiduciæ
causa dare* » (Gaïus, II, § 59, et III, § 201); au IIIᵉ siècle
au contraire, cette formule propre à la fiducie a été abandonnée en faveur de celle qui est propre au *pignus;* les
jurisconsultes romains ne disent plus « *Fiduciæ causa
dare* », mais « *Fiduciæ dare* » comme « *Pignori dare* »
(Paul, II, 13, § 6 ; III, 6, § 69) ; cette remarque déjà si
puissante par elle-même tire une nouvelle force de ce
fait que la plupart des cas de *fiducia cum amico* nous sont
rapportés par des jurisconsultes du IIᵉ siècle, par Gaïus
(II, § 60 ; loi 27, § 1, Dig., 17, 1. *Mandati*), ou par Julien
(Loi 30, Dig., 17, 1, *Mandati; Frag. Vatic.*, § 334 ; loi 84,
Dig., 35, 2. *Ad legem Falcidiam*).

Quant à la *fiducia cum creditore*, elle subsista au contraire
quelque temps : M Accarias (2) pense cependant qu'elle
tendit à disparaître dès que le *pignus* et l'*hypotheca* furent

1. *L. c.*, n. 2.
2. *L. c.*, n. 3.

connus ; mais cette doctrine est contredite non seulement par les textes du Digeste, empruntés à Paul et à Ulpien, et qui ont été interpolés par les commissaires de Justinien, mais encore par des textes dont l'authenticité a toujours été reconnue (*Frag. Vatic.*, §§§§§ 18, 37, 94, 252, 334 ; et *Collatio leg. Mos. et Rom.* tit. II, ch. 3 et titre X, ch. 2, § 3). On conçoit du reste qu'il en ait été ainsi ; car la *fiducia cum creditore* répondait à des besoins pratiques différents de ceux auxquels donnaient satisfaction le *pignus* et l'*hypotheca :* à la différence de ces institutions elle impliquait le transfert de la propriété et elle n'était pas susceptible de fractionnement ; mais elle présentait sur ces deux autres instruments du crédit réel l'avantage d'offrir une sûreté plus grande au créancier et celui de participer des caractères de spécialité et de publicité inhérents à la *datio* solennelle, à laquelle elle était liée.

3. *Disparition de la fiducia cum creditore.* — Le dernier texte, à notre avis, qui mentionne la *fiducia cum creditore* est une constitution de l'an 395 après J.-C. (Code Théodosien, loi 9, 15, 14. *De infirm. his quæ sub tyr.*). Sous Justinien la fiducie a complètement disparu : c'est ce qui explique les nombreuses interpolations dont sont remplies les compilations de cet Empereur. A cette époque, en effet, les modes solennels de transférer la propriété, tombée en désuétude depuis quelque temps déjà, furent définitivement abolis (Loi unique, Code, 7, 31. *De usuc. transform.*) ; la conséquence forcée de cette réforme fut l'abolition complète de la fiducie, car celle-ci ne se conçoit pas indépendamment d'une *datio* solennelle ;

d'ailleurs la fiducie dans un grand nombre de ses applications avait pour but de remédier aux inconvénients de la règle, d'après laquelle la propriété ne pouvait pas être transférée *ad tempus ;* or, sous Justinien cette règle elle-même a été abrogée (Frag. Vatic., § 283 ; loi 2, Code, 8, 55. *De donationibus) ;* dès lors, l'usage de la dation fiduciaire était devenu inutile. Ces considérations nous permettent d'écarter deux doctrines, qui tendraient l'une et l'autre, si elles étaient exactes, à faire croire que la fiducie s'est maintenue en vigueur même après l'année 395.

C'est d'abord la doctrine de M. Geib (1), d'après laquelle la fiducie pouvait se réaliser dans une simple tradition ; nous n'avons pas à revenir ici sur la fausseté de cette théorie ; mais nous devons constater qu'avec elle, il serait impossible de s'expliquer pourquoi la fiducie n'existe plus sous Justinien et pourquoi ce prince a fait opérer dans le Digeste les nombreuses interpolations que nous avons rencontrées.

L'autre doctrine, proposée par M. Rudorff (2), qui cependant, n'est pas très affirmatif, a été soutenue par M. Geny (3) ; selon cet auteur, l'année 395 ne serait pas la date de la dernière apparition de la fiducie ; celle-ci existerait encore au ve siècle après J.-C., et M. Geny cite à ce sujet une lettre de Sidoine Apollinaire (Lettre 4, 24), mort en 484 ou 489 ; mais nous croyons que ce témoignage n'a déjà plus qu'une valeur purement histo-

1. *L. c.,* n. 4.
2. *L. c.,* n. 6.
3. *L. c.,* n. 5.

rique, de même que celui d'Isidore de Séville qui, au
viie siècle après J.-C. nous donne encore de précieux
renseignements sur notre institution ; au temps où écrivait Sidoine Appollinaire, la fiducie devait avoir cessé
d'être en pratique parce que les modes solennels de transférer la propriété étaient déjà tombés en désuétude.

C'est toujours cette même raison qui nous conduit à
repousser la seconde partie de la doctrine de M. Geny,
qui pense que la fiducie bien qu'ayant disparu au vi^e
siècle sous Justinien en Orient, s'est maintenue en Occi-
dent jusqu'au xiie siècle : à l'appui de son opinion, cet auteur
invoque d'abord la *lex romana Visigothorum*, publiée en
506, et qui contient les Sentences de Paul ; mais à notre
avis celles-ci ne peuvent avoir qu'une valeur historique
lorsqu'elles nous parlent de fiducie ; car pour les compilateurs Visigoths la *res fiduciaria* et la *res pignerata* semblent se confondre, c'est ce qui résulte de beaucoup de
passages qui mettent le *pignus* et la *fiducia* sur la même
ligne (Paul ,I, 9, § 8 ; II, 4, rubrique ; III, 6, § 16 ; V, 1,
§ 1) ; au vi^e siècle ap. J.-C., malgré le principe de la per-
sonnalité des lois promulgué par l'*edictum Theodorici regis*
en 500 ou 506, la fiducie ne pouvait plus être la fiducie
ayant conservé la nature qu'elle avait déjà eue, celle d'un
pacte adjoint à une *datio* solennelle, c'était une institution
différente. A plus forte raison, dans les siècles qui suivi-
rent, en fut-il ainsi : M. Geny cite plusieurs documents,
empruntés notamment aux lois de Rotharis, roi Lombard
de l'année 643, et à celles de Luitprand, année 724 (Mu-
ratori, *Rerum italicarum scriptores*. Milan, 1725, tome 1,

28

2e partie, pages 28 et 62), dans lesquels on rencontre les expressions « *In fiduciæ nexu positum* », « *Infiduciare* », « *Adfiduciare* »,« *Per pignus infiduciare* », « *Offiduciare* »; mais aucune de ces expressions n'a un sens technique, elles sont toutes synonymes de *obligare*; tel était déjà l'avis de Ducange (1) et de Marini (2) ; c'est cette opinion, adoptée depuis par M. de Savigny (3), à laquelle nous nous rallions. Après l'année 395 ap. J.-C. la fiducie cesse d'exister ; il n'y a plus qu'une institution différente par sa nature et par ses caractères juridiques, bien que voisine par ses fonctions économiques de la *fiducia cum creditore* ; en un mot, comme finit par le reconnaître M. Geny (4) lui-même, « ce n'était plus là évidemment qu'une ombre de l'ancienne *fiducia* romaine, qui sous l'influence barbare avait perdu toute son originalié ». Ce n'était déjà plus qu'un vestige d'une institution disparue (5).

III

LES DERNIERS VESTIGES DE LA FIDUCIE AU MOYEN-AGE ET DANS LES TEMPS MODERNES.

1. Il n'y a guère d'institutions juridiques qui disparaissent sans laisser aucune trace. — La fiducie n'a pas

1. *L. c.*, n. 16.
2. *L. c.*, n. 17.
3. *L. c.*, n. 18.
4. *L. c.*, n. 5, page 112.
5. M. Oertmann, *l. c.*, n. 19, admet un système intermédiaire d'après lequel la fiducie, sans être connue des lois Lombardes, aurait encore été pratiquée au ve siècle.

échappé à cette loi naturelle et générale : nous venons d'en acquérir la preuve. Nous allons rencontrer maintenant des actes plus modernes qui se séparent profondément de l'ancienne *fiducia* Romaine en ce qu'ils n'en ont ni la nature, ni la forme, ni les caractères juridiques, ni les effets, mais qui s'en rapprochent en ce qu'ils tendent à satisfaire les mêmes besoins pratiques.

Parmi ces actes, et au premier rang il convient d'en citer un qui a joué un rôle important au Moyen-Age et qui est encore pratiqué de nos jours en Angleterre, ainsi que nous l'apprend M. Lehr (1) : c'est le mort-gage. Comme dans la *fiducia cum creditore*, le débiteur transfère à son créancier la propriété de son bien pour sûreté de sa dette ; en droit strict, le créancier devient en vertu du mort-gage propriétaire légal du domaine. Mais le mort-gage présente avec la fiducie des différences saillantes qui ne permettent pas de le considérer comme une dérivation historique de notre institution : tout d'abord, il y a à distinguer deux sortes de mort-gage, le mort-gage légal et le mort-gage équitable ; en outre, la faculté de rachat, dont jouit le débiteur, de simple droit personnel qu'elle était à l'origine, devint un véritable droit réel ; il semble dès lors que dans le mort-gage il y ait comme une subdivision du domaine en deux parties ; ainsi le mort-gage est comme l'hypothèque susceptible d'une sorte de fractionnement, car le débiteur après avoir donné l'un de ses biens en mort-gage, a le droit de mort-gager de nouveau

1. *L. c.*, n. 7.

pour sûreté d'une nouvelle créance le droit de rachat qui lui compète ; aussi peut-il y avoir plusieurs créanciers mort-gagistes sur le même bien, leurs droits prenant rang d'après la date de constitution de leurs mort-gages respectifs ; enfin le créancier mort-gagiste est obligé de supporter les réparations nécessaires à la conservation du bien donné en mort-gage. A tous ces points de vue le mort-gage s'écarte profondément des règles de la *fiducia cum creditore*.

M. Geny (1) rapproche encore de la *fiducia cum creditore* un acte, connu déjà dans notre ancienne jurisprudence (Pothier. *Traité de l'hypothèque*, n. 242 à 245), et dont l'importance pratique était assez considérable en France avant la loi du 10 décembre 1874, qui a rendu les navires susceptibles d'hypothèque : le contrat pignoratif. Un débiteur veut emprunter une certaine somme, le créancier demande un nantissement : au lieu d'agir ouvertement, et pour éluder la loi sur quelque point, l'emprunteur vendra le bien au prêteur pour un prix qui sera au fond la somme empruntée, en stipulant la faculté de reprendre son bien dans un certain délai en remboursant le prix ; dans la forme c'est une vente à réméré, en réalité c'est un prêt sur nantissement ; ce nantissement aboutira à un gage ou à une antichrèse, le prêteur acheteur apparent aura la jouissance du bien comme compensation des intérêts qu'il ne stipulera pas ; en outre à cette opération se joint le plus souvent une autre combinaison accessoire ; en même temps que le

1. *L. c.*, n. 5.

vendeur vend son immeuble avec faculté de rachat, il le reprend immédiatement à bail en payant les fermages ; c'est l'ensemble de ces arrangements entre les parties qui constitue le contrat pignoratif. Ce contrat était considéré comme nul dans notre ancien droit, comme servant à déguiser facilement un prêt usuraire ; au contraire, avant la loi de 1874, qui a admis l'hypothèque maritime, la jurisprudence s'était montrée favorable à sa validité (1).

C'est peut-être là l'acte de la pratique moderne qui se rapproche le plus, du moins dans sa physionomie extérieure, de la *fiducia cum creditore* des Romains : dessaisissement de la propriété, clause accessoire de bail, instrument du crédit réel, voilà autant de traits communs. Au fond pourtant, ces deux institutions présentent des différences essentielles : tandis que la *fiducia cum creditore* suppose un prêt, le contrat pignoratif ne fait qu'impliquer une vente à réméré ; de là résulte que dans cette dernière opération le débiteur se distingue d'un véritable emprunteur en ce que la restitution de la somme obtenue du créancier n'est pour lui qu'une faculté, non une obligation ; en outre, jamais la fiducie n'a eu la nature d'un contrat, mais toujours celle d'un pacte adjoint à une *datio* solennelle.

2. Les actes de la pratique moderne que nous venons d'examiner dérivent de la même idée que la *fiducia cum creditore* ; l'acte moderne, dont nous abordons maintenant l'examen, dérive de la même idée que la *fiducia cum*

1. Cour de Rennes, 29 décembre 1849, Sirey 51-2-155 ; et Cour de Cassation, 2 juillet 1856, Sirey, 57-1-56.

amico. Plus que les précédents du reste il nous rapproche de l'ancienne *fiducia* Romaine : sans doute, lui aussi, il en diffère profondément par sa nature juridique, mais du moins il en a conservé et le nom, comme l'a déjà remarqué M. Geny (1), et même les caractères principaux, ainsi que nous allons le voir : le fidéicommis d'une espèce particulière a été désigné dans notre ancienne jurisprudence, et est encore désigné de nos jours aussi bien par les auteurs que par les décisions judiciaires par l'expression caractéristique de fiducie.

α. *Nature et nom de cette institution.* — A l'époque où Auguste avait donné une sanction légale au fidéicommis, il était déjà devenu un acte unilatéral de volonté, il avait dépouillé son ancienne forme d'opération synallagmatique issue du *pactum fiduciæ* pour en revêtir une nouvelle : désormais il ne devait plus en changer. Même après la réforme d'Auguste, cependant, il y eut des cas dans lesquels le testateur fut encore obligé de s'en remettre pour le respect de ses volontés à la loyauté et à la discrétion de l'héritier; ce résultat se produisait dans le cas du fidéicommis tacite ; en effet, ainsi que l'a remarqué M. d'Ihering (2), ce fut ce moyen qui fut employé pour éluder les prohibitions contenues dans les lois Julia et Papia Poppœa qui s'appliquaient aux fidéicommis comme aux legs (Ulpien, XXV, § 17). Comme l'ancien *pactum fiduciæ* adjoint à la *mancipatio familiæ*, ce fidéicommis tacite n'avait qu'une base extra-légale, la conscience de l'héri-

1. *L. c.*, n. 5.
2. *L. c.*, n. 8.

tier. A notre avis il eût été néanmoins inexact de désigner
ce fidéicommis par l'expression *fiducia* : car celle-ci nous
apparaît ici comme un acte unilatéral se suffisant à lui-
même ; or nous n'avons vu nulle part la fiducie avec cette
nature ; au contraire, dans toutes ses applications nous
avons eu à constater en elle une convention adjointe à
une *datio*. Mais le fidéicommis légal lui-même dont était
grevé l'héritier avait engendré les expressions « *heres fiduciarius, hereditas fiduciaria* » qui continuèrent à être
employées même après qu'il eut abandonné sa nature de
pactum fiduciæ; il n'est donc pas impossible que le mot
fiducia ait servi même en droit Romain à désigner ce nouveau genre de fidéicommis qui avait en vue de faire parvenir l'hérédité à des personnes sans enfants ou non ma-
riées, et qui comme l'ancien *pactum fiduciæ* ne constituait qu'un engagement d'honneur : si nous ne trouvons
pas ce mot dans les compilations de Justinien, c'est d'a-
bord que de son temps la fiducie avait disparu d'une façon
générale, c'est en outre et surtout que le fidéicommis
tacite avait la nature d'un acte secret en dehors des pré-
visions de la loi.

Quoi qu'il en soit de cette conjecture, il est certain que
notre ancienne jurisprudence a employé le mot fiducie
pour désigner le fidéicommis d'une espèce particulière ;
c'est notamment ce que nous voyons dans un arrêt du
Parlement de Lyon du 2 mai 1680, rapporté par Boniface (1), et dans le répertoire de Merlin (2), qui traite de

1. *L. c.*, n. 9.
2. *L. c.*, n. 10.

cette institution en la rapprochant du texte des lois
Romaines ; il est certain aussi que cette expression est
encore employée dans le même sens par les tribunaux et
par les auteurs de notre siècle (1). Cette expression doit
avoir quelque part sa racine : où donc la trouver, sinon
dans l'origine que nous avons assignée au fidéicommis
du droit Romain ? Et même n'est-il pas curieux que ce soit
là le seul cas dans lequel on puisse encore aujourd'hui
parler de fiducie ? A la vérité la nature de cette fiducie
contemporaine s'éloigne considérablement de celle de la
mancipatio familiæ cum fiducia ; mais que faut-il en conclure ? Uniquement, ce nous semble, qu'un mot, convena-
blement choisi à l'origine pour désigner une institution à
sa naissance, a subsisté même après la transformation de
cette institution en cessant dès lors d'être exact ; mais
n'est-ce pas là précisément le vestige le plus frappant
d'une institution qui a existé, avant de disparaître ? Comment comprendre en effet qu'un mot ait été imaginé pour
définir une institution à laquelle il n'aurait jamais été
approprié ? Les exemples de ce genre sont rares : presque
toujours, le langage juridique, plus souvent même que le
langage des peuples, est d'accord avec ce qu'il entend dénommer ; il faudrait qu'il nous fût prouvé qu'il en a été
autrement en notre matière, jusque-là ce langage nous
semblera constituer un nouvel argument à l'appui de l'o-
pinion que nous avons développée à propos de l'origine du
fidéicommis romain. Du reste le rapprochement entre ce

1. *L. c.*, n. 11 à 15.

dernier et la fiducie moderne ne se fait pas seulement
sentir dans cette question de terminologie ; il se laisse en
outre aisément percevoir dans l'analogie que présentent
leurs caractères principaux.

β. *Ses caractères principaux.* — Selon la définition que
les auteurs (1) ont emprunté à Merlin (2) la fiducie est la
disposition par laquelle un testateur a institué une personne héritière pour la forme, en la chargeant d'adminis-
trer la succession et de la tenir en dépôt jusqu'au moment
où elle devra la remettre au véritable héritier. C'est aussi
le caractère qui est assigné à la fiducie par un arrêt de
la Cour de Nîmes (3) du 16 décembre 1833 ; d'après cet
arrêt, la fiducie est un acte par lequel le testateur « n'a
voulu se donner qu'un hériter de nom et pour la forme,
un simple administrateur de son hérédité » ; n'est-on
pas amené d'une façon involontaire et presque irrésisti-
ble à rapprocher cet héritier de nom et pour la forme du
familiæ emptor dicis gratia ? l'un comme l'autre n'ont
qu'un titre fictif que le testateur leur confère en vue
de parvenir à un but que la loi à elle seule ne lui per-
mettrait pas d'atteindre.

C'est dans ce but lui-même que nous trouvons une
autre analogie de caractères entre la fiducie moderne et
le fidéicommis romain primitif. En effet, la fiducie n'est
licite que si elle est faite non pas dans l'intérêt du fiduciaire, mais uniquement dans l'intérêt de l'héritier

1. *L. c.,* n. 11 à 13.
2. *L. c.,* n. 10.
3. *L. c.,* n. 15.

véritable, de même que le fidéicommis romain ne
dispose qu'au profit du fidéicommissaire et non au profit
du fiduciaire. Mais les espèces, telles que celle qu'a eu à
juger pour la valider la Cour de Nîmes le 16 décembre
1833 sont rares : de nos jours un testateur n'use pas de
la fiducie pour se conformer à la loi ; car les moyens lé-
gaux eux-mêmes suffisent en vue de ce résultat, le testateur trouve dans la faculté de léguer et dans celle de
se nommer un exécuteur testamentaire (articles 1002 et
1025 du Code civil) des procédés grâce auxquels il peut
faire respecter ses volontés ; et ces procédés ont sur la
fiducie l'avantage d'avoir une sanction obligatoire au lieu
de n'être basés que sur la loyauté de l'héritier ; pourquoi
donc le testateur leur préfère-t-il quelquefois la fiducie?
C'est qu'il emploie celle-ci comme un moyen détourné
pour éluder les dispositions restrictives ou prohibitives
de la loi ; tel fut aussi le caractère du fidéicommis
romain à sa naissance : c'est ainsi que le testateur moderne essaye d'échapper à la disposition de l'article 896
du Code civil qui prohibe les substitutions fidéicommis-
saires, tout repose alors sur la bonne volonté de l'héritier ; si celui-ci n'exécute pas spontanément les désirs du
testateur, et si l'affaire est portée devant les tribunaux,
ceux-ci n'hésitent pas à déclarer nulle la fiducie, comme
ils déclareraient nulle la substitution fidéicommissaire ;
c'est ce qu'a jugé la Cour de Nîmes (1) par arrêt du 17
août 1808 ; d'autres fois la fiducie servira au testateur à

1. *L. c.*, n. 14.

éluder la disposition de l'article 900 du Code civil en s'en remettant à la conscience de son héritier pour l'accomplissement d'une charge illicite, écrite ou sous-entendue, dans le testament; enfin très souvent, c'est encore à ce procédé, comme le dit M. Laurent (1), qu'on recourra pour gratifier des établissements religieux qui n'ont obtenu du gouvernement ni la capacité de recevoir, ni le pouvoir d'accepter.

IV

L'IDÉE-MÈRE DE LA FIDUCIE; SA DESTINÉE.

Un moyen extra-légal, basé sur la bonne foi, en vue de tourner la loi : tel est le caractère intime et essentiel de la fiducie; c'est là l'idée première et dernière qui se dégage de toute cette étude. Lorsque la loi se montre insuffisante pour satisfaire aux diverses exigences économiques du peuple, ou lorsqu'elle se fait sévère en imposant des bornes à la liberté de l'individu dans l'intérêt de la société, le génie de la pratique se montre presque toujours assez puissant pour remédier à ces lacunes et à ces imperfections, quelque étendues qu'elles soient, et pour éluder ces restrictions, quelque légitimes qu'elles puissent être : cette remarque est de tous les temps et de tous les pays.

Que faut-il donc penser de la valeur morale d'une pa-

1. *L. c.*, n. 11.

reille pratique ? Envisagée dans sa première tendance qui consiste à combler du mieux possible les lacunes de la législation, elle ne peut qu'être approuvée : c'eût été au législateur à tout prévoir, il ne l'a pas fait, il doit dès lors être permis aux particuliers de faire tout ce qui n'a pas été défendu, car en agissant ainsi ils ne font qu'user de leur liberté individuelle, le plus légitime de tous leurs droits ; alors la justice exige que la validité des moyens employés en vue d'atteindre ce résultat soit hautement reconnue. Considérée dans sa seconde tendance, qui consiste à éluder les restrictions gênantes édictées par la loi, cette pratique constitue au contraire une fraude que réprouve la morale : la loi doit être scrupuleusement observée, alors même qu'elle est d'une injustice évidente, par cela seul qu'elle est la loi ; comme le dit si bien M. Laurent (1) « obéir à la loi est un devoir pour le citoyen, résister à la loi est donc la violation d'un devoir ; c'est un crime, et nous n'en connaissons pas de plus grand, car il ruine les fondements de la société » ; le sentiment de la légalité est la source vive d'où jaillit la dignité de la puissance d'une nation.

Ainsi ces deux tendances de la pratique méritent une appréciation opposée au point de vue moral. Mais s'il faut déplorer la seconde, combien par contre ne devons-nous pas nous louer des effets heureux de la première ! Quand la législation d'un peuple repose sur des principes rigoureux, elle doit nécessairement finir, tôt ou tard, par

1. *L. c.*, n. 11.

se plier devant les principes nouveaux suscités par les
relations du commerce entre les hommes pour les substituer aux anciens, ou tout au moins pour les admettre à
côté d'eux. C'est précisément le phénomène qui s'est produit, grâce à la fiducie : c'est elle qui a engendré l'idée
de bonne foi, idée qui a exercé une influence si considérable sur l'ensemble du droit des obligations dans la législation romaine postérieure, et par suite plus ou moins
dans toutes les législations du monde moderne. La fiducie a disparu ; l'idée qui lui servait de base, la confiance,
a traversé les âges pour parvenir intacte jusqu'à nous,
en vue de rendre les plus éminents services aux transac-
tions internationales : c'est elle en effet qui domine encore la circulation des effets de commerce, un papier fiduciaire.

TABLE DES TEXTES NON CONTESTÉS

A. Textes Épigraphiques.

Table d'Héraclée (ou *lex Julia Municipalis*); — lignes 109
à 111.
Table de Bétique.
Tablettes de Pompéi.

B. Textes Littéraires.

Plaute,	*Trinummus,*	Act. 1, sc. 2, vers 80.
Cicéron,	*De officiis,*	III, ch. 15, et ch. 17, § 70.
Id.,	*Pro Flacco,*	ch. 21.
Id.,	*Pro Murena,*	ch. 12.
Id.,	*Topica,*	ch. 17 et 66.
Id. (Boëce),	id.,	ch. 10.
Id.,	*Pro Cæcinia,*	ch. 3.
Id.,	*Epistolæ ad Famil.,*	VII, 12.
Id.,	*Pro Roscio comœdo,*	ch. 6.
Id.,	*De natura deorum,*	III, ch. 30.
Isidore de Séville	*Orig.,*	V, ch. 25.

C. Textes Juridiques.

α. *Antérieurs à Justinien :*
Loi des Douze Tables.
Gaïus, I, §§ 114, 115, 118, 140, 166, 172, 194, 195.
Id. II, §§ 59 et 60.
Id. III, § 201.
Id. IV, §§ 62 et 182.
Paul, I, 9, § 8.
Id. II, 4 et 13.
Id. III, 6, §§ 16 et 69.

Paul V, 1, § 1 ; 26, § 4.

Ulpien, XI, § 5.

Collatio legum Mosaïcarum et Romanarum, II, ch. 3, § 1.

      id.   id.   X, ch. 2, §§ 1 et 2.

Consultatio veteris cujusdam jurisconsulti, ch. 6, § 8.

Fragmenta Vaticana, §§ 18, 37, 94, 252, 334,

Codex Theodosianus ; loi 9, C. Th., 15, 14. *De infirm. his...*

β. *Textes de Justinien :*

Institutes, I, 19,

    id.   III, 2, § 8.

Loi 2, § 15, Dig., 38, 17. *Ad sn. co. Tertull. et Orphit.*

Loi 46 (ou 48, suiv. les édit.), Dig., 36, 1, *Ad sn. co.Trebellianum.*

Loi 67 (ou 69, suivant les édit.), § 3, Dig. 36, 1, *eod. tit.*

Loi 9, § 1, Dig., 12, 1. *De rebus creditis.*

TABLE DES TEXTES

Interpolés ou modifiés, et reconnus comme tels par M. Lenel, dans les ouvrages suivants :

1. *Das Edictum perpetuum,* § 104, p. 232 et suiv. — 2. *Zeitschrift der Savigny-Stiftung für Rechtsgeschichte ;* — tome 3 ; — *Quellenforschungen in den Edictcommentaren ;* — *Zur Actio fiduciæ,* pages 104 à 120, et pages 177 à 180. — 3. *Palingenesia juris civilis.* (C'est sur cette *Palingenesia* qu'est basée cette table).

Tome I

1. Africain, 8 *Quæst.* Loi 50, Dig., 23, 3. *De jure dotium.*
   n. 101, page 29 et les notes. Afric. lib. 8 : Variété de titres parmi lesquels *De re uxoria.*

2. Africain, 8 *Quæst.* Loi 31, Dig., 13, 17. *De pigneraticia actione.*
   n. 103, page 30, note 3. Afric. lib. 8 : comme *supra.*

3. Aristo, dans Ulpien, 71 *ad Edictum* Loi 18, pr., §§ 1 et 2, Dig., 39, 5. *De donationibus.*
   n. 61, page 67, note 2 à 5. Aristo, *ex incertis locis.*

4. Cassius, dans Pomponius, 26 *ad Sabinum.* Loi 6, Dig., 45, 3. *De stipulatione servorum.*
   n. 125, page 123, notes 3 et 4. Cassius, *ex incertis locis.*

5. Celsus, 7 Digest. Loi 11, Dig. 43, 26. *De precario.*

n. 65, page 138, note 1. Celsus lib. 7 : Variété de titres parmi lesquels *Fiduciæ*.

6. Gaïus, 9 *ad Edict. provinc.* Loi 27, Dig., 15, 1. *De peculio.*

n. 223, page 212, note 1. Gai. lib. 9 : Variété de titres parmi lesquels *Quod cum eo...* — Cf. Loi 31 *in fine*, Dig., 13, 7 ; et loi 6, Dig., 45, 3.

7. Gaïus, 10 *ad Edict. provinc.* Loi 46, Dig., 50, 17. *De regulis juris.*

n. 231, page 214, note 1. Gai. lib. 10 : α *Fiduciæ vel contra ;* β. *Mandati vel contra.* — Cf. Loi 22, § 1, Dig., 13, 7.

8. Gaïus, 10 *ad Edict. provinc.* Loi 27, § 1, Dig., 17, 1. *Mandati vel contra.*

n. 232, page 214, notes 3 et 4. Gai. lib. 10 : comme *supra*.

9. Julien, 13 Digest. Loi 40, Dig., 12, 2. *De jurejurando.*

n. 211, page 353, et les notes. Julien, lib. 13 : α. *Depositi vel contra ;* β. *Fiduciæ vel contra.*

10. Julien, 13 Digest. Loi 15, Dig., 46, 2. *De novationibus et delegationibus.*

n. 212, page 353, et les notes. Julien, lib. 13 : comme *supra*.

11. Julien, 13 Digest. Loi 32, Dig., 46, 3. *De solutionibus et liberationibus.*

n. 213, page 353, et les notes. Julien, lib. 13 : comme *supra*.

12. Julien, 13, Digest. Loi 10, Dig., 18, 2. *De in diem addictione.*

n. 214, page 354, et les notes. Julien, lib. 13 : comme *supra*.

13. Julien, 13 Digest. Loi 36, Dig., 41, 2. *De acquirenda vel amittenda possessione.*

n. 215, page 354, et les notes. Julien, lib. 13 : comme *supra*.

14. Julien, 13, Digest. Loi 18, Dig., 43, 26. *De precario.*

n. 216, page 354, et les notes. Julien, lib. 13 : comme *supra*.

15. Julien, 13 Digest. Loi 16, Dig., 44, 7. *De obligationibus et actionibus.*

n. 217, page 354, et les notes. Julien, lib. 13 : comme *supra*.

16. Julien, 13 Digest. Loi 30, Dig., 17, 1. *Mandati vel contra. Frag. Vatic.*, § 334.

n. 218, pag. 354, et les notes. Julien, lib. 13 : comme *supra*.

17. Julien, 13 Digest. Loi 7, Dig., 21, 2. *De evictionibus et duplæ stipulatione.*

n. 219, page 354, et les notes. Julien, lib. 13 : comme *supra*.

18. Julien, 13 Digest. Loi 84, Dig., 35, 2. *Ad legem Falcidiam.*

n. 220, page 354, et les notes. Julien, lib. 13 : comme *supra*.

19. Julien, 13 Digest. Loi 23, Dig., 19, 1. *De actionibus empti venditi.*

n. 221, page 354, et les notes. Julien, lib. 13 : comme *supra*.

20. Julien, 13 Digest. Loi 36, Dig., 41, 1. *De acquirendo rerum dominio.*

n. 222, page 355, et les notes. Julien, lib. 13 : comme *supra*.

21. Julien, 42 Digest. Loi 47, § 3, Dig., 40, 5. *De fideicom. libertatib.* — Loi 40, § 1, Dig., 40, 4.

n. 592, pages 431 et 432, notes 1 et 2. Julien, lib. 42 : Variété de titres parmi lesquels *De fideic. libert.*

22. Marcellus, 6 Digest.; dans Paul, 29 *ad Edict.* Loi 16, § 1, Dig., 13, 7. *De pigneraticia actione.*

n. 61, pages 598 et 599, note 1. Marcellus, lib. 6 : *De fiducia.*

23. Marcellus, *Responsor. lib. singularis.* Loi 34, Dig., 13, 7. *De pigneraticia actione.*

n. 278, page 634, note 3. Marcellus : *lib. singul.*

24. Modestin, *De Heurematicis lib. singularis.* Loi 58, Dig., 24, 3. *Soluto matrimonio dos...*

n. 73, page 518, note 5. Modestin : *lib. singul.*

25. Modestin, 1 *Responsor.* Loi 36, § 1, Dig., 50, 1. *Ad municipalem.*

n. 282, page 741, note 1. Modestin, lib. 1 : *Ad municipalem.*

26. Papinien, 7 *Responsor.* Loi 9, § 2, Dig., 33, 10. *De suppellectile legata.*

n. 585, page 914, note 2. Papinien, lib. 7 : *De legatis.*

27. Papinien, 13 *Responsor.* Loi 42, Dig., 39, 6. *De mortis causa donationibus.* — *Frag. Vatic.*, § 252.

n. 702, page 939, notes 1 et 2. Papinien, lib. 13 : Variété de titres parmi lesquels *Ad legem Falcidiam.*

28. Paul, 31 *ad Edict.* Loi 25, Dig., 13, 7. *De pigneraticia actione.*

n. 481, page 1027, et les notes. Paul, lib. 31 : α. *Depositi vel contra;* β. *Fiduciæ vel contra.* [Texte attribué d'ordinaire à Ulpien, 31 *ad Edict.*].

29. Paul, 31 *ad Edict.* Loi 31, Dig., 41, 1. *De acquirendo rerum dominio.*

n. 482, page 1027, et les notes. Paul, lib. 31 : comme *supra.*

30. Paul, 31 *ad Edict.* Loi 12, Dig., 46, 2. *De novationibus et delegationibus.*

n. 483, page 1028, et les notes. Paul, lib. 31 : comme *supra.*

31. Paul, 5 *ad Plautium.* Loi 30, Dig., 12, 1. *De rebus creditis.*
n. 1110, page 1153, note 3. Paul, lib. 5 : α. *Depositi vel contra;* β. *Fiduciæ vel contra.* — Cf. Loi 4, Dig., 20, 3.

32. Paul, 5 *ad Plautium*. Loi 37, Dig., 13, 7. *De pigneraticia actione*.

n. 1111, page 1153, note 4. Paul, lib. 5 : comme *supra*. — Cf. Gaius, II, § 60.

33. Paul, 5 *ad Plautium*. Loi 13, Dig., 41, 3. *De usurpationibus et usucapionibus*.

n. 1112, page 1153, note 5. Paul, lib. 5 : comme *supra*.

34. Paul, 7 *Responsor*. Loi 49, § 1, Dig., 24, 3. *Soluto matrimonio dos...* — *Frag. Vatic.*, § 94.

n. 1500, page 1233. Paul, lib. 7 : *De re uxoria*.

Tome II.

35. Pomponius, 26 *ad Sabinum*. Loi 6, Dig., 45, 3. *De stipulatione servorum*.

n. 726, page 136, note 1. Pomponius, lib. 26 : *De verborum obligatione*.

36. Pomponius, 35, *ad Sabinum*. Loi 6, pr., Dig., 13, 7. *De pigneraticia actione*.

n. 797, pages 146 et 147, note 2. Pomponius, lib. 35 : *De fiducia*.

37. Pomponius, 35 *ad Sabinum*. Loi 2, Dig., 18, 3. *De lege commissoria*.

n. 797, page 147. Pomponius, lib. 35 : comme *supra*.

38. Pomponius, 35 *ad Sabinum*. Loi 6, § 1, Dig., 13, 7. *De pigneraticia actione*.

n. 798, page 147. Pomponius, lib. 35 : comme *supra*.

39. Pomponius, 35 *ad Sabinum*. Loi 8, Dig., 13, 7. *De pigneraticia actione*.

n. 799, page 147. Pomponius, lib. 35 : comme *supra*.

40. Pomponius, 35 *ad Sabinum*. Loi 4, Dig., 20, 4. *Qui potiores in jure...*

n. 800, page 147. Pomponius, lib, 35 : comme *supra*.

41. Pomponius, 35 *ad Sabinum*. Loi 26, Dig., 46, 3. *De solutio-nibus et liberationibus*.

n. 801, page 147. Pomponius, lib. 35 : comme *supra*.

42. Pomponius, 35 *ad Sabinum*. Loi 181, Dig., 50, 16. *De ver-borum significatione*.

n. 802, page 148. Pomponius, lib. 35 : comme *supra*.

43. Scœvola, 6 Digest. Loi 10, Dig., 20, 2. *In quibus causis pi-gnus... tacite...*

n. 22, page 222, note 3. Scœvola, lib. 6 : *De fiducia*.

44. Scœvola, 6 Digest. Loi 14, Dig., 20, 5. *De distractione pi-gnorum*.

n. 23, page 222, notes 4 et 5. Scœvola, lib. 6 : comme *supra*. — Note 4 : *cf*. Scœvola, 1 *Responsor* ; loi 11, Dig., 20, 5 ; note 5 : *pignus... obligatum*,— au lieu de *fiduciam.. datam Scœv* ?

45. Scœvola, 6 Digest. Loi 15, Dig., 20, 6. *Quibus modis pignus.. solvitur*.

n. 24. page 222, note 6. Scœvola, lib. 6 : comme *supra*.

46. Ulpien, 2 *Disput*. Loi 5, Dig., 12, 4. *De condictione causa data...*

n. 43, pages 390 et 391, et les notes. Ulpien, lib. 2 : Va-riété de titres, parmi lesquels *De condictione*.

47. Ulpien, 2 *Disput*. Loi 36, Dig., 15, 1. *De peculio*.

n. 48, page 392, note 2. Ulpien, lib. 2 : Variété de titres parmi lesquels *Quod cum eo...*

48. Ulpien. 6 *ad Edict*. Loi 1, Dig., 3, 2. *De his qui notantur infamia*.

n. 277, page 441, note 5. Ulpien, lib. 6 : Variété de titres parmi lesquels *Qui nisi pro certis personis ne postulent*. [Texte attribué d'ordinaire à Julien 1 *ad Edict*.]. Cf. Gaïus, IV, § 182.

49. Ulpien, 20 *ad Edict*. Loi 7, § 3, Dig., 10, 3. *Communi di-vidundo*.

n. 642, page 539, note 2. Ulpien, lib. 20 : Variété de titres parmi lesquels *De utili communi dividundo judicio*.

50. Ulpien, 26 *ad Edict.* Loi 3, §§ 2 et 3, Dig., 12, 4. *De condictione causa data.*

　　n. 772, page 571, notes 1 et 2. Ulpien, lib. 26 : Variété de titres parmi lesquels *De condictione.*

51. Ulpien, 30 *ad Edict.* Loi 45, **pr.,** Dig., 50, 17. *De regulis juris.*

　　n. 901, page 618, et les notes. Ulpien, lib. 30 : α *Depositi vel contra ;* β *Fiduciæ vel contra.*

52. Ulpien, 30 *ad Edict.* Loi 22, pr., §§ 1 et 2, Dig., 13, 7. *De pigneraticia actione.*

　　n. 902, page 618. Ulpien, lib. 30 : comme *supra.*

53. Ulpien, 30 *ad Edict.* Loi 22, §§ 3 et 4, Dig., 13, 7. *De pigneraticia actione.*

　　n. 903, page 618. Ulpien, lib. 30 : comme *supra.*

54. Ulpien, 30 *ad Edict.* Loi 24, pr., Dig., 13, 7. *De pigneraticia actione.*

　　n. 903, page 618. Ulpien, lib. 30 : comme *supra.*

55. Ulpien, 30 *ad Edict.* Loi 24, §§§ 1, 2 et 3, Dig., 13, 7. *De pigneraticia actione.*

　　n. 904, page 618. Ulpien, lib. 30 : comme *supra.*

56. Ulpien, 30 *ad Edict.* Loi 3, Dig., 18, 3. *De lege commissoria.*
　　n. 905, page 619. Ulpien, lib. 30 : comme *supra.*

57. Ulpien, 30 *ad Edict.* Loi 45, § 1, Dig., 50, 17. *De regulis juris.*

　　n. 906, page 619, note 5. Ulpien, lib. 30 : comme *supra.*

58. Ulpien, 71 *ad Edict.* Loi 18, Dig., 39, 5. *De donationibus.*
　　n. 1606, page 842, note 5. Ulpien, lib. 71 : Variété de titres parmi lesquels *De precario.*

59. Ulpien, 1 *Opinion.* Loi 52, § 2, Dig., 2, 14. *De pactis.*
　　n. 2300, page 1002, note 1. Ulpien, lib. 1 : *De officio prætoris et præsidis.* Note 1 : *pignori nexi fiduciarii Ulp.* ?

60. Ulpien, 1 *Responsor*. Loi 68, pr., Dig., 32. *De legatis et fideicommissis.*

n. 2398, page 1017, note 1. Ulpien, lib. 1 : *Responsa.* Note 1 : *fiduciæ Ulp ?*

61. Ulpien, 43 *ad Sabinum*. Loi 5, Dig., 27, 3. *De tutelæ et rationibus distrahendis...*

n. 2904, page 1174, note 7. Ulpien, lib. 43 : *De condictione.*

TABLE DE CONCORDANCE

Des textes prétendus interpolés par **M**. Voigt.

Die XII Tafeln, Tome II, §. 86, *die lex fiduciæ;* — pages 166 et 167, note 1, et pages 179 et 180, avec la *Palingenesia juris* de M. Lenel.

Palingenesia juris DE M. LENEL.	M. VOIGT, *die XII Tafeln, loc. cit.*
c. *Depositum* au lieu de *Fiducia.*	α. *Depositum* au lieu de *Fiducia.*
+ 1. *Ofilius*, dans Pomponius, 26 *ad Sabinum*. Loi 6, Dig., 45, 3. *De stipulatione servorum.*	1. *Ofilius*, dans Pomponius, 26 *ad Sabinum*. Loi 6, Dig., 45, 3. *De stipulatione servorum.*
n. 726, page 136, note 2; tome 2. Pomponius, lib. 26 : *De verborum obligatione.* — M. Lenel admet l'interpolation.	
2. Celsus, 11 Digest. Loi 32, Dig., 16, 3. *Depositi vel contra.*	2. Celsus, 11 Digest. Loi 32, Dig., 16, 3. *Depositi vel contra.*
n. 91, p. 142; tome 1. Celsus, lib. 11 : *De tutelis.* — M. Lenel ne dit rien de l'interpolation.	
3. Julien, dans Ulpien, 30 *ad Edictum*. Loi 1, § 42, Dig., 16, 3. *Depositi vel contra.*	3. Julien, dans Ulpien, 30 *ad Edict*. Loi 1, § 42, Dig., 16, 3. *Depositi vel contra.*
n. 896, page 616; tome 2. Ulpien, lib. 30 : α. *Depositi vel contra* ; β. *Fiduciæ vel contra.* — M. Lenel n'admet pas l'interpolation, car il	

range notre texte sous le premier de ces deux titres.

4. Paul, 31 *ad Edictum*. Loi 13, § 1, Dig., 16, 3. *Depositi vel contra*.

n. 479, page 1027 ; tome 1. Paul, lib. 31 : α. *Depositi vel contra ;* β. *Fiduciæ vel contra*. — M. Lenel n'admet pas l'interpolation, car il range notre texte sous le premier de ces deux titres.

β. *Pignus* au lieu de *Fiducia*.

1. Paul, 7 *Respons*. Loi 49, § 1, Dig., 24, 3. *Soluto matrimonio dos… Frag. Vatic.*, § 94.

n. 1500, page 1233 ; tome 1. Paul, lib. 7 : *De re uxoria*. — M. Lenel admet l'interpolation.

2. Julien, 13 Digest. Loi 16, Dig., 44, 7. *De obligationibus et actionibus*.

n. 217, page 354 ; tome 1. Julien, lib. 13 : α. *Depositi vel contra ;* β. *Fiduciæ vel contra*. M. Lenel admet l'interpolation, car il range notre texte sous le deuxième de ces deux titres.

3. Julien, dans Ulpien, 28 *ad Edictum*. Loi 3, § 5, Dig., 13, 6. *Commodati vel contra*.

---

4. Paul, 31 *ad Edictum*. Loi 13, § 1, Dig., 16, 3. *Depositi vel contra*.

β. *Pignus* au lieu de *Fiducia*.

1. Paul, 7 *Respons*. Loi 49, § 1, Dig., 24, 3. *Soluto matrimonio dos… Frag. Vatic.*, § 94.

2. Julien, 13 Digest. Loi 16, Dig., 44, 7. *De obligationibus et actionibus*.

3. Julien, dans Ulpien, 28 *ad Edict*. Loi 3, § 5 Dig., 13, 6. *Commodati vel contra*.

n. 801, page 851 ; tome 2, Ulpien, lib. 28 : Variété de titres parmi lesquels *Commodati vel contra*. — M. Lenel ne dit rien de l'interpolation.

+ 4. Pomponius, dans Ulpien, 2 *Disput.* Loi 36, Dig., 15, 1. *De peculio.*

n. 48, page 392 ; note 2 ; tome 2. Ulpien, lib. 2 : Variété de titres parmi lesquels *Quod cum eo...* — M. Lenel admet l'interpolation.

+ 5. Pomponius, 35 *ad Sabinum.* Loi 8, § 3, Dig. 13, 7. *De pigneraticia actione.*

n. 799, pag. 147, note 4 ; tome 2. Pomponius, lib. 35 : *De fiducia.*[Cf. page 146, note 1]. — M. Lenel admet l'interpolation.

6. Gaïus, 9 *ad Edict. provinc.* Loi 18, pr., Dig., 13, 6. *Commodati vel contra.*

n 208, page 210 ; tome 1. Gaius, lib. 9 : *Commodati vel contra.* — M. Lenel n'admet pas l'interpolation.

+ 7. Papinien, 7 *Respons.* Loi 9, § 2, Dig., 33, 10. *De suppellectile legata.*

n. 585, page 914, note 2 ; tome 1. Papinien, lib. 7 :

4. Pomponius, dans Ulpien, 2 *Disput.* Loi 36, Dig., 13, 7. *De peculio.*

5. Pomponius, 35 *ad Sabinum.* Loi 8, § 3, Dig., 13, 7. *De pigneraticia actione.*

6. Gaïus, 9 *ad Edict. provinc.* Loi 18, pr., Dig., 13, 6. *Commodati vel contra.*

7. Papinien, 7 *Respons.* Loi 9, § 2, Dig., 33, 10. *De suppellectile legata.*

De legatis. — M. Lenel n'admet que timidement l'interpolation; la note 2 porte en effet : *Fiduciæ Papin.* ?

8. Ulpien, 1 *Opinion.* Loi 52, § 2, Dig., 2, 14. *De pactis.*

n. 2300, page 1002, note 1; tome 2. Ulpien, lib. 1 : *De officio prætoris et præsidis.* — M. Lenel n'admet que timidement l'interpolation. La note 1 porte en effet : *pignori* nexi] *fiduciarii Ulp.* ?

9. Ulpien, 34 *ad Sabinum.* Loi 4, § 1, Dig., 12, 1. *De rebus creditis.*

n. 2794, page 1150, note 2; tome 2. Ulpien, lib. 34 : *De jure dotium.* — M. Lenel n'admet pas l'interpolation. La note 2 porte seulement : *fr. 2794,2795 nescio qua occasione interspersa sint.*.

10. Ulpien, 20 *ad Edict.* Loi 7, § 3, Dig., 10, 3. *Communi dividundo.*

n. 642, page 539, note 2; tome 2. Ulpien, lib. 20 : *De his quæ cujusque in bonis sunt.* — M. Lenel admet l'interpolation.

11 et 12. Alex. Loi 3, Code 4, 23; — et loi 4, Code, 8, 27. — Deux textes qui ne peuvent pas se trou-

---

8. Ulpien, 1 *Opinion.* Loi 52, § 2, Dig., 2, 14. *De pactis.*

9. Ulpien, 34 *ad Sabinum.* Loi 4, § 1, Dig., 12, 1. *De rebus creditis.*

10. Ulpien, 20 *ad Edict.* Loi 7, § 3, Dig., 10, 3. *Communi dividundo.*

11. Alex. Loi 3, *Codex Justinianus*, 4, 24. *De pigneraticia actione.* — 12. Alex. Loi 4, *Codex*

ver dans la *Palingenesia juris* de M. Lenel, qui ne rapporte aucun texte du Code.

13. Paul, 6 *Quæst.* Loi 18, Dig., 25, 2. *De actione rerum amotarum.*

   n. 1337, page 1199 ; tome 1. Paul, lib. 6 : α. *De re uxoria ;* β. *De tutelis.* — M. Lenel n'admet pas l'interpolation, car il place notre texte sous le premier de ces deux titres en maintenant le mot *Pignori.*

14. Ariston, dans Ulpien, 38 *ad Edictum.* Loi 12, § 2, Dig., 13, 1. *De condictione furtiva.*

   n. 1058, page 680 ; tome 2. Ulpien, lib. 38 : *De furtis.* — M. Lenel n'admet pas l'interpolation.

+15. Ulpien, 30 *ad Edict.* Loi 22, pr., Dig., 13, 7. *De pigneraticia actione.*

   n. 902, page 618, notes 3, 5, 6 et 7; tome 2. Ulpien, lib. 30 : α. *Depositi vel contra ;* β. *Fiduciæ vel contra.* — M. Lenel admet l'interpolation.

+16. Marcellus, 7 Digest. Loi 49, Dig., 24, 1. *De donationibus inter virum et uxorem.*

   n. 90, pages 603 et 604, notes 1 à 3; tome 1. Mar-

Justinianus, 8, 27, *De distractione pignorum.*

13. Paul, 6 *Quæst.* Loi 18, Dig., 25, 2. *De actione rerum amotarum.*

14. Ariston, dans Ulpien, 38 *ad Edict.* Loi 12, § 2, Dig., 13, 1. *De condictione furtiva.*

15. Ulpien, 30 *ad Edict.* Loi 22, pr., Dig., 13, 7. *De pigneraticia actione.*

16. Marcellus, 7 Digest. Loi 49, Dig., 24, 1. *De donationibus inter virum et uxorem.*

cellus, lib. 7 : Variété de titres, parmi lesquels
De re uxoria.—M. Lenel admet l'interpolation.

17. Ulpien, 3 *Disput.* Loi 29, § 1, Dig., 24, 3. *Soluto
matrimonio dos...*

n. 61, page 394; tome 2. Ulpien, lib. 3 : Variété de
titres, parmi lesquels *De re uxoria.* — M. Lenel
n'admet pas l'interpolation.

18. Papinien, 13 *Respons.* Loi 42, Dig., 39, 6. *De
mortis causa donationibus. — Frag. Vatic.,*
§ 252.

n. 702, page 939, notes 1 et 2; tome 1. Papinien,
lib. 13 . Variété de titres parmi lesquels *Ad legem Falcidiam.* — M. Lenel admet l'interpolation.

19. Modestin, *De Heurematicis lib. singularis.*
Loi 58, Dig., 24, 3. *Soluto matrimonio dos...*

n. 73. page 718, note 5; tome 1. Modestin : *lib.
singul.?* — M. Lenel admet l'interpolation de
Retradatur au lieu de *Remancipatur.*

17. Ulpien, 3 *Disput.* Loi 29, § 1, Dig., 24, 3. *Soluto
matrimonio dos...*

18. Papinien, 13 *Respons.* Loi 42, Dig., 39, 6. *De
mortis causa donationibus. — Frag. Vatic.,*
§ 252.

19. Modestin, *De Heurematicis lib. singularis.*
Loi 58, Dig., 24, 3. *Soluto matrimonio dos...*

— M. Voigt considère en outre non pas comme
interpolés, mais comme se rapportant à la fiducie par analogie :

20. Ulpien, 18 *ad Sabinum.* Loi 1, Dig., 13, 1. *De
condictione furtiva.*

21. Ulpien, 29 *ad Sabinum.* Loi 14, § 16, Dig., 47,
2. *De furtis.*

TABLE C

TABLE DE CONCORDANCE

Des textes prétendus interpolés par **M. Gradenwitz**:

Zeitschrift der Savigny-Stiftung, tome 7, *Interpolationen in den Pandekten*, pag. 45 à 50 ; *Zeitschrift der Savigny-Stiftung*, tome 9, *das neue aufgefundene Fragment über die formula Fabiana*, page 402 ; *Interpolationen in den Pandekten, das Reurecht*, pag. 146 à 170, Berlin, 1887 ; — avec la *Palingenesia juris* de M. Lenel.

Palingenesia juris DE M. LENEL.

+ 1. Julien, 13 Digest. Loi 16, Dig., 44, 7. *De obligationibus et actionibus*.

   n. 217, page 354 et les notes, tome 1. Julianus, lib. 13 : α *Depositi vel contra;* β *Fiduciæ vel contra.* — Sous ce second titre notre texte à propos duquel M Lenel admet l'interpolation.

+ 2. Julien, 13 Digest. Loi 36, Dig., 41, 2. *De acquirenda vel amittenda possessione*.

   n. 215, page 354 et les notes, tome 1. Julianus, lib. 13 : comme *supra.* — Comme *supra* M. Lenel admet l'interpolation.

+ 3. Africain, 8 *Quæstion.* Loi 50, § 1, Dig., 23, 3. *De jure dotium.*

   n. 101, page 29 et les notes, tome 1. Africain, lib. 8 : variété de titres parmi lesquels *De re uxoria.* — M. Lenel admet l'interpolation.

1. Julien, 13 Digest. Loi 16, Dig., 44, 7. *De obligationibus et actionibus.*

2. Julien, 13 Digest. Loi 36, Dig., 41, 2. *De acquirenda vel amittenda possessione.*

3. Africain, 8 *Quæstion.* Loi 50, § 1, Dig., 23, 3. *De jure dotium.*

TABLE C (suite).

+ 4. Pomponius, 35 *ad Sabinum*. L. 8, pr., Dig., 13, 7. *De pigneraticia actione*.

    n. 799, page 147, note 4 ; tome 2. Pomponius, 35 *ad Sabinum : De fiducia*. — M. Lenel admet l'interpolation.

+ 5. Ulpien, 26 *ad Edictum*. Loi 3, §§ 2 et 3, Dig., 12, 4. *De condictione causa data*.

    n. 772, pages 570 et 571, tome 2. Ulpien, lib. 26 : *De condictione*. — M. Lenel admet l'interpolation.

+ 6. Ulpien, 2 *Disputat.* Loi 5, Dig., 12, 4. *De condictione causa data*.

    n. 43, pages 390 et 391, tome 2. Ulpien, lib. 2 : *De condictione*. — M. Lenel admet l'interpolation.

7. Ulpien, 6 *Disputat.* Loi 14, Dig., 42, 8. *Quæ in fraudem creditorum*.

    n. 120, page 410, tome 2. Ulpien, lib. 6 : variété de titres parmi lesquels *Quæ in fraudem creditorum*. — M. Lenel ne dit rien de l'interpolation.

8. Javolenus, 3 *Epistolarum*. Loi 12, Dig., 38, 5. *Si quid in fraudem patroni*.

    n. 87, page 288, tome 1. Javolenus, lib. 3. — M. Lenel ne dit rien de l'interpolation.

4. Pomponius, 35 *ad Sabinum*. Loi 8, pr., Dig., 13, 7. *De pigneraticia actiçne*.

5. Ulpien, 26 *ad Edictum*. Loi 3, §§ 2 et 3, Dig. 12. 4. *De condictione causa data*.

6. Ulpien, 2 *Disputat.* Loi 5, Dig., 12, 4. *De condictione causa data*.

7. Ulpien, 6 *Disputat.* Loi 14, Dig., 42, 8. *Quæ in fraudem creditorum*.

8. Javolenus, 3 *Epistolarum*. Loi 12, Dig., 38, 5. *Si quid in fraudem patroni*.

TABLE BIBLIOGRAPHIQUE

Accarias. — Précis de Droit romain. Paris, 1882-1886.

Alibrandi. — Bulletino del Istituto di diritto Romano, 1888, tome 1.

Aubry et Rau. — Droit civil Français. Paris, 1883.

Baron. — Institutionen und Civilprocess. Berlin, 1884.

De Bassevitz. — De Romanorum fiducia. Halle, 1858.

Bechmann. — Der Kauf. Erlangen, 1876-1884.

Bekker. — Die Aktionen des römischen Privatrechts. Berlin, 1871-1873.

Bernhoft. — Staat und Recht der römischen Konigszeit. Stuttgart, 1882.

Bethmann-Holweg. Der Civilprocess des gemeinen Rechts. Bonn, 1864-1874.

Boniface. — Arrêts notables de la Cour de Parlement de Provence. Lyon, 1708.

Bruns. — Fontes juris Romani antiqui. — Friburgi, 1887.

Büchel. — De fiducia. Marburg, 1828.

Chesius. — De Differentiis juris. Jurisprudentia Romana et Attica Heinecii. Lugduni Batavorum, 1738-1741.

Conradi.—De pacto fiduciæ exercitationes duæ. Helmstœdt, 1732-1733.

Cujacius. — Opera omnia, a Fabroto disposita. Neapoli, 1722-1727.

Cuq. — Nouvelle revue historique, 1886, tome 10.

Danz. — Der sacrale Schutz im römischen Rechtsverkehr.

Degenkolb. — Zeitschrift für Rechtsgeschichte, 1870, tome 9.

Demelius. — Zeitschrift für Rechtsgeschichte, 1863, tome 2.

Demolombe. — Cours de Code Napoléon. Paris, 1861.

Dernburg. — Das Pfandrecht. Leipzig, 1860-1864.

Dernburg. — Pandekten. Berlin, 1888-1889.

Desjardins. — Revue historique de droit français et étranger, 1867, tome 13.

Dirksen. — Manuale latinitatis. Berolini, 1837.

Ducange. — Glossarium ad scriptores mediæ et infimæ latinitatis. Parisiis, 1840-1850.

Eck. — Zeitschrift der Savigny-Stiftung, 1888, tome 9.

Esmein. — Mélanges d'histoire de droit et de critique. Paris, 1886.

Geib. — Zeitschrift der Savigny-Stiftung, 1887, tome 8.

Geny. — Etude sur la fiducie. Thèse de Nancy, 1885.

Gide. — Revue de législation, 1870, tome 1.

Girard. — Nouvelle revue historique, 1882, tome 6.

Girard. — Nouvelle revue historique, 1883, tome 7.

Girard. — Textes de droit romain. Paris, 1890.

Giraud. — Novum Enchiridion. Parisiis, 1873.

Gothofredus. — Codex Theodosianus ; opus posthumum. Lipsiæ, 1736-1745.

Gradenwitz. — Zeitschrift der Savigny-Stiftung, 1886, tome 7.

Gradenwitz. — Zeitschrift de Grünhut : Conjecturen (extrait), 1891.

Gradenwitz. — Interpolationen in den Pandekten. Berlin, 1887.

Gradenwitz. — Bulletino del Instituto di diritto Romano, 1889, tome 2.

Greif. — De l'origine du testament romain. Thèse de Paris, 1888.

Heck. — Zeitschrift der Savigny-Stiftung, 1889, tome 10.

Hölder. — Beiträge zur Geschichte des römischen Erbrechtes. Erlangen, 1881.

Hommell. — Palingenesia librorum juris veterum. Lipsiæ, 1767-1768.

Hugo. — Histoire du droit Romain ; trad. Jourdan-Poncelet, Paris, 1822.

Huschke. — Zeitschrift für geschichtliche Rechtswissenschaft, 1847, tome 14.

Huschke. — Ueber das Recht des nexum. Leipzig, 1846.

Huschke. — Jurisprudentiæ autejustinianæ quæ supersunt. Lipsiæ, 1867.

Ihering. — L'esprit du droit Romain ; trad. de Meulenaere. Paris, 1888.

Ihering. — De la faute en droit privé; trad. de Meulenaere. Paris, 1880.

Jourdan. — L'hypothèque. Paris et Aix, 1876.

Keller. — De la procédure civile et des actions chez les Romains, trad. Capmas. Paris, 1870.

Keller. — Zeitschrift für geschichtliche Rechtswissenschaft, 1844, tome 12.

Krueger, Mommsen et **Studemund.** — Collectio librorum juris antejustiniani. Berolini, 1878-1891.

Lange. — Ueber die transitio ad plebem. Leipzig, 1864.

Lange. — Römische Alterthümer. Berlin, 1856.

Laurent. — Principes de droit civil Français. Bruxelles et Paris, 1878·

Lenel. — Das Edictum perpetuum. Leipzig, 1883.

Lenel. — Zeitschrift der Savigny-Stiftung, 1882, tome 3.

Lenel. Zeitschrift der Savigny-Stiftung, 1887, tome 8.

Lenel. — Palingenesia juris civilis. Lipsiæ, 1888.

Lehr. — Éléments de droit civil Anglais. Paris, 1885.

Lichtenstein. — De in jure cessionis origine et natura. Berlin, 1880·

Marini. — I papiri diplomatici raccolti ed illustrati. Rome, 1805.

Maynz. — Traité des obligations. Bruxelles et Paris, 1859.

Merlin. — Répertoire universel et raisonné de jurisprudence. Bruxelles, 1825-1828.

Mommsen. — Zeitschrift der Savigny-Stiftung, 1885, tome 6.

Mommsen. — Die Stadtrechte der latinischen Gemeinden Salpensa und Malaca in der Provinz Bæticæ. Leipzig, 1855.

Mommsen. — Digesta. Berolini, 1886.

Mommsen. — Le droit public Romain, trad. Girard. Paris, 1887.

Muther. — Sequestration. Berlin, 1856.

Nouël. — De l'opération fiduciaire. Thèse de Paris, 1890.

Oertmann. — Die Fiducia im römischen Privatrecht. Berlin, 1890.

Ortolan. — Histoire de la législation Romaine ; augmentée par Labbé Paris, 1884.

Pellat. — Textes choisis des Pandectes. Paris, 1866.

Pernice. — Marcus Antistius Labeo. Halle, 1873.

Pernice. — Zeitschrift der Savigny-Stiftung, 1888, tome 9.

De Petra. — Notizie degli scavi di antichita comunicate alla R Academia dei Lincei, 1887.

Puchta. — Kursus der Institutionen. Leipzig, 1865-1866.

Rudorff. — Zeitschrift für geschichtliche Rechtswissenschaft, 1845, tome 13.

Rudorff. — Zeitschrift für Rechtsgecchichte, 1873, tome 11.

Rudorff. — Edicti perpetui quæ reliqua sunt. Lipsiæ, 1869.

De Savigny. — Droit des obligations, trad. Gérardin et Jozon. Paris, 1863.

De Savigny. — Geschichte des römischen Rechts im Mittelalter. Heidelberg, 1834-1850.

Scheurl. — Beiträge zur Bearbeiturng des römischen Rechts. München, 1860.

Scialoja. — Bulletino del Istituto di diritto Romano, 1888, tome 1.

Sigonii opera omnia. — Midiolani, 1732-1737.

Sohm. — Institutionen. Leipzig, 1884.

Stintzing. — Das Wesen der Bona Fides und Titulus in der römischen Usucapionslehre. Heidelberg, 1852.

Tardif. — Nouvelle revue historique, 1888, tome 12.

Ubbelohde. — Zur Geschichte der benannten Realcontracte. Marburg, 1870.

Voigt. — Die XII Tafeln. Leipzig, 1883.

Voigt. — Das Jus Naturale. Leipzig, 1856-1875.

Walter. — Geschichte des römischen Rechts bis auf Justinian. Bonn, 1861.

TABLE DES MATIÈRES

PREMIÈRE PARTIE

La Fiducie envisagée en elle-même.

SECONDE PARTIE

La Fiducie envisagée dans ses applications.

Imprimerie des Écoles, Henri JOUVE, 15, rue Racine, Paris.